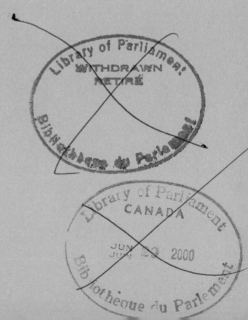

DÉPARTEMENT D'ÉTUDES LANGAGIÈRES

LE FRANÇAIS AU BUREAU

——— LES PUBLICATIONS DU QUÉBEC ———
1500 D, rue Jean-Talon Nord, Sainte-Foy (Québec) G1N 2E5

VENTE ET DISTRIBUTION
Case postale 1005, Québec (Québec) G1K 7B5
Téléphone : (418) 643-5150 ou, sans frais, 1 800 463-2100
Télécopie : (418) 643-6177 ou, sans frais, 1 800 561-3479
Internet : http://doc.gouv.qc.ca

Données de catalogage avant publication (Canada)

Guilloton, Noëlle

Le français au bureau

5ᵉ éd.

Comprend des réf. blibliogr. et des index.
ISBN 2-551-18191-7

1. Correspondance commerciale. 2. Français (Langue) – Français commercial. 3. Français (Langue) – Grammaire. 4. Vocabulaire. 5. Féminisation des
titres. I. Cajolet-Laganière, Hélène. II. Québec (Province). Office de la langue
française. Service des communications. III. Québec (Province). Office de la
langue française. Direction des services linguistiques. IV. Titre.

HF5728.F7C26 2000   808'.066651   C00-940407-4

LE FRANÇAIS AU BUREAU

Office de la langue française

Noëlle Guilloton
Hélène Cajolet-Laganière

CINQUIÈME ÉDITION

LES PUBLICATIONS DU QUÉBEC

Publication réalisée au
Service des communications,
avec la collaboration de
la Direction des services linguistiques
de l'Office de la langue française

Édition produite par
Les Publications du Québec
1500D, rue Jean-Talon Nord
Sainte-Foy (Québec) G1N 2E5

Comité de rédaction
Monique Bisson, Office de la langue française
Hélène Cajolet-Laganière, Université de Sherbrooke
Noëlle Guilloton, term. a., Office de la langue française
Stéphane Tackels, Office de la langue française

Christian Bonnelly, Commission de toponymie

Direction artistique
Brigitte Carrier, Les Publications du Québec

Graphisme
Charles Lessard

PRÉFACE

Voilà plus d'un quart de siècle que *Le français au bureau* fait partie de la panoplie documentaire de ceux et celles qui ont à cœur la qualité de la communication écrite. C'est donc avec fierté qu'au printemps de cette année 2000 l'Office de la langue française présente une cinquième édition mise à jour et enrichie de son guide linguistique vedette.

La langue française sait exprimer la modernité et s'adapter aux progrès technologiques qui accompagnent dans leur travail les Québécois et les Québécoises. Grâce à l'ouvrage que vous avez entre les mains, quelle que soit la profession ou l'activité que vous exercez et quels que soient les modes de communication que vous adoptez, de la correspondance classique au courrier électronique, vous pourrez, avec encore plus de facilité et d'assurance, trouver une réponse précise, complète et adaptée aux questions linguistiques courantes qui se posent à vous.

Cette édition actualisée du *Français au bureau* met une nouvelle fois à la disposition de la société québécoise la compétence du personnel linguistique de l'Office de la langue française. Puisse-t-elle continuer à vous guider efficacement dans la poursuite d'une maîtrise toujours plus grande du français !

La présidente
de l'Office de la langue française
et de la Commission de toponymie,

Nicole RENÉ

REMERCIEMENTS

Outre les personnes qui, de bien des façons, ont prêté leur concours aux éditions précédentes et notamment à la quatrième, nous remercions toutes celles qui nous ont fait part de leurs suggestions et de leurs commentaires constructifs visant à rendre *Le français au bureau* encore plus conforme à leurs besoins et mieux adapté aux nouvelles réalités du monde du travail.

Nous remercions surtout pour leur précieuse collaboration à la présente édition les membres du personnel de l'Office de la langue française, et en particulier :

- madame Liliane Bernier, graphiste, qui a coordonné la mise à jour du vocabulaire technique illustré et les relations avec l'éditeur ;
- messieurs Daniel Moisan, rédacteur et réviseur, qui a commenté le manuscrit à divers stades de sa rédaction ; Jean-Claude Gaumond, webmestre de l'Office, qui nous a fait profiter de sa connaissance d'Internet, Gérald Paquette, chef du Service des communications, qui nous a manifesté son appui constant, ainsi que madame Diane Teasdale, secrétaire du Service des communications, pour son soutien technique ;
- mesdames Micheline Cayer, Corinne Kempa, Yolande Perron et Johanne Villeneuve, ainsi que monsieur Denis Godbout, terminologues, qui ont, notamment, établi ou révisé la terminologie du vocabulaire technique illustré ;
- mesdames Pierrette Vachon-L'Heureux et Carole Verreault, terminologues, pour leurs conseils judicieux, et madame Diane Lambert-Tesolin, terminologue, auteure du guide *Le français à l'hôtel de ville* ;
- mesdames Linda Farmer et Claudette Lefebvre, conseillères en francisation, dont les suggestions ont permis l'enrichissement de la section Formulaires administratifs et commerciaux, et monsieur Azim Mandjee, conseiller en francisation, qui a fait les recherches iconographiques et les vérifications techniques nécessaires à la mise à jour du vocabulaire illustré ;
- madame Chantal Robinson, bibliothécaire, qui a conçu le tableau de présentation des références bibliographiques des documents électroniques et mis à jour les bibliographies, ainsi que les autres membres du personnel de la bibliothèque de l'Office de la langue française à Montréal, pour leur collaboration efficace dans la recherche documentaire.

TABLE DES MATIÈRES

INTRODUCTION

Le présent ouvrage est destiné à un vaste public, plus particulièrement au personnel de bureau et de secrétariat, mais aussi à tous ceux et celles qui communiquent par écrit dans leur travail. La cinquième édition que voici a été augmentée et mise à jour en fonction des commentaires reçus des utilisatrices et utilisateurs assidus de l'édition précédente. Encore plus riche d'explications et d'exemples pratiques, elle tient compte à la fois de l'évolution de la langue et de l'omniprésence des nouveaux modes de communication.

La première partie traite en détail des règles et des pratiques actuelles de la correspondance en matière d'adressage et de présentation de la lettre. Elle aborde aussi la composition de divers autres écrits en usage dans l'administration et les affaires, le courrier électronique notamment, ainsi que d'une douzaine de formulaires administratifs et commerciaux, le tout illustré de nombreux exemples.

La deuxième partie porte sur les règles et les usages typographiques : emploi des majuscules, abréviations, ponctuation, coupure et mise en relief des mots, division des textes, écriture des nombres, présentation des références bibliographiques des documents imprimés et électroniques, correction de textes, etc. Chacune des sections comporte de multiples exemples dont la plupart sont issus de demandes adressées aux services de consultation de l'Office.

La troisième partie est essentiellement consacrée à la grammaire et au vocabulaire. Un répertoire de difficultés grammaticales et orthographiques a été conçu et rédigé pour expliquer les difficultés de la langue – qu'elles soient anciennes ou nouvelles – auxquelles on se heurte le plus fréquemment ; elles sont illustrées d'exemples adaptés, inspirés de contextes qu'on rencontre dans le travail de bureau. Une liste alphabétique de mots et d'expressions à connaître permet de repérer rapidement lesquels il vaut mieux éviter dans une situation de communication officielle – formulaires compris – et ceux qu'il faut retenir. Ensuite, un court protocole téléphonique traite de l'expression orale ; il présente les formules conseillées au téléphone dans diverses situations de communication et quelques exemples de messages à utiliser sur un répondeur et dans une messagerie vocale. Enfin, le vocabulaire illustré, entièrement actualisé, reproduit notamment certaines illustrations du dictionnaire thématique *Le visuel*, publié par les éditions Québec Amérique, et renseigne en un clin d'œil sur les termes désignant les objets et les appareils dont on se sert au bureau, les classiques comme les plus modernes.

En annexe figurent une liste actualisée de plus de six cents noms de métiers et de fonctions, titres et appellations de personnes au féminin, ainsi qu'une liste – augmentée elle aussi – de toponymes et d'odonymes dont il a paru utile de rappeler la graphie. Signalons en outre que tout le contenu toponymique du *Français au bureau* est conforme aux règles d'écriture et aux avis énoncés par la Commission de toponymie.

L'index général a été considérablement enrichi pour faciliter une consultation rapide de l'ouvrage. Il est précédé d'une bibliographie, dont certains titres ont déjà été cités au cours ou à la fin des chapitres auxquels ils se rapportent, afin de permettre d'approfondir telle ou telle question.

Nous espérons ainsi offrir au public un guide toujours plus pratique, plus facile à consulter et assez complet pour que ceux et celles qui travaillent en français au bureau puissent y trouver eux-mêmes réponse à la plupart de leurs questions, en y gagnant en sécurité et en autonomie linguistiques.

Les auteures

Première partie

—

COMMUNICATIONS D'AFFAIRES

PRÉSENTATION DE L'ENVELOPPE ET DE LA SUSCRIPTION

Les exemples qui illustrent cette section sont fictifs, en tout ou en partie.

■ DÉSIGNATION DU OU DE LA DESTINATAIRE

TITRES DE CIVILITÉ

Monsieur, Madame[1] sont des titres de civilité qu'on donne aux personnes de toutes conditions, y compris aux députés, aux ministres et aux premiers ministres. Ils s'écrivent en toutes lettres sur l'enveloppe et dans les formules d'appel et de salutation[2]. Dans le cas bien particulier où on ne connaît pas le sexe de la personne à qui la lettre est destinée (dont le prénom peut être Claude, Dominique ou Camille, par exemple, ou dont on n'a que l'initiale) et qu'on est dans l'impossibilité de le savoir, on peut écrire **Madame ou Monsieur**.

Honorable est un titre de civilité désuet à déconseiller. C'est sous l'influence de l'anglais qu'on donne abusivement le titre d'*honorable* aux élus du peuple. Cependant, au Canada, l'usage de ce titre dans les documents officiels se maintient pour les ministres du cabinet fédéral, ainsi que pour les lieutenants-gouverneurs des provinces (voir exemple p. 33).

Il faut noter que les députés, qu'ils soient ministres ou non, ne portent pas leurs titres professionnels (Docteur, Maître) dans le cadre de leur activité parlementaire. On écrit donc :

---

1. **Mademoiselle** ne s'emploie plus que si on s'adresse à une toute jeune fille ou à une femme qui tient à se faire appeler ainsi.
2. Les titres de civilité (**Monsieur, Madame, Mademoiselle, Docteur, Docteure** et **Maître**) s'écrivent effectivement en toutes lettres et prennent la majuscule lorsqu'on s'adresse directement aux personnes concernées (adresse sur l'enveloppe, appel, salutation). Toutefois, lorsqu'on parle de quelqu'un dans le corps d'un texte ou d'une lettre, on abrège généralement le titre de civilité.

> **La conférencière sera Mme Anne-Marie Delorme, professeure de droit constitutionnel à l'Université de Sherbrooke.**
>
> **J'ai transmis votre lettre à M. Marcello Santos, qui y donnera suite.**

> **Monsieur Vincent Giroux**
> **Ministre de l'Éducation**
>   et non
> *Docteur Vincent Giroux*
> *Ministre de l'Éducation*

Le titre de **Docteur**, ou **Docteure**, est réservé aux médecins, ainsi qu'aux dentistes et aux vétérinaires, considérés dans l'exercice de leur profession. On écrit alors soit **Docteur** ou **Monsieur le docteur**, soit **Docteure** ou **Madame la docteure**, sans faire suivre le nom de l'abréviation *M.D.* Ce titre n'est pas de mise dans le cas des titulaires d'autres doctorats universitaires (pour lesquels il ne faut pas non plus ajouter l'abréviation *Ph. D.*).

> **Docteur Sébastien Dutil**
>   ou
> **Monsieur le docteur Sébastien Dutil**
>
> **Docteure Diane Lacombe**
>   ou
> **Madame la docteure Diane Lacombe**

Le titre de **Maître** est donné aux avocats, avocates et notaires dans l'exercice de leur profession. Le titre de civilité à employer pour un ou une juge est **Monsieur le juge, Madame la juge**. Comme le nom de la personne suit son titre de fonction, celui-ci prend une minuscule initiale[1].

> **Maître Julie Lambert**
> **Maître Renaud Maillet**
> **Madame la juge Estelle Laliberté**
> **Monsieur le juge Robert Martel**

CORRESPONDANCE ADRESSÉE À UN COUPLE

Si la lettre est adressée à un couple, il existe différentes façons de faire ; en voici quelques-unes :

> **Monsieur et Madame Paul Meunier**
> **Monsieur le juge et Madame André Leblanc**
> (formules traditionnelles, voire désuètes, ne présentant que les nom et prénom du mari)

---

1. Le mot **juge** prend ici une minuscule initiale parce qu'il est accompagné du nom de la personne. Dans un appel ou une salutation, où on ne doit pas écrire de patronyme, le titre ou la fonction prend une majuscule.

   Monsieur le Juge,

   [...]

   Veuillez agréer, Monsieur le Juge, l'expression de ma haute considération.

Monsieur et Madame Guy et France Morin

Madame Line Lafleur et Monsieur Sébastien Roy
ou
Monsieur Sébastien Roy et Madame Line Lafleur
(formules plus actuelles présentant les nom et prénom des deux conjoints)

PRÉNOM, NOM ET FONCTION DU OU DE LA DESTINATAIRE

Les éléments d'un prénom composé sont toujours liés par un trait d'union, même s'ils sont abrégés.

Monsieur Jean-Paul Tessier
Monsieur J.-P. Tessier

Si le prénom est suivi d'une initiale, ce qui est un usage américain, il ne s'agit pas là d'un prénom composé, mais de deux prénoms juxtaposés dont le second est abrégé; ces deux prénoms ne sont pas liés par un trait d'union.

Monsieur Normand P. Beaulieu

Les deux noms formant un patronyme composé sont généralement liés par un trait d'union[1].

Claude Girard-Lajoie

On ne fait pas suivre le nom du ou de la destinataire de ses titres honorifiques ni de ses grades universitaires.

La désignation de la fonction officielle du ou de la destinataire, lorsqu'il est nécessaire de l'indiquer, se met le plus souvent sur la ligne qui suit le nom, mais elle peut aussi être apposée à ce dernier.

Madame Madeleine Patenaude
Présidente de la Chambre de commerce de Montréal

Monsieur Pierre Rocher
Directeur général
Société Consultex

Monsieur Jean Duval, président
Association québécoise des constructeurs aéronautiques

---

1. Le Code civil du Québec ne prévoit aucune disposition relative à la graphie d'un patronyme composé. L'usage veut cependant que l'on mette un trait d'union entre les éléments, et c'est ce qui est recommandé. Il faut toutefois respecter la graphie des patronymes existants qui ne comporteraient pas de trait d'union.

Dans les cas où on souhaite signaler que le ou la destinataire occupe une fonction par intérim, on peut écrire cette mention en toutes lettres ou en abrégé (**par intérim** ou **p. i.**).

> **Madame Christine O'Neil**
> **Directrice des communications par intérim**
> **Conseil du statut de la femme**

■ ADRESSE

Au Québec, certains éléments de l'adresse devraient toujours s'écrire dans la langue dans laquelle ils sont officialisés par la Commission de toponymie, qui est généralement le français; il s'agit de la rue et des autres génériques de voies de communication, du point cardinal, de la ville et de la province. Ces éléments ne devraient pas se traduire en anglais[1].

NUMÉRO ET RUE

On met une virgule entre le numéro (désigné officiellement par les termes **numéro dans la voie** et **numéro d'immeuble**) et le nom de la voie de communication.

> **5588, rue Frontenac Ouest**
> **12670[2], avenue des Pins**
> **234A[3], boulevard Jean-Lesage**
> **91 ½, chemin Fleury**

Les mots **rue, boulevard, avenue, place, côte, chemin, rang**, et autres génériques de voies de communication, précèdent en principe le nom spécifique de la voie de communication[4]. Ces mots s'écrivent en toutes lettres et gardent une minuscule initiale lorsqu'ils sont à l'intérieur d'un énoncé ou d'une adresse. Il est

---

1. Les ministères et les organismes de l'Administration sont tenus de n'employer que le français dans les adresses au Québec. Beaucoup de grandes entreprises ont aussi adopté ce principe.

2. Dans un numéro, à la différence d'un nombre, on ne sépare pas les chiffres en tranches de trois.

3. Il n'y a pas d'espacement ni de trait d'union entre le numéro et la lettre (toujours majuscule) qui l'accompagne.

4. Il y a cependant des cas où l'élément spécifique précède l'élément générique, conformément aux règles de la syntaxe : un adjectif numéral ordinal ou un adjectif qualificatif comme **grand, beau, vieux**, notamment, précède en effet le nom auquel il se rapporte.

> **1358, 2ᵉ Avenue**
> **250, Grande Allée Est**

toutefois permis de les abréger par manque de place, mais il est incorrect et contraire au *Guide canadien d'adressage* de les supprimer[1].

789, route du Vallon
200, chemin Sainte-Foy
3600, côte d'Abraham
1400, boulevard René-Lévesque
4567, boul. Édouard-Montpetit
1789, rue de Paris[2]
1650, rang Melançon
75, place Royale[3]

Le mot **autoroute** ne devrait pas servir de générique à une voie de communication dans une adresse, car les constructions qui la bordent sont situées en fait le long de voies de service. C'est le nom de la voie de service qu'on doit indiquer. Toutefois, si la voie de service n'a pas de nom officiel et que c'est l'habitude d'employer le nom de l'autoroute, on l'écrit ainsi :

11780, autoroute Transcanadienne

Lorsque l'élément spécifique d'un nom de rue est un nombre ordinal, il s'écrit le plus souvent en chiffres[4]. Dans ce cas, l'élément générique du nom de rue, qui suit ce nombre, prend aussi une majuscule.

1244, 1re Avenue
1475, 54e Rue
642, 3e Rang[5]

---

1. Ainsi, on ne doit pas écrire par exemple *300, Lajoie*, mais plutôt **300, rue Lajoie**.

2. La syntaxe française veut qu'on lie l'élément générique et l'élément spécifique d'un nom de voie de communication par la préposition **de** lorsque cet élément spécifique est un toponyme.

   2250, chemin de Chambly (et non pas *chemin Chambly*)
   1234, boulevard de Rome
   10870, avenue d'Orléans
   725, rue de Normandie (de préférence à *rue de la Normandie* ; éviter *rue Normandie*)

3. Il s'agit bien ici d'une véritable place, c'est-à-dire d'un « espace découvert et assez vaste, sur lequel débouchent ou que traversent ou contournent une ou plusieurs voies de communication et qui, parfois, est entouré de constructions ou peut comporter un monument, une fontaine, des arbres ou autres éléments de verdure ». Dans le cas d'un immeuble ou d'un ensemble immobilier appelé à tort *place*, on garde la majuscule à ce mot qui a alors, en quelque sorte, valeur de nom propre : *Place-Ville-Marie, Place-Haute-Ville,* etc. (Le mot **immeuble** peut être sous-entendu.)

4. L'adjectif numéral ordinal employé comme élément spécifique d'un nom de rue peut aussi s'écrire en toutes lettres, avec une majuscule, mais cet usage est rare.

   1244, Première Avenue

5. La désignation des rangs par un nombre cardinal (*rang Trois* ou *rang 3*) est à éviter dans une adresse.

Lorsqu'une route ou une autoroute porte un nom[1], c'est celui-ci qu'il faut employer plutôt que son numéro. Il faut noter par ailleurs que l'appellation «route rurale» ne désigne pas une voie de communication ; c'est un terme qui a trait au service postal.

route Marie-Victorin (plutôt que *route 132*)

Lorsque l'élément spécifique d'un nom de rue comprend lui-même plusieurs éléments (patronyme précédé d'un prénom, d'un titre, ou nom accompagné d'un adjectif, ou encore appellation composée), on joint ces éléments par des traits d'union. Si on manque de place, en cas d'absolue nécessité, certains éléments du spécifique peuvent être abrégés : les mots **Saint, Sainte, Notre-Dame**, ainsi que les titres honorifiques (voir aussi p. 189).

141, rue Sir-Adolphe-Routhier
1500, avenue Notre-Dame-des-Victoires
850, chemin du Vieux-Quai
7564, boul. Saint-Jean-Chrysostome

IMMEUBLE, APPARTEMENT, BUREAU

Si le ou la destinataire habite dans un immeuble comprenant plusieurs appartements, on mentionne le numéro de celui qu'il ou qu'elle occupe, et cette mention est précédée d'une virgule. S'il n'y a pas assez de place pour l'écrire sur la même ligne que le nom de la rue, on l'écrit sur la ligne précédente. Le signe #, souvent appelé *carré*, ou encore *dièse*, est à éviter.

Madame Élisabeth Mertens
1224, boulevard de la Brunante, app. 3

Monsieur Jean-Louis Guillou
Appartement 222
2050, chemin de la Côte-des-Neiges

Dans le cas d'immeubles de bureaux, on mentionne le numéro du bureau ou de la porte du ou de la destinataire. Dans ce contexte, les mots *chambre* et *suite* (qui désignent respectivement une pièce où on couche et un appartement de plusieurs pièces dans un hôtel) sont à éviter. S'il n'y a pas assez de place pour l'écrire sur la même ligne que le nom de la rue, on écrit cette mention sur la ligne précédente.

---

1. Sous réserve de ce qui a été énoncé précédemment sur l'emploi du mot **autoroute** dans une adresse.

bureau 200

porte 150

Monsieur Hubert Delalande
Société ABC
380, rue Jacques-Cartier, bureau 400

Madame Marie-Hélène Plamondon
Publicité Univox
Bureau 1360
12850, boul. Henri-Bourassa Est

Centre de documentation
Association québécoise d'information culturelle
450, avenue des Pins, bur. 125

Certains immeubles ou ensembles immobiliers ont un nom qu'il est parfois d'usage de mentionner dans l'adresse. Cette mention s'écrit alors sur la ligne précédant celle de la rue[1].

Madame Constance Li
Office des ressources humaines
Complexe Desjardins, tour Est[2], bureau 1400
150, rue Sainte-Catherine Ouest

Monsieur Albert Garneau
Agence de voyages Thalassa
Immeuble Cartier
1642, rue De La Gauchetière

Madame Johanne Laliberté
Boutique Artech
Centre commercial Laurier, aile 2
25, avenue Champlain

---

1. Dans le cas d'un ensemble immobilier, la mention qui précise la partie de l'ensemble (tour, aile, bâti-ment, etc.) et qui peut être accompagnée d'un numéro, d'une lettre ou d'un point cardinal, suit normalement le nom de l'ensemble. Une mention du type *1, Place-Ville-Marie* n'est donc pas conforme à cet usage.

2. Le point cardinal fait ici partie du nom de l'immeuble ; c'est son élément distinctif : il prend donc une majuscule.

Si on doit préciser l'étage, on le mentionne soit après le nom de l'immeuble, soit après le nom de la rue, sur la même ligne que ceux-ci. Si la place manque, on l'écrit sur la ligne précédente.

> **Monsieur Alexandro Carlos**
> **Aubry, Bélanger et Associés**
> **Tour de la Bourse, 15ᵉ étage**
> **800, rue du Square-Victoria**

> **Madame Flora Lachance**
> **Division des moyens d'évaluation**
> **Direction de la dotation**
> **Secrétariat de la fonction publique**
> **Édifice Marie-Guyart, 1ᵉʳ étage, section B**
> **1060, rue Louis-Alexandre-Taschereau**

> **Madame Liliane Paul**
> **Société québécoise d'urbanisme**
> **1980, rue des Érables, 8ᵉ étage**

> **Monsieur David Campbell**
> **Agence Interpub**
> **3ᵉ étage, bureau 5**
> **Le Montcalm**
> **325, rue Saint-Jean-Baptiste**

POINTS CARDINAUX

Conformément à ce que préconise la Commission de toponymie, les points cardinaux **Nord**, **Sud**, **Est** et **Ouest** s'écrivent avec une majuscule et sans trait d'union lorsqu'ils sont déterminatifs de l'élément générique d'un nom de rue. Ils s'écrivent en toutes lettres après le nom de la rue ; l'abréviation du point cardinal est tolérée si le manque de place l'impose, à condition qu'on ait déjà dû abréger le générique de l'odonyme (voir aussi p. 188).

> **740, boulevard Charest Ouest**
> **1575, rue Sherbrooke Est**
> **12987, boul. Armand-Frappier O.**

Cependant, si le point cardinal est déterminatif de l'élément spécifique, il est lié à celui-ci par un trait d'union et prend aussi la majuscule.

> **Autoroute des Cantons-de-l'Est**

CASE POSTALE

Si la lettre est adressée à un bureau de poste, on indique la **case postale**, qui peut s'abréger en **C. P.**[1], et son numéro. Dans ce cas, on n'indique pas l'adresse géographique, même si l'expéditeur la mentionne dans son en-tête (voir aussi p. 31).

Le mot **succursale** (qui peut s'abréger en **succ.**) doit remplacer le mot *station* pour désigner certains bureaux de poste.

> **Société Saint-Jean-Baptiste**
> **Case postale 240**
> **Succursale Centre-ville**[2]
>
> **Agence commerciale Mercator**
> **C. P. 5000, succ. Anjou**
>
> **Association québécoise d'escrime**
> **C. P. 360, succ. Terminus**

QUARTIER

Dans une adresse postale, on n'indique généralement pas le nom du quartier ni celui de l'ancienne municipalité (Vieux-Montréal, Chomedey, L'Île-des-Sœurs, etc.). Cette mention peut cependant être utile dans une adresse géographique, lorsqu'il faut livrer de la marchandise ou se rendre à un rendez-vous, par exemple (voir p. 31).

VILLE

Le nom de la ville ne doit pas être abrégé et s'écrit le plus souvent en lettres minuscules (sauf l'initiale). Il n'est pas souligné. La graphie de ce nom doit être conforme à la forme officielle qui figure dans le *Répertoire toponymique du Québec* (voir aussi la liste des toponymes en annexe, p. 450).

> **400, boulevard Décarie**
> **Saint-Laurent**[3]

---

1. Il ne faut pas confondre **case** et **casier**. Ce dernier mot désigne «un ensemble de cases» et ne convient pas dans ce contexte. Par ailleurs, pour des raisons d'uniformisation, la Société canadienne des postes demande d'éviter le terme *boîte postale,* ainsi que son abréviation *B. P.,* dans une adresse au Canada.
2. L'élément spécifique d'une succursale postale commence par une majuscule. Dans le cas du nom commun composé *centre-ville*, on met donc un *c* majuscule. Si cet élément spécifique est l'appellation officielle d'un quartier, on en reproduit la graphie exacte, qui comporte généralement une majuscule à chacun des composants liés par un trait d'union, comme dans les autres toponymes et odonymes; on écrit ainsi : **succursale Haute-Ville**.
3. Le nom officiel de cette municipalité est bien **Saint-Laurent**, et non pas *St-Laurent,* ni *Ville Saint-Laurent.* Il en est de même pour **Sainte-Foy, LaSalle, Anjou** et **LeMoyne,** par exemple.

COMTÉ

On n'indique pas le nom du comté dans une adresse. En outre, le terme *comté* ne doit plus être utilisé pour désigner un type de découpage administratif actuel. En effet, les municipalités de comté, appelées familièrement *comtés*, n'existent plus depuis leur remplacement par les municipalités régionales de comté (M.R.C. ou MRC) que la Loi sur l'aménagement et l'urbanisme a établies. Quant aux autres types de découpage, ils portent des noms distincts : circonscription judiciaire, circonscription électorale, circonscription foncière, division de recensement, etc.

PROVINCE

On écrit le nom de la province en toutes lettres, entre parenthèses, à côté du nom de la ville.

Saint-Jean-Port-Joli (Québec)
Québec (Québec)
Saint-Boniface (Manitoba)
Halifax (Nouvelle-Écosse)

L'Office de la langue française a normalisé le symbole **QC** pour désigner le Québec dans le cas où une abréviation est nécessaire. L'emploi de ce symbole est cependant réservé à certains usages techniques : formulaires informatisés, tableaux statistiques, etc., ce qui exclut la correspondance. Toutefois, il est possible de l'utiliser dans une adresse lorsque la place est vraiment limitée (étiquettes, enveloppes à fenêtre, fichiers d'adresses informatisés) et qu'il s'agit d'envois massifs. Ce symbole est alors séparé du nom de la ville par un espacement et du code postal par un espace équivalant à deux caractères ; il n'est pas entre parenthèses. Voir aussi le tableau p. 212.

CODE POSTAL

Le code postal termine la suscription, sauf dans le cas où on indique le nom du pays. Il doit être utilisé selon les règles de la Société canadienne des postes et figurer en dernière place, après la ville et la province, de préférence sur la même ligne que ces deux mentions, et séparé d'elles par un espace équivalant à deux caractères. Cependant, si, par manque de place, on ne peut pas écrire le code postal sur la même ligne que la ville et la province, on peut l'écrire seul sur la dernière ligne de l'adresse.

Les trois lettres du code doivent être en majuscules. Le code postal n'a ni point, ni trait d'union, ni aucun autre signe de ponctuation, et il n'est pas souligné. Les deux groupes (lettres et chiffres) du code doivent être séparés par un espace équivalant à un caractère.

Lévis (Québec) G1V 2N3

CANADA

Sur les enveloppes à destination des autres provinces et territoires du Canada, on écrit le nom de la province ou du territoire en français, puisque cette indication est lue au départ du Québec.

Vancouver (Colombie-Britannique)
Fredericton (Nouveau-Brunswick)
Toronto (Ontario)
Iqaluit (Nunavut)

Monsieur Peter Walker
Vice-président aux communications
Sonotech Canada Ltd.
125 Gordon Baker Road
Toronto (Ontario) M2H 3R8

La mention de pays CANADA ne figure que dans l'adresse de l'expéditeur sur une enveloppe à destination de l'étranger. Elle s'écrit en majuscules sur la ligne suivant le code postal.

Monsieur Michel Lussier
Société Avel
876, rue Champlain
Boucherville (Québec) J3F 4B6
CANADA

ÉTRANGER

Pour les lettres à destination de l'étranger, on doit écrire le nom du pays, de préférence en majuscules, seul sur la dernière ligne de l'adresse. Si l'adresse n'est pas en français, on la recopie telle qu'elle a été donnée, en suivant les usages du pays de destination afin qu'elle soit bien comprise par les préposés du service postal de ce pays. Toutefois, le nom du pays doit être écrit en français, puisque cette indication s'adresse aux personnes qui font le tri au point d'expédition.

Public Relations
ABC Company
Post Office Box 13456
Phoenix, AZ 85002
ÉTATS-UNIS

Madame Bénédicte Durand
Éditions Franjeu
14, rue Gît-le-Cœur
75006 PARIS CEDEX
FRANCE

Herrn
Wolfgang Baumgartner
Heinestrasse 38
A-1020 Wien
AUTRICHE

Monsieur Didier Clerens
Boulevard Léopold II, 56
B-1080 BRUXELLES
BELGIQUE

Professora Maria Segura
Instituto de Investigaciones Eléctricas
Matias Romero 99
Col. del Valle
03100 Mexico, D. F.
MEXIQUE

■ MENTIONS COMPLÉMENTAIRES

NATURE DE L'ENVOI ET MODE D'ACHEMINEMENT

Dans une entreprise, un organisme, un ministère, une association, l'enveloppe est adressée directement à une personne, dont le nom figure en premier lieu dans la suscription.

La mention **À l'attention de** est de moins en moins utilisée et ne se justifie plus guère. Elle était surtout d'usage autrefois lorsque tout le courrier d'une société ou d'une communauté était centralisé à un même point de réception. On l'utilise encore parfois dans le cas où le contenu de la lettre s'adresse à un groupe et qu'on veut charger une personne en particulier de transmettre ce message au groupe. Cette mention se met soit au-dessus de l'adresse, soit à gauche à condition qu'elle soit au-dessus des deux ou trois dernières lignes de l'adresse. Il est préférable de la souligner.

À l'attention de   Bibliothèque des études
Sœur Anne Lavoie   Couvent de Neuville
                          14, rue Saint-Jean-Baptiste Ouest
                          Neuville (Québec) F2A 4H7

Lorsqu'on confie à quelqu'un le soin de remettre la lettre à son ou sa destinataire, on indique sous le nom du ou de la destinataire la mention **Aux bons soins de...** ou **Aux soins de...** (qui peut s'abréger en **a/s de...**[1]). Cette pratique, qui est réservée à la correspondance privée, devient désuète.

> **Monsieur Peter Eisenberg**
> **a/s de Madame Gisèle Arseneault**
> **60, rue du Ruisseau**
> **Longueuil (Québec) J3D 4M5**

Lorsqu'on présume que le ou la destinataire a changé de domicile et qu'on ignore sa nouvelle adresse, on indique sur la partie gauche de l'enveloppe la mention, soulignée de préférence, **Prière de faire suivre.**

Les mentions relatives à la nature de l'envoi, comme PERSONNEL, CONFIDENTIEL, de même que celles qui s'adressent aux préposés du service postal, comme RECOMMANDÉ, URGENT, PAR AVION, EXPRÈS ou PAR EXPRÈS[2], PAR MESSAGERIE, sont en majuscules (avec les accents nécessaires) et, de préférence, soulignées[3]. Elles s'inscrivent à gauche de l'adresse, au-dessus des deux ou trois dernières lignes.

> <u>**CONFIDENTIEL**</u>
>
> **Docteur Pierre Roy**
> **70, rue des Patriotes**
> **Sherbrooke (Québec) J1N 4H2**

> <u>**RECOMMANDÉ**</u>
> <u>**PERSONNEL**</u>
>
> **Madame Colette Paradis**
> **Directrice régionale**
> **Ministère de l'Environnement**
> **100, rue Laviolette, bureau 125**
> **Trois-Rivières (Québec) G9A 5S9**

On peut écrire la mention EN MAIN PROPRE ou EN MAINS PROPRES sur une enveloppe qui doit être remise en personne à sa ou son destinataire (par un service de messagerie, le plus souvent).

---

1. La mention *c/o* (abréviation de *care of*) est réservée aux adresses rédigées en anglais.

2. Il faut distinguer l'adjectif et le nom invariables **exprès** (dont on prononce le *s* final) de l'adjectif et du nom invariables **express**. **Exprès** s'emploie dans des expressions comme **lettre exprès, colis exprès**, ainsi que dans la mention EXPRÈS ou PAR EXPRÈS, dans le sens de « remis immédiatement au destinataire avant la distribution habituelle ». **Express** qualifie ce qui s'accomplit très vite ou désigne principalement un moyen de transport.

3. Les mentions PERSONNEL, CONFIDENTIEL, RECOMMANDÉ et URGENT sont au masculin. On peut sous-entendre les mots **courrier** ou **pli**, ou encore la forme impersonnelle « c'est... ».

ADRESSE DE L'EXPÉDITEUR

Si cette adresse n'est pas déjà imprimée sur l'enveloppe, l'expéditeur ou l'expéditrice doit mettre son nom et son adresse complète dans l'angle supérieur gauche de l'enveloppe. Cette adresse peut être précédée du mot **Expéditeur** ou de l'abréviation **Exp.**, mais il faut éviter dans ce contexte l'emploi de la préposition *De*, calque de l'anglais *From*.

■ PONCTUATION ET ORDRE DES ÉLÉMENTS

On ne met ni point ni virgule à la fin des lignes de l'adresse sur une enveloppe ni dans la vedette d'une lettre (voir aussi p. 40).

Les éléments de la suscription, repris dans la vedette de la lettre, vont du particulier au général, ligne après ligne, conformément aux recommandations de la Société canadienne des postes.

> **Madame Camille Hippolyte**
> **Urbaniste**
> **Direction régionale de l'Outaouais**
> **Ministère des Transports**
> **Bureau 5.130**
> **725, boulevard Saint-Joseph**
> **Hull (Québec) J8X 4C2**
>
> **Monsieur Marcel Auger**
> **Directeur des services judiciaires**
> **Ministère de la Justice**
> **Centre commercial Laflèche**
> **625, boul. Laflèche, bureau 250**
> **Baie-Comeau (Québec) G5C 1C5**
>
> **Madame Pierrette Dessureault**
> **Service des ressources humaines**
> **Provitech inc.**
> **2345, avenue du Parc, 2e étage**
> **Montréal (Québec) H3P 8A2**

Noter que dans un en-tête où les éléments de l'adresse sont présentés en continu, on sépare les lignes par des virgules et on termine le tout par un point. (Voir exemple p. 37.)

■ **DIFFÉRENCE ENTRE ADRESSE GÉOGRAPHIQUE ET ADRESSE POSTALE**

L'adresse géographique (parfois appelée *adresse municipale*) d'une personne physique ou morale peut différer de son adresse postale. La première sert à situer précisément un lieu, un établissement, la seconde sert à indiquer le point de livraison du courrier. Dans le cas où ces deux adresses existent, c'est l'adresse postale qu'on inscrit sur l'enveloppe. L'adresse postale mentionne par exemple une case postale, une succursale postale, une route rurale ou un autre mode de livraison du courrier. Il faut éviter de faire figurer les deux adresses sur l'enveloppe ; si, exceptionnellement, les deux adresses doivent y figurer, c'est l'adresse postale qui doit occuper les deux ou trois dernières lignes de l'adresse.

> **Monsieur Jean-Claude Germain**
> **Président du comité de francisation**
> **Réseautech inc.**
> **1234, rue Marie-Curie**
> **Case postale 1525**
> **Richelieu (Québec) J0J 1A0**

Adresse géographique	*Adresse postale* (sur l'enveloppe)
Monsieur Guy Bernier **Société Informex** **2135, rue Laurier** **Québec (Québec)**	**Monsieur Guy Bernier** **Société Informex** **C. P. 350, succ. Haute-Ville** **Québec (Québec) G4L 8M9**
Madame Angèle Tremblay **456, route de la Providence** **Pohénégamook** **Sully (Québec)**	**Madame Angèle Tremblay** **456, route de la Providence** **Sully (Québec) G0L 4J0**
Monsieur Albert Lemoine **25, rang Saint-Jean** **Hemmingford (Québec)**	**Monsieur Albert Lemoine** **Route rurale 2** **Hemmingford (Québec) J2F 5B7**

Il est toutefois utile, le cas échéant, de faire figurer les deux adresses sur une carte professionnelle.

L'écriture des adresses et le *Guide canadien d'adressage*

Les règles d'écriture des adresses énoncées dans le présent ouvrage sont conformes aux exigences de la Société canadienne des postes présentées dans le *Guide canadien d'adressage*. Les adresses ainsi rédigées donnent droit à tous les tarifs préférentiels consentis aux grands usagers postaux et sont utilisables pour tous les services postaux. Voici quelques points importants à noter.

•

On écrit les adresses en employant des majuscules et des minuscules (avec signes diacritiques : accents, tréma et cédille), ainsi que les signes de ponctuation qui conviennent.

•

Les éléments de l'adresse devant aller du particulier au général, le nom du ou de la destinataire, son titre et le nom de son service doivent figurer au-dessus du nom de l'entreprise ou de l'organisme.

•

La mention de l'étage, du bureau ou de l'appartement figure normalement sur la même ligne que le nom de la rue. En cas de manque d'espace, pour que les éléments de l'adresse soient présentés du particulier au général ligne après ligne, on écrit cette mention sur la ligne qui précède le nom de la rue.

•

Pour des raisons d'uniformisation, le terme *boîte postale*, ainsi que son abréviation *B. P.* ou *BP*, est à éviter dans une adresse au Canada. On utilise **Case postale** ou **C. P.**

•

Dans le cas d'envois massifs, le symbole **QC** est admis sur des étiquettes ou dans des fichiers d'adresses informatisés où la place est limitée.

•

Le code postal figure de préférence sur la même ligne que le nom de la ville et de la province. En cas de manque d'espace, on peut l'inscrire sur la ligne suivante.

•

Les mentions **À l'attention de**, **PERSONNEL**, **CONFIDENTIEL**, etc., lorsqu'elles sont nécessaires, doivent figurer soit au-dessus de l'adresse, soit à gauche de celle-ci au-dessus du niveau des deux ou trois dernières lignes de l'adresse. Il est préférable de les souligner.

« La Société canadienne des postes encourage tous les expéditeurs à respecter les souhaits de leurs clients en ce qui concerne la présentation des envois. Le *Guide* [*canadien d'adressage*] satisfait aux exigences des langues française et anglaise, car on y accepte l'utilisation d'accents, de majuscules et de minuscules, ainsi que l'écriture en toutes lettres des éléments de l'adresse et les signes de ponctuation. »

EXEMPLES D'ADRESSES

Exemples fictifs en tout ou en partie

Monsieur Michel Gagnon
Premier ministre du Québec
Cabinet du premier ministre
885, Grande Allée Est
Québec (Québec) G1A 1A2

Madame Nicole Lafleur
Ministre de l'Éducation
1035, rue De La Chevrotière, 16e étage
Québec (Québec) G1R 5A5

<u>CONFIDENTIEL</u>

Madame Pierrette Royer
Députée de Champlain
Assemblée nationale
Hôtel du Parlement[1]
Québec (Québec) G2B 3H0

L'honorable Louis Therrien
Lieutenant-gouverneur du Québec
Cité parlementaire
1050, rue Saint-Augustin
Québec (Québec) G1A 1A1

Monseigneur Jean Duchêne
Archevêque de Montréal
2000, rue Sherbrooke Ouest
Montréal (Québec) H3H 1G4

Son Excellence Madame Sonia Domingo
Ambassadrice du Guatemala
1234, rue Rideau
Ottawa (Ontario) K1N 0B4

---

1. *Hôtel du Parlement* a ici une majuscule de position. Dans un texte suivi, l'appellation *hôtel du Parlement* s'écrit avec un *h* minuscule, sur le modèle d'*hôtel de la Monnaie*, *hôtel des Ventes*, etc.

Monsieur Thierry Chatel
Consul général de France
25, rue Saint-Louis
Québec (Québec) G1R 3Y8

Monsieur Jean-Paul L'Allier
Maire de Québec
Hôtel de ville
2, rue des Jardins
Québec (Québec) G1A 2B3

Madame Isabelle Laplante
Conseillère municipale
Hôtel de ville
1325, place de l'Hôtel-de-Ville
Trois-Rivières (Québec) G9A 8N2

RECOMMANDÉ

Monsieur le colonel François Leclerc
Base des forces canadiennes de Valcartier
Courcelette (Québec) G0A 1R0

PRIÈRE DE
FAIRE SUIVRE

Révérend père Jean Fontaine
École secondaire Saint-Luc
104, rue de Montmorency
Granby (Québec) J1B 6S4

Sœur Yvonne Roy
Collège du Saint-Nom-de-Marie
670, chemin de la Côte-de-Liesse
Montréal (Québec) H2N 4M8

Madame Marie-Louise Lavigueur
Présidente-directrice générale
Société de transport
de la Communauté urbaine de Montréal
1250, place Alphonse-Desjardins
Montréal (Québec) H2K 3S9

Monsieur le docteur et Madame Daniel Lemay
Le Renoir, app. 32
600, boulevard Queen Nord
Windsor (Québec) G9S 2H6

Madame Lyne Moreau et Monsieur Jean Dumas
24B, rue de la Cathédrale, app. 5
Saint-Hyacinthe (Québec) J3F 4B6

Maître Jacqueline Bouchard
Allard, Bouchard, Collin et Associés
Complexe 2000, tour A, bur. 1025
4783, avenue Le Corbusier
Montréal (Québec) H5F 3D8

Monsieur Bertrand Demers
Professeur agrégé
École d'architecture
Université de Montréal
C. P. 6128, succ. Centre-ville
Montréal (Québec) H3C 3J7

Madame ou Monsieur Claude Bergeron
542, 2e Avenue, app. 30
Sainte-Agathe-des-Monts (Québec)
J2D 4G9

Madame Christine Larivière
Chef du Service des communications
Ministère des Affaires municipales
Édifice Jos-Montferrand, 6e étage
170, rue de l'Hôtel-de-Ville
Hull (Québec) J8X 4E2

Étiquette, fenêtre ou autre espace limité

Monsieur Antoine Legrand
5675, av. St-Pierre N.
Sainte-Anne-de-la-Pérade QC
G7A 6H8

PRÉSENTATION DE LA LETTRE

Voici, dans l'ordre, les principaux éléments qui composent une lettre.

■ PRÉLIMINAIRES DE LA LETTRE

EN-TÊTE

Les entreprises et les organismes se servent généralement de papier à lettres à en-tête. L'en-tête est l'indication imprimée de la dénomination sociale ou de l'appellation officielle d'une entreprise ou d'un organisme[1], qui figure dans la partie supérieure de la feuille. Il peut comprendre divers renseignements utiles, comme l'adresse géographique et l'adresse postale, les numéros de téléphone[2] et

---

1. Il faut veiller à couper correctement les appellations qui ne tiennent pas sur une seule ligne. Par exemple, on ne coupe pas les mots qui forment l'appellation et on ne renvoie pas à la ligne suivante après un article.
   Société québécoise pour la recherche et le développement du multimédia
   Société québécoise pour la recherche
   et le développement du multimédia
   (et non pas
   Société québécoise pour la recherche et le dévelop-
   pement du multimédia
   ni
   Société québécoise pour la recherche et le
   développement du multimédia)

2. Les numéros de téléphone comprennent un indicatif régional, excepté les numéros sans frais (800, 888, etc.). L'indicatif régional s'écrit entre parenthèses, car ces trois chiffres ne sont pas toujours à composer lorsqu'on téléphone. C'est évidemment aussi le cas du nouvel indicatif 450 en usage dans la région de Montréal. Toutefois, les numéros sans frais s'écrivent sans parenthèses, car on doit toujours composer leurs onze chiffres.

de télécopie, l'adresse électronique[1] et celle du site Web. On peut aussi faire précéder ces renseignements de symboles clairs. Pour des raisons graphiques, on peut aussi choisir d'imprimer ceux-ci au bas de la feuille. Différentes dispositions sont possibles : les renseignements peuvent être présentés les uns sous les autres ou en ligne continue.

**Société Protec
200, rue Champlain, bureau 345
Montréal (Québec) H2Y 3N8
Téléphone : (514) 837-1234
Télécopie : (514) 831-5678**

Matériel informatique Micromax inc., 2345, 10e Avenue, bureau 230, Québec (Québec) G4A 5B9, CANADA. Téléphone : (418) 678-INFO ; télécopieur : (418) 692-3456.

Créations multimédias Imagiclic, 158, rue de la Commune, bureau 125, C. P. 762, succursale Centre-ville, Montréal (Québec) H2A 3N6. Téléphone : (514) 270-6868 ; télécopie : (514) 273-5476 ; courriel : imagiclic@etc.qc.ca ; Internet : www.imagiclic.com.

**Créations multimédias Imagiclic
158, rue de la Commune, bureau 125
C. P. 762, succursale Centre-ville
Montréal (Québec) H2A 3N6
☎ (514) 270-6868 ou, sans frais, 1 888 274-9876
🗋 (514) 273-5476
🖳 imagiclic@etc.qc.ca
www.imagiclic.com**

Il faut noter que, dans les en-têtes de lettre et sur les cartes professionnelles, on écrit de préférence en toutes lettres **télécopie**, ou encore **télécopieur**.

Il est possible d'indiquer plusieurs adresses dans un en-tête, lorsque le même papier à lettres sert à plusieurs établissements d'une entreprise ou d'un organisme.

Dans un en-tête qui mentionne plusieurs niveaux hiérarchiques, ceux-ci vont du général au particulier. Dans les ministères et organismes québécois, les en-têtes doivent être conformes aux règles énoncées dans le *Programme d'identification visuelle*.

---

1. Pour indiquer une adresse électronique, on peut soit inscrire le mot *courriel*, soit avoir recours à l'abréviation *C. élec.* Toutefois, une telle mention est généralement superflue, étant donné qu'une adresse électronique est une suite de caractères nettement identifiable grâce à la présence du symbole @ (appelé *a commercial* ou *arobas*). Signalons qu'en France, dans ce contexte, c'est *Mél.* (pour *messagerie électronique*) qui a été retenu, avec une mise en garde indiquant que ce « symbole » ne doit pas être utilisé comme substantif.

LIEU ET DATE

Le lieu et la date sont des mentions essentielles dans une lettre administrative ou commerciale. Ils figurent dans l'angle supérieur droit et ne sont pas abrégés. Il faut noter qu'on les sépare par une virgule, que le nom du mois ne prend pas la majuscule et qu'il n'y a pas de point après l'indication de l'année.

Mont-Saint-Hilaire, le 16 janvier 2000[1]

Dans le cas où l'en-tête comporte plusieurs adresses, la mention du lieu suffit à indiquer le lieu de départ de la lettre.

Cependant, le nom du lieu peut être omis dans les cas où il est facilement repérable, par exemple si l'en-tête comporte une seule adresse ou si l'entreprise ou l'organisme contient dans sa dénomination le nom du lieu d'origine (exemples : Entreprise de construction de Montmorency, Centre hospitalier de Laval).

Le 16 janvier 2000

En principe, on n'indique pas le nom du jour de la semaine. Si, dans d'autres contextes (programme, calendrier d'activités, travaux scolaires, par exemple), il est utile de le faire, on l'indique de la façon suivante :

Mardi 29 février 2000

---

1. Dans les dates, l'année 2000 s'énonce comme les autres millésimes.
   En septembre 2000, nous renouvellerons notre parc d'ordinateurs.
   Le prochain exercice commence le 1er avril 2000 et se termine le 31 mars 2001.
   L'expression *an 2000* a une charge symbolique particulière liée à l'approche d'un nouveau millénaire. On l'emploie – ou on l'employait – souvent avec une connotation d'avenir éloigné ou improbable. Elle fait partie d'autres expressions comme *bogue de l'an 2000, défi de l'an 2000, certifié an 2000.*

Dans le corps d'un texte, on écrit :

> **La réunion aura lieu le mardi 29 février 2000.** (et non pas, de façon générale,
> pour annoncer un jour quelconque ... *mardi, le 29 février 2000*[1])

On ne met pas de virgule entre le jour et la date, ni entre le mois et l'indication de l'année.

NATURE DE L'ENVOI ET MODE D'ACHEMINEMENT

Les indications relatives à la nature et au mode d'acheminement de la lettre, comme PERSONNEL, CONFIDENTIEL, RECOMMANDÉ, URGENT, EXPRÈS ou PAR EXPRÈS[2], PAR MESSAGERIE, PAR TÉLÉCOPIE, SOUS TOUTES RÉSERVES, se mettent à gauche de la page, vis-à-vis des mentions de lieu et de date. Elles sont en majuscules (avec les accents nécessaires) et soulignées. Lorsqu'on doit en utiliser deux simultanément, on les dispose l'une sous l'autre.

PAR MESSAGERIE
CONFIDENTIEL

Les mentions PERSONNEL et CONFIDENTIEL, qui sont toujours au masculin[3], ne sont pas interchangeables et il n'y a pas lieu de les employer simultanément. PERSONNEL indique que la lettre traite d'un sujet de nature personnelle et que l'enveloppe doit être remise au ou à la destinataire en personne sans avoir été ouverte. CONFIDENTIEL indique aux personnes qui s'occupent du courrier et à la ou au destinataire que le document doit rester secret.

La mention RECOMMANDÉ, toujours au masculin[3], s'adresse surtout au personnel du service postal. Toutefois, quand on veut sommer quelqu'un de remplir une obligation, une lettre recommandée constitue, dans la correspondance commerciale, une mise en demeure suffisante.

---

1. Une construction du type «mardi, le 29 février» ne serait correcte que dans le cas où, parlant de mardi prochain ou de mardi dernier, on voudrait en rappeler la date. Celle-ci serait alors considérée comme un complément inséré ou une apposition et encadrée de virgules.
   Le lancement qui a eu lieu mercredi, le 15 novembre, a remporté un vif succès.

2. Il faut distinguer l'adjectif et le nom invariables **exprès** (dont on prononce le *s* final) de l'adjectif et du nom invariables **express**. **Exprès** s'emploie dans des expressions comme **lettre exprès, colis exprès**, ainsi que dans la mention EXPRÈS ou PAR EXPRÈS, dans le sens de «remis immédiatement au destinataire avant la distribution habituelle». **Express** qualifie ce qui s'accomplit très vite ou désigne principalement un moyen de transport.

3. Ces mentions sont au masculin ; on peut sous-entendre les mots **courrier** ou **pli**, ou encore la forme impersonnelle «c'est...».

La mention SOUS TOUTES RÉSERVES, ou, plus rarement, SOUS RÉSERVE DE TOUS DROITS, écrite en majuscules, indique que le contenu de la lettre ne peut être invoqué à l'encontre des droits du ou de la signataire. Il faut éviter d'employer dans ce sens l'expression *sans préjudice*.

VEDETTE

Le nom, le titre et l'adresse du ou de la destinataire constituent ce qu'on appelle la vedette. Celle-ci s'écrit contre la marge de gauche, quelques interlignes plus bas que les mentions de lieu et de date. La vedette correspond à la suscription, c'est-à-dire aux renseignements relatifs au ou à la destinataire qui figurent sur l'enveloppe. Ce point a été traité en détail précédemment (voir p. 17 à 35). En voici donc un simple rappel sous forme d'exemple :

Madame Hélène Tremblay-Gagnon
Direction des ressources humaines
Société Promatec
10564, rue Saint-Denis, bureau 250
Trois-Rivières (Québec) G8F 9A7

Dans la très grande majorité des cas de correspondance administrative ou commerciale, on s'adresse directement à une seule personne au sein d'un organisme ou d'une entreprise. Dans la vedette, on écrit donc en premier lieu le nom de cette personne. Toutefois, dans le cas particulier où le contenu de la lettre s'adresserait à un groupe, mais qu'on voudrait charger précisément quelqu'un de transmettre ce message au groupe[1], on pourrait utiliser la mention **À l'attention de**, suivie du nom de la personne à qui on confie cette responsabilité. C'est ce qui explique que, dans ce type de lettre, on utiliserait la formule d'appel **Mesdames, Messieurs,** tous les membres du groupe étant alors visés par le contenu de la lettre ; les deux titres de civilité sont généralement disposés l'un sous l'autre :

Mesdames,
Messieurs,

La mention **À l'attention de** se place en haut et à gauche, au-dessus des mentions de référence, et on la souligne. On doit écrire l'expression en toutes lettres et éviter les abréviations *Attn* et *Att.* L'emploi de **Compétence de** au lieu de **À l'attention de** n'est pas fautif, mais il est peu courant. Quant aux formes *À l'intention de...* et *Attention : Monsieur...*, elles sont à éviter.

---

1. Cet usage, établi du temps où tout le courrier d'une société ou d'une communauté était centralisé à un même point de réception, est désuet et ne se justifie plus guère. Il est toujours possible, voire préférable, d'indiquer, dans le corps de la lettre, à qui le message s'adresse.

Dans le cas d'une lettre circulaire non personnalisée, dont la vedette ne comporte que le nom et l'adresse d'une entreprise ou d'un organisme, on peut écrire la mention **À la direction**. La formule d'appel est ensuite **Monsieur ou Madame**.

RÉFÉRENCES

Les références servent à faciliter le classement et la consultation du courrier, mais elles ne sont pas essentielles pour tous les types de lettres. Il s'agit généralement d'un groupe de lettres et de chiffres. La mention **Votre référence**, qu'on abrège en **V/Référence, V/Réf.** ou **V/R**, est suivie du numéro ou du code de dossier attribué par le ou la destinataire. **Votre lettre du**, qu'on abrège en **V/Lettre du**, renvoie à la lettre à laquelle on répond[1]. **Notre référence**, qu'on abrège en **N/Référence, N/Réf.** ou **N/R**, indique le numéro que l'expéditeur ou l'expéditrice a attribué au dossier ; il peut comprendre le nom du fichier de traitement de texte attribué à la lettre. Ces mentions se mettent contre la marge de gauche, quelques interlignes au-dessous de la vedette. Si destinataire et expéditeur ou expéditrice ont les mêmes références, on peut écrire simplement **Référence**.

> **N/Réf. : FAB.160**
> **Référence : 95-538A**

OBJET

L'objet indique brièvement ce sur quoi porte la lettre. Il tient généralement sur une ligne. Cette mention est facultative, mais elle facilite la compréhension du message et le classement. On l'écrit au centre de la page, sous la vedette et les références, mais au-dessus de l'appel ; dans les lettres à un ou à deux alignements, il peut aussi être à la marge (voir p. 58). **Objet**, toujours au singulier, est suivi d'un deux-points et d'une formulation qui commence par une majuscule. L'ensemble est en caractères gras ou souligné. Les caractères gras sont particulièrement indiqués dans le cas où l'objet occupe plus d'une ligne, ce qui devrait être l'exception. L'emploi de *RE, Concerne* ou *Sujet* est à éviter.

Il ne faut pas confondre l'objet d'une lettre et le numéro de dossier ; celui-ci figure dans la mention des références. Par ailleurs, il faut éviter de n'indiquer en objet que le nom d'une personne[2].

> **Objet : Stands d'exposition**

---

1. On peut aussi donner cette indication dans l'introduction de la lettre : « En réponse à votre lettre du... »

2. Ce serait le cas si on écrivait :
   Objet : M. Jean Lafrenière

Objet : **Renouvellement de votre police
                d'assurance automobile**

Objet : <u>**Visite du ministre**</u>

Objet : **Remplacement de M. Pierre Dufour**

■ CORPS DE LA LETTRE

APPEL

Le corps de la lettre commence toujours par une formule de civilité, l'appel, qui varie selon la personne à qui on s'adresse. Dans la correspondance commerciale, les formules d'appel les plus courantes sont **Madame** et **Monsieur**. On ne peut employer l'adjectif **Chère** ou **Cher**, qui dénote la familiarité, dans une formule d'appel que si on connaît très bien la ou le destinataire, qu'on entretient avec elle ou lui des liens d'amitié. Si on s'adresse à une femme et qu'on ignore si elle est mariée ou non, on l'appelle **Madame** ; en effet, **Mademoiselle** ne s'emploie plus que si on s'adresse à une toute jeune fille ou à une femme qui tient à se faire appeler ainsi. Certains ont déjà proposé la forme *Madelle*, mais l'usage ne l'a pas entérinée. Par ailleurs, **Madame** convient aux femmes de toute condition, civiles ou militaires, laïques ou religieuses.

On ne doit pas faire suivre le titre de civilité du nom de la personne à qui on s'adresse. Les formes *Madame Villeneuve, Cher Monsieur Dubois* sont donc à éviter.

En revanche, si le ou la destinataire a un titre ou exerce une fonction officielle, on l'indique dans l'appel : **Madame la Ministre, Monsieur le Vice-Président, Madame la Juge, Monsieur le Député**, etc. Dans le doute, les formules d'appel **Madame** ou **Monsieur** conviennent, quel que soit le titre de la personne.

Le titre de **Docteur**, ou **Docteure**, est réservé aux médecins, ainsi qu'aux dentistes et aux vétérinaires, considérés dans l'exercice de leur profession. Dans ce cas, l'appel peut être **Docteur**, ou **Monsieur le Docteur**, ou encore **Docteure**, ou **Madame la Docteure**.

Le titre de **Maître** est donné aux avocats, avocates et notaires dans l'exercice de leur profession. Dans ce cas, l'appel est **Maître**.

D'autres formules plus familières sont possibles, dans les cas où on connaît personnellement la ou le destinataire, où on a des relations familières ou amicales avec elle ou lui : **Madame la Présidente et chère amie, Cher collègue et ami.** Le fait d'ajouter une mention manuscrite à l'appel pour lui donner un caractère de familiarité supplémentaire doit être réservé à des cas exceptionnels.

Quand on écrit à une société ou à un organisme sans connaître le nom de la personne qui lira la lettre, on utilise la formule d'appel impersonnelle **Mesdames, Messieurs,** et non *À qui de droit.* Cette dernière formule ne s'emploie qu'à l'intérieur d'une phrase, par exemple, « Je vous saurais gré de transmettre ma demande à qui de droit ». Dans le cas d'une lettre circulaire, on emploie **Mesdames, Messieurs,** si le texte s'adresse à un groupe, et **Madame, Monsieur,** si on ne veut s'adresser qu'à une personne à la fois, sur un ton plus personnel. **Mesdames, Messieurs,** et **Madame, Monsieur,** sont généralement disposés l'un sous l'autre. Pour une lettre administrative ou commerciale adressée à un couple, on emploie généralement, l'un sous l'autre :

> **Madame,**
> **Monsieur,**

Dans une circulaire commerciale, il est admis d'employer les formules **Cher client, Chère cliente, Chers clients et clientes.**

D'autres formules d'appel sont admises, selon les contextes : **Cher collaborateur, Chère collaboratrice, Cher confrère, Chère consœur, Chers collègues,** etc.

Pour la correspondance destinée à des dignitaires ou à des personnalités officielles occupant des fonctions de premier plan ou possédant des titres particuliers, il peut être utile de consulter un guide du protocole (voir la bibliographie en fin de chapitre). Voir aussi certains exemples p. 48.

L'appel s'inscrit à gauche et est aligné contre la marge ; il est suivi d'une virgule. Comme on s'adresse directement à la personne, les titres de civilité et de fonction prennent une majuscule et ils ne s'abrègent pas.

LETTRE

La clarté, la concision, la précision et la courtoisie doivent être les principales qualités d'une lettre administrative ou commerciale.

La lettre elle-même se présente en plusieurs paragraphes qui développent chacun une idée distincte. Le premier paragraphe sert d'introduction et établit le contact. Les paragraphes qui suivent exposent le message ; le dernier paragraphe sert de conclusion. Il est suivi de la salutation.

Formules usuelles d'introduction

En réponse à votre lettre du... par laquelle vous...

Nous accusons réception de votre lettre du 12 février et nous vous en remercions. C'est avec plaisir que...

Pour faire suite à[1] nos précédentes lettres vous informant...

À la suite de l'annonce parue dans le journal, j'aimerais...

En réponse à votre demande de documentation relativement à..., nous vous faisons parvenir sous ce pli[2]...

En réponse à votre demande d'emploi, nous avons le plaisir de vous informer[3]...

C'est avec plaisir que nous vous faisons parvenir de la documentation relative à l'objet ci-dessus[4]...

En réponse à la lettre que vous avez adressée à notre bureau régional, nous avons le regret de...

Nous avons pris connaissance du rapport que vous nous avez fait parvenir et nous...

Au cours de notre entretien du 5 mars dernier[5], nous...

À l'occasion d'une conversation téléphonique avec votre adjoint, je lui ai...

Comme je vous l'ai proposé par téléphone...

J'ai bien reçu votre invitation à..., et je vous en remercie.

Nous désirons vous informer que...

Pourriez-vous me faire parvenir la documentation relative à...

---

1. La formule **Pour faire suite à** est préférable aux formules *Comme suite à* et *Suite à,* qui relèvent d'un style moins soigné, mais sont cependant acceptables.

2. Dans ce contexte, le mot **pli** a le sens d'« enveloppe ». L'expression **sous ce pli** signifie donc « dans cette enveloppe ». **Sous pli cacheté** équivaut à « dans une enveloppe fermée, cachetée »; on trouve aussi **sous pli séparé, sous le même pli,** mais on n'écrit **sous pli** sans qualificatif que dans la locution **mettre sous pli.** L'usage du mot **pli** au sens de « lettre, message » est désuet.

3. La formule impersonnelle *Il me (nous) fait plaisir de...* est à éviter. Cette construction est critiquée, car le sujet de la locution **faire plaisir** doit être soit un être animé, soit une chose, soit les pronoms **cela** ou **ça** : « La présidente nous fait plaisir en acceptant notre invitation... », « Cela me fait plaisir d'y participer... », « Cette nouvelle me fait plaisir. » Dans la correspondance commerciale, il faut remplacer la formule impersonnelle *Il me (nous) fait plaisir de...* par **J'ai (Nous avons) le plaisir de..., C'est avec plaisir que je (nous)...** Toutefois, la formule **Je me ferai (nous nous ferons) un plaisir de,** dont le sens est différent, est correcte.

4. Cette formule est préférable à : *... relative à l'objet mentionné en rubrique.* En effet, l'objet ne constitue pas une rubrique de la lettre, et la préposition qui introduit le mot *rubrique* est plutôt *sous.*

5. Voir le **Répertoire de difficultés grammaticales et orthographiques,** p. 313.

Vous trouverez ci-joint un dépliant...

Conformément à notre entente, vous trouverez sous pli séparé copie du contrat[1]...

C'est avec grand plaisir que j'ai appris votre nomination...

Je suis au regret de vous annoncer...

C'est avec regret que nous vous faisons part de...

Nous avons le regret de vous informer que...

Nous regrettons vivement de ne pouvoir donner suite à votre...

Nous sommes actuellement dans l'impossibilité de...

Je vous prie de bien vouloir accepter mes excuses pour...

Formules usuelles de conclusion

Espérant que vous pourrez donner une suite favorable à ma demande...

J'espère que ces renseignements vous satisferont[2], et je vous prie d'agréer...

Nous espérons que cette documentation vous sera utile et nous vous prions...

Nous vous saurions gré[3] de bien vouloir nous faire parvenir dès que possible...

Nous vous serions reconnaissants de nous retourner le plus rapidement possible...

Nous vous remercions de votre collaboration et vous prions...

Vous remerciant du chaleureux accueil que vous nous avez réservé, nous...

Vous remerciant de votre accueil, je vous prie de croire...

Avec nos remerciements anticipés, nous vous prions d'agréer...

Dans l'attente de votre décision, je vous prie...

---

1. Voir note 2, page précédente.

2. La construction *Espérant le tout à votre entière satisfaction...* est à éviter, car elle est trop elliptique (ellipse de la conjonction **que** et du verbe **être**). Il vaut mieux la remplacer par **Espérant que le tout sera à votre convenance...** ou **Espérant que le tout vous donnera satisfaction...**, ou encore **Espérant que le tout vous satisfera...** Il faut aussi éviter la formule *Espérant que le tout saura vous satisfaire...*, car le verbe **savoir** suivi d'un infinitif n'est un équivalent de **pouvoir** qu'au conditionnel, à la forme négative.

3. Il s'agit de la locution verbale **savoir gré**, qui a le sens d'«être reconnaissant». On écrit donc «je vous saurais gré», «nous vous saurions gré».

Regrettant de ne pas être en mesure de donner suite à votre proposition, nous vous prions...

Nous regrettons de ne pouvoir vous fournir toute la documentation...

Nous vous prions de bien vouloir nous excuser de ce contretemps...

Nous vous renouvelons nos excuses pour ce retard tout à fait indépendant de notre volonté...

N'hésitez pas à communiquer avec moi pour tout renseignement complémentaire...

Pour (de) plus amples renseignements, vous pouvez vous adresser au...

Je vous assure de mon intérêt pour ce projet et vous prie de...

Je demeure à votre disposition pour vous fournir tout autre renseignement utile et vous prie d'agréer...

Vous félicitant de l'intérêt que vous manifestez pour la langue française, je vous prie...

SALUTATION

La salutation est la formule de politesse qui termine la lettre. Cette formule doit être simple, adaptée à la qualité de la personne à qui on écrit et à la nature des relations qu'on a avec elle. La salutation reprend la formule d'appel. Si une lettre commence par **Madame la Présidente**, la salutation s'écrira : « Je vous prie d'agréer, Madame la Présidente, l'expression de ma considération distinguée. »

Les formules brèves telles que **Salutations distinguées, Sincères salutations, Sentiments distingués**, sont réservées aux notes courtes et impersonnelles[1]. Elles n'ont donc pas leur place dans les lettres à caractère administratif.

Les formules du genre **Amicalement, Toutes mes amitiés, Amitiés, Cordialement, Meilleurs souvenirs, Affectueux souvenirs, Bien à vous**, sont réservées aux notes qui ont un caractère personnel.

Quant à **Votre dévoué** ou **Votre tout dévoué**, ces formules sont désuètes.

Les expressions *Sincèrement vôtre* et *Cordialement vôtre*, calquées sur l'anglais, sont à éviter.

---

1. La formule **Avec les compliments de...** convient pour accompagner un envoi.

Comme on peut exprimer des sentiments, mais pas des salutations, et assurer quelqu'un de ses sentiments, mais pas de ses salutations, les formules **l'expression de** et **l'assurance de** ne peuvent être suivies du complément *salutations*. On doit donc écrire :

> **Veuillez agréer, Madame, l'expression de mes sentiments distingués.**
> **Je vous prie d'agréer, Monsieur, l'assurance de mes meilleurs sentiments.**
> mais :
> **Agréez, Mesdames, Messieurs, mes salutations distinguées.**
> (et non *Agréez, Mesdames, Messieurs, l'expression de mes salutations distinguées.*)

Lorsque la formule de salutation commence par un participe présent, le verbe principal de la phrase doit être à la même personne que celle qui fait l'action exprimée par le participe présent. On peut distinguer le participe présent du gérondif[1] ; l'emploi de ce dernier est moins courant dans une formule de salutation.

> **Espérant recevoir une réponse favorable, je vous prie d'agréer, Madame, mes salutations distinguées.**
> (et non *Espérant recevoir..., agréez...*)

Formules usuelles de salutation

Formules neutres

> **Recevez, Monsieur, nos salutations distinguées.**
> **Madame,**
> **Maître,**
> **Docteur,**
>
> **Agréez, Monsieur, l'expression de mes sentiments distingués.**
>
> **Veuillez agréer, Madame, l'assurance[2] de mes meilleurs sentiments.**
>
> **Veuillez recevoir, Monsieur, mes plus cordiales salutations.**
>
> **Veuillez agréer, Monsieur, mes sincères salutations.**
>
> **Je vous prie de croire, Madame, à mes sentiments les meilleurs.**
>
> **Nous vous prions d'agréer, Monsieur, nos salutations distinguées.**

---

1. Le gérondif est formé de la préposition **en** et de la forme du participe présent. Il a la valeur d'un complément circonstanciel (de lieu, de temps, de manière, etc.) :
   > **En vous confiant ce dossier, nous savons qu'il sera traité avec compétence et efficacité.**

2. En principe, le mot *assurance* ne s'emploie pas dans une formule de salutation d'inférieur à supérieur hiérarchique.

Formules à caractère plus familier

Recevez, cher Monsieur, l'expression de mes meilleurs sentiments.
        chère Madame,
        chère collègue,
        cher confrère,
        chère consœur,
        cher Maître,
        Monsieur le Directeur et cher ami,
        Madame la Présidente et chère amie,

Veuillez agréer, cher Monsieur, l'assurance[1] de mes sentiments amicaux.

Je vous prie d'agréer, chère Madame, l'expression de mes sentiments très cordiaux.

Je vous prie de croire, cher Monsieur, à mes sentiments les meilleurs.

Formules à caractère officiel ou protocolaire

Agréez, Monsieur le Juge, l'assurance[1] de ma considération distinguée.
        Madame la Ministre,
        Monsieur le Président,
        Madame la Députée,

Je vous prie d'agréer, Monsieur le Premier Ministre, l'assurance de ma haute considération.

Veuillez agréer, Monsieur l'Ambassadeur, l'expression de mes sentiments les plus respectueux.
        Madame la Consule,
        Monsieur le Curé,
        Monsieur le Lieutenant-Gouverneur[2],
        Monseigneur,
        Révérende Mère,

SIGNATURE

La signature se met à droite, quelques interlignes plus bas que la formule de politesse qui termine la lettre. Dans la correspondance administrative et commerciale, le nom est tapé au-dessous de la signature manuscrite.

---

1. En principe, le mot *assurance* ne s'emploie pas dans une formule de salutation d'inférieur à supérieur hiérarchique.

2. Pour plus amples renseignements sur les différentes formules protocolaires, on consultera un guide du protocole (voir la bibliographie en fin de chapitre).

Dans le cas où plusieurs personnes occupent des fonctions similaires, la profession ou le titre est indiqué après la signature et le nom. Il y a deux présentations possibles : l'une selon laquelle le nom est suivi d'une virgule, et le titre ou la profession est tout en minuscules, et l'autre selon laquelle le nom n'est pas suivi d'une virgule et le titre ou la profession prend une majuscule, comme sur une carte professionnelle. (Voir aussi **Les majuscules**, p. 143, et **Carte professionnelle**, p. 111.) Le nom de l'entité administrative peut être indiqué ensuite. On peut aussi ajouter les numéros de téléphone et de télécopie, ainsi que l'adresse électronique du ou de la signataire (voir autres exemples p. 80 et 87).

Normand Bélanger,
terminologue

Carmen Martinez,
notaire[1]

Andrea Marconi
Architecte
Téléphone et télécopie : (450) 321-9876

Marie-France Moreau, technicienne
Service de l'informatique
Marie-France.Moreau@courrier.com

---

1. Les membres des professions juridiques n'emploient pas le titre de **Maître** dans leur signature, pas plus qu'il ne convient à quiconque d'employer le titre de **Monsieur** ou **Madame** dans ce contexte.

Lorsque le ou la signataire a un prénom dont la forme est identique au masculin et au féminin (Camille, Claude, Dominique, par exemple), et que son titre ou sa fonction est épicène (c'est-à-dire que sa forme est la même aux deux genres), il ou elle peut faire suivre son nom de **Monsieur** ou de **Madame** entre parenthèses pour renseigner le ou la destinataire de la lettre.

Claude Lefebvre (Madame)
Infographiste

Si le ou la signataire occupe un poste de direction ou une fonction unique, sa fonction ou son titre, précédé de l'article et suivi d'une virgule, s'écrit au-dessus de la signature. Si le titre du ou de la signataire figure dans l'en-tête, il peut être inutile de le répéter dans la signature. Mais les mentions « Bureau du président », « Cabinet de la sous-ministre », par exemple, qui peuvent figurer dans l'en-tête, ne signifient pas que le ou la signataire est obligatoirement le président ou la sous-ministre.

La vice-présidente aux finances,

Monique Lajoie

Le secrétaire du Comité
de la politique linguistique,

Benoît Rouleau

Quand il est nécessaire de le faire pour des raisons administratives, on peut ajouter à la signature la mention de la profession ou de l'appartenance à un ordre professionnel (mais on ne mentionne jamais les grades universitaires). Dans ce cas, on inscrit cette mention en toutes lettres ou on l'abrège.

La directrice de la recherche,

Pascale Larose, cardiologue[1]

Le vérificateur par intérim[2],

Michel Lessard, ing.

Le chef du contentieux,

Nicolas Popescu, avocat[3]

SIGNATURE PAR DÉLÉGATION

Il arrive qu'une personne soit autorisée par une autorité supérieure à signer en son nom. Dans ce cas, elle doit écrire **Pour** devant la mention de la fonction ou du titre de cette autorité, mais c'est le nom du ou de la signataire qu'on inscrit. On peut aussi mentionner le titre ou la fonction du ou de la signataire, ainsi que le nom de l'autorité qui a délégué le pouvoir de signer pour elle.

1. Les membres des professions médicales n'emploient pas le titre de **Docteur** ou **Docteure** dans leur signature, pas plus qu'il ne convient à quiconque d'employer le titre de **Monsieur** ou **Madame** dans ce contexte. Il n'est pas conseillé non plus de faire suivre son nom de l'abréviation *M.D.*, qui est celle d'un grade universitaire.

2. L'expression **par intérim** peut s'abréger en **p. i.**

3. Les membres des professions juridiques n'emploient pas le titre de **Maître** dans leur signature, pas plus qu'il ne convient à quiconque d'employer le titre de **Monsieur** ou **Madame** dans ce contexte.

Pour la mairesse,

[signature : Daniel Roy]

**Daniel Roy,
secrétaire**

Pour le trésorier, David Farmer,

[signature : Julie Mercier]

**Julie Mercier,
attachée d'administration**

La disposition est semblable dans le cas où la personne qui a écrit la lettre n'a pas une fonction unique et où c'est un ou une collègue qui signe la lettre.

Pour Stéphane Richard, linguiste,

[signature : Emmanuelle Dupré]

**Emmanuelle Dupré,
traductrice**

Dans le cas où l'absence de l'expéditeur ou de l'expéditrice n'était pas prévue au moment où la lettre a été tapée, le ou la signataire peut se contenter d'écrire **pour** à la main devant le nom de la personne à la place de laquelle il ou elle signe.

[signature : Tuan Nguyen]

pour **Diane Lafleur,
professeure de musique**

Si le ou la signataire agit officiellement au nom et à la place de l'autorité qui adresse la communication, la signature est précédée de la mention **par procuration**, abrégée en **p. p.**

La greffière,

[signature : Rachid Najem]

p. p. Rachid Najem

Le président, Jean Berger,
p. p. La directrice générale,

[signature]

Ghislaine Léger

SIGNATURE DOUBLE OU MULTIPLE

Lorsqu'une lettre comporte plus d'une signature, on les dispose l'une à côté de l'autre. Selon divers usages protocolaires, on place soit à droite, soit à gauche la signature de la personne qui détient le plus haut niveau d'autorité.

Le directeur technique,

[signature]

Yves Gauthier,
ingénieur civil

[signature]

Jean-Pierre Leduc

Si les signataires sont à un même niveau hiérarchique, on dispose les signatures l'une sous l'autre, par ordre alphabétique.

[signature]

Françoise Allard,
rédactrice

[signature]

Catherine Delage,
relationniste

Dans le cas où deux signataires travaillent dans deux entreprises ou organismes différents, il peut être utile de le mentionner dans les signatures, à la suite des titres ou fonctions des signataires.

Le directeur général
du Centre Alphatech,

[signature]

Denys Lussier

La directrice générale
de l'Institut Multimed,

[signature]

Nathalie Lafrance

■ COMPLÉMENTS DE LA LETTRE

Ces différentes mentions complémentaires s'écrivent les unes sous les autres, dans l'ordre ci-dessous ; on peut, le cas échéant, laisser un interligne entre elles ou pas, selon la longueur de la lettre et le besoin de séparer les blocs de mentions (liste des pièces jointes, liste des personnes auxquelles on envoie une copie).

INITIALES D'IDENTIFICATION

Les initiales d'identification permettent, si on le juge utile, de savoir qui a rédigé et qui a tapé la lettre. Elles se mettent à gauche au bas de la page, sur la ligne où on inscrit le nom du ou de la signataire. Comme il s'agit de codes, elles ne comportent ni espaces, ni points, ni traits d'union, même dans le cas de prénoms ou de patronymes composés. Elles reprennent deux ou trois initiales ou lettres des prénom et nom des personnes en question.

Les initiales de la personne qui a rédigé la lettre, qui est généralement aussi le ou la signataire, sont indiquées par convention en lettres majuscules et, pour faciliter le repérage, celles du ou de la secrétaire sont écrites en lettres minuscules ; les groupes d'initiales sont séparés par un trait oblique.

> HLC/cp

Si la lettre a deux signataires, ou si elle a été rédigée par une personne autre que le ou la signataire, on peut inscrire les initiales de chaque personne. Ces initiales peuvent figurer soit dans l'ordre selon lequel sont prévues les signatures, soit dans l'ordre signataire, puis rédacteur ou rédactrice, et enfin secrétaire.

> ASP/CD/ef

Si la même personne rédige la lettre et en assure le traitement ce qui est de plus en plus courant, la lettre ne comporte généralement pas d'initiales d'identification.

Autres exemples d'initiales d'identification

> **CP/il** (Claude Plante et Isabelle LeBeau)
> **LFG/mda** (Lucie Fortin-Gonzalez et Marie Dubois-Auclair)
> **PSL/amm** (Pierre Saint-Laurent et Anne-Marie Mac Arthur)
> **GHL/gl** (Ghislaine Lortie et Gisèle Lafleur)
> **ML/sm** (Michelle de Loyola et Simon McGill)

PIÈCES JOINTES

Une pièce jointe est un document (dépliant, procès-verbal, facture ou autre) qu'on annexe à une lettre. On l'indique au bas de la page, sous les initiales d'identification, par la mention **Pièce jointe**, **Pièces jointes**, ou couramment en abrégé **p. j.**, suivie de la désignation du ou des documents annexés, ou de leur nombre si la lettre les a déjà annoncés ou s'ils sont nombreux. Cette mention permet de vérifier rapidement si l'envoi est complet.

> **Pièce jointe : Curriculum vitæ**
>
> **Pièces jointes : 3**
>
> **p. j. 1 dépliant**
> **10 autocollants**
>
> **p. j. (5)**

COPIE CONFORME

Cette mention, qui figure sous les initiales d'identification et les pièces jointes, indique au destinataire qu'une copie de la lettre a été envoyée à d'autres personnes. On peut écrire en toutes lettres **Copie conforme** (au singulier) ou employer l'abréviation courante **c. c.** Le nom de la ou des personnes peut être accompagné de leur titre ou de leur fonction, et au besoin du nom de l'organisme ou de la société où elles travaillent. Si on envoie une copie de la lettre à plusieurs personnes, on peut inscrire les noms dans l'ordre alphabétique ou selon un ordre hiérarchique.

> **Copie conforme : M. Claude Rocher**
> **Président-directeur général, Agence ABC**
>
> **c. c. M. Jean Dubuc, chef du Service de traduction**
>
> **c. c. Mme Maria Papadopoulos**
> **M. Gaston Simard**
>
> **Copie conforme : Membres du comité de rédaction**

TRANSMISSION CONFIDENTIELLE

Cette mention, qui s'écrit de préférence en toutes lettres, se met non pas sur l'original bien sûr, mais sur la copie seulement, lorsqu'on envoie celle-ci à un tiers à titre confidentiel et à l'insu du ou de la destinataire de la lettre. Elle figure sous la mention des copies conformes ou à la place de celle-ci.

> *(sur la copie uniquement)*
> **Transmission confidentielle : M. Paul Germain**

POST-SCRIPTUM

Le post-scriptum est une note brève qu'on ajoute au bas d'une lettre, après la signature. Il ne sert pas à réparer un oubli, mais plutôt à attirer l'attention sur un point particulier. Il vaut mieux l'éviter dans une lettre commerciale ou administrative, et intégrer toute l'information au texte de la lettre. En cas de besoin, on peut néanmoins l'indiquer par l'abréviation **P.-S.**, suivie d'un tiret.

> **P.-S. — En arrivant, veuillez indiquer si vous désirez dîner sur place.**

Il ne convient pas d'employer la mention **Nota bene** (dont l'abréviation est **N. B.**) dans la correspondance.

PAGINATION

Si la lettre a plus d'une page, il faut éviter de ne placer sur la dernière page que la formule de salutation et la signature. Par ailleurs, le dernier paragraphe d'une page doit compter au moins deux lignes au bas de cette page et au moins deux lignes également sur la page suivante.

Il est utile de numéroter la deuxième page et les suivantes. On inscrit dans l'angle inférieur droit de la première page l'indication **...2** pour dire que le texte se poursuit. On numérote les pages dans l'angle supérieur droit en indiquant le chiffre seulement, sans aucun signe de ponctuation.

La deuxième page et les suivantes n'ont pas d'en-tête ; toutefois, il peut être utile de répéter le nom du ou de la destinataire (dont on peut abréger le titre de civilité) en haut de la deuxième page près de la marge de gauche, d'indiquer le numéro de la page au centre, et de mentionner la date à droite, sous forme alphanumérique de préférence.

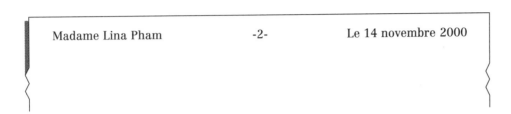

Madame Lina Pham   -2-   Le 14 novembre 2000

Pour indiquer que la lettre se continue au verso, on indique **... verso** ou **TSVP** («Tournez, s'il vous plaît») dans le coin inférieur droit du recto.

Outre ces façons de faire qui s'appliquent à la lettre, on peut, dans d'autres écrits, indiquer la pagination au bas de la page. Dans certains documents, on peut aussi, au besoin, préciser l'ordre des pages par rapport au nombre total de pages, par exemple **2 de 8**, **3 de 8**, **4 de 8**, etc., ou **2/8**, **3/8**, **4/8**, etc., c'est-à-dire deuxième page d'un document qui en compte huit, troisième page d'un document qui en compte huit, etc.

EXEMPLES DE CORRESPONDANCE D'AFFAIRES

DISPOSITION DE LA LETTRE

Les lettres peuvent être disposées selon **un, deux ou trois alignements**.

C'est la disposition à **trois alignements** qui est la plus équilibrée visuellement, car ses éléments sont répartis sur l'ensemble de la surface de la page : elle est donc préférable aux autres et c'est celle que nous préconisons.

Les lettres à **un alignement** ne demandent aucune tabulation, mais elles sont plus longues, car elles alignent tous les éléments les uns après les autres contre la marge de gauche (voir exemples p. 62 et 83).

Dans les lettres à **deux alignements**, tous les éléments sont alignés contre la marge de gauche (pas de renfoncement pour les alinéas), sauf la date et la signature. La mention de l'objet peut rester centrée.

Les lettres sont généralement tapées à simple **interligne** ; toutefois, une lettre très courte peut être tapée à interligne et demi pour que le texte remplisse mieux la surface de la page. Il faut aussi veiller à répartir harmonieusement les blocs de texte dans la page, en passant au besoin le nombre de lignes qui convient.

Les lettres peuvent être **justifiées** à droite ou ne pas l'être; dans tous les cas, il faut veiller à la bonne répartition des mots et des blancs.

Les **marges** supérieure et inférieure, ainsi que les marges latérales, sont généralement de 4 centimètres. Une marge de gauche plus large peut toutefois être utile pour que le ou la destinataire puisse y inscrire des annotations. Il faut aussi tenir compte des contraintes du papier à en-tête et de la disposition de celui-ci. Une lettre personnelle, écrite sur du papier sans en-tête, sera centrée verticalement (voir ci-contre l'exemple de la réponse à une offre d'emploi).

RÉPONSE À UNE OFFRE D'EMPLOI (p. 59, 60, 61 et 62)

Lettre à trois alignements non justifiée

Sherbrooke, le 3 juillet 2000

Monsieur Jacques Lemelin
Directeur du personnel
Éditions François inc.
26, rue Dubreuil
Sherbrooke (Québec) J1H 4Z1

Objet : Demande d'emploi

Monsieur le Directeur,

En réponse à l'offre d'emploi publiée dans *Le Devoir* du 1er juillet 2000, je désire poser ma candidature au poste de secrétaire à pourvoir dans votre entreprise.

Ce poste répond à mes goûts, et je crois posséder les qualités et l'expérience nécessaires pour bien faire le travail demandé. Vous pourrez le constater en prenant connaissance du curriculum vitæ que je joins à cette lettre.

J'ose espérer que ma demande d'emploi retiendra votre attention et que vous voudrez bien m'accorder une entrevue lorsque vous le jugerez à propos. Je peux me présenter à vos bureaux n'importe quel jour, du lundi au vendredi, de 8 h à 17 h.

Veuillez agréer, Monsieur le Directeur, mes salutations distinguées.

Pascale Lemieux

80, rue Cartier, app. 10
Sherbrooke (Québec) J1H 1Z8

p. j. Curriculum vitæ

Lettre à trois alignements justifiée

Sherbrooke, le 3 juillet 2000

Monsieur Jacques Lemelin
Directeur du personnel
Éditions François inc.
26, rue Dubreuil
Sherbrooke (Québec) J1H 4Z1

Objet : Demande d'emploi

Monsieur le Directeur,

En réponse à l'offre d'emploi publiée dans *Le Devoir* du 1er juillet 2000, je désire poser ma candidature au poste de secrétaire à pourvoir dans votre entreprise.

Ce poste répond à mes goûts, et je crois posséder les qualités et l'expérience nécessaires pour bien faire le travail demandé. Vous pourrez le constater en prenant connaissance du curriculum vitæ que je joins à cette lettre.

J'ose espérer que ma demande d'emploi retiendra votre attention et que vous voudrez bien m'accorder une entrevue lorsque vous le jugerez à propos. Je peux me présenter à vos bureaux n'importe quel jour, du lundi au vendredi, de 8 h à 17 h.

Veuillez agréer, Monsieur le Directeur, mes salutations distinguées.

Pascale Lemieux
Pascale Lemieux

80, rue Cartier, app. 10
Sherbrooke (Québec) J1H 1Z8

p. j. Curriculum vitæ

Lettre à deux alignements

Sherbrooke, le 3 juillet 2000

Monsieur Jacques Lemelin
Directeur du personnel
Éditions François inc.
26, rue Dubreuil
Sherbrooke (Québec) J1H 4Z1

Objet : Demande d'emploi

Monsieur le Directeur,

En réponse à l'offre d'emploi publiée dans *Le Devoir* du 1er juillet 2000, je désire poser ma candidature au poste de secrétaire à pourvoir dans votre entreprise.

Ce poste répond à mes goûts, et je crois posséder les qualités et l'expérience nécessaires pour bien faire le travail demandé. Vous pourrez le constater en prenant connaissance du curriculum vitæ que je joins à cette lettre.

J'ose espérer que ma demande d'emploi retiendra votre attention et que vous voudrez bien m'accorder une entrevue lorsque vous le jugerez à propos. Je peux me présenter à vos bureaux n'importe quel jour, du lundi au vendredi, de 8 h à 17 h.

Veuillez agréer, Monsieur le Directeur, mes salutations distinguées.

Pascale Lemieux

80, rue Cartier, app. 10
Sherbrooke (Québec) J1H 1Z8

p. j. Curriculum vitæ

Lettre à un alignement

Sherbrooke, le 3 juillet 2000

Monsieur Jacques Lemelin
Directeur du personnel
Éditions François inc.
26, rue Dubreuil
Sherbrooke (Québec) J1H 4Z1

Objet : Demande d'emploi

Monsieur le Directeur,

En réponse à l'offre d'emploi publiée dans *Le Devoir* du 1er juillet 2000,
je désire poser ma candidature au poste de secrétaire à pourvoir dans votre
entreprise.

Ce poste répond à mes goûts, et je crois posséder les qualités et l'expérience
nécessaires pour bien faire le travail demandé. Vous pourrez le constater en
prenant connaissance du curriculum vitæ que je joins à cette lettre.

J'ose espérer que ma demande d'emploi retiendra votre attention et que vous
voudrez bien m'accorder une entrevue lorsque vous le jugerez à propos.
Je peux me présenter à vos bureaux n'importe quel jour, du lundi au vendredi,
de 8 h à 17 h.

Veuillez agréer, Monsieur le Directeur, mes salutations distinguées.

Pascale Lemieux

80, rue Cartier, app. 10
Sherbrooke (Québec) J1H 1Z8

p. j. Curriculum vitæ

LETTRE DE PRÉSENTATION ACCOMPAGNANT UN CURRICULUM VITÆ

Hull, le 18 octobre 2000

Madame Carmen Soucy
Directrice des ressources humaines
Société internationale Transtech
4567, avenue Jacques-Cartier
Montréal (Québec) H4F 8N2

Madame la Directrice,

Pour faire suite à notre conversation téléphonique de la semaine dernière, j'ai le plaisir de vous faire parvenir ci-joint mon curriculum vitæ.

Je suis bien consciente du fait que votre société n'offre actuellement aucun poste permanent. Toutefois, mon expérience, ma compétence et mes qualités dans le domaine des communications me laissent croire que vous pourriez éventuellement faire appel à mes services à titre de contractuelle ou de pigiste.

Vous remerciant à l'avance de l'attention que vous porterez à ce document, je vous prie d'agréer, Madame la Directrice, mes salutations distinguées.

Martine Côté

p. j. Curriculum vitæ

CONVOCATION À UNE ENTREVUE

ÉDITIONS FRANÇOIS INC.
26, rue Dubreuil, Sherbrooke (Québec) J1H 4Z1
Téléphone : (514) 871-2345
Télécopie : (514) 872-2324

Le 19 juillet 2000

Madame Pascale Lemieux
80, rue Jacques-Cartier, app. 10
Sherbrooke (Québec) J1H 1Z8

Objet : Convocation à une entrevue

Madame,

Nous avons reçu votre demande d'emploi du 3 juillet 2000 et nous avons examiné votre curriculum vitæ avec attention. Nous avons le plaisir de vous annoncer que votre nom est inscrit sur la liste des meilleurs candidats et candidates que nous avons sélectionnés.

Nous vous convoquons donc à une entrevue pour le mardi 26 juillet à 14 h, dans la salle de conférences de notre entreprise, 26, rue Dubreuil, à Sherbrooke.

Recevez, Madame, l'assurance de nos meilleurs sentiments.

Le directeur du personnel,

Jacques Lemelin

JL/dm

DEMANDE D'EMPLOI

Montréal, le 15 septembre 2000

Monsieur Jean Beaudry
Directeur du personnel
Commission scolaire
des Hauts-Cantons
40, rue Saint-Laurent
East Angus (Québec) J1L 3Z2

Monsieur le Directeur,

Permettez-moi de poser ma candidature au poste d'agent de bureau à la Commission scolaire des Hauts-Cantons.

Je joins à cette demande d'emploi mon curriculum vitæ. Quant aux pièces justificatives, je m'engage à vous les fournir sur demande. Je peux également me présenter à vos bureaux pour une entrevue le lundi, le mardi ou le mercredi, entre 9 h et 16 h 30.

Je tiens à vous assurer que ce poste m'intéresse vivement et je crois avoir les qualités nécessaires pour accomplir le travail exigé.

Dans l'espoir que ma candidature retiendra votre attention, je vous prie d'agréer, Monsieur le Directeur, l'expression de mes sentiments distingués.

Louis Lebrun

Louis Lebrun

p. j. Curriculum vitæ

ACCEPTATION D'UNE CANDIDATURE

Magog, le 8 mai 2000

Madame Jacqueline Barbeau
642, 3e Rang
Saint-Luc (Québec) G1R 2W9

Madame,

Nous avons le plaisir de vous informer que vous avez réussi l'examen oral que nous vous avons fait subir : nous vous offrons donc le poste de relationniste dans notre entreprise.

La date de votre entrée en fonctions a été fixée au lundi 22 mai, à 8 h 30. Vous serez alors reçue par le directeur adjoint du personnel, M. Pierre Forget, qui vous présentera aux chefs de service ainsi qu'à vos futurs collègues.

Votre assentiment nous est sans doute acquis. Vous nous obligeriez cependant en voulant bien nous le confirmer par écrit.

Veuillez agréer, Madame, nos salutations distinguées.

La directrice du personnel,

Colette Picard

Colette Picard

CP/DL/mp

c. c. M. Pierre Forget

CONFIRMATION DE L'ACCEPTATION D'UN POSTE

Saint-Luc, le 12 mai 2000

Madame Colette Picard
Directrice du personnel
Caravanes BBP inc.
1012, rue des Érables
Magog (Québec) J1X 5A9

Madame la Directrice,

J'ai été heureuse de recevoir votre lettre du 8 mai 2000 m'informant de mon entrée en fonctions au Service des relations publiques de votre entreprise.

Conformément à votre demande, je vous confirme donc que je me présenterai au bureau de M. Pierre Forget à la date et à l'heure que vous m'avez indiquées.

Je vous remercie de la confiance que vous m'accordez et vous assure de mon entière collaboration.

Veuillez agréer, Madame la Directrice, l'expression de mes sentiments distingués.

Jacqueline Barbeau

RÉPONSE DÉFAVORABLE À UNE DEMANDE D'EMPLOI

**COMMISSION SCOLAIRE
DES HAUTS-CANTONS**
40, rue Saint-Laurent
East Angus (Québec) J1L 3Z2

East Angus, le 25 septembre 2000

Monsieur Louis Lebrun
26, rue de Hollande, app. 123
Montréal (Québec) H4Z 1J8

Objet : Demande d'emploi

Monsieur,

Nous avons pris connaissance de la demande d'emploi formulée dans votre lettre du 15 septembre et nous avons examiné avec intérêt votre curriculum vitæ.

Nous regrettons cependant de ne pouvoir y donner suite. Il se trouve en effet que nous ne prévoyons pas de vacance au poste que vous demandez.

Recevez, Monsieur, nos salutations distinguées.

Le directeur de l'administration
par intérim,

Mario Chénard

MC/JB/dlm

REFUS D'UNE CANDIDATURE

Maison **6e Gamme**
606, avenue du Sacré-Cœur
Chicoutimi (Québec) A1M 6N6

Chicoutimi, le 7 juin 2000

Monsieur François Létourneau
709, boulevard des Franciscaines
Jonquière (Québec) A2M 3V6

Objet : Demande d'emploi

Monsieur,

Nous avons le regret de vous informer qu'il nous est impossible de donner suite à votre demande d'emploi comme chef de rayon dans notre établissement.

En effet, votre dossier ne répond malheureusement pas aux exigences que nous avions formulées dans notre offre d'emploi : vous n'avez pas les quatre années d'expérience que nous demandons.

Nous vous remercions de l'intérêt que vous nous avez manifesté et vous prions d'agréer, Monsieur, nos salutations distinguées.

Le directeur du personnel,

Gérard Lemay

GL/ng

DÉMISSION

Joliette, le 12 juin 2000

Madame Marielle Langlois
Directrice de l'action régionale
Ministère de l'Éducation
76, rue des Forges
Trois-Rivières (Québec) G9A 4L8

Madame la Directrice,

Par la présente, je vous confirme que je quitterai définitivement mon emploi d'agente de bureau le 30 juin 2000.

Je tiens à vous remercier de la confiance que vous m'avez témoignée et à vous dire la satisfaction que j'ai éprouvée à travailler sous votre direction. Sachez bien que c'est à regret et pour des raisons indépendantes de ma volonté que j'abandonnerai mes activités au bureau régional de Trois-Rivières après plus de quatre ans de service.

Veuillez agréer, Madame la Directrice, l'expression de mes sentiments les meilleurs.

Mireille Hardy

c. c.   M. André Aubé
        Mme Rachel Lemay

PREMIÈRE LETTRE DE RECOUVREMENT

RECOMMANDÉ   Québec, le 18 septembre 2000

Madame Marie-France Lafleur
Animalerie Niska
3456, boulevard Laurier
Sainte-Foy (Québec) G4V 5N8

Notre référence : Facture nº 987-96

Objet : Compte en souffrance

Madame,

Nous sommes fiers de vous compter parmi nos bons clients : c'est pourquoi nous présumons que votre retard à acquitter la somme de 575,50 $ qui est due depuis maintenant deux mois est imputable au manque de personnel que beaucoup d'entreprises connaissent pendant la période des vacances d'été.

Nous vous rappelons donc de bien vouloir effectuer ce paiement dès que possible pour éviter tous frais de recouvrement.

Comptant sur votre diligence habituelle, nous vous prions d'agréer, Madame, nos salutations distinguées.

La chef du Service de la comptabilité,

Manon Auclair

p. j. Copie de facture

c. c. Mme Carole Lajeunesse, directrice commerciale

SECONDE LETTRE DE RECOUVREMENT

<u>RECOMMANDÉ</u>   Le 18 décembre 2000

Laboratoire Mercier
14, rue de l'Esplanade
Rimouski (Québec) G5L 1P3

À l'attention de Monsieur Luc Lafrance

N/Réf. : 1094

Objet : Recouvrement de la facture n° 96-348

Mesdames,
Messieurs,

Selon votre état de compte, vous devez à notre entreprise un solde de 3500 $ pour l'année 1999. Nous vous avons déjà fait parvenir un avis à ce sujet en date du 17 septembre 2000. Bien que nous vous ayons accordé un délai de trois mois pour acquitter cette somme ou nous faire part des modalités de paiement qui vous auraient convenu, nous n'avons reçu aucune explication de votre part.

Nous vous serions obligés de nous faire parvenir la somme de 3500 $ d'ici au 16 janvier 2001. Si nous ne devions pas recevoir de vos nouvelles d'ici cette date, nous nous verrions contraints d'engager la procédure nécessaire au recouvrement de cette créance. Nous devons également vous signaler qu'il vous reviendrait alors d'acquitter tous les frais supplémentaires qu'entraînerait cette procédure.

Nous espérons pouvoir compter sur votre entière collaboration dans le règlement de votre dette et nous vous prions d'agréer, Mesdames, Messieurs, nos salutations distinguées.

Pour le chef du Service de
la comptabilité, Guy Dion,

Denis Marchand,
comptable

DM/bf

FÉLICITATIONS

Rouyn-Noranda, le 21 mars 2000

Madame Monique Lamer
Directrice des ventes
Importations Multimonde
12098, rue Calixa-Lavallée
Montréal (Québec) H6N 5K7

Madame et chère amie,

C'est avec le plus grand plaisir que j'ai appris par le journal votre nomination au conseil d'administration de la Chambre de commerce de Montréal. Je vous en félicite très chaleureusement ; voilà une nouvelle fonction où vous pourrez mettre à profit votre compétence et votre expérience du commerce international pour l'essor de l'économie montréalaise.

Étant moi-même maintenant présidente de la Chambre de commerce de Rouyn-Noranda, je suis ravie d'avoir sans doute bientôt l'occasion de revoir mon excellente compagne du temps où nous fréquentions toutes deux l'École des hautes études commerciales. Participerez-vous en juin au congrès de Québec ?

Dans l'espoir que nos chemins se recroiseront bientôt, je vous prie de recevoir, Madame et chère amie, l'expression de mes meilleurs sentiments.

La présidente-directrice générale,

Gisèle Castonguay
Gisèle Castonguay

P.-S. — Si vos activités vous conduisent en Abitibi-Témiscamingue, ne manquez surtout pas de m'en informer : je me ferai un plaisir de vous y accueillir !

FÉLICITATIONS

Québec, le 23 septembre 2000

Monsieur Jean-Pierre Leclerc
1045, rue de La Pérade, app. 407
Sainte-Foy (Québec) G9Z 1J9

Cher Jean-Pierre,

J'ai été heureux d'apprendre ta nomination au poste de vice-président de la nouvelle société Informatique 01.

Tes nouvelles fonctions seront certainement très intéressantes, et je souhaite qu'elles te procurent toute satisfaction. Je serais par ailleurs ravi qu'elles nous donnent l'occasion de travailler de nouveau en étroite collaboration.

Te félicitant cordialement pour cette promotion bien méritée, je te prie de croire, cher Jean-Pierre, à ma sincère et profonde amitié.

Clément Gagnon

REFUS D'UNE INVITATION

Montréal, le 7 février 2001

Monsieur Guy Meunier
Département de mathématiques
Université du Québec à Chicoutimi
235, boulevard du Saguenay
Chicoutimi (Québec) G8F 2V6

Monsieur et cher collègue,

Je suis très flattée que vous ayez pensé à moi pour animer une table ronde à l'occasion du colloque international que vous organisez à l'automne prochain.

Il me sera malheureusement impossible de participer à cette manifestation, car je me trouverai à ce moment-là en Europe comme professeure invitée à l'université d'Aix-en-Provence.

Soyez cependant bien sûr que, même à distance, je suivrai vos travaux avec le plus vif intérêt et que je ne manquerai pas de me procurer les actes de ce colloque dès leur parution.

Vous souhaitant tout le succès possible, je vous prie d'agréer, Monsieur et cher collègue, l'expression de mes meilleurs sentiments.

Marie Demers,
professeure agrégée

RECOMMANDATION

<u>CONFIDENTIEL</u>   Saint-Jérôme, le 10 mai 2000

Madame Danielle Rivard
Directrice administrative
Laboratoire Homéotech
187, rue De Martigny Ouest
Saint-Jérôme (Québec) J7Y 3R8

Madame,

C'est avec plaisir que je vous communique les renseignements que vous me demandez dans votre lettre du 26 avril au sujet de M. Pedro Alvarez.

M. Alvarez a effectivement travaillé pendant plus de quatre ans dans notre entreprise, en qualité de technicien de laboratoire. C'était un employé ponctuel, aimable et méthodique. Il faut de plus souligner la grande conscience professionnelle et l'esprit d'initiative dont il a toujours fait preuve chez nous. Aussi sommes-nous persuadés qu'il serait pour votre entreprise un excellent élément.

Recevez, Madame, l'expression de mes sentiments distingués.

Le chef du Service de
la recherche,

Michel Durocher

MD/bv

RECOMMANDATION

Montréal, le 13 juin 2000

Monsieur Jean-Pierre Laurent
Directeur des ressources humaines
Société informatique Logica
5775, boulevard des Sources
Dorval (Québec) H1V 9K7

Objet : Recommandation

Monsieur,

En réponse à votre demande de renseignements sur M. Louis Dupont, j'ai le plaisir de vous confirmer que, au cours des huit années qu'il a passées dans notre société, il nous a donné entière satisfaction.

M. Dupont possède en effet les qualités humaines et professionnelles qui font les meilleurs gestionnaires. Il a su faire face à des situations difficiles en gardant la confiance du personnel dont il avait la responsabilité ainsi que celle de ses supérieurs. Nous avons vivement regretté son départ, motivé par des raisons familiales.

Je vous recommande donc sans réserve sa candidature et je vous prie d'agréer, Monsieur, mes salutations distinguées.

Le directeur commercial,

André Lefrançois

Transmission confidentielle : M. Louis Dupont*

---

* Sur une copie qui serait destinée à M. Dupont uniquement.

ATTESTATION D'EMPLOI

Québec, le 15 mars 2000

Objet : Attestation d'emploi

Mesdames,
Messieurs,

À toutes fins utiles, j'ai le plaisir de vous communiquer quelques précisions sur les fonctions que M. François Larivière a exercées dans notre société.

Au cours des douze années pendant lesquelles M. Larivière a travaillé à la Société de gestion Comptablex, c'est-à-dire de janvier 1988 à février 2000, il a occupé successivement deux postes : l'un d'attaché d'administration au Service de la comptabilité, et l'autre de chef du Service des ressources matérielles.

Ainsi, de janvier 1988 à septembre 1992, le poste qu'il occupait l'a amené à exercer des activités spécialisées dans le domaine de la gestion financière.

Les attributions principales et habituelles de ce poste consistent à participer, sous l'autorité des supérieurs immédiat et hiérarchique, à l'application des méthodes comptables. Il importe donc que le ou la titulaire d'un tel poste connaisse parfaitement la réglementation, les directives et les procédures en usage dans l'entreprise.

Ensuite, de septembre 1992 à février 2000, après avoir réussi un concours de promotion, M. Larivière a occupé un poste de gestionnaire.

...2

ATTESTATION D'EMPLOI (suite)

2

Ce poste de chef de service exige évidemment des aptitudes pour la direction, la planification, l'organisation et les relations humaines. Le ou la titulaire du poste doit aussi posséder des connaissances poussées d'ordre administratif, technique et financier. Une bonne culture informatique est également souhaitable, étant donné l'informatisation généralisée de toutes les fonctions de l'entreprise. C'est bien sûr le ou la chef du Service des ressources matérielles qui a la responsabilité des achats de matériel et de logiciels pour l'ensemble de notre société.

J'espère que ces précisions sur les fonctions et les responsabilités que M. François Larivière a exercées dans notre entreprise vous seront utiles. Si toutefois vous désirez d'autres renseignements, n'hésitez pas à vous adresser à moi ; vous pouvez me téléphoner au (418) 354-9876.

Veuillez agréer, Mesdames, Messieurs, mes salutations distinguées.

La directrice du personnel,

Pauline Lacour

PL/nm

DEMANDE DE RENSEIGNEMENTS OU D'INFORMATION

<u>PAR TÉLÉCOPIE</u>   Rouyn-Noranda, le 29 septembre 2001

Madame Louise Doucet
Agente d'information
Association générale des locataires
140, rue André-Mathieu, bureau 35
Rouyn-Noranda (Québec) J9X 2B0

Madame,

       À la suite de votre article paru dans la livraison de juillet du bulletin *Contact*, je vous saurais gré de me faire parvenir une dizaine d'exemplaires du numéro du *Journal officiel du bâtiment* où sont publiés les nouveaux règlements pris par la Société canadienne d'hypothèques et de logement.

       Vous en remerciant à l'avance, je vous prie d'agréer, Madame, mes salutations distinguées.

Denis Lafrance
Denis Lafrance
258, boul. Cartier, app. 19
Rouyn-Noranda (Québec) J9X 4B1

Téléphone : (819) 597-2345
Télécopie : (819) 597-6789

RÉPONSE À UNE DEMANDE DE RENSEIGNEMENTS OU D'INFORMATION

Rouyn-Noranda, le 9 octobre 2001

Monsieur Denis Lafrance
258, boul. Cartier, app. 19
Rouyn-Noranda (Québec) J9X 4B1

Monsieur,

J'ai pris bonne note de votre désir de recevoir les textes relatifs aux nouveaux règlements pris par la Société canadienne d'hypothèques et de logement.

Pour le moment, il m'est malheureusement impossible de répondre aux nombreuses demandes qui me sont adressées, mais je me ferai un plaisir de vous envoyer une dizaine de tirés à part des textes qui vous intéressent dès que je les aurai moi-même reçus de l'imprimerie.

Veuillez agréer, Monsieur, mes salutations distinguées.

Louise Doucet,
agente d'information

LD/ld

ACCUSÉ DE RÉCEPTION

Lévis, le 5 juin 2000

Monsieur Charles Brodeur
1354, avenue du Parc
Donnacona (Québec) J1S 6C8

V/Réf. : AB-804
N/Réf. : 1067-01-CB

Monsieur,

J'accuse réception de votre demande de reclassement du 19 mai ; les renseignements que vous nous avez fournis semblent complets.

Votre dossier sera transmis aujourd'hui même au comité paritaire qui s'occupe du reclassement du personnel technique. Je peux vous assurer que j'ai pris les mesures nécessaires pour que votre demande soit examinée dans les meilleurs délais.

Veuillez recevoir, Monsieur, mes sincères salutations.

L'ingénieur en chef,

Jean-Marie Bertrand

JMB/nlg

c. c. Membres du comité paritaire

RÉPONSE À UNE PLAINTE
Lettre à un alignement

PERSONNEL

Montréal, le 20 juin 2000

Monsieur Jean-Louis Dumont
Société de gestion Qualitex
7234, rue Saint-Denis
Montréal (Québec) H3D 4R5

N/Réf. : 95-634-QC

Objet : Plainte

Monsieur,

Nous avons bien reçu votre lettre du 12 juin dans laquelle vous attirez notre attention sur ce qui semble être une faute professionnelle dont vous avez été victime de la part d'un de nos employés.

L'enquête que nous avons menée à ce sujet et l'entretien que nous avons eu avec l'employé en question confirment que vous n'avez effectivement pas reçu les services auxquels vous étiez en droit de vous attendre.

Nous vous prions donc d'accepter nos excuses les plus sincères pour cet incident qui, nous pouvons vous en assurer, ne se renouvellera pas. Le responsable des services à la clientèle prendra contact avec vous sous peu pour vérifier que tout est bien rentré dans l'ordre.

Espérant que nos relations se poursuivront désormais dans l'harmonie, nous vous prions d'agréer, Monsieur, l'assurance de notre entier dévouement.

Le directeur des relations publiques,

Normand Bélair

NB/bg
c. c. Michel Larose, responsable des services à la clientèle
     Mme Marie Lemieux, directrice des communications, Office de la
     protection du consommateur

REMERCIEMENTS

Rimouski, le 30 mai 2000

Madame Diane Gattuso
Direction de l'action culturelle
Ministère de la Culture
225, Grande Allée Est
Québec (Québec) G1R 5G5

Madame,

La conférence que vous avez prononcée jeudi dernier devant les membres de notre association a remporté un vif succès et nous tenons à vous exprimer nos remerciements les plus chaleureux.

Vos propos, particulièrement stimulants et non dénués d'humour, contribueront à alimenter longtemps notre réflexion sur l'animation culturelle dans notre région. Ce sont des témoignages de cette nature qui enrichissent véritablement notre pratique et nous permettent de nous ressourcer.

Espérant que votre projet de publication verra bientôt le jour pour le bénéfice du plus grand nombre et pour nous remémorer cette excellente soirée, nous vous prions d'agréer, Madame, l'expression de nos sentiments distingués.

La responsable des
communications,

La présidente,

Anne Mauger

Catherine Bordeleau

CB/AM/mcd

REMERCIEMENTS
Cas exceptionnel d'une circulaire qu'on a voulu personnaliser

---

ASSOCIATION LUMIÈRE
2500, rue Champlain
Montréal (Québec) H2N 5M8

Le 14 juillet 2000

Chère collaboratrice,   *Chère Zoé,*
Cher collaborateur,

Au nom du conseil d'administration et de tous les membres de l'Association Lumière, je vous remercie bien sincèrement de la collaboration si enthousiaste et si efficace que vous avez apportée à notre campagne de souscription. C'est grâce à vos généreux efforts qu'elle a atteint, et même dépassé, les objectifs fixés.

L'action d'une association comme la nôtre repose, vous l'avez compris, sur l'engagement actif de dizaines, voire de centaines de bénévoles qui ont foi en sa mission. Les nombreuses personnes que l'Association Lumière sera en mesure d'aider cette année encore vous en seront longtemps reconnaissantes.

Espérant pouvoir compter à nouveau l'année prochaine sur votre disponibilité qui nous est si précieuse, je vous prie d'agréer, chère collaboratrice, cher collaborateur, l'expression de mes sentiments distingués.   *chère Zoé*

Hélène Bolduc,
relationniste

APPEL D'OFFRES

Longueuil, le 2 octobre 2000

Objet : Appel d'offres pour lettrage

Mesdames,
Messieurs,

Nous vous soumettons par la présente un projet de lettrage pour un stand d'exposition à l'usage du Service des relations publiques de notre entreprise.

Les matériaux sur lesquels doit figurer le lettrage sont de deux types : surface de tissu et panneau de plastique. Les dimensions et tous les détails sont précisés sur le devis descriptif ci-joint. Le lettrage doit être en noir; il reste à en déterminer la nature : peinture, sérigraphie ou lettres collées. Le stand est entreposé dans notre garage et les panneaux sont faciles à transporter. Les frais de transport occasionnés par l'exécution du lettrage devront être inclus dans le prix forfaitaire.

Nous souhaitons que vous établissiez un devis estimatif pour ce travail et que votre offre nous parvienne le plus rapidement possible, étant donné que nous prévoyons plusieurs expositions pour le début de 2001.

Pour tout autre détail relatif à cet appel d'offres, vous pouvez vous adresser à la soussignée, au (450) 569-7071.

Veuillez agréer, Mesdames, Messieurs, nos salutations distinguées.

La directrice technique,

Madeleine Saintonge

Pièce jointe : Devis descriptif

RÉPONSE À UN APPEL D'OFFRES

Nicolet, le 18 juin 2000

Monsieur Georges Lenormand
Chef du Service des achats
Transports Valmont
10567, boulevard des Sources
Montréal (Québec) H4Z 1G9

Monsieur,

Nous accusons réception de votre lettre du 28 mai dans laquelle vous nous demandez des renseignements sur différents types de télécopieurs et nous vous remercions vivement de nous avoir consultés.

En réponse à votre demande, nous vous faisons parvenir ci-joint de la documentation sur les appareils que nous croyons susceptibles de répondre à votre attente.

Il nous est cependant difficile de vous donner davantage de détails par lettre. Aussi, nous vous proposons d'aller vous rencontrer afin que, sans engagement de votre part, nous puissions étudier efficacement vos besoins et vous suggérer le modèle qui vous conviendra le mieux.

Espérant avoir le plaisir de vous servir prochainement, nous vous prions d'agréer, Monsieur, nos salutations distinguées.

Louise Robinson
Service des ventes
(514) 792-3568
lrobinson@simpa.ca

p. j. 3 notices techniques

AUTRES ÉCRITS ADMINISTRATIFS

■ CURRICULUM VITÆ

Le curriculum vitæ est un résumé des renseignements personnels et professionnels qu'on juge utile de faire connaître à un éventuel employeur (ainsi, il n'est
plus de mise d'indiquer sa situation de famille).

Il existe un grand nombre de présentations possibles pour les curriculum vitæ, et
aucune disposition n'est normalisée. Pour la formation et l'expérience professionnelle, c'est l'ordre **chronologique inversé** (du plus récent au plus ancien) qu'on
retient généralement, mais une présentation **thématique** regroupant les expé-
riences de travail par domaines ou par fonctions peut aussi être pertinente.
La présentation dite « à l'américaine » est plus synthétique, adopte l'ordre
chronologique inversé et insiste sur les réalisations et les responsabilités professionnelles récentes, directement reliées à l'emploi recherché ; la formation est
alors présentée en second lieu.

La lettre qui accompagne le curriculum vitæ est de préférence rédigée sur mesure
pour correspondre précisément à une offre d'emploi en particulier ; on l'appelle
dans ce cas *lettre de candidature*. Dans le cas d'une démarche spontanée, cette
lettre doit attirer l'attention de la lectrice ou du lecteur éventuel sur les aspects
les plus intéressants du curriculum vitæ, sans répéter celui-ci, et préciser le type
d'emploi ou de travail recherché. Qu'elles répondent à des annonces, qu'elles
présentent une candidature spontanée, qu'elles fassent de la prospection (sans
accompagner un curriculum vitæ) ou qu'elles s'adressent à des agences de
recrutement, ces lettres s'appellent également *lettres de motivation*.

CURRICULUM VITÆ (voir aussi p. 92)

CURRICULUM VITÆ

RENSEIGNEMENTS PERSONNELS

Nom : **LEMIEUX**
Prénom : Pascale

Adresse : 80, rue Cartier, app. 10
    Sherbrooke (Québec) J1H 1Z8

Téléphone : (819) 569-4460 (domicile)
     (819) 569-5276 (bureau)

Langue maternelle : français
Autres langues : anglais (lu, parlé, écrit)
     espagnol (lu, parlé)

FORMATION

Diplômes

Diplôme d'études collégiales en techniques de secrétariat
Cégep de Sherbrooke, 1983

Diplôme d'études secondaires (option commerce et secrétariat)
École Saint-Dominique, 108, rue Saint-François, Sherbrooke, 1981

...2

2

Perfectionnement

Cours d'éditique (50 heures)
Microforma, Sherbrooke, 1992

Cours de perfectionnement en français (90 heures)
Ministère de l'Éducation, Formation continue, 1988

Cours de traitement de texte (45 heures)
Information Beaulieu inc., Montréal, 1987

Cours de secrétariat bilingue (un an)
Smith Business College, 117, rue Notre-Dame, Hull, 1984-1985

EXPÉRIENCE PROFESSIONNELLE

Janvier 1992 –
Société de gestion Bédard et Associés inc.
Poste et tâches : secrétaire de direction. Responsabilité de toutes les activités relatives au secrétariat (supervision du travail de quatre secrétaires). Rédaction de la correspondance et de la suite à donner aux diverses demandes des clients. Mise sur pied d'un nouveau système de classement entièrement informatisé.

Juin 1985 – janvier 1992
Société générale d'accessoires électriques des Bois-Francs
Tâches et responsabilités : accueil de la clientèle, réception des appels, dactylographie de lettres, de notes, de factures et autres documents, traitement du courrier, classement des dossiers, photocopie, etc.

...3

3

LOISIRS

Ski et danse aérobique
Lecture et piano

RÉFÉRENCES

Mme Pierrette Fréchette
Directrice du Département des techniques de secrétariat
Cégep de Sherbrooke
74, rue Frontenac
Sherbrooke (Québec) J1H 1Z4

M. Gérard Doyon
Directeur du personnel
Société de gestion Bédard et Associés inc.
708, rue Galt
Sherbrooke (Québec) J1H 1Z4

CURRICULUM VITÆ

CURRICULUM VITÆ

Martine CÔTÉ

24, rue des Érables
Boucherville (Québec) J3F 5B8

Téléphone : (450) 625-8432
Télécopie : (450) 624-5678

Communicatrice-conseil

EXPÉRIENCE PROFESSIONNELLE

1998 –   **Agence Procom**
Organisation de campagnes d'information pour les
sociétés Floribec et Estrival.
Coordination de la Semaine des communications
pour l'Association québécoise des télédiffuseurs.

1994-1998   **Revue québécoise de**
communication d'entreprise
Étude du lectorat et participation à la réorientation
de la revue.
Élaboration de nouvelles politiques.

1990-1994   **Communications Emrec**
Conception des prospectus et du programme du
Festival des films du monde (de 1990 à 1992).
Rédaction de textes promotionnels pour Tourisme
Québec.
Organisation de conférences de presse pour la
Fédération des caisses populaires Desjardins.

FORMATION

1989-1990   Maîtrise en communications
               Université du Québec à Montréal

1986-1989   Baccalauréat en sociologie
               Université de Montréal

PUBLICATIONS

« La communication et l'entreprise : partenaires ou adversaires ? »,
Communication et Société, vol. 3, n° 4, mai 1999, p. 34-39.

« La parole est à elles », *L'Actualité*, septembre 1993, p. 17-19.

DISTINCTIONS

Prix d'excellence pour la relève de l'Association québécoise des
communicateurs et communicatrices (1993).

Médaille d'argent au concours de « La manifestation de l'année » (1996).

ASSOCIATIONS PROFESSIONNELLES

Association québécoise des communicateurs et communicatrices
Union des spécialistes de la communication d'entreprise

2

■ NOTE

C'est généralement au moyen de la note que communiquent entre eux par écrit les membres d'une même entreprise ou d'une même organisation, dans un contexte de relations professionnelles courantes entre collègues. La note a un caractère moins officiel que la lettre ; elle sert à la transmission de renseignements ou d'instructions et peut être adressée à des égaux ou à des supérieurs ou même, ce qui est de plus en plus le cas, à des subalternes. La note de service est un type de note qui s'adresse à des subalternes.

Il faut éviter l'emploi du mot *mémo* dans le sens de « note » ou de « note de service » ; **mémo** est l'abréviation familière de **mémorandum** et désigne une note prise pour soi-même d'une chose qu'on ne veut pas oublier.

La note est un écrit concis qui n'est pas astreint au formalisme de la lettre ; elle peut se composer des divers éléments présentés ci-dessous. Il faut remarquer que les mots indiquant la nature des éléments présentés au début de la note (**destinataire, expéditeur** ou **expéditrice, date** et **objet**) s'écrivent en majuscules et sont suivis d'un deux-points précédé d'un espacement. Toutefois, il est d'usage d'aligner les éléments énumérés eux-mêmes, pour des raisons d'harmonie et de lisibilité. Le texte de la note ne comporte généralement qu'un seul alignement ; il peut être justifié ou non.

Une note se compose généralement des éléments suivants :

1. La **mention du, de la ou des destinataires**, c'est-à-dire la désignation du service ou encore le nom ou la fonction de la ou des personnes à qui la communication s'adresse. S'il s'agit d'un collectif, comme le mot **personnel**, la mention est évidemment au singulier.

> **DESTINATAIRE : Service des relations publiques**
> **DESTINATAIRE : Le personnel de la Direction des communications**
> **DESTINATAIRES : Les chefs de service et les chefs de division**
> **DESTINATAIRES : Madame Andrée Labelle**
>   **Monsieur Charles Lemaire**

2. La **mention de l'expéditeur ou de l'expéditrice**, qui précise la désignation de l'unité administrative ou le nom de la personne qui envoie la note (sans titre de civilité, bien entendu). Cette mention peut être omise et remplacée, au bas de la note, par la signature de l'expéditeur ou de l'expéditrice, accompagnée de son titre ou de sa fonction. Dans le cas de plusieurs expéditeurs ou expéditrices, cette mention est au pluriel.

> **EXPÉDITEUR : Service des communications**
> **EXPÉDITEUR : Jean-Claude Duval, directeur du personnel**
> **EXPÉDITRICE : Anne Langevin**

3. L'indication de la **date** sous forme alphanumérique.

> **DATE : Le 11 janvier 2001**

4. L'**objet** de la note, souvent en caractères gras.

> **OBJET : Nouveau programme de formation**

5. Le **texte** de la communication. Il ne comporte le plus souvent qu'un seul alignement. On n'écrit généralement pas de formule de salutation à la fin d'une note. Une brève phrase de conclusion suffit.

> **Je vous remercie de votre précieuse collaboration.**
> **N'hésitez pas à vous adresser à moi pour de plus amples renseignements.**
> **Merci de prendre bonne note de ces changements.**

En fonction de la nature et du contenu de la note, celle-ci peut comprendre des mentions de référence, **V/Réf.** ou **N/Réf.**, et des mentions diverses comme **p. j.** ou **c. c.**

Si le nom de l'expéditeur ou de l'expéditrice est mentionné au début de la note, ce dernier ou cette dernière se contente généralement de parapher la note (c'est-à-dire d'y apposer ses initiales manuscrites). Dans le cas contraire, la note doit porter la signature de l'expéditeur ou de l'expéditrice accompagnée de son nom et, éventuellement, de son titre ou de sa fonction.

NOTE DE SERVICE

NOTE DE SERVICE

DESTINATAIRE :   Le personnel professionnel et technique

DATE :   Le 11 mai 2001

OBJET :   **Congés annuels**

Nous vous rappelons que, comme toujours, les congés annuels doivent faire l'objet d'une planification à l'intérieur de chaque service, ainsi que d'une autorisation individuelle préalable.

Pour l'exposé détaillé des règles qui régissent les congés, nous vous prions de vous reporter à votre convention collective et à la directive générale qui en traite.

Toute demande particulière doit être soumise au ou à la gestionnaire du service intéressé et recevoir ensuite l'approbation de la Direction des ressources humaines.

Merci de votre bonne collaboration.

La directrice des ressources humaines,

Lise Lemay

p. j. Directive

NOTE

NOTE

DESTINATAIRE : Madame Gisèle Smith, directrice des ressources
matérielles

EXPÉDITEUR : Jean Beaumier, chef de bureau

DATE : Le 30 septembre 2002

OBJET : **Espace de rangement**

N/Réf. : DRM.969

1. Justification du besoin

Il n'y a actuellement aucun espace de rangement dans les locaux mis à la disposition du personnel de notre bureau. Nous avons supporté cet état de choses depuis notre emménagement ici, mais la situation est devenue intolérable : des dizaines de cartons se trouvent empilés dans différents coins du bureau et posent même des problèmes de sécurité.

2. Demande

Nous avons exposé cette situation au gérant de l'immeuble. Il trouve notre demande parfaitement justifiée et nous a proposé de remédier à cette situation par la construction d'une armoire fixe en bois et garnie, à l'intérieur, de rayonnages métalliques. L'entreprise qui s'occupe régulièrement des travaux d'entretien de l'immeuble pourrait se charger des travaux, qui se dérouleraient sous sa surveillance hors des heures d'ouverture du bureau.

...2

NOTE (suite)

2

3. Coût des travaux proposés

Armoire fixe en bois	610 $
Rayonnages métalliques	400 $
Total	1010 $

4. Pièces justificatives

Vous trouverez ci-joint le plan de notre bureau ainsi que celui de l'espace de rangement que nous demandons.

Nous vous remercions de l'attention que vous porterez à cette demande et nous espérons que vous voudrez bien y donner suite dans le plus bref délai possible.

p. j. 2 plans

■ AVIS DE CONVOCATION, ORDRE DU JOUR, PROCÈS-VERBAL ET COMPTE RENDU

L'avis de convocation (ou la **convocation**, dans un contexte moins officiel) doit indiquer le lieu, la date et l'heure de la réunion ou de la séance, ainsi que le nom de la personne qui fait la convocation ; on y ajoute ou on y joint généralement l'ordre du jour, afin de faciliter la préparation et le déroulement des discussions. Une convocation peut se faire sous forme de note ou de lettre.

L'ordre du jour est un document qui donne la liste des questions qu'on prévoit aborder, avec l'accord des participants et participantes. Il comprend généralement les points suivants :

1. Ouverture de la séance ou de la réunion ;
2. Nomination d'un président ou d'une présidente de séance, ainsi que d'un ou d'une secrétaire s'ils ne sont pas déjà nommés ;
3. Lecture et adoption de l'ordre du jour ;
4. Lecture, s'il y a lieu, et approbation du procès-verbal de la séance précédente ;
5. Le cas échéant, lecture de la correspondance et de certains documents ou rapports ;
6. Énumération des questions précises à discuter (mention des divers points qu'on numérote alors à la suite des points précédents) ;
7. Questions diverses ;
8. Clôture de la séance (y compris la date de la prochaine séance, s'il y a lieu).

Le **procès-verbal** (au pluriel **procès-verbaux**) est, malgré son nom, un acte écrit qui relate officiellement ce qui a été discuté et décidé au cours d'une séance, d'une assemblée, voire d'une réunion. C'est ce qu'on appelle parfois à tort *les minutes*. (Un **procès-verbal** est aussi un acte rédigé par un agent de l'autorité dans lequel il consigne ce qu'il a fait, vu ou entendu dans l'exercice de ses fonctions.)

La rédaction d'un procès-verbal est souvent une obligation officielle ou réglementaire, soumise à des conditions de forme particulières. Il donne le nom des personnes présentes, des personnes absentes, ainsi que celui des personnes invitées ; il rappelle le lieu, la date et l'heure de la séance. Il reprend chacun des points à l'ordre du jour en relatant l'essentiel des discussions et des décisions, et fait état des engagements, nominations, instructions et résolutions adoptés par les personnes participantes. Il est rédigé au présent.

Le **compte rendu**[1] ne présente pas un caractère aussi officiel et aussi formel que le procès-verbal. Moins étroitement lié à l'ordre du jour, il peut être oral ou écrit et ne fait que rappeler l'essentiel des discussions et des décisions qui ont fait l'objet de la réunion. Comme tout écrit administratif, il doit être rédigé avec exactitude, clarté, objectivité et concision.

Si un compte rendu porte sur le déroulement d'une réunion, il se présente généralement comme le procès-verbal, rappelle le nom des personnes participantes ainsi que le lieu et l'endroit de la réunion, et rapporte l'essentiel des discussions suivant l'ordre du jour. Bien qu'il soit rédigé après la réunion, le compte rendu est toujours au présent.

---

1. Certains ouvrages attestent la graphie avec trait d'union : **compte-rendu**. Le pluriel de ce mot s'écrit **comptes rendus** (ou **comptes-rendus**).

DÉPARTEMENT D'ÉTUDES LANGAGIÈRES

CONVOCATION

Le 14 janvier 2000

Mesdames,
Messieurs,

J'ai le plaisir de vo
d'administration de l'Assoc

Cette séance aura
dans les locaux de l'associ

Je vous propose l'o
vous le jugez à propos :

1. Ouvertur
2. Adoption
3. Approbat
   14e séan
4. Lecture
5. Rapport
6. Projets à
7. Question
8. Date et li
9. Clôture d

Veuillez agréer, Mes

Le 14 janvier 2000

Madame,
Monsieur,

J'ai le plaisir de vous convoquer à la 15e séance ordinaire du conseil d'administration de l'Association des jeunes chambristes du Québec.

Cette séance aura lieu à Montréal le vendredi 7 février 1997 à 19 h 30, dans les locaux de l'association, 60, rue Miron, bureau 160.

Je vous propose l'ordre du jour suivant et vous invite à le compléter si vous le jugez à propos :

1. Ouverture de la séance;
2. Adoption de l'ordre du jour;
3. Approbation du procès-verbal de la
   14e séance;
4. Lecture de la correspondance;
5. Rapport des comités;
6. Projets à l'étude;
7. Questions diverses;
8. Date et lieu de la prochaine séance;
9. Clôture de la séance.

Veuillez agréer, Madame, Monsieur, mes salutations distinguées.

Le président de l'Association des
jeunes chambristes du Québec,

Mathieu Dubois

PROCÈS-VERBAL

*** AJCQ ***
Association des jeunes chambristes du Québec

Conseil d'administration

Procès-verbal
de la 15e séance

Montréal, le 7 février 2000

*** AJCQ ***
Association des jeunes chambristes du Québec

Conseil d'administration

Procès-verbal de la 15e séance ordinaire du conseil d'administration de l'Association des jeunes chambristes du Québec tenue à Montréal le lundi 7 février 2000 dans les locaux de l'association.

Sont présents :

M. Gérard Blais
M. Mathieu Dubois
Mme Isabelle Girard
Mme Christine Hudon
M. Denis Lessard
Mme Carmen Morin
M. Bernard Parent
Mme Pierrette Simard

Sont absents :

Mme Lucie Belleau
M. Stéphane Leblanc

1. Ouverture de la séance

La séance est ouverte à 19 h 40. M. Mathieu Dubois, président, souhaite la bienvenue aux administratrices et administrateurs présents, et particulièrement à M. Denis Lessard, qui participe pour la première fois à une séance du conseil d'administration. M. Bernard Parent fait fonction de secrétaire.

...2

PROCÈS-VERBAL (suite)

2

2. Adoption de l'ordre du jour

Le président donne lecture de l'ordre du jour figurant dans l'avis de convocation. M. Blais demande qu'on ajoute le point **Campagne de recrutement** après le point 6, et Mme Simard demande de traiter d'un article récent paru dans la presse et de discuter d'un nouveau répertoire de l'association dans les **Questions diverses**. L'adoption de l'ordre du jour ainsi modifié est proposée par M. Gérard Blais, appuyé par M. Bernard Parent ; il est adopté à l'unanimité.

3. Approbation du procès-verbal de la 14e séance

Le président fait la lecture du procès-verbal de la dernière séance tenue le 15 novembre 1999. Mme Christine Hudon indique qu'à la page 4 il faut lire *acceptation* et non pas *acception*. Sur la proposition de M. Blais appuyée par Mme Girard, le procès-verbal est modifié conformément à cette remarque et approuvé à l'unanimité.

4. Lecture de la correspondance

Le secrétaire informe le conseil des lettres reçues des sections régionales en réponse aux diverses demandes relatives à leurs activités.

5. Rapports des comités

Le président invite le ou la responsable de chaque comité à présenter son rapport d'activité. Mme Belleau, du comité des concerts, étant absente, son rapport sera envoyé par la poste aux membres du conseil.

6. Projets à l'étude

6.1. Concours de composition

M. Blais présente son projet de concours provincial de composition musicale. Mme Simard fait la proposition suivante :

Qu'un comité formé de trois membres, Mme Girard et MM. Blais et Dubois, soit chargé d'étudier la possibilité de donner suite à ce projet et qu'il en fasse rapport au conseil à la prochaine séance.

La proposition est appuyée par Mme Hudon et acceptée sans discussion par tous les membres.

...3

PROCÈS-VERBAL (suite)

3

6.2. Création d'un centre musical

Mme Morin présente son projet de création d'un centre musical pour enfants à Bois-Joli. Il est proposé par Mme Simard, appuyée par M. Lessard, que l'AJCQ présente des demandes de subvention à cet effet au ministère de la Culture et des Communications, ainsi qu'au Conseil des arts de la Communauté urbaine de Montréal.

La proposition est mise aux voix. Elle est adoptée par 6 voix contre 1, et 1 abstention.

7. Campagne de recrutement

Le président invite M. Parent à exposer les différentes étapes de la campagne de recrutement. Mme Morin propose l'adoption du programme présenté par M. Parent. Proposition appuyée par M. Blais et adoptée à l'unanimité.

8. Questions diverses
8.1. Article de presse

Mme Simard signale la parution d'un article élogieux portant sur les réalisations de l'AJCQ dans *Les Nouvelles musicales* de décembre 1999. Elle en distribue une photocopie aux membres du conseil.

8.2. Répertoire de l'AJCQ

Mme Simard est d'avis qu'il serait temps de mettre à jour le répertoire de l'association. Ce point pourrait être discuté en détail à la prochaine séance.

9. Date et lieu de la prochaine séance

La prochaine séance du conseil d'administration de l'AJCQ aura lieu le lundi 22 mai 2000 à 19 heures, dans les locaux de l'association.

10. Clôture de la séance

L'ordre du jour étant épuisé, il est proposé à 21 h 30 par M. Parent, appuyé par Mme Simard, que la séance soit levée.

Le secrétaire,

Bernard Parent

■ COMMUNIQUÉ

Le communiqué constitue la façon la plus simple et la plus efficace de porter une nouvelle à la connaissance des médias (écrits ou électroniques) et d'atteindre ainsi le grand public.

Le communiqué comprend généralement les éléments suivants :

- la **provenance** du communiqué, que donne l'en-tête du papier utilisé par l'organisme ou la société, et sa **date** d'envoi ;
- l'**avis de publication**, qui autorise la publication à partir d'une certaine date ;

> **À publier immédiatement**
>
> **À publier dès réception**
>
> **À publier le 25 mars 2002**
>
> **À publier avant le 25 mars 2002**
>
> **À publier après le 25 mars 2002**
>
> **Ne pas publier avant le 25 mars 2002**
>
> **Embargo jusqu'au 25 mars 2002**
>
> **Pour publication immédiate**

- la mention **Communiqué**, en majuscules ou en gros caractères ;
- le **titre** du communiqué, indiquant l'objet du texte, en majuscules de préférence ;
- le **texte** même du communiqué, dont la première ligne mentionne généralement le lieu et la date, et dont le premier paragraphe résume l'essentiel du message, les points importants ;
- l'**indicatif** – 30 –, qui marque traditionnellement la fin du texte à diffuser. Il s'écrit au centre de la ligne. Cette indication remonterait au temps où les télégraphistes signalaient ainsi la fin du texte transmis, qui ne devait pas en principe dépasser trente mots.
- la **source**, c'est-à-dire le nom (éventuellement le titre) et le numéro de téléphone de la personne qui a rédigé le communiqué ou qui peut fournir des renseignements complémentaires.

COMMUNIQUÉ

ASSOCIATION LUMIÈRE
2500, rue Champlain
Montréal (Québec) H2N 5M8

À publier immédiatement

COMMUNIQUÉ

CAMPAGNE DE SOUSCRIPTION
AU PROFIT DE L'ENFANCE DÉFAVORISÉE

Montréal, le 15 mai 2000. – L'Association Lumière organise une campagne de souscription qui commencera le samedi 27 mai 2000 à 10 h et qui se terminera le jeudi 15 juin ; son objectif est de recueillir 1 250 000 $.

Cette campagne de souscription a pour but, d'une part, de sensibiliser la population aux multiples besoins de l'enfance défavorisée et, d'autre part, de collecter des fonds nécessaires à l'aménagement d'un centre familial de vacances dans les Laurentides.

L'Association a besoin de l'aide de quelque cent bénévoles pour remplir diverses tâches au cours de cette campagne. Les personnes désireuses d'offrir leur concours sont priées de téléphoner au (514) 567-8901.

– 30 –

Source : Mme Hélène Bolduc
Relationniste
(514) 567-8901
www.lumiere.org.qc.ca

■ ANNONCE (OFFRE D'EMPLOI)

L'annonce qui fait état d'une offre d'emploi est plus ou moins brève, selon qu'elle doit être publiée dans la presse ou simplement affichée. Elle comprend généralement les éléments suivants :

- le **nom de l'employeur ou de l'agence de recrutement**; dans ce dernier cas, on indique au moins le type d'entreprise qui recrute;
- le **poste** offert;
- les **attributions**, c'est-à-dire les fonctions à remplir;
- les **exigences**, c'est-à-dire les diplômes, la compétence et l'expérience demandés;
- des précisions sur la **rémunération** et les avantages sociaux.

Dans la rédaction d'une annonce, il faut employer un verbe actif ayant généralement l'employeur comme sujet : **cherche, recherche, est à la recherche de, recrute, demande, offre un poste de**, etc. Dans ce contexte, le verbe *requiert* est déconseillé, de même que les tournures passives avec le participe *demandé* (du genre *directrice ou directeur demandé*). Il faut également éviter les anglicismes *bénéfices marginaux*, dans le sens d'**avantages sociaux**, ainsi que *application* au sens de **demande d'emploi** ou de **candidature**, *faire application* au sens de **poser sa candidature, postuler un emploi**, et *formule d'application* au sens de **formule** ou **formulaire de demande d'emploi**.

ANNONCE : OFFRE D'EMPLOI

Important bureau d'études recherche
UN CONSEILLER OU UNE CONSEILLÈRE EN GESTION

Poste à pourvoir immédiatement

ATTRIBUTIONS : Conseiller et informer la direction de l'entreprise sur les méthodes propres à l'analyse et à la solution des problèmes auxquels elle fait face dans le domaine de la gestion.

EXIGENCES : Diplôme universitaire de 1er cycle en sciences de l'administration ou dans une discipline connexe; trois années d'expérience pertinente à titre de conseiller ou de conseillère en gestion. Une ou deux années d'études venant en complément de la scolarité peuvent compenser en tout ou en partie l'expérience exigée. Une expérience exceptionnelle et une compétence reconnue dans le domaine peuvent suppléer à l'absence de diplômes universitaires. Rémunération à déterminer.

Envoyer son curriculum vitæ à l'adresse suivante :

Bureau d'études SMD
358, rue Saint-Charles
Longueuil (Québec) H4F 2G7

■ CARTE D'INVITATION

La carte d'invitation sert à prier une ou plusieurs personnes de se rendre à un endroit, d'assister ou de prendre part à une activité ou à une manifestation.

Le texte de l'invitation indique notamment le nom de la société, de l'organisme ou de la personne qui invite, l'activité organisée, la date, l'heure et le lieu où elle se déroulera.

Elle peut aussi porter diverses mentions, comme :

> **RSVP avant le 12 février au (514) 987-6543**
> **RSVP avant le 23 mars**
> **Téléphone : (819) 567-8900**
> **RSVP en cas d'empêchement**
>
> **Tenue de soirée (ou cravate blanche)**
> **Smoking (ou cravate noire)**
> **Tenue de ville**
> **Tenue décontractée**
>
> **Invitation pour deux personnes**
> **Invitation valable pour deux personnes**
> **Prière de se munir de la présente invitation**
> **Carte strictement personnelle et exigée à l'entrée**
>
> **Vin d'honneur**
> **Vin et fromage** (mais pour nommer la réception, on dira plutôt **dégustation de vins et (de) fromages**)
> **Vin et grignotises** (et non pas *grignotines*)
> **Rafraîchissements**
> **Buffet léger** (Mention simple, de préférence à une phrase au passif, du genre : *Un léger goûter sera servi* ; de plus, le mot *goûter* ne convient pas dans ce contexte.)

Sur une carte d'invitation, on écrit généralement les titres de civilité en toutes lettres. Si le nom des personnes invitées doit y figurer, les titres de civilité de ces personnes prennent la majuscule, car on considère qu'on s'adresse directement à elles.

CARTE D'INVITATION

Monsieur Jean-Michel Dubreuil,
président de la Société québécoise d'information culturelle,
a l'honneur de vous inviter à un coquetel
offert à l'occasion du lancement du nouveau répertoire de la société.

La réception aura lieu le jeudi 3 octobre 2002 à 11 heures,
dans la salle Renaissance de l'Hôtel Chambord,
1540, rue Sherbrooke Ouest, à Montréal,
en présence de madame Élise Allard, ministre de la Culture.

Invitation pour deux personnes

RSVP avant le 27 septembre   *Téléphone : (514) 348-1656*

■ CARTE PROFESSIONNELLE

La carte professionnelle est une petite carte sur laquelle on fait imprimer divers renseignements personnels utiles; elle permet d'entrer en contact avec une personne dans l'exercice de sa profession. Même si elle s'utilise dans le monde des affaires ou de l'entreprise en général, elle ne s'appelle pas pour autant *carte d'affaires*, expression calquée sur *business card*. La carte professionnelle s'utilise d'ailleurs aussi dans l'Administration. Elle est différente de la carte de visite qui, elle, ne comporte que des renseignements d'ordre privé.

La carte professionnelle comprend quatre éléments essentiels, dont l'ordre peut varier selon la disposition graphique de la carte[1] :

- le nom de la personne;
- son titre, sa fonction ou sa profession;
- le nom et, le cas échéant, le symbole social ou logo de l'entreprise ou de l'organisme où la personne travaille (en veillant à faire correctement les coupures en fin de ligne au besoin, voir p. 241), ainsi que, sur des lignes distinctes, le nom d'une ou de deux subdivisions administratives;
- l'adresse postale et l'adresse géographique (si elles diffèrent)[2], le ou les numéros de téléphone (numéro sans frais, numéro de téléphone cellulaire, etc.), le numéro de télécopie et, le cas échéant, l'adresse électronique (pour le courrier électronique).

Il est déconseillé de mentionner les titres universitaires ou leurs abréviations sur les cartes professionnelles. Toutefois, dans le cas où ces mentions seraient pertinentes, pour de jeunes travailleurs ou travailleuses autonomes par exemple, il faut se limiter au dernier diplôme obtenu, ou au plus important. Il est admis de mentionner l'appartenance à un ordre professionnel. On ne met aucun titre de civilité devant le nom de la personne.

Dans la fonction publique québécoise, les cartes professionnelles sont rédigées conformément aux normes du *Programme d'identification visuelle*.

---

1. Rappelons que, au Québec, certains éléments de l'adresse devraient toujours s'écrire dans la langue dans laquelle ils sont officialisés par la Commission de toponymie, qui est généralement le français; il s'agit de la rue et des autres génériques de voies de communication, du point cardinal, de la ville et de la province. Ces éléments ne devraient pas se traduire en anglais. Les ministères et les organismes de l'Administration sont tenus de n'employer que le français dans les adresses au Québec. Beaucoup de grandes entreprises ont aussi adopté ce principe.
2. Si, pour rédiger une suscription, on se sert des renseignements présents sur une carte professionnelle, il faut évidemment respecter l'ordre dans lequel ces renseignements doivent figurer dans une adresse postale. (Voir à ce sujet le chapitre qui porte sur la présentation de l'enveloppe et de la suscription, p. 17.)

CARTES PROFESSIONNELLES

Société-conseil Expro

12500, avenue des Érables
Sherbrooke (Québec) J1H 4A7
Téléphone : (819) 545-7890
Tél. cellulaire : (819) 392-4419
Courriel : jlbeaulieu@rib.qc.ca

Jean-Louis Beaulieu
Analyste
Informatique de gestion

Cécile Lajoie
Professeure agrégée
Département de mathématiques

Université de …
C. P. 1234, succ. Centre-ville
Montréal (Québec) H3N 5M8

Téléphone : (514) 737-9876
Télécopie : (514) 733-4567
C. élec. : lajoie@ere.umon.ca

Québec ✚✚
✚✚
**Ministère
de l'Éducation** Direction de l'information

125, rue Sherbrooke Ouest, 2e étage
Montréal (Québec) H2X 1X4
Téléphone : (514) 873-1234
Télécopie : (514) 873-3488
daniel.gounod@meq.gouv.qc.ca

Daniel Gounod
Agent d'information

CARTES PROFESSIONNELLES (suite)

Productions internationales Tosca
4567, boulevard des Laurentides, bur. 500
Québec (Québec) G3B 2N4, CANADA
www.tosca.com

Christine Laporte
Avocate
Service du contentieux

Téléphone : (418) 765-4321, p. 340
1 800 234-5678
Modem-télécopieur : (418) 567-8901

Hôpital pour enfants de...
Affilié à l'Université du...

Henri Ledoux, pédiatre
Directeur des services professionnels

4500, boulevard René-Lévesque
Montréal (Québec) H3D 5M7

Tél. : (514) 876-5432, poste 19
Téléavertisseur : (514) 273-4567
hledoux@abc.de.fg

Marie-Catherine Bellavance, M. Arch. pays.
Architecte paysagiste et horticultrice

375, chemin des Patriotes Sud
Mont-Saint-Hilaire (Québec) J3D 4N8

Téléphone : (450) 467-9123
Télécopieur : (450) 465-6789
Téléavertisseur : (450) 273-4567
Marie-Catherine.Bellavance@resobec.ca

CARTES PROFESSIONNELLES (suite)

Patrice Deschamps, trad. a., term. a.
Traduction
Terminologie
Rédaction technique
250, place Royale, bureau 12 Montréal (Québec) H2A 3F5
Téléphone et télécopie : (514) 276-4738 deschatra@clico.qc.ca

■ TÉLÉCOPIE

Lorsqu'on envoie une télécopie, on peut accompagner le document en question d'un bordereau où on indique divers renseignements utiles à l'acheminement de la télécopie.

Le bordereau de télécopie porte généralement l'en-tête de la société ou de l'organisme de l'expéditeur ou de l'expéditrice. On y indique en outre :

- le nom du ou de la destinataire, son numéro de télécopie et son numéro de téléphone ;
- le nom de l'expéditeur ou de l'expéditrice, son numéro de téléphone et son numéro de télécopie ;
- le nombre total de pages envoyées, bordereau compris ;
- la date.

On peut aussi prévoir quelques lignes pour la rédaction d'un message ; cet espace est parfois suffisant pour noter la totalité de l'information à communiquer.

TÉLÉCOPIE

Télécopie : (514) 873-3488

Québec ✚ ✚
✚ ✚
✚ ✚
**Ministère
de la Santé
et des Services sociaux**

Télécopie

Destinataire

Nom :

Téléphone : (   )

Télécopie : (   )

Expéditeur ou expéditr

Nom :

Téléphone : (514) 873-

Nombre total de pages :

Date :

Message

Si vous n'avez pas reçu toutes les pages, veuillez nous en informer.

Québec ✚ ✚
✚ ✚
✚ ✚
**Ministère
de la Santé
et des Services sociaux**

Télécopie

Destinataire   Télécopie : (   )

Expéditeur ou expéditrice   Télécopie : **(514) 873-3488**
Téléphone : (514)

Message   Nombre total de pages :

Date : _____ Signature : _____
COMM

8280 – E

■ COURRIER ÉLECTRONIQUE

Le courrier électronique, ou courriel, aussi appelé *messagerie électronique*, fait désormais partie des moyens de communication au bureau. Rapide et pratique, il se prête à des échanges plus courts et moins formels que la correspondance traditionnelle.

Dans un contexte de travail, et même si le style d'écriture adopté par courrier électronique peut, dans certains cas, être plus familier et proche de la communication orale, plus concis, voire télégraphique, il faut toujours veiller à la correction de la langue. Il faut notamment éviter les fautes de frappe et les fautes d'orthographe, que la rapidité du mode de communication n'excuse pas. Il faut aussi éviter l'abus des abréviations, car elles peuvent nuire à la compréhension du message.

La date et l'heure d'envoi du message s'inscrivent automatiquement. Il faut veiller à leur exactitude et, au besoin, les rectifier dans l'ordinateur ou les répéter dans le message.

Les messages électroniques sont découpés en paragraphes et leur disposition est à un seul alignement. La courtoisie restant de mise, on se doit d'employer des formules d'appel et de brèves formules de salutation.

L'adresse électronique du ou de la destinataire du message n'étant pas toujours explicite ni personnelle et ne comportant pas toujours son nom, il convient, si tel est le cas, de commencer le message en rappelant le nom du ou de la destinataire. Il est également conseillé de signer ses messages et d'indiquer ses coordonnées au besoin ; il faut toutefois éviter de terminer un message court par une signature automatique de plusieurs lignes.

Les binettes (petits dessins réalisés à l'aide des caractères du clavier) sont évidemment réservées aux messages de nature très familière. Par ailleurs, il est déconseillé d'écrire un message entièrement en majuscules : selon les règles de bienséance d'Internet, les employer équivaut à crier. De plus, l'emploi exclusif de majuscules ralentit beaucoup la lecture et nuit à la compréhension du texte (voir aussi p. 251).

Un message électronique peut s'accompagner d'un **fichier joint** (qu'il ne faut pas appeler *fichier attaché* ni *attachement*). On peut en faire parvenir des copies à d'autres personnes : soit sous la forme d'une **copie conforme** (souvent abrégé à l'écran en **Cc**), soit sous la forme d'une **copie conforme invisible** (souvent abrégé en **cci** ; il faut éviter d'employer en français le terme anglais *blind carbon copy* et son abréviation *bcc*).

MESSAGE

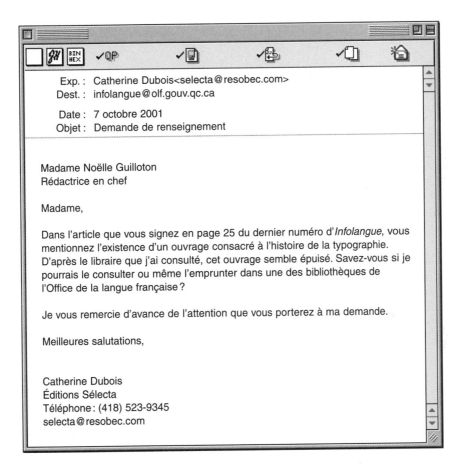

Exp. : Catherine Dubois<selecta@resobec.com>
Dest. : infolangue@olf.gouv.qc.ca

Date : 7 octobre 2001
Objet : Demande de renseignement

Madame Noëlle Guilloton
Rédactrice en chef

Madame,

Dans l'article que vous signez en page 25 du dernier numéro d'*Infolangue*, vous mentionnez l'existence d'un ouvrage consacré à l'histoire de la typographie. D'après le libraire que j'ai consulté, cet ouvrage semble épuisé. Savez-vous si je pourrais le consulter ou même l'emprunter dans une des bibliothèques de l'Office de la langue française ?

Je vous remercie d'avance de l'attention que vous porterez à ma demande.

Meilleures salutations,

Catherine Dubois
Éditions Sélecta
Téléphone : (418) 523-9345
selecta@resobec.com

RÉPONSE

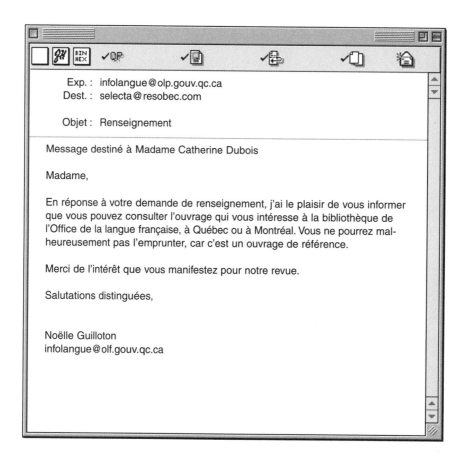

Exp. : infolangue@olp.gouv.qc.ca
Dest. : selecta@resobec.com

Objet : Renseignement

Message destiné à Madame Catherine Dubois

Madame,

En réponse à votre demande de renseignement, j'ai le plaisir de vous informer que vous pouvez consulter l'ouvrage qui vous intéresse à la bibliothèque de l'Office de la langue française, à Québec ou à Montréal. Vous ne pourrez malheureusement pas l'emprunter, car c'est un ouvrage de référence.

Merci de l'intérêt que vous manifestez pour notre revue.

Salutations distinguées,

Noëlle Guilloton
infolangue@olf.gouv.qc.ca

MESSAGE

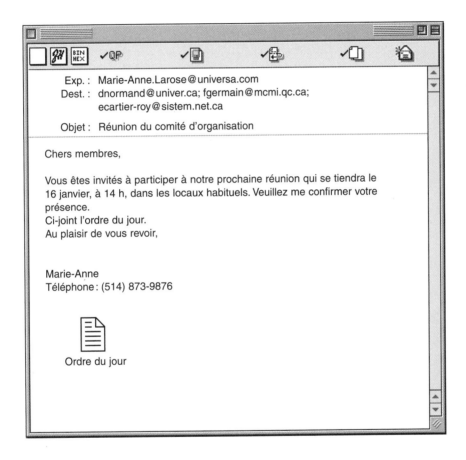

Exp. : Marie-Anne.Larose@universa.com

Dest. : dnormand@univer.ca; fgermain@mcmi.qc.ca; ecartier-roy@sistem.net.ca

Objet : Réunion du comité d'organisation

Chers membres,

Vous êtes invités à participer à notre prochaine réunion qui se tiendra le 16 janvier, à 14 h, dans les locaux habituels. Veuillez me confirmer votre présence.
Ci-joint l'ordre du jour.
Au plaisir de vous revoir,

Marie-Anne
Téléphone : (514) 873-9876

Ordre du jour

■ ATTESTATION, CERTIFICAT ET PLAQUE COMMÉMORATIVE

Il existe de nombreux types d'attestations, de certificats et de plaques commémoratives. Leur formulation et leur présentation ne sont pas standardisées, mais elles doivent respecter les règles typographiques générales. Les titres de civilité y figurent généralement en toutes lettres. Rappelons qu'une attestation est une « déclaration, verbale ou écrite, par laquelle une personne ou un organisme témoigne de l'existence ou de la véracité d'un fait[1] », et que « l'attestation revêt un caractère moins officiel que le certificat[1] ». Une attestation ou un certificat peut aussi porter un titre plus précis, du genre : Attestation de participation, Certificat d'aptitude, Premier prix, Prix d'excellence, Prix d'honneur, Mérite sportif, etc. En voici quelques exemples.

---

1. Avis de normalisation de l'Office de la langue française, *Gazette officielle du Québec*, 12 janvier 1982.

ATTESTATIONS ET CERTIFICAT

Les balcons fleuris
Prix de décoration florale

Nous soussignés attestons que .... a participé au concours des Balcons fleuris 2000, pour lequel le jury lui a décerné le

....

À Trois-Rivières, le ....

La présidente du jury,   Le directeur du Service des loisirs,

Marguerite Lafleur   Florent Laplante

JACQUES-BOUCHARD

Le français dans la publicité 2000

Attestation de participation à la finale

Décernée à _____

pour _____

Catégorie _____

Annonceur _____

Agence _____

Remise à Montréal, le …

La présidente de l'Office de la langue française,

CERTIFICAT
DE FORMATION

L'Institut supérieur d'informatique certifie que

....

a suivi avec succès un cours de perfectionnement en traitement de texte
comprenant dix heures de théorie et de pratique.

Ce cours a une valeur de 1,2 unité d'éducation continue (UEC).

À Québec, le ....

_____   _____
Professeur   Direction des programmes

PLAQUES COMMÉMORATIVES

Le vingt-quatre juin deux mille un,
madame Cécile Lalumière,
présidente de la Société québécoise de musicologie,
a posé ici la première pierre
du Musée québécois de la musique.

EN CETTE MAISON,

LE 14 NOVEMBRE 1744,

NAQUIT LE DOCTEUR ZÉPHYRIN LADOUCEUR,

BIENFAITEUR DE L'HUMANITÉ,

QUI INVENTA LE BOUTON À QUATRE TROUS

EN JANVIER 1778.

FORMULAIRES ADMINISTRATIFS ET COMMERCIAUX

Les formulaires administratifs et commerciaux sont nombreux, aussi bien dans les entreprises que dans les administrations. Ils servent à consigner des données de façon claire, rapide et uniforme.

Qu'ils soient réalisés dans les imprimeries ou, ce qui est de plus en plus courant, produits par bureautique dans les milieux de travail, les formulaires doivent être conformes à certaines règles relatives à leur présentation et à leur formulation, et standardisés à l'intérieur d'une même entreprise ou d'un même organisme, bien qu'il existe pour chacun plusieurs présentations possibles. Il importe en tout cas d'en définir précisément les sections et les rubriques, et d'en disposer clairement et logiquement les éléments, qu'ils soient essentiels ou secondaires ; les formulaires doivent en effet être aussi fonctionnels que possible.

Avant de préparer un formulaire, on peut consulter la liste des **Mots et expressions à connaître** (p. 289-312) qui comprend un certain nombre de termes et d'expressions en usage dans ce type d'écrits. Voir aussi l'usage du deux-points, p. 219.

Les formulaires comportent généralement les éléments suivants :
- la dénomination sociale de l'entreprise ou de l'organisme, ou son logo ; son adresse et ses numéros de téléphone et de télécopie ;
- le titre du formulaire et les références utiles à son classement ;
- les titres des rubriques qui servent à consigner les renseignements ;
- des instructions relatives au mode d'emploi du formulaire.

Voici une douzaine de formulaires de divers types, dont il est possible de s'inspirer au besoin : demande d'emploi, bulletin de paie, compte de frais, facture, note d'honoraires, reçu, demande d'achat ou de service, bon de travail, bordereau de livraison, bordereau de transmission, message téléphonique et registre des visites.

DEMANDE D'EMPLOI[1]

Société de gestion Perfecta
678, Grande Allée Est
Québec (Québec) G5N 3M4

Téléphone : (418) 654-3210
Télécopie : (418) 656-7891
Courriel : perfecta@mediatel.ca
Internet : www.perfecta.com

Demande d'emploi

La présente demande vous permet de postuler tous les emplois des divers services de la société Perfecta.

Veuillez remplir ce formulaire en caractères d'imprimerie.

Renseignements personnels

Nom

Prénom

Adresse   Téléphone

Langue

Études, formation et perfectionnement

Niveau

Date   De   à

Établissement

Champ d'études

Diplôme obtenu

Emplois précédents

Période d'emploi   De   à

Nom et adresse de l'employeur

Fonctions et responsabilités

Raison du départ

---

1. Un formulaire ou une formule de **demande d'emploi** (qu'on ne doit pas appeler *formulaire d'application*, ni *application*) permet à une entreprise ou à un organisme de recevoir des demandes d'emploi qui répondent à ses exigences et comprennent les renseignements qu'elle ou qu'il considère comme importants. Rappelons qu'on **remplit** un formulaire de demande d'emploi, on ne le *complète* pas.

DEMANDE D'EMPLOI (suite)

Emploi actuel

Nom et adresse de l'employeur

Date d'entrée en fonctions

Fonctions et responsabilités

☐ Actuellement sans emploi

Emploi postulé

Fonction désirée

Disponible le

Accepteriez-vous de travailler

le soir?   ☐ oui   ☐ non

la nuit?   ☐ oui   ☐ non

à temps partiel?   ☐ oui   ☐ non

Activités et champs d'intérêt

Références

Nom

Adresse et numéro de téléphone

Titre ou profession

J'atteste que les renseignements qui précèdent sont exacts.

Signature   Date

                                           A   M   J

Espace réservé à la société

BULLETIN DE PAIE[1]

LOGO INC.

Bulletin de paie

Paie brute

Retenues (prélèvements *ou* précomptes)

Paie nette

Montant du virement (*ou* du dépôt)

Période finissant le

Période n°

Identité du salarié ou de la salariée

Nom

Adresse

Numéro d'assurance sociale

Fonction

Classification

Établissement financier

Nom

Adresse

Numéro

Gains

Salaire   Prime

Heures supplémentaires

Retenues (prélèvements *ou* précomptes)

Impôt fédéral   Impôt provincial

Régime de rentes du Québec

Assurance

---

1. Un **bulletin de paie** (paie s'écrit aussi **paye**), ou **bulletin de salaire**, ou **feuille de paie**, ou **fiche de paie**, ou encore **bordereau de paie**, fait état de la rémunération d'une certaine période, et donne divers renseignements relatifs au salaire ou au traitement et aux retenues diverses. Le salaire est souvent viré au compte bancaire du salarié ou de la salariée. Dans ce cas, le bulletin de paie atteste de ce virement. Autrement, il accompagne le chèque de paie.

COMPTE DE FRAIS[1]

Productions internationales Tosca
4567, boulevard des Laurentides, bur. 500
Laval (Québec) J2D 3B5, Canada

Téléphone : (450) 567-2345
1 888 234-5678
Télécopie : (450) 568-9123
C. élec. : tosca@interbec.ca
Internet : www.tosca.com

Compte de frais

Nom

Numéro d'assurance sociale

Lieu de travail   Téléphone (   )

Domicile

Fonction   Service ou direction

Moyen de transport

Raison du déplacement

Lieu   Date du déplacement

Début   Fin

    A   M   J   A   M   J

Distance parcourue

            km x $ = $

Stationnement

Taxi ou transport en commun

Repas

Hébergement

Forfait quotidien

Frais divers

                       Total

                       Avance reçue

                       Somme demandée

Signature de la personne qui fait la demande   Signature du ou de la gestionnaire

Date   Date

---

1. Un **compte de frais** ou une **note de frais** est un relevé des dépenses faites, dans l'exercice de ses fonctions, par une personne rémunérée par une entreprise ou un organisme et qui lui sont remboursées.

FACTURE[1]

LOGO INC.

SÉCURITEL
3150, rue Calixa-Lavallée
LeMoyne (Québec) J3D 4F6

Téléphone : (450) 678-9123
Télécopie : (450) 689-3456
securitel@reso.com
www.securitel.qc.ca

Facture

Nom et adresse du client ou de la cliente

N° _____

Date _____

Téléphone _____

Référence	Quantité	Description *ou* Désignation	Prix unitaire

Prix total	
Rabais	
TPS	
TVQ	
Total général	

Mode de paiement _____

Conditions de paiement _____

---

1. Une **facture** est une pièce comptable établie par le fournisseur qui indique la quantité, la nature et le prix des marchandises vendues ou des services rendus, ainsi que les rabais accordés et les conditions de règlement.

NOTE D'HONORAIRES[1]

ou nom et adresse de l'expéditeur ou de l'expéditrice :

LO GO INC.

Claude Beauregard
Studio Imagine
1235, avenue du Mont-Royal Est, bureau 100
Montréal (Québec) H5N 7L9

Claude Beauregard, photographe
1235, avenue du Mont-Royal Est, app. 100
Montréal (Québec) H5N 7L9

Note d'honoraires

Date

Destinataire

Nom

Titre

Société

Adresse

Téléphone   Télécopie

Adresse électronique

Services fournis

Votre référence   Notre référence

Description des services ou du travail

Commande reçue le

Honoraires

Tarif   (nombre de photos _____ au prix unitaire de _____)

(ou nombre d'heures à _____ $ l'heure)

_____ $

_____ $

TPS (numéro d'inscription TPS) _____ $

TVQ (numéro d'inscription TVQ) _____ $

Frais divers _____ $

TOTAL _____ $

Prière de faire le chèque à l'ordre
de Claude Beauregard.

Signature

---

1. Une **note d'honoraires** est un état de la rétribution que demande une personne exerçant sa profession de façon autonome (pigiste, contractuel, conseil, etc.) en échange des services professionnels qu'elle a rendus.

REÇU[1]

LOGO INC.

Sécuritel, 150, rue Calixa-Lavallée, LeMoyne (Québec) J3D 4F6

Reçu

Date _____

Reçu de _____

La somme de _____ dollars (_____ $)

Note _____ Signature _____

---

1. Un **reçu** est une pièce justificative par laquelle une personne reconnaît avoir reçu une somme d'argent à titre de paiement, de prêt ou de dépôt.

DEMANDE D'ACHAT OU DE SERVICE[1]

LOGO INC.

Direction des ressources matérielles
Hôpital Jeanne-Mance
565, rue du 24-Juin
Chicoutimi (Québec) J4L 9M8

Téléphone : (418) 678-9123
Télécopie : (418) 678-4563

Demande d'achat ou de service

Service demandeur
Numéro de la demande d'achat
Date de la demande

Quantité	Désignation *ou* Description	Prix unitaire
	Prix total	

À livrer le _____ _____ _____
                    A   M   J

Destinataire

Gestionnaire

1. La **demande d'achat** ou **de service** (ou **demande de fournitures**, ou **demande de matériel**, ou **bon de commande**, ou **bon de magasin**, selon les contextes) est un formulaire que remplit un membre du personnel pour toute demande de matériel ou de service à l'intérieur de l'entreprise. Il faut éviter d'employer le mot *réquisition* pour désigner ce formulaire.

BON DE TRAVAIL[1]

LOGO INC.

Entreprise d'électricité L'éclair
Chauffage et éclairage
Secteur commercial et industriel
10876, chemin des Quatre-Bourgeois
Sainte-Foy (Québec) G9B 1S3

Téléphone : (418) 543-2198
Télécopie : (418) 543-8912

Bon de travail

Nom et adresse de l'entreprise cliente _____

_____

_____

Date _____ Numéro de commande _____

Description du travail _____

_____

_____

Temps alloué _____ h   Temps d'exécution _____ h

Équipement et matériel utilisés

Quantité	Désignation	Prix unitaire	Total	
				$
				$
				$
				$

Distance parcourue _____ km × _____ $ = _____ $
Durée totale du travail _____ h × _____ $ = _____ $

Total général _____ $

_____   _____
Technicien ou technicienne   Responsable

---

1. Un **bon de travail**, aussi appelé **fiche de travail**, est un document qui indique l'exécution du travail à effectuer, la machine adéquate, l'outillage nécessaire, le relevé des heures de travail et toute autre information pertinente reliée à l'exécution du travail.

BORDEREAU DE LIVRAISON[1]

LOGO INC.

Imprimerie Univers
1458, rue Samuel-De Champlain
Rimouski (Québec) G4B 6J8

Téléphone : (819) 345-6789
1 800 432-1987
Télécopie : (819) 346-7890

Bordereau de livraison

Expéditeur ou expéditrice _____

Destinataire _____

N° de compte _____ N° de commande _____

Feuille de route _____

Mode d'expédition _____

Date _____ _____ _____ Quantité _____
     A   M   J

Description de la marchandise _____

_____

_____

_____

_____

_____

Valeur de la marchandise _____

_____   _____
Nom et signature   Nom et signature
du livreur ou de la livreuse   du ou de la destinataire

---

1. Un **bordereau de livraison** est un formulaire sur lequel sont énumérés les articles ou les colis qui font l'objet d'une livraison et que le ou la destinataire doit signer pour attester de la réception des marchandises commandées.

BORDEREAU DE TRANSMISSION[1]

Bordereau de transmission

Destinataire(s)

Expéditeur ou expéditrice

Service

Téléphone

☐ Prendre note et classer
☐ Prendre note et faire suivre
☐ Prendre note et retourner
☐ Prendre note et me voir
☐ À titre documentaire *ou*
　 À titre de renseignement

☐ Pour approbation
☐ Pour signature

☐ Pour commentaires
☐ À votre demande
☐ Prière de répondre
☐ Prière de donner suite
☐ Préparer réponse pour signature
☐ Retourner à

☐ Avec mes remerciements

Note

Date

Heure

---

1. Un **bordereau de transmission** est un formulaire qui sert à acheminer des documents administratifs d'un service ou d'une personne à l'autre.

MESSAGE TÉLÉPHONIQUE[1]

Québec ✚✚
**Ministère
de la Santé
et des Services sociaux**

Message téléphonique

Pour _____

De la part de _____

Entreprise ou organisme _____

Téléphone _____ Poste _____

Téléphone cellulaire _____ Téléavertisseur

☐ A téléphoné   ☐ Prière de rappeler
☐ A rappelé   ☐ Meilleur moment pour rappeler :
☐ Rappellera   _____

☐ Urgent

Objet de l'appel ou commentaires _____
_____
_____
_____
_____

Reçu par _____

_____   _____
Heure   Date

1. Il est possible de combiner le formulaire de message téléphonique avec le bordereau de transmission (voir page précédente).

REGISTRE DES VISITES[1]

Complexe Médiatech
580, rue De La Vérendrye
Saint-Laurent (Québec) H6M 2F8

Téléphone : (514) 456-7890

Registre des visites

Date	NOM (en majuscules)	Signature	Entreprise ou organisme	Personne visitée	Local	Heure d'arrivée	Heure de départ	Raison de la visite ou remarques

1. Dans une entreprise ou à l'entrée d'un immeuble, un **registre des visites** permet de contrôler les allées et venues des personnes qui ne font pas partie du personnel.

■ BIBLIOGRAPHIE

Correspondance et autres écrits commerciaux et administratifs

BISSON, Monique, Hélène CAJOLET-LAGANIÈRE et Normand MAILLET. *Guide d'écriture des imprimés administratifs*, Québec, Les Publications du Québec, 1992, 136 p. (Guides de l'Office de la langue française).

CAJOLET-LAGANIÈRE, Hélène, Pierre COLLINGE et Gérard LAGANIÈRE. *Rédaction technique, administrative et scientifique*, 3ᵉ éd. rev. et augm., Sherbrooke, Éditions Laganière, c1997, 468 p.

CLAS, André, et Paul A. HORGUELIN. *Le français, langue des affaires*, 3ᵉ éd., Montréal, McGraw-Hill, 1991, 422 p.

DUSSAULT, Louis. *Le protocole : instrument de communication*, Montréal, Protos, c1995, 464 p.

GABAY, Michèle. *Guide d'expression écrite*, Paris, Larousse, 1991, 415 p.

GANDOUIN, Jacques. *Correspondance et rédaction administratives*, 7ᵉ éd., Paris, Armand Colin, l998, 375 p. (U Lettres).

GRISELIN, Madeleine, et autres. *Guide de la communication écrite*, 2ᵉ éd., Paris, Dunod, 1999, 328 p. (Efficacité professionnelle).

HUBERT, François. *Mieux écrire dans Internet*, Montréal, Les Éditions Logiques, c1997, 91 p. (Collection Internet).

JOUETTE, André. *Le savoir-écrire : guide pratique de correspondance*, [Paris], Éditions Solar, 1989, 423 p.

LAMBERT-TESOLIN, Diane. *Le français à l'hôtel de ville*, Québec, Les Publications du Québec, 1994, 265 p. (Guides de l'Office de la langue française).

VAN COILLIE-TREMBLAY, Brigitte, en collab. avec Micheline BARTLETT et Diane FORGUES-MICHAUD. *Correspondance d'affaires : règles d'usage françaises et anglaises et 85 modèles de lettres*, Montréal, Publications Transcontinental, 1991, 265 p. (Entreprendre).

Toponymie

COMMISSION DE TOPONYMIE. *Guide toponymique du Québec : politiques, principes, normes et procédures de la Commission de toponymie concernant le choix, le traitement, l'officialisation, la diffusion et la conservation des noms de lieux*, 2ᵉ éd. rév. et enr., Québec, Les Publications du Québec, 1990, 178 p.

COMMISSION DE TOPONYMIE. *Noms et lieux du Québec : dictionnaire illustré*, Sainte-Foy, Les Publications du Québec, 1994, 925 p.

COMMISSION DE TOPONYMIE. *Noms et lieux du Québec : si chaque lieu m'était conté*, [Cédérom], Sainte-Foy, Les Publications du Québec, c1997.

COMMISSION DE TOPONYMIE. *Répertoire toponymique du Québec 1987*, Québec, Les Publications du Québec, 1987, 1900 p.

COMMISSION DE TOPONYMIE. *Répertoire toponymique du Québec 1987 : supplément cumulatif 1997*, Sainte-Foy, Les Publications du Québec, 1998, 462 p.

COMMISSION DE TOPONYMIE. *Topos sur le Web*, [En ligne], 1998, [www.toponymie. gouv.qc.ca].

Adressage

SOCIÉTÉ CANADIENNE DES POSTES. *Guide canadien d'adressage*, Ottawa, La Société, 1999, 20 p.

Deuxième partie

TYPOGRAPHIE

LES MAJUSCULES

Même si, dans le domaine typographique, on peut distinguer majuscules et capitales (voire grandes capitales, petites capitales et capitales initiales)[1], le mot **majuscule** convient couramment dans tous les contextes.

Rappelons tout d'abord que, conformément à tous les codes typographiques et à un avis de recommandation de l'Office de la langue française, les majuscules prennent **les accents, le tréma et la cédille** lorsque les minuscules équivalentes en comportent[2].

La majuscule a deux fonctions : une fonction démarcative et une fonction distinctive ; on parle donc plus simplement, selon le cas, de **majuscule de position** ou de **majuscule de signification**.

La majuscule de position est commandée par la place qu'occupe un mot dans un texte, par exemple en tête de phrase ou après un point, après la plupart des points d'interrogation ou d'exclamation, après les points de suspension qui terminent une phrase ou le deux-points qui annonce une citation. Dans les imprimés administratifs, les titres, sous-titres et têtes de rubrique prennent la majuscule. Les alinéas d'une énumération qui commencent par des lettres ou des numéros peuvent aussi prendre une majuscule de position. Celle-ci s'impose notamment si les lettres et les chiffres sont suivis d'un point (voir aussi p. 182 et 246).

---

1. Au sens strict, la **capitale** est une lettre imprimée qui s'oppose au **bas de casse** et qui sert à écrire des mots, des titres, des textes en entier. La **grande capitale**, qui est la capitale la plus usuelle, sert notamment à écrire la première lettre d'un mot ou d'un texte dont le reste serait écrit en **petites capitales**. Par exemple, dans un dictionnaire, les entrées sont généralement écrites en capitales ; si l'entrée est un nom propre, la première lettre est une grande capitale, les autres lettres sont des petites capitales. La **majuscule** a la même utilité que la grande capitale et s'oppose à la **minuscule** ; elle peut être manuscrite ou imprimée. Voir exemples p. 248.

2. Pour l'usage en ce qui concerne les abréviations et les sigles, voir p. 186 et 192.

Quand faut-il consulter un dictionnaire ? Au moindre doute.

Le témoin a fait la déclaration suivante : «Personne d'autre n'est venu au bureau pendant la soirée.»

La majuscule de signification, lettre de renfort du mot, est utilisée pour les noms propres et pour certains noms communs qui, en raison de leur sens ou du contexte dans lequel ils sont employés, deviennent des noms propres ou sont considérés comme tels. Elle sert aussi dans certains cas à supprimer une ambiguïté. L'emploi de la majuscule de signification présente toutefois quelques difficultés : il ne s'agit pas toujours d'une règle figée et son usage, comme celui de la langue en général, évolue. Cet usage est même parfois flottant, et les codes typographiques eux-mêmes divergent sur bien des points : dans ce cas, on peut s'en tenir aux formes le plus souvent attestées, les plus simples, ou à celles dont la justification (par analogie, notamment) est la plus aisée. Il est toutefois souhaitable d'en arriver à une certaine uniformité dans les textes en matière de majuscules. L'important est en outre d'éviter deux écueils : l'abus des majuscules, qu'on appelle ironiquement la «majusculite», qui en vient à enlever aux majuscules toute véritable signification, et, à l'inverse, l'omission des majuscules qui prive l'écrit d'un important moyen d'expression. On donne souvent à la majuscule de signification la fonction de mettre en valeur quelque chose ou d'honorer une personne physique ou morale : c'est là un point de vue subjectif qu'il est bien difficile de codifier, car chacun et chacune dispose d'une certaine latitude en la matière.

La majuscule étant le signe distinctif du **nom propre**, la première lettre d'un nom propre est toujours une majuscule. Par noms propres, on entend essentiellement les noms de personnes et les noms de lieux. Toutefois, différentes catégories de noms communs et d'appellations composées, employés dans un sens absolu ou revêtant une signification particulière, peuvent être assimilés à des noms propres, et donc prendre la majuscule. Dans ce cas, la majuscule est mise au premier mot sur lequel porte le caractère propre de l'appellation. L'adjectif qui précède ce mot prend généralement aussi la majuscule.

Voici les principaux emplois de la majuscule de signification et un emploi particulier de la majuscule de position, regroupés, pour plus de commodité, de la façon suivante :

- ■ **Noms propres divers et noms communs assimilés aux noms propres**
- ■ **Noms géographiques, toponymes et odonymes**
- ■ **Noms de sociétés, d'organismes et d'unités administratives**
- ■ **Titres et appellations de convenance**
- ■ **Majuscule elliptique**
- ■ **Majuscule ou minuscule dans les divisions et les énumérations**

■ **NOMS PROPRES DIVERS ET NOMS COMMUNS ASSIMILÉS AUX NOMS PROPRES**

PERSONNES

Les noms de personnes et de personnages (patronymes ou noms de famille, prénoms, pseudonymes, surnoms adoptés par l'usage, appellations métonymiques, etc.), et notamment de personnages souverains (rois et reines, empereurs et impératrices, papes, etc.) et de dynasties, prennent la majuscule.

> **Jean-Baptiste Poquelin, dit Molière**
> **Jean Papineau-Couture**
> **Élisabeth Vigée-Lebrun**
> **Monsieur** (ou **M.**) **Tout-le-monde**

> **les Capétiens**
> **les Tudors**[1]
> **les Borgia**

> **les Filles du roi**
> **les Pères de la Confédération**
> **les Casques bleus**

L'article qui fait partie intégrante des noms de famille prend également la majuscule. Toutefois, la particule **de** ou **d'** qui précède un nom noble ou non, et qu'on appelle *particule nobiliaire* ou *particule patronymique*, s'écrit avec une minuscule[2], sauf si elle suit une préposition. Lorsque la particule et l'article sont contractés, comme dans **des** ou **du** et que le patronyme est employé sans prénom ni titre ou qu'il suit une préposition, on y met une majuscule. Le titre qui précède le nom propre garde la minuscule.

> **Jeanne d'Arc**
> **Jean de La Fontaine**
> **les fables de La Fontaine**
> **Samuel de Champlain**
> **le sieur de Maisonneuve**
> **le général de Gaulle, les mémoires de De Gaulle**
> **Joachim du Bellay, les poèmes de Du Bellay**
> **une allusion à Des Grieux**

---

1. Les noms dynastiques français ou francisés prennent la marque du pluriel.

2. Les patronymes d'origine étrangère (néerlandaise, italienne, etc.) qui commencent par l'article **De**, parfois suivi d'un autre article, font généralement exception et prennent la majuscule (De Walle, De Coster, De Sica, Del Monaco, etc.). Conformément aux règles de la Commission de toponymie, les particules nobiliaires prennent la majuscule dans les toponymes et les odonymes.

Les noms de personnages ne prennent la majuscule qu'à l'élément qui les caractérise. Le titre qui le précède est en minuscules.

> **le père Noël, des pères Noël**
> **le bonhomme Carnaval, des bonshommes Carnaval**
> **dame Nature, dame Fortune** ou **dame nature, dame fortune**

RACES, PEUPLES, HABITANTS

Ces noms prennent une majuscule, mais pas les noms de langue ni les adjectifs qualificatifs correspondants, qui, eux, s'écrivent en minuscules.

> **les Blancs**
> **une Québécoise**
> **les Italo-Québécois**
> **les Anglo-Saxons**
> **les Néo-Brunswickois**[1]
>
> **l'économie québécoise**
> **la littérature anglo-saxonne**
>
> **les Amérindiens**
> **les bandes amérindiennes**
> **les Indiens cris**
> **les Inuits**
> **les Innus**
> **les Métis**[2]
> **les autochtones**[3]

---

1. Habitants du Nouveau-Brunswick. Noter par ailleurs que les Néo-Québécois et Néo-Québécoises étaient les habitants de la région qu'on appelait naguère Nouveau-Québec, mais qui porte maintenant le nom de Nord-du-Québec; les néo-Québécois et néo-Québécoises sont les personnes nouvellement établies au Québec.

2. **Métis** (et **Métisse** au féminin) est considéré comme un nom propre et prend donc la majuscule au sens d'« autochtone du Canada d'ascendance mixte indienne et européenne, peuplant historiquement certaines régions déterminées des Prairies canadiennes ». (Avis de l'Office de la langue française, *Gazette officielle du Québec*, 24 avril 1993.)

3. Au Canada et au Québec, le terme **autochtone** peut parfois être considéré comme un nom propre et prendre la majuscule (**les Autochtones**) quand il désigne l'entité sociopolitique que forme l'ensemble des autochtones. (Avis de l'Office de la langue française, *Gazette officielle du Québec*, 24 avril 1993.)

les Canadiens français
la littérature canadienne-française[1]

enseigner le français
Elle est française (ou **Française**)[2].

les Montréalais
l'agglomération montréalaise

les Sud-Américains
la musique sud-américaine

les francophones[3]
les anglophones
les allophones

FÊTES RELIGIEUSES, CIVILES OU NATIONALES

Ces noms s'écrivent généralement avec une majuscule au nom qui les caractérise (autre que, en principe, le mot *fête* ou *jour*) et à l'adjectif qui, le cas échéant, le précède. Les noms des temps liturgiques gardent généralement la minuscule.

le Jour de l'An (ou **le Jour de l'an**, ou **le jour de l'an**)
le Nouvel An (ou **le nouvel an**)
le Premier de l'an (ici, *premier* est un nom)
le lendemain du Jour de l'An
le jour des Rois
la fête des Rois
l'Épiphanie
la Saint-Valentin
le Mardi gras
le mercredi des Cendres
les Cendres
la Mi-Carême
la Saint-Patrick

---

1. Dans « les Canadiens français », **Canadiens** est un nom de peuple : il prend la majuscule ; français est un adjectif : il ne prend pas de majuscule. Dans « la littérature canadienne-française », **canadienne-française** est un adjectif composé : il ne prend pas de majuscule.

2. Dans une telle construction, on emploie correctement, comme attribut, l'adjectif (**française**) ou le nom (**Française**).

3. Commence par une minuscule, car il ne s'agit pas d'un nom de peuple ni de race.

la Journée internationale de la Francophonie

les Rameaux

le dimanche des Rameaux

le Vendredi saint

Pâques[1]

la pâque (fête juive et fête orthodoxe)

le lundi de Pâques

la Pentecôte

le 1er Mai[2]

le Premier Mai

la fête de Dollard

la fête de la Reine

la fête des Mères

la fête des Pères

la Saint-Jean-Baptiste

la fête nationale du Québec

la fête du Canada

le 14 Juillet

la fête du Travail

l'Action de grâce (ou l'Action de grâces)

l'Halloween

la Toussaint

le jour des Morts

le jour du Souvenir

l'Armistice

le 11 Novembre

la Sainte-Catherine

la Saint-Nicolas

Noël

l'Après-Noël, le lendemain de Noël (le 26 décembre, *Boxing Day*)

la Saint-Sylvestre

les fêtes, le temps des fêtes

le carême

le ramadan

l'avent

---

1. **Pâques** est soit masculin singulier, par ellipse de *le jour de* (à Pâques prochain ; Pâques a été ensoleillé cette année), soit féminin pluriel quand il est accompagné d'une épithète (joyeuses Pâques).

2. Aussi appelé **fête des Travailleurs** et **Journée internationale des travailleurs**.

ÉPOQUES, FAITS, DATES, LIEUX HISTORIQUES

On met une majuscule à certains noms historiques (au nom lui-même ainsi qu'à l'adjectif qui le précède) qui désignent de grandes divisions ou de grands événements. Un nom historique prend une majuscule quand il est suivi d'un adjectif, qui est alors écrit avec une minuscule. Cependant, le nom ne prend pas la majuscule s'il est accompagné d'un complément de nom, qui, lui, s'écrit avec une majuscule.

> **le Moyen Âge** (ou **le moyen âge**)[1]
> **les Temps modernes**
> **la Conquête, le Régime français**
> **Mai 68**
>
> **la Révolution tranquille**
> **la révolution de 1830**
> **la révolution industrielle** (ce n'est pas un nom historique)
>
> **la Seconde Guerre mondiale**
> **la Grande Guerre**
>
> **la guerre du Golfe**
> **la guerre des Six Jours**
>
> **la crise d'Octobre**
>
> **les plaines d'Abraham**
> **le parc des Champs-de-Bataille**

Le mot **histoire** lui-même commence le plus souvent par une minuscule. Toutefois, il prend parfois la majuscule lorsqu'il est employé absolument, c'est-à-dire sans complément ni qualificatif, au sens de «science du passé», dans une sorte de personnification. Dans certains contextes, la majuscule permet d'éviter une ambiguïté.

> **suivre des cours d'histoire**
> **l'histoire des sciences**
> **L'histoire** (ou **L'Histoire**) **jugera.**
> **Cette histoire ne passera sûrement pas à l'Histoire!**

---

1. Dans ce cas notamment, l'usage des majuscules est fluctuant.

DIEU, DIVINITÉS, SAINTS ET HÉROS DE LÉGENDE

Ces noms prennent une majuscule.

> **Jupiter, Vénus, Mercure, la déesse Athéna, Œdipe**[1]
> **les trois Grâces, les Muses, les Walkyries**
> **Dieu, la Providence, le Créateur, la Trinité**
> **un prie-Dieu, des prie-Dieu**
> **le Prophète** (Mahomet)
> **Bouddha**

Dans des contextes de polythéisme, c'est-à-dire où il est fait référence à une doctrine qui admet l'existence de plusieurs dieux, le mot **dieu** commence par une minuscule. Il en va de même dans plusieurs expressions courantes.

> **les dieux égyptiens et les dieux grecs**
>
> **Il est beau comme un dieu !**
> **être dans le secret des dieux**

Dans le nom des saints, l'adjectif **saint** ou **sainte** ne prend pas la majuscule quand il s'agit du saint lui-même ou de la sainte elle-même et que **saint** ou **sainte** précède son nom ou son prénom. Toutefois, il prend la majuscule dans les noms propres composés et dans les noms de fête.

> **Le patron des traducteurs et des traductrices est saint Jérôme.**
> (Mais : La Saint-Jérôme est la fête des traducteurs et des traductrices.)
>
> **l'Esprit-Saint ou l'Esprit saint**
> **le Saint-Esprit**
>
> **la Sainte Vierge**

ESPÈCES ANIMALES ET VÉGÉTALES

Dans les textes de botanique et de zoologie, le nom des espèces animales et végétales, ainsi que celui des ordres, des classes, des genres et des familles, prend la

---

1. La lettre double *œ* (qu'on appelle aussi parfois *digramme* ou *ligature*) dont le nom est « o-e liés » ne doit pas être séparée en français. La majuscule aussi est double dans tous les cas : **Œdipe**, **Œuvre**, **Œnologie**, **Œil**, **SŒUR**, **FŒTUS**, etc. Il en va de même pour « a-e liés », qu'on peut retrouver dans **curriculum vitæ** et **cæcum**.

majuscule. Il s'agit là d'une règle générale qui s'applique aussi aux planètes, par exemple (voir p. 167).

> **les Vertébrés**
> **l'Ornithorynque**
> **l'Érable**
> **le Fou de Bassan**
> **le Saumon de l'Atlantique**

Si le nom comprend un substantif et un adjectif, deux cas sont possibles[1] :

a) L'adjectif suit le substantif et s'écrit avec une minuscule :

> **l'Oie blanche**
> **le Pin sylvestre**

b) L'adjectif précède le substantif et prend alors la majuscule :

> **le Grand Héron bleu**
> **la Petite Ciguë**

Dans les textes généraux, cependant, ces noms s'écrivent entièrement en minuscules.

> **Au printemps et à l'automne, ce cap est le rendez-vous de centaines de milliers d'oies blanches.**
> **Une poète a joliment surnommé l'érable « l'arbre confiseur ».**

Le nom des variétés de fruits s'écrit avec une minuscule initiale lorsque ces variétés sont dénommées par métonymie, c'est-à-dire lorsqu'on n'emploie que le nom de la variété pour désigner le fruit lui-même. De la même façon, les noms de cépages (c'est-à-dire de variétés de plants de vigne cultivée : chardonnay, gamay, muscadet, pinot, riesling, sangiovese) prennent une minuscule initiale.

> **la pomme McIntosh, la mcIntosh, des mcIntosh**
> **une granny smith, des granny(s) smith**
> **des spartans**
> **des goldens**
> **Les pommes Golden, Spartan et Granny Smith sont fort appréciées.**
> **Je préfère le merlot au cabernet-sauvignon, mais j'aime encore plus la syrah.** (cépages)

---

1. Cet usage est conforme à une règle typographique voulant que, dans les dénominations historiques ou géographiques, l'adjectif qui précède le premier nom prenne la majuscule.

INSTITUTIONS

Les noms communs qui, dans certains contextes, sont employés dans un sens absolu ou désignent des réalités officialisées ayant le caractère d'institutions prennent la majuscule.

> l'Administration[1]
> le Cabinet
> la Confédération
> la Couronne
> la Faculté[2]
> la Francophonie[3]
> l'Hexagone
> le Parlement
> le Pentagone
> la Nation
> la République
> le Trésor
> l'Université

> Il a fait toute sa carrière dans l'Administration.
> Elle est titulaire d'une maîtrise en administration.

MANIFESTATIONS COMMERCIALES, CULTURELLES OU SPORTIVES

Les dénominations d'expositions, de festivals, de salons, de foires, de congrès, de championnats, d'années ou de périodes de l'année consacrées à un thème particulier, etc., prennent une majuscule au premier nom et à l'adjectif qualificatif

---

1. Employé absolument, au sens d'«ensemble des services publics»; mais *fonction publique* s'écrit toujours en minuscules, car il n'y a pas d'ambiguïté possible.

2. Au sens de «la médecine». Ce sens est vieilli.

3. S'écrit souvent avec une majuscule au sens d'«ensemble des peuples ou des pays francophones», et notamment dans les appellations d'organismes et de manifestations.

antéposé. Lorsque ces dénominations sont précédées d'un adjectif numéral ordinal (souvent en chiffres romains), elles conservent la majuscule[1].

> **l'Année internationale de la jeunesse**
> **la XVᵉ Biennale de la langue française**
> **les Championnats du monde d'échecs**
> **le Congrès international de bioéthique**
> **la Coupe Stanley** (désignant le championnat)
> **la Coupe du monde de ski**
> **le Critérium cycliste des Laurentides**
> **l'Exposition provinciale du tourisme**
> **l'Exposition universelle de Montréal**
> **l'Expo-sciences régionale**
> **le Festival des films du monde de Montréal**
> **les Floralies**
> **la 8ᵉ Foire régionale gaspésienne**
> **le Grand Prix de Montréal**
> **les Jeux olympiques**
> **les Jeux de la Francophonie**
> **la Journée internationale des femmes**
> **le Marathon canadien de ski de fond**
> **le Mois de la photo**
> **la Quinzaine des sciences**
> **le Salon du livre de l'Outaouais**
> **le XXᵉ Salon de l'auto**
> **la Semaine du français**
> **le Tour de l'île**

Si, pour désigner plusieurs d'entre elles, on emploie ces dénominations ou certains de leurs éléments au pluriel, elles perdent leur caractère unique et donc leur majuscule. Toutefois, certaines appellations ne peuvent se mettre au pluriel sans risque d'ambiguïté.

> **Cette écrivaine participe aux salons du livre de Montréal et de Québec.**

> **Ce cycliste a gagné trois fois le Tour de France** (et non *trois tours de France*).

---

1. On voit souvent employer dans ce cas le mot *édition* précédé d'un adjectif numéral ordinal. Il s'agit là d'une métaphore dont il ne faut pas abuser. Il est préférable et plus court de numéroter directement la manifestation en question.

> **le XXᵉ Festival international de jazz de Montréal** ou **le 20ᵉ Festival international de jazz de Montréal** (de préférence à *la 20ᵉ édition du Festival international de jazz de Montréal*)

PRIX, DISTINCTIONS ET TROPHÉES

Les prix, les distinctions et les trophées prennent une majuscule au premier nom (générique) et à l'adjectif qui le précède, si ce nom est suivi d'un complément déterminatif ou d'un adjectif. Si le nom (générique) est immédiatement suivi d'un nom propre, il garde la minuscule. Si ce nom propre est un nom de personne, le ou les prénoms et le patronyme sont liés par un trait d'union (que la personne soit vivante ou décédée).

> **les Prix du Québec**
> **le Prix de la langue française**
> **le Prix du Gouverneur général**[1]
> **le Grand Prix de la critique**
> **la Médaille militaire**
> **le Mérite touristique**
> **les Mérites du français au travail**
> **le prix Nobel de la paix**
> **le prix Robert-Cliche**
> **le prix Paul-Émile-Borduas**
> **le prix Goncourt, le Goncourt**
> **le Prix du 3-Juillet-1608**[2]
> **l'Ordre national du Québec**
> **l'Oscar du meilleur film étranger**
> **un prix Gémeaux**
> **les prix Juno**
> **la coupe Stanley** (désignant le trophée)

Les trophées peuvent devenir des noms communs et perdre leur majuscule, la minuscule indiquant la lexicalisation. L'usage en la matière est fluctuant ; la majuscule et la minuscule restent en concurrence dans certains cas[3].

---

1. La majuscule au *g* de gouverneur est ici une marque de déférence.

2. Les éléments qui composent la date sont ici liés par des traits d'union, comme dans un nom de rue. La majuscule au nom du mois indique que, par la date, on désigne un événement ou sa commémoration.

3. Lorsque le trophée a un nom pluriel, il peut difficilement devenir nom commun. Ce nom reste invariable et garde généralement la majuscule : un Gémeaux ; elle a eu le Gémeaux de… La majuscule tend à se maintenir surtout dans les cas où il faut éviter une ambiguïté entre le nom du trophée et un nom propre de personne, un nom propre employé comme nom commun ou un simple nom commun. Pour ces noms de trophée, la marque du pluriel est facultative.
   Cette romancière a reçu la Plume d'or décernée par les bibliothécaires.
   Le Masque de la mise en scène a été remis à Claude Tremblay, qui avait été sélectionné pour deux Masques cette année.
   Pour récompenser les communicateurs et communicatrices, on a créé les Zéniths (ou les Zénith).
   Les Greniers (ou les Grenier) d'or sont de nouveaux trophées que Normand Grenier destine au monde de la communication, de la mercatique et de la publicité.

> **un oscar, des oscars**
> **un césar, des césars**
> **un anik, des aniks**
> **un jupiter, des jupiters**
> **un Félix** ou **un félix**
> **un Molière, des Molières**

Lorsque, par métonymie, on désigne le lauréat ou la lauréate d'un prix, ce mot s'écrit avec une majuscule.

> **La conférencière est le nouveau Prix Robert-Cliche.**

TITRES D'ŒUVRES

Les titres d'œuvres d'art, d'émissions, de films, de livres et d'ouvrages divers s'écrivent avec une majuscule au premier mot du titre, ainsi qu'aux noms propres figurant dans ce titre, que celui-ci forme ou non une phrase[1], et même si les éléments sont liés par la conjonction *et*. S'il s'agit d'un titre composé de deux éléments unis par *ou* et dont le second fait fonction de sous-titre, la première lettre de chacun des éléments prend la majuscule. On écrit les titres en italique ou on les souligne.

> *Jeunes filles au piano, Les bourgeois de Calais*
> *D'un soleil à l'autre, La grande fugue*
> *La belle noiseuse*
> *Mon oncle Antoine*
> *Les oranges sont vertes*
> *Grand dictionnaire encyclopédique de la jeunesse*
> *Le bon usage*
> *Le droit et la famille*
> *Chauffage et climatisation*
> *Knock ou Le triomphe de la médecine*

Lorsque, dans une phrase, l'article qui commence le titre est élidé ou contracté, on met la majuscule au premier mot cité du titre.

> *Le français au bureau*
> **Voici la nouvelle édition du** *Français au bureau*.

---

1. Cette règle simple diffère quelque peu des règles traditionnelles assez complexes et subtiles exposées dans certains codes typographiques. Elle a l'avantage d'éviter de multiplier les majuscules. Par ailleurs, l'emploi de l'italique ou du soulignement, en plus de la majuscule initiale, suffit à indiquer clairement qu'il s'agit d'un titre d'œuvre. On peut l'appliquer aussi bien dans les textes que dans les bibliographies. Elle est en outre conforme aux règles de catalogage.

Les titres de journaux et de périodiques prennent, de façon générale, la majuscule à l'article (s'il fait bien partie du titre), à l'adjectif qui précède le premier nom, ainsi qu'au premier nom et bien sûr à tous les noms propres. Ils s'écrivent en italique ou on les souligne.

> *Le Devoir*
> *La Tribune*
> *Le Journal de Québec*
> *Le Nouvel Observateur*
> la *Revue québécoise de linguistique*
> *Langue et société*

ENTENTES ET TEXTES JURIDIQUES ET POLITIQUES

En principe, les noms désignant des ententes comme **accord**, **acte**, **convention**, **pacte**, **traité**, etc., gardent la minuscule dans la dénomination de l'entente elle-même si elle comporte un nom propre. Cependant, si on cite complètement et exactement le titre du texte ou du document officiel correspondant à l'entente en question, on met la majuscule au premier nom de ce titre, ainsi qu'aux noms propres qu'il comprend. Dans les autres cas, on emploie la minuscule. Ces dénominations s'écrivent généralement en romain, c'est-à-dire en caractères droits.

> le pacte de Varsovie
> le traité de l'Atlantique nord[1]
>
> l'Acte de l'Amérique du Nord britannique
> l'Acte de Québec
> l'Accord général sur les tarifs douaniers et le commerce
> l'Accord de libre-échange nord-américain (ALENA)
> la Convention de la Baie-James et du Nord québécois
> la Convention internationale des droits de l'enfant
> la Déclaration universelle des droits de l'homme
>
> **Ils aimeraient qu'on révise l'accord de libre-échange.** (On n'en cite pas le titre exact.)

Il en va de même du mot **rapport**.

> **le Rapport de la Commission parlementaire sur l'avenir politique et constitutionnel du Québec** (titre exact du rapport, incluant en outre l'appellation officielle d'un organisme ; voir aussi p. 167)
> **le rapport Parent** (Ce n'est pas son titre officiel.)

---

1. Pour l'écriture des points cardinaux, voir p. 166.

Le mot **code** prend une majuscule lorsqu'il désigne un ensemble de lois et de dispositions légales bien précis.

> le Code civil
> le Code criminel
> le Code de procédure civile
> le Code des professions
> le Code du travail
> le Code de sécurité routière

Le mot **discours** commence par une minuscule, à moins qu'il ne s'agisse du titre d'une publication ou d'un document. Dans ce dernier cas, ou s'il s'agit d'une œuvre, il s'écrit en italique.

> le discours du trône
> le discours du budget
> le *Discours sur l'universalité de la langue française*, de Rivarol

BÂTIMENTS, MONUMENTS ET LIEUX PUBLICS

Lorsqu'un bâtiment, un monument ou un lieu public porte un nom particulier à caractère évocateur (donc différent du nom habituel du type de bâtiment ou de lieu en question) et que c'est un nom simple, celui-ci est considéré comme un nom propre et prend la majuscule. Lorsqu'une dénomination est composée d'un nom commun générique et d'un nom propre ou d'un complément déterminatif qui joue le rôle de spécifique, le générique garde en principe la minuscule ; les principaux éléments du spécifique sont liés par des traits d'union. Certaines appellations consacrées dérogent toutefois à ces règles.

> le Colisée
> le Forum
> la Ronde
> le Biodôme

> la basilique Notre-Dame
> la chapelle historique du Bon-Pasteur
> le château Ramezay
> le centre sportif Claude-Robillard
> l'aréna Maurice-Richard[1]
> l'immeuble Fontaine
> la tour de la Bourse

---

1. Le nom masculin **aréna** est un québécisme recommandé; synonyme : **patinoire**.

la gare du Palais
le complexe Desjardins
le jardin botanique de Montréal
le jardin des Oliviers

la maison de la culture Marie-Uguay
la maison de la culture de Notre-Dame-de-Grâce
la Maison de Radio-Canada
la Maison-Blanche[1]
le Monument-National[1]

l'oratoire Saint-Joseph-du-Mont-Royal
l'Oratoire (forme elliptique)
le palais des congrès[2]
le parc La Fontaine
le pavillon Marie-Victorin
la piscine municipale
la salle Wilfrid-Pelletier
le stade olympique
la station de métro Berri-UQAM

Il faut noter que le mot **place** ne peut désigner un immeuble ni un ensemble immobilier. Il désigne plutôt «un espace découvert et assez vaste, sur lequel débouchent ou que traversent ou contournent une ou plusieurs voies de communication et qui, parfois, est entouré de constructions ou peut comporter un monument, une fontaine, des arbres ou autres éléments de verdure[3]». Le nom des places suit les règles d'écriture des odonymes, c'est-à-dire des voies de communication (voir p. 165).

la place Royale
la place Jacques-Cartier
la place d'Armes
la place D'Youville

---

1. Les majuscules et le trait d'union viennent dans ce cas d'un usage consacré.

2. Les appellations **palais des congrès** et **palais des sports**, tout comme **palais de justice**, sont des noms communs qui ne prennent normalement pas de majuscules. Toutefois, on constate que le nom de certains établissements s'écrit avec des majuscules, ce qui dans ce cas déroge aussi aux règles de formation des raisons sociales et constitue un usage abusif (le Palais des Congrès de Montréal, qu'il serait préférable d'écrire : le palais des congrès de Montréal, ou le Palais des congrès de Montréal si on considère la personne morale).

3. Avis de normalisation de l'Office de la langue française, *Gazette officielle du Québec*, 10 mars 1990.

La dénomination des immeubles et des ensembles immobiliers qui comporte erronément le nom de *place* doit avoir ses éléments liés par un ou des traits d'union.

> **Place-Haute-Ville**
> **Place-Ville-Marie**
> **Place-Bonaventure**
> **Place-des-Arts**
> **Place-Laurier**

PRODUITS

Ces noms s'écrivent en romain, c'est-à-dire en caractères droits. La majuscule est de rigueur pour les noms de marque qui ne sont pas encore devenus des noms communs.

> **le logiciel Textor**
> **un récepteur Bellboy, un récepteur Pagette**
>
> **une Rolls-Royce**
> **un Campari, des Campari**
> **un Grand Marnier, des Grand Marnier**
> **des Fruibec**
>
> **du nylon**
> **des caméscopes** (noms de marque devenus noms communs)
>
> **des Coton-Tige** ou **des cotons-tiges** (usage flottant)

Les noms de vins, de fromages et d'autres produits alimentaires qui sont, à l'origine, des noms géographiques ne prennent pas la majuscule. Celle-ci est cependant maintenue au nom de la région lorsqu'il détermine le nom du produit, ainsi que, bien sûr, dans le cas des vins, au nom du domaine ou de la propriété, qui s'apparente à une marque. Notons en passant que le pluriel de ces mots est souvent fluctuant. On observe toutefois une tendance à mettre la marque du pluriel aux noms simples et à laisser invariables les noms géographiques composés.

> **des manhattans**
> **des cognacs, des scotchs**
> **des bourgognes aligotés**
> **des pineaux des Charentes**
> **un vieux bordeaux** (mais un vin de Bordeaux)
> **des saint-émilion(s)**

des pouilly-fuissé

une bouteille de sauternes (mais **une bouteille de Château d'Yquem**, nom de domaine, de propriété)

un côtes-du-rhône

un champagne (mais un **Veuve Cliquot**, nom assimilé à une marque)

du cheddar

des camemberts

un brie

des saint-nectaire(s)

des paris-brest(s)

un ou une forêt-noire, des forêts-noires

CAS PARTICULIERS

Église

Le mot **église** prend la majuscule lorsqu'il désigne la doctrine spirituelle ou morale, l'ensemble des fidèles ou un groupe constituant une entité administrative ou morale. Cependant, lorsque le mot **église** désigne le lieu du culte, le bâtiment, il s'écrit avec une minuscule.

les Églises catholique, orthodoxe et protestante

les préceptes de l'Église

L'église Sainte-Catherine est un édifice imposant.

L'évêque a consacré une nouvelle église.

État

Le mot **état** prend toujours une majuscule lorsqu'il désigne un territoire, le gouvernement d'un pays ou la communauté nationale, même si le contexte laisse entendre qu'il s'agit d'un nom commun.

Elle passe ses vacances dans l'État de New York.

des États souverains, les États membres de...

Les États-Unis sont constitués de cinquante États et d'un district fédéral.

des chefs d'État, un secret d'État, une société d'État

les affaires de l'État

Dans les autres sens du mot, **état** garde la minuscule.

un état de la situation, l'état des lieux

la grâce d'état, l'état de grâce

Gouvernement

Le mot **gouvernement**, accompagné ou non d'un adjectif ou d'un complément, s'écrit en principe avec une minuscule dans tous les contextes, qu'il désigne l'action de gouverner, le pouvoir qui gouverne un État ou ceux et celles qui détiennent ce pouvoir. Le mot **opposition** garde lui aussi la minuscule.

> C'est le gouvernement provincial qui a pris cette décision.
> Cette mesure découle de la nouvelle politique du gouvernement.
> Le ministre s'est prononcé au nom du gouvernement du Québec.
> Le gouvernement a dû tenir compte des critiques de l'opposition.
> Ce rôle incombe au chef de l'opposition officielle.

Hôtel de ville

Le mot **hôtel de ville** prend des majuscules s'il désigne l'autorité ou l'administration municipale ; il s'écrit en minuscules s'il s'agit du bâtiment.

> une décision de l'Hôtel de Ville
> passer devant l'hôtel de ville

Loi, charte et règlement

Les mots **loi** et **charte** prennent une majuscule lorsqu'on cite le titre exact d'une loi ou d'une charte et une minuscule initiale dans tous les cas où on n'en cite pas le titre exact. Toutefois, on peut avoir recours à la majuscule elliptique pour éviter une ambiguïté, si le titre a déjà été cité antérieurement et que le mot **loi** ou **charte** est immédiatement précédé d'un article défini. En principe, les titres de loi s'écrivent en romain.

> l'ensemble des lois adoptées au cours de la session
> le projet de loi nᵒ 101
>
> la Loi sur l'aménagement et l'urbanisme
>
> les chartes canadienne et québécoise relatives aux droits de la personne
> la Charte de la langue française
> L'article 100 de la Charte prévoit en effet que...
>
> Voici une présentation de la Loi sur la protection du consommateur. [...]
> Si on interprète bien la Loi, on voit que...
> Selon les termes de cette loi... Ladite loi prévoit...
>
> Nul n'est censé ignorer la loi.
>
> Le texte de la Loi sur la protection du territoire agricole est en vente dans les librairies des Publications du Québec.

Le mot **règlement** suit la même règle que **loi** et **charte**. Toutefois, le mot **article** prend toujours une minuscule.

> **L'article 8 du Règlement sur le déneigement des voies de communication...**
>
> **le Règlement modifiant le Règlement sur les déchets dangereux** (titre d'un règlement qui en inclut un autre)
>
> **Le règlement que la municipalité vient de prendre...**
> **Dans le présent règlement...**

Musée

En principe, le mot **musée** garde la minuscule dans la dénomination des musées, et on met une majuscule au nom du domaine auquel le musée est consacré. Si le musée est qualifié par un ou des adjectifs sans autre élément distinctif, le mot **musée** prend la majuscule.

> **le musée de la Philatélie**
> **le musée des Beaux-Arts**
> **le musée François-Pilote**
> **le musée du Fort**
> **le musée d'Orsay**
> **le musée du Louvre**
>
> **le Musée ferroviaire canadien**
> **le Musée océanographique**

Toutefois, si on veut insister sur la personnalité morale de l'établissement, surtout s'il appartient au domaine privé, ou sur son caractère unique, la majuscule est admise. La dénomination du musée peut même alors suivre les règles de formation des dénominations sociales (voir p. 167).

> **le Musée du Québec**
> **le Musée d'art contemporain de Montréal**
> **le Musée des beaux-arts de Montréal**
> **le Musée de la civilisation**
> **le Musée canadien des civilisations**
> **le Musée McCord d'histoire canadienne**

Programme

Le mot **programme** prend la majuscule lorsqu'il est suivi d'un adjectif ou d'un complément et qu'on cite le nom officiel du programme. Lorsque le nom officiel du programme est placé en apposition, le mot **programme**, qui ne fait pas partie de la dénomination officielle, s'écrit en minuscules. Il en va de même pour les mots **plan**, **opération**, **campagne**, etc.

> le Programme d'égalité professionnelle
> le Plan de développement des ressources humaines
> le programme Jeunesse et plein air
> la campagne Centraide

Ville

Le mot **ville** s'écrit entièrement en minuscules au sens d'«agglomération plus ou moins importante, caractérisée par un habitat concentré, dont les activités sont axées sur l'industrie, le commerce, les services et l'administration». Cependant, lorsqu'il s'agit de la réalité administrative, de l'administration municipale, qui est considérée comme une personne morale, il prend une majuscule.

> Jonquière est une ville industrielle de 60 000 habitants.
> La ville de Baie-Comeau est située sur la rive nord du Saint-Laurent.

> La Ville de Montréal a appuyé le ministre dans ce projet.
> Ces travaux ont été financés par la Ville.

■ NOMS GÉOGRAPHIQUES, TOPONYMES ET ODONYMES

RÈGLES GÉNÉRALES

Les noms géographiques peuvent être simples ou composés. Ils comprennent les toponymes (ou noms de lieux), qui désignent des continents, des pays, des régions, des villes, des océans, des fleuves, des montagnes, des réalités géographiques et des lieux variés, ainsi que les odonymes, qui désignent des voies de communication.

Les noms géographiques simples prennent la majuscule.

> l'Amérique les Laurentides
> le Québec Boucherville
> la Gaspésie Regina

Les noms géographiques composés désignant une entité politique ou administrative s'écrivent avec un trait d'union (s'ils sont français ou francisés) et une majuscule à chaque élément (nom ou adjectif).

> les États-Unis le Royaume-Uni
> la Nouvelle-Écosse New York
> Salaberry-de-Valleyfield La Tuque

Les noms géographiques composés désignant une entité naturelle prennent une majuscule aux noms et adjectifs formant leur spécifique. Ils ne prennent généralement pas de trait d'union, sauf dans les noms de saints et de personnes, les noms composés et dans certaines expressions.

> **le lac des Courants Verts**
> **le mont de la Sentinelle Solitaire**
> **le lac Saint-Jean**
> **la rivière Jacques-Cartier**
> **l'île au Pique-Nique**
> **la rivière Qui-Mène-du-Train**

Lorsque les toponymes commencent par l'article **le** ou **les**, celui-ci prend aussi la majuscule, mais il se contracte après une préposition (sauf s'il s'agit d'un patronyme, ce qui est un cas rare).

> **Les Éboulements**
> **Il revient des Éboulements.**
> **Elle a déménagé à Le Gardeur.**

Les appellations employées par antonomase (périphrase descriptive ou caractéristique) pour désigner un État, un territoire ou une ville prennent une majuscule initiale aux noms qui les composent, ainsi qu'aux adjectifs qui les précèdent.

> **Sherbrooke, la Reine des Cantons-de-l'Est**
> **Paris est appelée la Ville Lumière et Rome, la Ville éternelle.**
> **l'Amérique, surnommée le Nouveau Monde**

Les noms géographiques composés d'un nom commun générique et d'un élément distinctif (adjectif ou complément) ne prennent de majuscule qu'à l'élément distinctif (qui peut parfois être employé seul).

> **l'océan Atlantique, l'Atlantique**
> **la mer Rouge**
> **le mont Royal**
> **la cordillère des Andes, les Andes**
> **la baie James**
> **la baie de Fundy**
> **les montagnes Rocheuses, les Rocheuses**

TOPONYMES NATURELS ET TOPONYMES ADMINISTRATIFS

Il faut donc distinguer les toponymes naturels et les toponymes administratifs, qui, désignant des réalités différentes, ne s'écrivent pas de la même façon.

Les toponymes naturels suivent les règles générales énoncées ci-dessus.

> **Les eaux du lac Saint-Jean sont froides.** (Le mot **lac** désigne ici l'étendue d'eau.)
>
> **La baie James est située au sud de la baie d'Hudson.** (Le mot **baie** désigne ici l'échancrure du littoral, le petit golfe.)
>
> **Le mont Royal a 259 mètres d'altitude.** (Le mot **mont** désigne ici la colline elle-même.)

Les toponymes administratifs prennent une majuscule à chaque élément et des traits d'union entre les éléments.

> **la région du Saguenay–Lac-Saint-Jean** (Le mot **lac** fait partie du nom propre de la région[1].)
>
> **le développement de la Baie-James** (Le mot **baie** fait partie du nom propre de la région.)
>
> **la population de Mont-Royal** (Le mot **mont** fait partie du nom propre de la ville.)

ODONYMES

Les odonymes sont formés d'un élément générique, qui désigne le type de voie de communication, et d'un élément spécifique, qui distingue chaque voie des autres. Le spécifique prend toujours la majuscule (s'il est composé, ses éléments principaux prennent la majuscule et sont liés par des traits d'union), mais le générique commence par une minuscule dans un texte suivi et dans une adresse. Sur les plaques de rue et les panneaux de signalisation, il prend cependant une majuscule de position.

> **Son bureau est situé au 350 du boulevard de l'Hôtel-de-Ville.**
>
> **On fait actuellement des travaux sur l'autoroute Transcanadienne.**
>
> **Le rassemblement a lieu place Royale.**
>
> **Boulevard Charest Ouest** (plaque de rue)

---

1. Noter qu'il s'agit ici d'un toponyme surcomposé, c'est-à-dire formé de deux toponymes dont l'un est composé. Dans ce cas, le toponyme composé prend un ou des traits d'union et les deux toponymes sont liés par un tiret (qui est plutôt assimilé ici à un grand trait d'union), sans espace avant ni après ce tiret (voir aussi au chapitre qui porte sur la ponctuation, p. 229).

POINTS CARDINAUX

Les points cardinaux (simples ou composés) prennent toujours une majuscule lorsqu'ils sont rattachés à une voie de communication, lorsqu'ils font partie d'un toponyme, lorsqu'ils désignent une région bien délimitée ou qu'ils ont une fonction de nom propre.

> **la rue Sherbrooke Ouest**
> **Montréal-Nord**
> **le pôle Nord**
> **l'Afrique du Sud**
> **l'Ouest canadien**
> **le Sud-Est asiatique**

> **Elle passe ses fins de semaine dans le Nord.** (C'est-à-dire la région des Laurentides.)
> **Il est parti en expédition dans le Grand-Nord.**
> **la Société de transport de la Côte-Nord**
> **Elle est directrice des ventes pour la région de l'Est.** (Le point cardinal désigne la région ; il est ici en apposition au mot *région*.)

Les points cardinaux commencent par une minuscule lorsqu'ils sont employés adjectivement, lorsqu'ils désignent une direction, une orientation, une situation relativement à un lieu (et que le point cardinal est suivi d'un complément déterminatif introduit par la préposition **de** ou **du**).

> **la côte nord du golfe**
> **la frontière sud-est du pays**
> **le vent du sud**
> **le quartier ouest de la capitale**
> **Il habite dans l'est de la ville.**
> **le nord-ouest des États-Unis**
> **Le nord du Québec est peu peuplé.**
> **parcourir le pays d'est en ouest**
> **une façade orientée sud-sud-est**
> **36° de latitude nord** (ou **Nord**, ou **N.**[1])

---

1. Dans l'expression de la latitude et de la longitude, les noms des points cardinaux peuvent s'abréger en **N., S., E., O.**

ASTRES ET PLANÈTES

Les noms d'astres, de planètes, d'étoiles et de constellations prennent une majuscule initiale au premier nom ainsi qu'à l'adjectif qui le précède. Les mots **soleil, terre, lune** s'écrivent avec une majuscule lorsqu'ils désignent l'astre, la planète ou le satellite lui-même, notamment dans les contextes scientifiques, mais avec une minuscule dans les autres cas. Les noms des signes du zodiaque prennent aussi une majuscule.

> **la Voie lactée**
> **la Grande Ourse**
>
> **Mars, la planète Mars**
>
> **Autour du Soleil gravitent plusieurs planètes, dont la Terre.**
> **une éclipse de Lune**
> **Armstrong est le premier homme qui a marché sur la Lune.**
>
> **un coucher de soleil**
> **prendre un bain de soleil**
> **avoir les pieds sur terre**
> **la pleine lune**
> **être dans la lune**
>
> **le Verseau, la Balance**
> **Elle est Capricorne.**
> **Il est Poissons, ascendant Gémeaux.**

■ NOMS DE SOCIÉTÉS, D'ORGANISMES ET D'UNITÉS ADMINISTRATIVES

L'initiale des noms de sociétés, d'organismes publics ou privés et d'unités administratives est à l'origine de bien des difficultés dans la langue commerciale et administrative. La majuscule est généralement liée au statut de ces sociétés et organismes. Voici à ce sujet quelques lignes directrices.

OBSERVATIONS GÉNÉRALES

L'usage s'est établi d'employer la **majuscule au premier mot des dénominations** de groupements, chaque fois qu'on veut marquer le caractère unique des réalités qu'elles désignent, ce qui en fait des noms propres plutôt que des noms communs. Il va de soi que, cette notion d'unicité étant relative à l'étendue du territoire envisagé (pays, région, ville) et à l'importance qu'on accorde à telle société ou à tel organisme, tout jugement sur ce point comporte une part de subjectivité. Aussi l'usage en cette matière est-il particulièrement flottant : faute de principes absolus, on ne peut dégager que des tendances. L'important est de suivre des règles d'écriture cohérentes et, de préférence, raisonnées.

Il faut **éviter de multiplier les majuscules** et, dans la mesure du possible, il ne faut employer qu'une seule majuscule par appellation, à moins qu'il ne s'agisse d'une dénomination complexe incluant une autre dénomination avec majuscule initiale. Les noms propres qui font partie d'une dénomination gardent bien sûr leur majuscule.

> **la Société générale immobilière des constructeurs d'habitations**
> **la Société de transport de la Communauté urbaine de Montréal**
> **la Banque du Canada**

Il faut **se garder de calquer l'usage anglais**, qui met une majuscule à tous les mots significatifs d'une dénomination.

> **Fédération des médecins spécialistes du Québec**
> *Federation of Medical Specialists of Québec*
>
> **Association provinciale des constructeurs d'habitations du Québec**
> *Québec Provincial Home Builders Association*

Il ne faut pas se laisser induire en erreur par les **sigles**, dont toutes les lettres sont des majuscules.

> **Agence canadienne de développement international**
> **ACDI**
>
> **Centre de recherche industrielle du Québec**
> **CRIQ**

SOCIÉTÉS COMMERCIALES, INDUSTRIELLES ET FINANCIÈRES

La dénomination de ces sociétés suit certaines règles de formation bien précises. Une dénomination sociale, couramment appelée *raison sociale*, est le plus souvent formée de deux éléments, un générique, qui sert à dénommer de façon générale une entreprise, et un spécifique, qui sert à distinguer nettement une entreprise d'une autre. En principe, à part les noms de personnes et les noms de lieux qu'une raison sociale peut comprendre, seule la première lettre du générique et la première lettre du spécifique sont des majuscules, à moins bien sûr que toute la raison sociale ne soit écrite en majuscules. L'article qui précède le générique ne fait généralement pas partie de la raison sociale. Dans certains contextes (contrats, en-têtes, etc.), une indication du statut juridique de l'entreprise (ltée ou l^tée, inc., SEC, SENC) suit la dénomination sociale. Rappelons en outre que l'élément générique – qui précède généralement le spécifique – doit être en français, et que l'élément spécifique peut être dans une autre langue ; dans le cas où le générique est un mot qui a la même forme en français et en anglais (*garage, restaurant, communications*, etc.), il doit obligatoirement précéder le spécifique. (Pour l'accord avec les dénominations sociales, voir p. 371.)

> **la Société informatique des Laurentides**
> **le Cabinet-conseil Excelor**
> **la Caisse populaire de Bedford**
> **la Banque Nationale**
> **les Chantiers maritimes de Lauzon**
>
> **l'Entreprise de construction L'ancrage inc.**

ASSOCIATIONS

Les dénominations des associations et des formations ayant un but scientifique, culturel, sportif, social, professionnel ou politique prennent en principe une majuscule au premier nom et à l'adjectif qui le précède, si tel est le cas. Le nom des membres des partis politiques prend une minuscule.

> **l'Armée du salut**
> **l'Association québécoise des professeures et professeurs de français**
> **le Barreau du Québec** (mais **un membre du barreau, consulter le barreau**)
> **le Centre culturel haïtien**
> **la Chambre de commerce de Rouyn-Noranda**
> **la Croix-Rouge**
> **le Club optimiste Laflèche**[1]
> **la Fédération canadienne d'athlétisme**
> **la Fondation Jean-Lapointe**[2]
> **la Ligue nationale de hockey**
> **le Nouveau Parti démocratique**
> **l'Orchestre symphonique de Montréal**
> **l'Ordre des infirmières et infirmiers du Québec**
> **le Parti libéral**
> **le Parti conservateur**

---

1. Au pluriel, il serait logique d'écrire cette appellation tout en minuscules : Les clubs optimistes de la Montérégie organisent…
2. Conformément à l'usage habituel dans ce genre de dénomination, les éléments des noms propres de personnes (que celles-ci soient vivantes ou décédées) sont liés par un trait d'union.

> le Parti québécois
> l'Union des producteurs agricoles
>
> une libérale
> un conservateur
> les péquistes
> les socialistes

Il en va de même des noms des congrégations et ordres religieux qui ne commencent pas par le mot **ordre** ni par le mot **congrégation** ; ceux qui commencent par ces mots prennent une majuscule au mot distinctif seulement. Le nom des membres des congrégations religieuses prend une minuscule.

> les Filles de la charité
> les Frères des écoles chrétiennes
> les Petites Sœurs des pauvres
> les Sœurs grises
> la Société de Jésus, ou les Jésuites (l'ordre lui-même)
>
> l'ordre des Frères prêcheurs, ou l'ordre des Dominicains
> l'ordre de Saint-Benoît
> la congrégation de Notre-Dame
>
> un jésuite, des jésuites
> un dominicain, une dominicaine
> une sœur de la Charité

ORGANISMES UNIQUES

Les dénominations déterminées par des noms communs ou qualifiées par un adjectif et désignant des organismes uniques dans un État ou sur le plan international, ou donnant à ceux-ci un sens particulier et bien spécialisé, prennent une majuscule au premier mot qui fait partie de la dénomination et, éventuellement, à l'adjectif qui le précède. Cet usage est conforme à la règle générale en matière de majuscules.

> l'Académie française
> les Archives nationales
> l'Assemblée des premières nations
> l'Assemblée nationale

le **Bureau de normalisation du Québec**[1]
la **Bibliothèque nationale du Québec**
le **Centre de recherche sur la biomasse**
la **Commission des droits de la personne**
la **Chambre des communes, les Communes**

le **Conseil québécois de la famille**

la **Cour des petites créances**
la **Cour du Québec**
la **Cour d'appel**
la **Cour supérieure**
la **Cour suprême**
la **cour municipale**[2]

la **Délégation générale à la langue française**
le **Directeur général des élections** (assimilé à un organisme ; s'il s'agit de la personne, *d* ou *D* selon le cas ; voir p. 143 et suiv.)
la **Fédération des travailleurs et travailleuses du Québec**
le **Fonds monétaire international**
le **Grand Conseil des Cris**
le **Haut-Commissariat aux réfugiés**[3]
le **Haut Conseil de la Francophonie**
l'**Institut Armand-Frappier**
l'**Institut national des sports**
l'**Institut de recherches cliniques de Montréal**[4]
l'**Office franco-québécois pour la jeunesse**
l'**Organisation des Nations unies**[5]
l'**Organisation internationale de normalisation (ISO)**
le **Parlement**
le **Secrétariat d'État à la condition féminine**
le **Secrétariat aux affaires régionales**
la **Société canadienne d'hypothèques et de logement**
la **Société des alcools du Québec**
le **Tribunal du travail**
le **Sénat**

---

1. Mais le bureau du député, le bureau du président, etc.

2. Il ne s'agit évidemment pas d'un organisme unique ; on écrit ainsi : la cour municipale de Saint-Jean, la cour municipale d'Outremont, etc.

3. Le mot **haut-commissariat** est un nom composé qui s'écrit avec un trait d'union. L'adjectif et le nom qui le composent prennent ici la majuscule.

4. Pour les noms d'établissements de santé, voir page 176.

5. La graphie en usage à l'ONU est cependant Organisation des Nations Unies.

UNITÉS ADMINISTRATIVES D'ENTREPRISES, D'ORGANISMES ET D'UNIVERSITÉS

La dénomination des unités administratives d'entreprises ou d'organismes (vice-présidence, direction générale, direction, service, division, section, etc.) et d'universités (faculté, département, école, etc.) qui ont leur place dans l'organigramme prend la majuscule. Elles conservent cependant la minuscule lorsque l'unité désignée est considérée comme un nom commun, représentant de toute une catégorie d'unités semblables. La majuscule elliptique ne s'applique pas à ces dénominations (voir aussi p. 181).

> **la Vice-présidence aux finances**[1]
> **la Direction générale du développement pédagogique**
> **la Direction des ressources humaines**
> **le Service de la recherche et de la planification**
> **la Division des consultations**
> **la Section des enquêtes**
> **le Service de radiologie** (et non pas le *Département*)
>
> **la Faculté de médecine**
> **le Département d'histoire**
> **l'École de bibliothéconomie** (partie d'une université)
>
> **Les directions fonctionnelles de l'entreprise...**
> **Parmi les facultés touchées...**
> **Les services de la comptabilité et de la paie...**

Il n'est pas recommandé de juxtaposer sans préposition le générique d'une unité administrative (direction, service, etc.) et le nom de l'activité dont elle s'occupe pour en faire une dénomination officielle. Une telle pratique, qui s'apparente au style télégraphique, rend la lecture et l'énonciation difficiles. Cette construction peut cependant figurer sur un organigramme ou sur une carte professionnelle si le manque de place l'impose. On met alors un tiret précédé et suivi d'un espacement entre le générique et le spécifique. Ce dernier prend généralement, dans ce cas, une majuscule de position. Ce type de juxtaposition est déconseillé dans les appellations de fonction[2].

> **la Vice-présidence à la recherche et à l'ingénierie**
> sur un organigramme ou une carte professionnelle, en cas de manque de place :
> **Vice-présidence – Recherche et ingénierie**

---

1. **Vice-présidence** est suivi de la préposition **à** (ou **aux**).

2. Il est en effet déconseillé d'écrire : *le vice-président – Finances* ou *la directrice générale – Relations publiques et communications.* On emploie les prépositions nécessaires dans l'appellation : **le vice-président aux finances, la directrice générale des relations publiques et des communications.**

la Direction générale des relations publiques et des communications
sur un organigramme ou une carte professionnelle, en cas de manque de place :
Direction générale – Relations publiques et communications

le Service de la mercatique et de la publicité
sur un organigramme ou une carte professionnelle, en cas de manque de place :
Service – Mercatique et publicité

ÉTABLISSEMENTS D'ENSEIGNEMENT

Les noms des établissements d'enseignement et des organismes scolaires peuvent poser certaines difficultés en matière de majuscules. En effet, il n'est pas toujours facile de savoir s'il faut appliquer la règle typographique générale, qui consiste à écrire le nom générique (**école, collège, cégep,** etc.) tout en minuscules, ou s'il convient de faire ressortir la personnalité morale de l'établissement et de mettre une majuscule à ce nom générique.

Si donc il s'agit d'un texte courant sans portée juridique, on écrit le nom générique avec une minuscule initiale. Il en va de même s'il s'agit du bâtiment et des activités qui s'y déroulent, si le nom n'est pas employé dans sa forme officielle, si le nom générique est au pluriel, ou encore s'il est précédé d'un article indéfini (*un, une, des*) ou d'un adjectif possessif ou démonstratif.

> **le cégep André-Laurendeau**
> **le cégep de Bois-de-Boulogne**
> **le cégep du Vieux-Montréal**
> **le cégep de Granby**
> **le collège Saint-Charles-Garnier**
> **Il est professeur de français au collège André-Grasset.**
> **Elle va entrer au cégep de Limoilou l'année prochaine.**
> **Les écoles des Pommiers et de la Source ont été choisies pour mettre ce projet sur pied.**
> **Il faut passer devant l'école Jacques-Cartier.**
> **La fenêtre donne sur la cour du collège Stanislas.**
> **Veuillez vous adresser à l'une ou l'autre de ces commissions scolaires.**
> **Mes enfants fréquentent l'école Jonathan.**
> **Notre polyvalente est très active.**
> **Elle a enseigné dans deux cofis[1], puis a dirigé le cofi du Parc.**

---

1. L'acronyme **cofi** (formé des initiales de **centre d'orientation et de formation des immigrants**) a subi la même évolution que **cégep**; il est maintenant considéré comme un nom commun; il s'écrit donc en minuscules et s'accorde au pluriel : un cofi, des cofis. Les « carrefours d'intégration » doivent succéder aux cofis.

Les noms d'écoles sont formés du mot générique **école**[1] suivi d'un spécifique, composé lui-même d'un ou de plusieurs éléments. Les divers éléments du spécifique sont liés par des traits d'union (exception faite de la particule patronymique et du patronyme lui-même), et les noms et les adjectifs prennent la majuscule. Si le spécifique n'est pas un nom propre de personne, ou si c'est un nom propre précédé d'un titre, ce spécifique est relié au générique par la préposition **de (du, des)**[2]. Dans l'affichage et la signalisation, le mot **école** prend généralement une majuscule de position.

> **école Saint-Gabriel**
>
> **école Calixa-Lavallée** (nom propre de personne ; trait d'union entre le prénom et le patronyme)
>
> **école Jean-De Brébeuf** (nom propre de personne ; trait d'union entre le prénom et la particule patronymique, mais pas de trait d'union entre la particule patronymique et le patronyme lui-même)
>
> **école du Curé-D'Auteuil** (nom propre de personne précédé d'un titre ; trait d'union entre les deux)
>
> **école de Saint-Denis-de-Brompton** (nom de lieu ; trait d'union entre les éléments)
>
> **école du Tournesol** (présence de l'article défini contracté, c'est-à-dire de la préposition *de* et de l'article défini *le*)
>
> **école du Bois-Joli** (Les éléments du spécifique sont liés par un trait d'union, et le nom et l'adjectif prennent une majuscule.)
>
> **école des Prés-Verts**
>
> **école du Harfang-des-Neiges**
>
> **école primaire de l'Arc-en-Ciel**
>
> **école secondaire des Sentiers**
>
> **école secondaire de l'Essor**
>
> **école professionnelle des métiers de Thetford Mines**[3]
>
> **école John-F.-Kennedy**[3]
>
> **école Twin Oaks**[3]

---

1. Le mot *pavillon* peut désigner un bâtiment situé dans l'enceinte générale d'un établissement d'enseignement ou une aile d'un bâtiment faisant partie d'un établissement d'enseignement, mais il ne peut pas être utilisé pour désigner l'établissement lui-même.

2. Dans le cas de noms existants qui ne comportent pas cette préposition, il est conseillé de consulter la Commission de toponymie, qui mène un travail d'uniformisation et de normalisation de l'écriture des noms d'écoles.

3. On n'ajoute pas de traits d'union pour lier les éléments des toponymes de langue anglaise qui n'en comportent pas. Il est conseillé de vérifier leur graphie dans les répertoires officiels (voir bibliographie en fin de chapitre). On n'en n'ajoute pas non plus aux autres spécifiques de langue anglaise, sauf aux noms de personnes.

Si le contexte indique plutôt que l'établissement est considéré comme une personne morale[1] dont on cite le nom officiel, la majuscule s'impose : c'est généralement le cas dans un contrat, un procès-verbal, un règlement, par exemple, mais rarement dans les autres types de textes. Le nom des universités et des grandes écoles (appartenant à l'enseignement supérieur) garde toutefois la majuscule initiale dans tous les contextes (voir ci-dessous).

> **le Cégep André-Laurendeau**
>
> **le Cégep de Bois-de-Boulogne**
>
> **le Cégep du Vieux-Montréal**
>
> **le Séminaire de Sherbrooke**
>
> **la Commission scolaire du Pays-des-Bleuets**
>
> **l'École des hautes études commerciales** (grande école)
>
> **l'École nationale d'administration publique** (grande école)
>
> **l'École polytechnique** (grande école)
>
> **l'École du Plein-Soleil** (école privée et personne morale)

Le mot **université** prend toujours la majuscule quand il est employé dans l'appellation d'une université du Québec ou du Canada, que le nom propre qui suit ce mot soit juxtaposé ou relié à celui-ci par une préposition. Au pluriel, **université** est un nom commun et s'écrit sans majuscule.

> **l'Université du Québec à Trois-Rivières**
>
> **l'Université de Sherbrooke**
>
> **l'Université de Moncton**
>
> **l'Université Concordia**
>
> **l'Université McGill**
>
> **l'Université Laval**
>
> **l'Université Queen**
>
> **l'Université Simon Fraser**
>
> **l'Université de Western Ontario**
>
> **J'habite près de l'Université de Montréal.**
>
> **les universités Laval et McGill**
>
> **les universités de Montréal et de Sherbrooke** (formulation qui peut être ambiguë, car il y a plusieurs universités à Montréal)
>
> **On envisage la fondation d'une université du troisième âge dans la région.** (nom commun)

---

1. Il faut noter qu'une école primaire ou secondaire publique n'est pratiquement jamais considérée comme une personne morale, et que son nom ne suit pas les règles de formation des dénominations sociales.

ÉTABLISSEMENTS DE SANTÉ

Les dénominations des établissements de santé faisant référence à des personnes morales s'apparentent à des dénominations sociales[1]; le terme générique (**hôpital**[2], **centre hospitalier**, etc.) commence par une majuscule. Certains types d'établissements de santé sont correctement désignés par des sigles.

> **L'Hôpital Honoré-Mercier a passé un contrat avec la Société d'entretien Plunet.**
>
> **l'Hôpital de Montréal pour enfants**
>
> **l'Institut de cardiologie de Montréal**
>
> **la Clinique médicale Cartier**
>
> **le Centre hospitalier de l'Université de Montréal, le CHUM**
>
> **le CLSC Hochelaga-Maisonneuve**

Toutefois, dans les contextes où c'est le lieu, l'immeuble ou le bâtiment qui est désigné, on peut utiliser la minuscule.

> **Y a-t-il un parc de stationnement à côté de l'hôpital de l'Enfant-Jésus?**
>
> **Il a été transporté d'urgence à l'hôpital Notre-Dame.**

MINISTÈRES

L'usage veut qu'on mette une majuscule à la désignation du ou des domaines que gère le ministère, le mot **ministère** lui-même commençant par une minuscule. Il en va de même pour **ministère d'État**.

> **le ministère des Finances**
> **le ministère de la Santé et des Services sociaux**
> **le ministère de l'Éducation**
> **le ministère d'État à la Francophonie**

---

1. Voir les règles d'écriture des dénominations sociales, p. 168.

2. Il faut éviter d'employer les mots *site* et *campus* pour désigner un hôpital. Quant au mot *pavillon*, il peut désigner un bâtiment situé dans l'enceinte générale d'un hôpital ou une aile d'un bâtiment faisant partie d'un hôpital.

Si, dans un texte, on fait l'ellipse du déterminatif (par exemple «des Affaires municipales») et qu'on craint l'ambiguïté, le mot **ministère** peut prendre la majuscule, portant ainsi le caractère propre de la dénomination, à condition qu'il soit précédé de l'article défini.

> **L'Assemblée nationale a demandé au ministère des Affaires municipales de... Le ministère (ou Ministère) accepte de...**

Le mot **cabinet**, qui, dans un ministère, désigne le «service chargé de la préparation des affaires gouvernementales et administratives» garde la minuscule initiale. Il en va de même lorsque **cabinet** désigne l'ensemble des ministres; toutefois, dans ce cas et pour éviter une ambiguïté, il peut prendre une majuscule indiquant qu'il s'agit d'un corps à caractère unique dans l'État.

> **un chef de cabinet**
> **le cabinet de la ministre des Relations internationales**
> **Le premier ministre a réuni son cabinet ce matin.**
> **Le Cabinet s'est réuni d'urgence ce matin.**

CONSEILS, COMITÉS, COMMISSIONS

Si la dénomination commençant par le mot **conseil** désigne un organisme qui a un caractère unique dans un État, à l'échelle d'un gouvernement ou, à plus forte raison, à l'échelle internationale, ce mot prend la majuscule.

> **le Conseil du statut de la femme**
> **le Conseil du trésor (ou du Trésor[1])**
> **le Secrétariat du Conseil du trésor**
> **le Conseil du patronat du Québec**
> **le Conseil des ministres**
> **le Conseil de l'Europe**
> **le Conseil de sécurité des Nations unies**
> **le Conseil supérieur de l'éducation**
> **le Haut Conseil de la Francophonie**

---

1. Au sens d' «ensemble des moyens financiers dont dispose un État» ou de «service financier d'exécution du budget, assurant la corrélation des dépenses et des recettes publiques» (*Le nouveau petit Robert*), le mot **trésor** prend une majuscule. C'est l'usage retenu par le Conseil du Trésor du Canada, mais pas par le Conseil du trésor du Québec.

S'il s'agit d'un groupe de personnes formé à l'intérieur d'une société ou d'un organisme pour participer à sa gestion (**conseil, conseil de direction, conseil d'administration, conseil municipal,** etc.), **conseil** ne prend pas la majuscule.

> Cette question relève du conseil de direction.
>
> Le conseil d'administration de la Société informatique Ordi s'est réuni hier.
>
> Le président a informé le conseil de la gravité de la situation.
>
> Le bureau de l'association s'est rangé à l'avis du conseil.
>
> Les membres du conseil d'administration ont voté...
>
> La dernière réunion du conseil municipal a été houleuse.
>
> En octobre, il y aura des élections au conseil d'établissement.

Il en va en principe de même pour les noms de comités qui n'ont pas un caractère unique dans l'ensemble du secteur public ou privé. Le mot **comité** ne prend donc pas de majuscule, à moins que la clarté du texte ne l'exige, ou qu'il ne s'agisse d'un organisme unique dont on cite le nom officiel.

> Elle est présidente du comité d'égalité professionnelle.
>
> Le comité des plaintes se réunit tous les mois.
>
> Les membres du comité de parents de l'école Hertel ont fait circuler une pétition.
>
> Le comité de déontologie de notre association fera connaître sa décision prochainement.
>
> La question sera soumise au Comité de linguistique de la Société Radio-Canada.
>
> Le Comité olympique canadien se penchera sur ce problème.
>
> le Comité mixte spécial du Sénat et de la Chambre des communes (appelé officieusement le *comité Beaudoin-Dobbie*)

Le mot **commission** ne prend la majuscule que dans une dénomination officielle.

> la Commission des droits de la personne
>
> la Commission d'enquête sur le crime organisé
>
> la Commission parlementaire sur l'avenir politique et constitutionnel du Québec (appelée officieusement la *commission Bélanger-Campeau*)
>
> la Commission de terminologie de l'Office de la langue française

■ TITRES ET APPELLATIONS DE CONVENANCE

On met une majuscule aux titres et appellations de convenance lorsqu'on s'adresse aux personnes elles-mêmes, par exemple dans l'appel et la salutation d'une lettre. Dans ce cas, l'adjectif, la préposition ou la particule (**premier, première, sous, vice**) qui précède le nom prend aussi la majuscule. S'il s'agit d'une appellation composée, chacun des noms correspondant à une fonction prend la majuscule. Dans ce cas, on n'abrège pas **Monsieur** ni **Madame**.

> **Monsieur le Premier Ministre,**
> **Monsieur le Chef de l'opposition,**
> **Madame la Vice-Première Ministre,**
> **Monsieur le Sous-Ministre,**
> **Monsieur le Maire,**
> **Madame la Présidente,**
> **Madame la Vice-Présidente,**
> **Monsieur le Premier Vice-Président,**
> **Monsieur le Directeur général,**
> **Monsieur le Président-Directeur général,**
> **Madame la Vice-Présidente et Directrice générale,**
> **Monsieur le Premier Vice-Président,**
> **Madame la Secrétaire-Trésorière,**

Il ne faut pas confondre ces majuscules de signification avec la majuscule de position qu'on met à ces titres et appellations lorsqu'ils commencent une ligne, par exemple dans une adresse, dans une signature ou sur une carte professionnelle. Dans ce cas, seule la première lettre de la ligne est une majuscule.

> **Madame Brigitte Lafrance**
> **Présidente-directrice générale**
> **Société ABC**
>
> **Monsieur André Leroux**
> **Secrétaire-trésorier**
> **Ville de Baie-Comeau**
> **115, rue de l'Église**
> **Baie-Comeau (Québec) J3F 4G7**
>
> **Madame Nicole Lambert**
> **Ministre des Affaires municipales**
>
> **Marie-Claire Audet**
> **Traductrice agréée**

Dans le corps d'un texte, et notamment si le titre est accompagné du nom de la personne, mais qu'on ne s'adresse pas à elle, on garde la minuscule initiale ; par ailleurs, les titres de civilité **monsieur, madame, mademoiselle**[1] sont le plus souvent abrégés, ou restent en minuscules s'ils ne sont pas abrégés.

> Mme Jeanne Ménard, ministre des Finances et présidente du Conseil du trésor, a prononcé une allocution.
>
> Le ministre du Revenu, M. Luc Richard, a donné une conférence de presse.
>
> M. John Smith, premier ministre de Grande-Bretagne, est actuellement en visite officielle au Canada.
>
> J'ai transmis votre demande à Mme Judith Berger, qui y donnera suite.
>
> Notre directeur général participera à ce congrès.
>
> Le ministre de l'Environnement a inauguré…
>
> La ministre a dévoilé sa nouvelle politique relative à…
>
> Le conférencier sera le révérend père Richard Houde.
>
> La maison de la culture présente une exposition des œuvres du frère Jérôme.
>
> Son nom de religieuse était sœur Marie-des-Anges.
>
> M. le ministre nous fera l'honneur de présider la cérémonie.
>
> Le consul général de France leur a remis les insignes de la Légion d'honneur.

La formule qui consiste à faire suivre immédiatement le titre du patronyme est admise dans le cas de **juge** et de **président** ou **présidente**. Dans le cas de **ministre**, cet usage appartient surtout au style journalistique.

> Il faut attendre la décision de la juge Racine.
>
> Le président Clinton a fait une nouvelle déclaration.
>
> Une nouvelle de dernière heure nous apprend que le ministre Dupré vient de démissionner.
>
> Le premier ministre Tremblay a été interviewé au téléjournal.

Si l'appellation de convenance comprend deux titres, conformément à certains usages protocolaires, seul le premier titre prend la majuscule, tout comme l'adjectif possessif (son, sa, votre) qui le précède.

> Sa Majesté la reine Élisabeth II, ou S. M. la reine Élisabeth II
>
> Son Éminence le cardinal
>
> Sa Sainteté le pape
>
> Son Excellence l'ambassadeur de Belgique

---

1. Il faut noter que **mademoiselle** ne s'emploie plus que pour une toute jeune fille ou pour une femme qui tient à ce titre.

■ MAJUSCULE ELLIPTIQUE

La majuscule elliptique, ainsi qualifiée parce qu'elle marque l'ellipse, c'est-à-dire l'omission, de certains éléments de dénominations, sert à éviter des ambiguïtés et à distinguer noms propres (ou considérés comme tels) et noms communs.

Ainsi, lorsqu'une dénomination commençant par un nom commun (association, commission, ministère, régie, société, syndicat, banque, caisse, etc.) est libellée avec ellipse d'un ou de plusieurs mots, on peut mettre une majuscule elliptique au premier mot de la dénomination qui porte ainsi son caractère propre, lorsqu'il est précédé de l'article défini et que le contexte indique qu'il s'agit bien de la personne morale. C'est souvent le cas pour **ministère** ou **société**, notamment.

> **La Société d'investissement Francab a tenu une assemblée générale extraordinaire la semaine dernière. [...] Tous les actionnaires de la Société (ou de la société) seront appelés à... [...] Dans cette société... [...] ... pour assurer l'avenir de leur société.**

> **L'Association québécoise de bibliophilie vient d'élire une nouvelle présidente. [...] Mme Leblanc, présidente sortante de l'Association, a émis le vœu...**

La majuscule elliptique ne s'applique pas aux noms d'unités administratives (direction, service, division, etc.).

> **Le Service des achats a une nouvelle politique relative au matériel informatique. Selon cette politique, le service doit... Il faut s'adresser à ce service pour...**

Par contre, dans des contextes non officiels, il est admis de mettre une majuscule elliptique aux éléments spécifiques des unités administratives dont on ne cite pas la dénomination complète. Il ne faut cependant pas abuser de cet usage, qui donne lieu à une personnification abusive.

> **La décision des Ressources humaines a été annoncée hier.** (au lieu de la dénomination complète : **La décision de la Direction [ou du Service] des ressources humaines...**)
>
> **Les Ventes et la Publicité s'occuperont du dossier.** (au lieu de la dénomination complète : **Le Service des ventes et le Service de la publicité...**)
>
> **On lui a dit de s'adresser au Personnel.** (au lieu de la dénomination complète : **au Service du personnel**)

On n'emploie pas cette majuscule elliptique dans un titre ni dans un nom de fonction, même dans le cas où on ne reprend pas intégralement le nom de l'unité administrative dont le ou la titulaire du poste est responsable.

> **le directeur des relations publiques** (et non pas *le directeur de la Direction des relations publiques,* ni *le directeur des Relations publiques*)
> **la vice-présidente à la recherche-développement**
> **le chef du Service de l'information**

Dans les contextes où il est question d'une loi, on peut avoir recours à la majuscule elliptique pour éviter une ambiguïté, si le titre de la loi a déjà été cité antérieurement et que le mot **loi** est immédiatement précédé de l'article défini (voir aussi p. 161).

> **Voici une présentation de la Loi sur la protection du consommateur. [...] Si on interprète bien la Loi, on voit que...**

■ MAJUSCULE OU MINUSCULE DANS LES DIVISIONS ET LES ÉNUMÉRATIONS

En principe, les titres et les sous-titres marquant la **division** d'un texte commencent par une majuscule (majuscule de position)[1].

Pour ce qui est des **énumérations**, plusieurs cas peuvent se présenter :

1) Si les éléments de l'énumération sont disposés verticalement, ils peuvent commencer soit par une minuscule, soit par une majuscule. En général, si le chiffre ou la lettre de l'énumération est suivi d'un point, ou d'un point et d'un tiret, le mot qui suit prend la majuscule. Si le chiffre ou la lettre est suivi d'une parenthèse fermante, le mot qui suit commence par une majuscule ou une minuscule. Après un adverbe ordinal (1°, 2°, 3°, etc.), on met généralement une minuscule. Il importe aussi de tenir compte du signe de ponctuation qui termine et sépare les divers éléments de l'énumération : après le point, la majuscule est obligatoire ; après le point-virgule, on met une majuscule ou une minuscule; après la virgule, la minuscule est obligatoire. Les éléments d'une même énumération doivent être uniformes[2].

---

1. Voir aussi la partie qui traite de la division des textes, p. 245.

2. Voir aussi la partie qui traite de la ponctuation devant et après les éléments d'une énumération, p. 232.

2) Si les éléments de l'énumération forment un seul alinéa et sont donc intégrés à la structure normale de la phrase, ils commencent par une minuscule.

Voici des exemples de dispositions :

Une énumération peut être disposée de la façon suivante :
I. *ou* 1. *ou* A. Majuscule ; *ou* .
II. *ou* 2. *ou* B. Majuscule ; *ou* .
III. *ou* 3. *ou* C. Majuscule.

Une énumération peut aussi être disposée de la façon suivante :
I. – *ou* 1. – *ou* A. – Majuscule ; *ou* .
II. – *ou* 2. – *ou* B. – Majuscule ; *ou* .
III. – *ou* 3. – *ou* C. – Majuscule.

Une énumération peut aussi être disposée de la façon suivante :
1) *ou* *a*) Majuscule *ou* minuscule ; *ou* .
2) *ou* *b*) Majuscule *ou* minuscule ; *ou* .
3) *ou* *c*) Majuscule *ou* minuscule.

Une énumération peut aussi être disposée de la façon suivante :
1° minuscule, *ou* ;
2° minuscule, *ou* ;
3° minuscule.

Une énumération peut aussi être disposée de la façon suivante, en se servant des signes proposés par le logiciel de traitement de texte :
• **Majuscule ou minuscule**, *ou* ; *ou* . *ou sans signe de ponctuation si l'élément est très court*
• **Majuscule ou minuscule**, *ou* ; *ou* . *ou sans signe de ponctuation si l'élément est très court*
• **Majuscule ou minuscule**, *ou* ; *ou* . *ou sans signe de ponctuation si l'élément est très court* ;

LES ABRÉVIATIONS

L'**abréviation** est la forme réduite d'un mot résultant du retranchement d'une partie des lettres de ce mot. Les **sigles**[1] et les **acronymes**[2] sont des types d'abréviations. Certains **symboles**[3] alphabétiques s'apparentent aux abréviations.

■ TECHNIQUE DE L'ABRÉVIATION

SUPPRESSION DES LETTRES

Le retranchement d'une partie des lettres d'un mot peut se faire de trois façons.

1. L'abréviation se fait le plus souvent par la **suppression des dernières lettres d'un mot**, qu'on coupe après une consonne et avant une voyelle. On procède ainsi dans tous les cas où il n'existe pas d'abréviations conventionnelles[4] : **abrév.** (abréviation), **comp.** (composé, composition), **compl.** (complément, complémentaire), **déc.** (décembre), **janv.** (janvier), **prép.** (préposition), **m.** (mois).

Il faut éviter d'abréger un mot par la suppression d'une seule lettre, ce qui, en outre, n'est guère avantageux ; la suppression de deux lettres est tolérée, mais

---

1. Un **sigle** est une suite d'initiales de plusieurs mots qui forme un mot unique. Un sigle se prononce alphabétiquement, c'est-à-dire avec les noms des lettres qui le composent, ou syllabiquement, comme un mot ordinaire.

2. Un **acronyme** est un sigle prononcé comme un mot ordinaire (ACDI, Unesco, sida), ou un mot formé de syllabes de mots différents (AFNOR, radar, algol, pergélisol).

3. Un **symbole** est un signe conventionnel, qui peut notamment consister en une ou plusieurs lettres, correspondant à une réalité, à un élément, à une unité de mesure, à une opération, etc. (%, $, QC, km, Hz, H_2O). Certains **signes typographiques** s'apparentent à des symboles (&, *, §).

4. Voir la **Liste d'abréviations usuelles et de symboles**, p. 203.

n'est guère conseillée : au lieu de *pag.* ou de *tom.*, il vaut mieux abréger **page** ou **pages** et **tome** ou **tomes** en **p.** et **t.**, respectivement. Mais on peut écrire **chim.** (chimie, chimique), **civ.** (civil).

2. L'abréviation se fait parfois par la **suppression de certaines lettres intérieures du mot** ; dans ce cas, les lettres qui subsistent après l'initiale sont souvent mises en supérieures, c'est-à-dire surélevées, comme un exposant : **Mlle, Mme, D^r, D^{re}, S^t, S^{te}**. Si on écrit ces lettres sur la même ligne que l'initiale, il faut que la suite de lettres ainsi obtenue soit imprononçable ; si cette suite de lettres est prononçable et risque d'être confondue avec un mot, il est préférable d'écrire la fin du mot au-dessus de la ligne : **Mgr** (monseigneur), **P^r** (professeur), mais **n^o** (numéro), **Cie** (compagnie), **M^e** (maître), pour éviter *no, Cie* et *Me*.

3. L'abréviation peut **ne garder que quelques consonnes du mot** ; il s'agit alors d'abréviations figées : **qqn** (quelqu'un), **qqch.** (quelque chose), **qqf.** (quelquefois), *cf.* (*confer*).

L'abréviation de mots composés, de locutions ou d'expressions se fait, en principe, à l'aide d'un élément par mot. On conserve généralement entre les éléments de l'abréviation les espaces et les signes de ponctuation qui existent entre les mots qui la composent, surtout s'il s'agit de minuscules : **c.-à-d.** (c'est-à-dire), **P.-S.** (post-scriptum), **N. B.** (nota bene), **c. c.** (copie conforme), **p. i.** (par intérim)[1].

SIGNE CONVENTIONNEL

L'abréviation peut être un **signe conventionnel** ou un symbole : **1°** (primo), **%** (pour cent), **o/** (à l'ordre de).

POINT ABRÉVIATIF

On met un point abréviatif à la fin de toute abréviation où ne figure pas la dernière lettre du mot : **etc.** (et cetera), **ex.** (exemple), **irrég.** (irrégulier), mais **ltée** (limitée, sans point abréviatif). Si le mot abrégé termine la phrase, le point abréviatif se confond avec le point final ou avec les points de suspension, mais il n'annule aucun autre signe de ponctuation. Les abréviations qui terminent une phrase sont le plus souvent **etc.** et **suiv.** (suivantes, dans « et suivantes »). Si une abréviation se terminant par un point abréviatif est suivie d'un appel de

---

1. À ce sujet, voir aussi **Compléments de la lettre**, p. 54.

note et qu'elle termine la phrase, on met un point final après l'appel de note (voir aussi p. 234).

> **Le nouveau système de classement s'applique à tous les documents : correspondance, dossiers documentaires et administratifs, formulaires, relevés comptables, etc.**
>
> **Veuillez vous reporter au manuel, p. 83 et suiv.**
>
> **... formulaires, relevés comptables, etc.[3].**

PLURIEL DES ABRÉVIATIONS

En règle générale, les abréviations et les symboles ne prennent pas la marque du pluriel. Dans les exceptions, le pluriel est indiqué tantôt par l's habituel (**Mmes**, **n^{os}**), tantôt, mais plus rarement, par le redoublement de l'initiale (**MM.**)[1].

ACCENTS SUR LES MAJUSCULES

Dans les abréviations, comme dans les textes courants, les majuscules prennent les accents, le tréma et la cédille lorsque les minuscules équivalentes en comportent. Seuls les sigles font exception à cette règle pour des raisons de prononciation et parce qu'ils ont un statut autonome par rapport aux mots dont ils reprennent les initiales (voir aussi p. 192).

> **Électr. (Électricité)**
>
> **Éts** ou **É^{ts} (Établissements)**
>
> **S. Ém. (Son Éminence)**
>
> **Î.-P.-É. (Île-du-Prince-Édouard)**
>
> **N.-É. (Nouvelle-Écosse)**

■ EMPLOI DE L'ABRÉVIATION

RÈGLE GÉNÉRALE

Il faut abréger le moins possible pour ne pas nuire à la clarté et à la compréhension du texte. Les abréviations sont plutôt réservées aux notes, commentaires, indications de sources bibliographiques, index, tableaux, annuaires, etc. Dans les

---

1. Voir la **Liste d'abréviations usuelles et de symboles**, p. 203.

communications courantes entre collègues, elles sont admises mais dénotent une certaine familiarité.

CAS PARTICULIERS

Noms et titres de personnes

Il y a des cas ou des contextes où l'abréviation est déconseillée, notamment lorsqu'on s'adresse directement aux personnes : noms propres de personnes, titres de civilité ou titres honorifiques, appels et suscriptions ne s'abrègent pas. Dans les faire-part et les cartes d'invitation, on écrit également les titres en toutes lettres. On peut cependant, et c'est l'usage le plus fréquent, employer l'abréviation d'un titre de civilité ou d'un titre honorifique si elle est suivie du nom propre de la personne dont il est question, mais à qui on ne s'adresse pas, ou d'un second titre.

> **Madame la Présidente,** (formule d'appel)
> **Monsieur Bruno Salvail, président de Sogenag, a l'honneur de vous inviter...** (invitation)
>
> **M. Dubois arrivera demain.**
> **J'ai transmis votre demande au Dr Simon Spitzberg, qui y donnera suite.**
> **Le discours de Mme la ministre Lise Frenette a été rapporté dans les médias.**
> **Le président de Sogenag, M. Bruno Salvail, est heureux d'annoncer la nomination de Mme Caroline Moreau au poste de...** (avis de nomination)
>
> **S. M. la reine Élisabeth est venue au Canada.**
> **Sa Majesté est venue au Canada.**

Prénoms

On abrège les prénoms en conservant l'initiale majuscule, qu'on fait suivre d'un point. Si le prénom commence par deux consonnes à valeur unique (ce qu'on appelle un digramme), l'abréviation reprend généralement ces deux lettres. Lorsque la consonne initiale ou un digramme sont immédiatement suivis des consonnes *l* ou *r*, ces dernières font normalement partie de l'abréviation. Dans le cas d'un prénom composé, on abrège chaque prénom et on relie les initiales par un trait d'union.

> **C. (Caroline, Colette)**
> **J. (Jean, Joseph)**
>
> **Ch. (Charles, Charlotte)**
> **Gh. (Ghislain, Ghislaine)**

Th. **(Thérèse, Théodore, Théophile)**
Chr. **(Christian, Christiane, Christine)**
Cl. **(Claire, Claude)**
Fr. **(François, Françoise, Francine)**

J.-P. **(Jean-Paul, Jean-Pierre)**
M.-C. **(Marie-Catherine)**
L.-Ph. **(Louis-Philippe)**
J.-C. **(Jésus-Christ**; ici, le digramme *Ch* n'est pas repris**)**

Les prénoms étrangers non francisés s'écrivent sans trait d'union ; par ailleurs, selon un usage américain, un prénom peut être suivi de l'initiale d'un prénom juxtaposé : ces deux prénoms ne formant pas un prénom composé, ils ne sont pas liés par un trait d'union. La virgule sert à séparer les prénoms de plusieurs personnes ayant le même patronyme.

William Henry Harrison
Normand P. Beaulieu
les frères Pierre, Jacques, Albert et Émile Deslandes

Toponymes et odonymes

En règle générale, l'élément générique et l'élément spécifique d'un toponyme (nom de lieu géographique) ou d'un odonyme (nom de voie de communication), de même que le point cardinal qui peut les suivre, ne s'abrègent pas. Dans les adresses, en cas de manque de place, l'abréviation du générique de l'odonyme et du point cardinal est tolérée.

l'hôtel de ville de Notre-Dame-du-Lac (et non *N.-D.-du-Lac*)
le boulevard Édouard-Montpetit
la rue Sherbrooke Ouest
10785, av. Henri-Bourassa Nord (ou N.)

Les nombres qui font partie des toponymes doivent aussi être écrits en toutes lettres, sauf s'il s'agit d'une date ou de chiffres romains.

Trois-Rivières (et non *3-Rivières*)
le chemin des Quatre-Bourgeois (et non *4-Bourgeois*)
le réservoir Manic Deux
avenue du 24-Juin
boulevard Pie-IX

Certains noms composés de pays et de provinces ont toutefois des abréviations consacrées (É.-U., G.-B., T. N.-O.); il existe aussi des symboles réservés à des usages particuliers (QC, ON, CA, US, etc.)[1].

Saint

De la même façon, l'adjectif **saint**, **sainte** s'écrit en toutes lettres dans les noms géographiques. En cas de nécessité absolue, son abréviation (**St**, **Ste**) est tolérée dans les noms de voies de communication[2]. Dans les patronymes (noms de famille), le mot **Saint** ou **Sainte** ne s'abrège que si l'abréviation figure bien dans la graphie officielle du patronyme (c'est-à-dire celle qui est consignée dans les registres de l'état civil); en principe, ou si on ne connaît pas la graphie officielle du nom de la personne en question, ces mots s'écrivent en toutes lettres.

> **Saint-Georges**
> **Sainte-Thérèse**
> **le Saint-Laurent**
>
> **3456, boul. St-François-Xavier Est**
> **Monsieur Simon Saint-Pierre**
> **Mme Anne Sainte-Marie**

Adjectifs numéraux ordinaux

On abrège les expressions ordinales en faisant suivre le chiffre arabe ou romain d'une, de deux ou de trois lettres minuscules surélevées : *e, er, ers, es, re, res*. Les séries *ème, èmes, ième, ièmes* sont à éviter[3]. Certains logiciels ne permettent cependant pas de surélever les lettres; il est alors admis de les écrire sur la ligne : **1er, 2e, 3e**, etc.

1er ou **Ier** : **premier**	**1ers** ou **I^{ers}** : **premiers**
1re ou **Ire** : **première**	**1res** ou **I^{res}** : **premières**
2^{d} : **second**	**2^{ds}** : **seconds**
2de : **seconde**	**2des** : **secondes**
2e ou **IIe** : **deuxième**	**2es** ou **IIes** : **deuxièmes**
XXe : **vingtième**	**XXes** : **vingtièmes**

---

1. Voir la **Liste d'abréviations usuelles et de symboles**, p. 203.

2. Selon les règles de la Commision de toponymie, l'abréviation d'un nom de voie de communication doit porter en premier lieu sur le générique; une fois ce générique abrégé, si on manque encore de place, on peut abréger l'adjectif **saint** ou **sainte**. Ensuite, il est aussi possible d'abréger, le cas échéant, le point cardinal, puis certains titres honorifiques ou de fonction et certains prénoms composés.

3. On n'emploie la finale **-ième** ou **^{-ième}** que dans le cas des adjectifs numéraux ordinaux formés avec les lettres N et X : **Nième**, **N^{ième}**, **nième**, **n^{ième}**, **n-ième** ou **énième**, et **Xième**, **Xième**, **xième** ou **ixième**.

Diplômes et grades universitaires

Dans le corps d'un texte, les mots désignant les diplômes et les grades universitaires s'écrivent en toutes lettres et en minuscules. La mention des diplômes et des grades universitaires, que ce soit en toutes lettres ou sous forme d'abréviation, est toutefois déconseillée sur les cartes de visite et les cartes professionnelles, sauf pour les jeunes travailleurs et travailleuses autonomes (voir aussi **Cartes professionnelles**, p. 111).

> **Il a un baccalauréat avec majeure en sociologie et mineure en anthropologie.**
>
> **Elle est titulaire d'un doctorat en mathématiques.**
>
> **Cet homme d'État a été nommé docteur *honoris causa* de l'Université Laval.**

Il est cependant admis d'abréger les noms de diplômes et de grades universitaires dans certains écrits, tels que curriculum vitæ, annuaires, notices biographiques ou annonces professionnelles.

Les mots **certificat**, **baccalauréat**, **licence**, **maîtrise** et **doctorat** s'abrègent en ne conservant que la première lettre du mot, qui devient une majuscule, suivie d'un point abréviatif : **C.** (certificat), **B.** (baccalauréat), **L.** (licence), **M.** (maîtrise), **D.** (doctorat). L'abréviation de **diplôme** est **dipl.** ou **D.**

L'abréviation du mot ou de l'expression qui désigne la discipline ou la spécialité se fait selon les règles habituelles : suppression des dernières lettres du ou des mots, coupure avant une voyelle, point abréviatif. Cette abréviation commence par une majuscule ; si le nom de la discipline ou de la spécialité se compose de plus d'un mot, en principe seul le premier prend la majuscule : **Adm.** (administration), **Bibl.** (bibliothéconomie), **Serv. soc.** (service social).

Les différents éléments composant l'abréviation du grade ou du diplôme universitaire sont en principe séparés par un espacement, à moins que l'abréviation ne prenne la forme d'un sigle, c'est-à-dire de majuscules initiales uniquement.

Certaines abréviations anciennes d'origine latine, toujours en usage, font exception à ces règles : **LL. L.**[1] (licence en droit), **LL. B.** (baccalauréat en droit), **LL. M.** (maîtrise en droit), **LL. D.** (doctorat en droit), **Ph. D.** et **M.D.**

L'abréviation anglaise **M.B.A.** ou **MBA**, de même que certaines autres comme **FCA** (*Fellow Chartered Accountant*), est admise en français.

---

1. Dans ces cas d'abréviations, le redoublement de l'initiale **LL.** indique le pluriel (en latin, *legum* est le génitif pluriel de *lex*).

Les abréviations suivantes et celles qui sont formées sur le même modèle correspondent à la fois aux grades et aux diplômes universitaires (bachelier, bachelière et baccalauréat, maître et maîtrise, docteur, docteure et doctorat, etc.).

B.A.	baccalauréat ès arts[1]
B.A.A.	baccalauréat en administration des affaires
B. Arch.	baccalauréat en architecture
B. Éd.	baccalauréat en éducation
B. Inf.	baccalauréat en informatique
B. Mus.	baccalauréat en musique
B. Pharm.	baccalauréat en pharmacie
B. Ps.	baccalauréat en psychologie
B. Sc.	baccalauréat ès sciences
B. Sc. (nutrition)	baccalauréat ès sciences en nutrition
B. Sc. appl. ou B. Sc. A.	baccalauréat en sciences appliquées
B. Sc. inf.	baccalauréat en sciences infirmières
B. Sc. pol.	baccalauréat en sciences politiques
B. Sc. soc.	baccalauréat en sciences sociales
D. ès L.	doctorat ès lettres
D.M.D.	doctorat en médecine dentaire
D.M.V.	doctorat en médecine vétérinaire
D. Th.	doctorat en théologie
L. Ph.	licence en (ou de) philosophie
LL. B.	baccalauréat en droit
LL. L.	licence en (ou de) droit (de *Legum Licentiatus*)
LL. M.	maîtrise en droit (de *Legum Magister*)
M.A.	maîtrise ès arts
M.A. (théologie)	maîtrise ès arts en théologie
M.B.A. ou MBA	maîtrise en administration des affaires (*Master of Business Administration*)
M.D.	*Medicinae Doctor* (« docteur en médecine »)
M. Sc. éd.	maîtrise en sciences de l'éducation
M. Urb.	maîtrise en urbanisme
Ph. D.	*Philosophiae Doctor*[2]
Ph. D. (études françaises)	Ph. D. en études françaises
Ph. D. (aménagement)	Ph. D. en aménagement

---

1. La préposition **ès** est une contraction de *en les* ; elle doit donc être suivie d'un pluriel, sans trait d'union. Elle est maintenue dans certaines abréviations.

2. Ce grade latin signifie « docteur en philosophie », avec le sens ancien de *philosophie* qui englobait toutes les disciplines autres que l'histoire et la poésie.

Autres diplômes

C. Trad.	certificat en traduction
D.E.C. ou DEC	diplôme d'études collégiales
D.E.S.S. ou DESS	diplôme d'études supérieures spécialisées

■ **SIGLES**

Le **sigle** est une série de lettres initiales de plusieurs mots représentant une expression, ou désignant une société ou un organisme, et formant un mot unique. Un sigle se prononce alphabétiquement, c'est-à-dire en épelant le nom des lettres qui le composent (SAQ, HLM, FAO, INRS, VSOP), ou syllabiquement, c'est-à-dire en formant des syllabes comme pour un mot ordinaire (CHUL, Unicef, ovni). Dans ce dernier cas, on appelle le sigle **acronyme** ; un acronyme peut aussi être un mot formé de syllabes de mots différents (REXFOR, SIDBEC, sonar).

MAJUSCULES ET MINUSCULES

Plus l'usage d'un sigle se répand, plus il donne lieu à des graphies diverses, surtout si l'alternance des consonnes et des voyelles en fait un mot qui peut se prononcer syllabiquement. Il est d'abord formé de majuscules initiales suivies des points abréviatifs (mais sans traits d'union), puis de ces majuscules sans points abréviatifs, ensuite de la majuscule initiale et de minuscules, et enfin, s'il ne s'agit pas d'un nom propre, il s'écrit entièrement en minuscules : il devient alors un véritable nom commun qui peut prendre la marque du pluriel et produire des dérivés. On ne laisse pas d'espace entre les lettres d'un sigle. Un sigle peut, pour éviter les répétitions de lettres, ou pour faciliter la lecture ou la mémorisation, ne reprendre que les mots principaux d'une dénomination ou d'une expression (et ne pas doubler les initiales d'appellations au masculin et au féminin, par exemple).

    U.N.E.S.C.O.
    UNESCO
    Unesco
    C.E.G.E.P.
    CEGEP
    Cégep
    un cégep, des cégeps (graphie recommandée)
    cégépien, cégépienne

    FTQ (Fédération des travailleurs et travailleuses du Québec)

POINTS ABRÉVIATIFS

Pour des raisons de simplification et d'uniformisation, il est désormais admis, voire conseillé, d'écrire d'emblée les sigles sans points abréviatifs. Cet usage ne présente aucun inconvénient et il est maintenant reconnu dans les codes typographiques récents et pratiqué par les grandes maisons d'édition et la presse francophone. L'emploi des points reste évidemment correct.

ACCENTS

Les majuscules qui composent les sigles ne prennent pas d'accents, contrairement aux autres majuscules employées au début des mots, dans les textes écrits tout en majuscules, ainsi que dans les abréviations. En effet, comme les sigles et les acronymes ont une certaine autonomie, en ce qui concerne la prononciation notamment, par rapport aux mots dont ils proviennent, ils ne conservent pas les accents de ces mots : on peut ainsi prononcer les sigles soit alphabétiquement, soit syllabiquement, mais en respectant les règles de la phonétique française.

ALENA **(Accord de libre-échange nord-américain,** se prononce [aléna]**)**
PEPS **(pavillon de l'éducation physique et des sports)**
HEC   **(Hautes Études commerciales)**
REER **(régime enregistré d'épargne-retraite,** se prononce [réèr] et non
      pas [*rir*]**)**
REA   **(régime enregistré d'épargne-actions,** se prononce [réa]**)**

ARTICLE, GENRE ET NOMBRE

L'article qui précède le sigle prend le genre et le nombre du premier mot, mais un sigle en majuscules ne prend pas la marque du pluriel : la CEQ, les CLSC, des PME. L'article s'élide normalement devant une voyelle : l'ONU. Un acronyme devenu nom commun suit les règles habituelles d'accord en genre et en nombre : des radars, les zecs, les cofis.

SIGNIFICATION ET EMPLOI

Pour assurer la clarté de l'énoncé, il est conseillé de donner la signification d'un sigle en clair, la première fois qu'on l'emploie dans un texte, du moins si ce sigle n'est pas très connu. Deux procédés sont admis : employer le sigle, puis indiquer sa signification entre parenthèses, ou employer la dénomination en toutes lettres, puis indiquer le sigle entre parenthèses. Si, dans un texte, on emploie un grand nombre de sigles, il peut être utile d'en dresser la liste au début du texte.

> **Le CRIQ (Centre de recherche industrielle du Québec) vient de publier...**
> **[...] Il faut s'adresser au CRIQ pour obtenir...**
>
> **L'Université du Québec à Trois-Rivières (UQTR) recherche un professeur ou une professeure de chimie. [...] Le Département de chimie de l'UQTR se compose actuellement de...**

ADMINISTRATION

Il est toujours préférable, du moins dans les documents officiels et ceux qui ont un certain prestige, d'écrire en toutes lettres la dénomination des ministères et des organismes de l'Administration, dont il n'existe d'ailleurs généralement pas de dénomination abrégée ni de sigle officiel. Toutefois, si on doit, dans des textes courants ou par manque de place, abréger ces dénominations, il faut s'assurer que le public auquel le texte est destiné comprendra la forme raccourcie ou le sigle utilisé occasionnellement. Il est cependant préférable, si le contexte le permet, de reprendre le premier nom de la dénomination plutôt que d'utiliser un sigle.

> **l'Office de la langue française**
> **l'Office**
>
> **le ministère de l'Éducation du Québec**
> **le ministère** ou **le Ministère**
> **le MEQ**

■ SYMBOLES ET UNITÉS DE MESURE

Le symbole est une représentation littérale, numérale ou pictographique d'une grandeur, d'une substance ou d'une réalité quelconque. Le symbole est invariable ; on laisse un espacement entre un nombre et le symbole qui le suit.

> **kW   (kilowatt)**
> **H_2O (eau)**
> **°C   (degré Celsius)**
> **min   (minute)**
> **\$ (dollar)**
> **14 h**

Les symboles et les unités de mesure sont traités successivement dans l'ordre suivant :

a) Système international d'unités (SI) ;

b) Indication de la date et de l'heure ;

c) Symboles d'unités monétaires.

A. SYSTÈME INTERNATIONAL D'UNITÉS (SI)

Le système international d'unités, connu internationalement sous le sigle SI, est une version moderne du système métrique adopté en France en 1795. La Conférence générale des poids et mesures, autorité internationale en ce domaine, l'a adopté en 1960. Le Canada a suivi, le 16 janvier 1970, se joignant ainsi à la communauté des pays industrialisés qui l'utilisaient déjà.

Le système international d'unités, exploitant la simplicité du système décimal de numération, se compose d'unités qui sont toutes dans un rapport de 1 à 10 ou de multiples de 10. Il permet des calculs commodes : il suffit souvent de déplacer une virgule. On obtient les multiples et les sous-multiples des unités au moyen de préfixes comme *milli, kilo,* etc.[1]

Unités de mesure SI

Les unités de base les plus courantes du système sont :
* le mètre (**m**), unité de longueur ;
* le kilogramme (**kg**), unité de masse, ce qu'on appelle couramment poids ;
* la seconde (**s**), unité de temps ;
* l'ampère (**A**), unité de courant électrique.

Préfixes SI

Un préfixe est un élément ajouté à une unité pour composer le nom d'un multiple décimal ou d'un sous-multiple décimal. Voici les principaux préfixes SI et les symboles qui les représentent :

PRÉFIXE	SYMBOLE			
téra	T	billion	1 000 000 000 000	(10^{12})
giga	G	milliard	1 000 000 000	(10^9)
méga	M	million	1 000 000	(10^6)
kilo	k	mille	1 000	(10^3)
hecto	h	cent	100	(10^2)
déca	da	dix	10	
déci	d	un dixième	0,1	
centi	c	un centième	0,01	
milli	m	un millième	0,001	
micro	μ	un millionième	0,000 001	
nano	n	un milliardième	0,000 000 001	

1. L'emploi des unités de mesure impériales et de leurs divisions (*pied, pieds* : **pi** ou ' ; *pouce, pouces* : **po** ou ″, ¼ **po** ; *livre, livres* : **lb**, 1 ½ **lb** ; *once* : **oz**, etc.) se fait maintenant beaucoup plus rare dans les domaines techniques et est déconseillé par le Bureau de normalisation du Québec.

Formation des symboles des unités de mesure

Les symboles normalisés des unités ainsi que ceux des préfixes qui leur sont ajoutés ne peuvent être modifiés. Il ne faut pas substituer majuscules et minuscules, ni lettres latines et lettres grecques. Les symboles s'écrivent en romain, et non en italique. Qu'ils soient simples ou composés, ils ne comprennent pas de point abréviatif et ne prennent pas la marque du pluriel.

dam (décamètre)		
GHz (gigahertz)		
hl (hectolitre)		
kg (kilogramme)	et non	*Kg, KG*
km (kilomètre)	et non	*Km, kM, KM*
kPa (kilopascal)		
kW (kilowatt)		
MJ (mégajoule)		
Mt (mégatonne)		
ml (millilitre)		
s (seconde)	et non	*sec*
ns (nanoseconde)		
TW (térawatt)		
l (litre)[1]	et non	*lit* ni *ℓ*
h (heure)[2]	et non	*hre, H, Hre, hres*
min (minute)[2]	et non	*m, mn, min.*
4,5 mm	et non	*4,5 mms*
60 kg	et non	*60 kgs*

Règles d'écriture[3]

Les symboles des unités de mesure ne sont jamais suivis d'un point abréviatif (**min, h, km**). On les emploie après un nombre entier ou fractionnaire écrit en

---

1. Le litre n'est pas une unité SI, mais il a un symbole international qui est **l**. Le symbole **L** est toléré uniquement lorsqu'il y a risque de confusion entre la lettre *l* et le chiffre 1. Il n'est donc jamais admis dans la formation des dérivés du litre (**dl, cl, ml**).

2. Les symboles officiels d'unités de temps **h** et **min** ne font pas partie du système SI, mais ils suivent les mêmes règles. L'heure et la minute ne sont pas des unités décimales.

3. Voir aussi les règles générales d'écriture des nombres, p. 255.

chiffres et ils ne prennent jamais la marque du pluriel. On doit toujours laisser un espacement entre la valeur numérique et le symbole de l'unité[1].

10 m (et non *dix m*)

100 km/h (et non *cent km/h*)

5,75 g (et non *cinq g ¾* ni *cinq ¾ g*, ni *5 g ¾*, ni *5 ¾ g*, mais on peut écrire **5 oz ¾** ou **5 ¾ oz**, car ce n'est pas une mesure SI)

8 kg (et non *8kg*)

90°, 360°

37,5°

20 °C, 451 °F

42° 15' 50" N. (ou **de latitude nord**, ou **de latitude Nord**, ou **de lat. N.**)

Le **signe décimal** est une virgule sur la ligne, et non un point. Si la valeur absolue est inférieure à un, la virgule doit être précédée d'un zéro. S'il s'agit d'un nombre entier, on n'indique pas de décimales, à moins que le contexte établisse une comparaison entre des grandeurs dont certaines ont des décimales, ou que ce soit un tableau.

13,7 km

1,50 m (et non pas *1 m ½*, mais on peut écrire **2 lieues ¾**, car ce n'est pas une mesure SI)

3,05 cl

0,6 km

50 kg

La partie entière et la partie fractionnaire des nombres sont séparées en tranches de trois chiffres par un espacement, et non par un point ni par une virgule. Cette séparation n'est toutefois pas nécessaire si le nombre ne comprend pas plus de quatre chiffres à gauche ou à droite de la virgule et qu'il ne soit pas présenté dans une colonne de chiffres. On ne sépare pas non plus les numéros ni les nombres exprimant une année.

21 985 km

872,50 g

0,002 l

La valeur de pi est 3,141 592 653 5.

3500 m ou **3 500 m**

10985, rue des Érables

le matricule 5624

14 novembre 1996

en 5000 avant Jésus-Christ

---

1. La seule exception est le symbole du degré, qui est collé au chiffre s'il indique un angle ou si, dans le cas d'une température, l'échelle n'est pas précisée par la lettre C, F ou K.

Lorsqu'on utilise une unité à division décimale qui a un symbole littéral, on écrit ce symbole à droite du nombre indiquant la valeur numérique, sur la même ligne et en caractères du même corps. Un espacement sépare le nombre du symbole.

35,5 cm (et non *35 cm 5* ni *35^{cm}5* ni *35,5^{cm}*)

Les **divisions** sont indiquées symboliquement par la barre oblique et littéralement par la préposition **par** (ou **à**).

km/h (kilomètre par heure ou kilomètre à l'heure, de préférence à *kilomètre-heure*)

Les **dimensions** d'une surface sont données dans l'ordre longueur, puis largeur, ou bien hauteur puis largeur ; celles d'un volume sont généralement données dans l'ordre longueur, largeur, hauteur, ou largeur, profondeur, hauteur. Elles s'expriment en unités de longueur, en intercalant entre les dimensions la préposition **sur** (et non *par*).

10 cm × 4 cm × 2 cm
dix centimètres sur quatre centimètres sur deux centimètres

B. INDICATION DE LA DATE ET DE L'HEURE

Lettres et textes courants

Dans les lettres et les textes commerciaux et administratifs courants, de même que dans les programmes d'activités, de manifestations, de congrès, etc., la date et l'heure s'indiquent sous forme alphanumérique, c'est-à-dire en se servant de lettres et de chiffres. La date s'écrit aussi de cette façon sur les chèques. On la fait précéder de l'article défini **le** dans les textes suivis et dans les cas où elle est précédée d'un nom de lieu (dans la correspondance, par exemple). Dans les programmes d'activités, on omet généralement l'article devant la date. On doit laisser un espace entre le chiffre et le symbole de l'heure (**h**) ; comme il ne s'agit pas d'unités décimales, on ne fait pas précéder d'un zéro les minutes inférieures à dix et on ne fait pas suivre de deux zéros les heures justes. On note l'heure selon la journée de vingt-quatre heures (de 0 h à 24 h)[1]. Il faut éviter d'employer les abréviations *a.m.* (du latin *ante meridiem*), et *p.m.* (du latin *post meridiem*) qui sont en usage en anglais dans l'indication de l'heure ; on ne doit pas les employer non plus comme abréviations de *matinée* (ou d'*avant-midi*) et d'*après-midi*.

---

1. Minuit est l'heure zéro. On représente minuit soit par **0 h** (ou par 00 suivi d'autres zéros, dans une représentation numérique) pour indiquer le début d'un jour, soit par **24 h** (ou 24 suivi de zéros, dans une représentation numérique) pour indiquer la fin d'un jour. Voir aussi **Tableaux et usages techniques** ci-dessous.

La prochaine réunion se tiendra le mardi 13 août 2002, à 14 h 30.

Montréal, le 12 février 2001 *(lettre)*

Vendredi 11 janvier 2002 *(programme, calendrier d'activités ou lettre où on ne mentionne pas le lieu d'expédition, par exemple)*

11 janvier 2002 *(mention dans un programme ou un calendrier d'activités, sur une affiche, etc.)*

19 h   (et non *19 h 00*)

8 h 5   (et non *8 h 05*)

15 h   (et non *3:00 p.m.,* ni *15 hrs,* ni *15 H*)

Programme du colloque
Jeudi 11 mai

8 h 30	Inscription
9 h	Conférence d'ouverture
10 h 15	Pause
[...]	
14 h – 16 h	Ateliers

Dans les textes littéraires, l'heure et la durée s'écrivent le plus souvent sous forme entièrement alphabétique.

La marquise sortit à cinq heures.

Tableaux et usages techniques

Toutefois, on peut indiquer la date et l'heure sous forme entièrement numérique pour répondre à certains besoins techniques : tableaux, horaires, codage, relevés divers. Dans ce cas, on procède de la façon suivante : quatre chiffres représentent l'année, deux chiffres représentent le mois et deux, le jour ou quantième, dans cet ordre, conformément à une norme internationale. Les séparateurs dont on peut faire usage entre l'année, le mois et le quantième sont l'espace ou le trait d'union ; le deux-points et la barre oblique ne sont pas admis dans ce cas.

20010624 ou 2001 06 24 ou 2001-06-24 (et non *2001/06/24* ni *2001:06:24*)

Jusqu'à récemment, on pouvait n'utiliser que deux chiffres pour l'année (970624 ou 97 06 24 ou 97-06-24), mais à cause du changement de millésime une telle notation pouvait être ambiguë et comporter des risques informatiques (bogue de l'an 2000, notamment). Il vaut donc mieux prendre l'habitude de l'éviter désormais et de toujours écrire les quatre chiffres de l'année.

20000624 ou 2000 06 24 ou 2000-06-24

L'heure peut, au besoin, s'ajouter à la date en prolongeant la série de nombres. Seuls les deux-points (ni précédés ni suivis d'un espacement dans ce cas) sont admis comme séparateurs entre les heures et les minutes, et entre les minutes et les secondes. L'heure doit être indiquée selon la journée de vingt-quatre heures.

« Le 24 juin 2000 à 16 heures 30 minutes » s'exprime numériquement de l'une ou l'autre des façons suivantes : 2000062416:30, 2000 06 24 16:30, ou 2000-06-24-16:30.

Pour indiquer une durée dans un texte technique ou un texte qui porte principalement sur des données chiffrées, on emploie les symboles **h**, **min** et **s** et on écrit les nombres en chiffres. Les nombres séparés par le deux-points (sans espacement ni avant ni après ce signe) sont réservés à l'expression de l'heure, dans les tables d'horaires de moyens de transport notamment.

Le vainqueur a parcouru le circuit en 2 h 24 min 5 s, et le deuxième en 2 h 27 min 59 s.

Départ des trains
08:15
12:35
17:05
19:00

C. SYMBOLES D'UNITÉS MONÉTAIRES

Pour noter une somme d'argent accompagnée d'un symbole d'unité monétaire, il est recommandé d'écrire ce symbole, sur la même ligne et en caractères du même corps, à droite du nombre en le séparant de ce nombre par un espacement[1]. Dans l'usage courant et lorsqu'il n'y a aucun risque de confusion, le symbole du dollar est $.

> **50 000 $**
> **1000 $ CA**
> **2000 $ US**
> **3000 F**

Les symboles d'unités monétaires peuvent être précédés des préfixes SI **k**, **M**, **G**, **T** (kilofranc, mégadollar, etc.), dans les tableaux et dans les cas où le manque réel de place l'impose. Cet usage est cependant réservé aux écrits techniques de nature bancaire ou financière. Il n'y a pas d'espace entre le préfixe et le symbole.

> **85 000 000 $** ou **85 M$** (et non *85 M $* ni *85 m$*, ni *85M$*)
> **3,5 G$**
> **10 000 F** ou **10 kF**

Lorsqu'on emploie une unité monétaire à division décimale, le symbole s'écrit à droite du nombre décimal. Le signe décimal est toujours la virgule (qui n'est pas suivie d'un espacement dans ce cas).

> **25,50 $**
> **150,25 F**
> **0,01 $** ou **1 ¢**
> **0,25 $** ou **25 ¢**[2]

---

1. Pour l'écriture des nombres et des sommes d'argent, voir p. 255.

2. Le mot **cent** se prononce [sènnt] au singulier comme au pluriel. Le *s* du pluriel n'est pas sonore, conformément aux règles usuelles de la prononciation française.

Quelques symboles d'unités monétaires

NOM	SYMBOLE
deutsche Mark ou mark	DM
dollar américain ou dollar des États-Unis	$ US
dollar canadien	$ CA[1]
euro	€
franc belge	FB
franc français	FF
franc suisse	FS
livre sterling	£
rouble	RBL
yen	Y

1. Le symbole du dollar canadien est **$ CA**. Dans les contextes où il faut trois positions après le symbole **$**, on peut employer **CAN**. Le symbole **$ CAN** est réservé à ces cas-là, et notamment en service international. De plus, aux monnaies correspondent aussi des codes alphabétiques à trois lettres et des codes numériques à trois chiffres qui sont en usage notamment pour les transferts électroniques de fonds. Le code alphabétique du dollar canadien est **CAD** et celui du dollar américain est **USD** (pour plus amples renseignements sur cette question, consulter *Unité monétaire canadienne et autres : désignation et règles d'écriture*, publié par le Bureau de normalisation du Québec; voir la bibliographie en fin de partie).

LISTE D'ABRÉVIATIONS USUELLES ET DE SYMBOLES

A

@	a commercial, arobas, a
a	année
A	ampère
abrév.	abréviation
ac.	acompte
A. D.	*anno Domini* (année du Seigneur)
adj.	adjectif
admin.	administration
adr.	adresse
adv.	adverbe
agce	agence
AM	modulation d'amplitude[1]
anc.	ancien, ancienne
angl.	anglais, anglaise
ann.	annexe
anon.	anonyme
a-p.	année-personne, années-personnes[2]
app.	appartement
append.	appendice
apr. J.-C.	après Jésus-Christ
arch.	archives
arr.	arrondissement
arr.	arriéré
art.	article
a/s de	aux (bons) soins de
ass.	assurance
assoc.	association, associé, associée
auj.	aujourd'hui
autref.	autrefois
av.	avenue
av. J.-C.	avant Jésus-Christ
avr.	avril

---

1. **AM** est l'abréviation anglaise employée internationalement.

2. L'année-personne (et non pas la *personne-année*) est une unité de temps de travail qui représente le travail d'une personne pendant une année. Pour calculer des années-personnes, on multiplie l'unité de temps (qui peut aussi, dans d'autres unités, être l'heure, le jour ou le mois, par exemple) par le nombre de personnes au travail pendant ce temps. Il s'agit donc d'un produit, ce qu'indique, dans ce cas, le trait d'union. Au pluriel, les deux éléments de l'expression prennent un *s* lorsqu'elle est écrite en toutes lettres. Il en va de même pour *heure-personne, jour-personne* et *mois-personne* ; ces unités sont formées de l'abréviation ou du symbole de l'unité de temps (donc avec ou sans point abréviatif, selon le cas) et de l'abréviation du mot *personne* (voir ces entrées dans la présente liste). Le cas de *km/h* est différent : il s'agit dans ce cas d'un rapport entre un nombre de kilomètres et une unité de temps. Pour calculer les kilomètres par heure, on fait une division, et c'est ce qu'indique dans ce cas la barre oblique.

B

B/	billet à ordre
b. ou b^t	billet
b. à p.	billet à payer
b. à r.	billet à recevoir
B/B	billet de banque
BD	bande dessinée
bdc	bas de casse
bibl.	bibliothèque, bibliothéconomie
bibliogr.	bibliographie
b^{lle}	bouteille
boul.[1]	boulevard
BPC	biphényle polychloré
b^{reau}	bordereau
broch.	brochure
bull.	bulletin
bur.	bureau

C

¢	cent (monnaie)
©	Tous droits réservés (*copyright*)
C	coulomb
c.	contre
c.-à-d.	c'est-à-dire
C. A.	conseil d'administration
CA ou c. a.	comptable agréé, comptable agréée
cap.	capitale
car.	caractère
cat.	catégorie
CC	corps consulaire
c. c.	copie conforme
c. c.	compte courant
C. civ.	Code civil
CD	corps diplomatique

C. élec.	courrier électronique
CEDEX	courrier d'entreprise à distribution exceptionnelle
cf.	*confer* (reportez-vous à)
CGA	comptable général licencié[2], comptable générale licenciée
ch	cheval-vapeur
ch.	chemin
ch.	chant
ch.	chèque
chap.	chapitre
Cie	compagnie
circ.	circonscription
circ.	circulaire
cm	centimètre
cm^2	centimètre carré
cm^3	centimètre cube
col.	colonne
coll.	collection
coll. ou collab.	collaborateur, collaboratrice, collaboration
comm. ou c^{de}	commande
compl.	complément, complet
compt.	comptabilité
conj.	conjonction
corresp.	correspondance
C. P.	case postale
C. proc. civ.	Code de procédure civile
C. Q. F. D.	ce qu'il fallait démontrer
c. r.	compte rendu
C. R.	contre remboursement
c^t, Ct ou cr.	crédit
cté	comté
C. trav.	Code du travail
C. V. ou CV	curriculum vitæ
°C	degré Celsius
†	croix, glaive, noircissement

---

1. Le mot boulevard peut aussi s'abréger en *bd*, en *Bd* et en *B^d*, mais **boul.** est l'abréviation retenue par la Commission de toponymie.

2. L'abréviation **CGA**, qui est celle de l'appellation anglaise, est admise en français.

D

d ou **j**	jour (d vient du latin *dies*, « jour »)
d.	date
dB	décibel
déc.	décembre
dép. ou **dép**ᵗ	département
DEPS	dernier entré, premier sorti
dest.	destinataire
dict.	dictionnaire
dir.	directeur, directrice, direction
div.	divers
dm	décimètre
dm²	décimètre carré
dm³	décimètre cube
doc.	document
dom.	domicile
dr.	droit
Dʳ ou **Dr**	docteur
Dʳᵉ ou **Dre**	docteure
Dʳᵉˢ ou **Dres**	docteures
Dʳˢ ou **Drs**	docteurs
dᵗ ou **Dt**	débit
dz ou **douz.**	douzaine
°	degré
÷	signe de division
$	dollar
$ CA	dollar canadien
$ US	dollar américain
10°	decimo
2ᵉ, 2ᵉˢ	deuxième, deuxièmes

E

E.	est
échᶜᵉ	échéance
éd.	édition

édit.	éditeur, éditrice
électr.	électricité
élém.	élémentaire
encycl.	encyclopédie
E.-N.-E.	est-nord-est
enr.	enregistrée
env.	environ
ép.	épître
équiv.	équivalent
ét.	étage
etc.	et cetera
Étˢ ou **Éts**	Établissements (dénomination sociale)
étym.	étymologie
É.-U. ou **USA**	États-Unis
E. V.	en ville
ex.	exemple
exc. ou **except.**	exception
excl.	exclusivement
exempl.	exemplaire
exp.	expéditeur, expéditrice
&	et (perluète ou esperluette)

F

f.	feuillet
f. ou **fém.**	féminin
F.	frère
FAB ou **f. à b.**	franco à bord
fact.	facture
FAQ	franco à quai
fasc.	fascicule
FB	franc belge
FCA	*Fellow Chartered Accountant*[1]
féd.	fédéral

---

1. L'abréviation **FCA**, qui est celle de l'appellation anglaise, est admise en français.

févr.	février
FF	franc français
FF.	frères (religieux)
F. G.	frais généraux
fig.	figure
fin.	finance
fl.	fleuve
FM	modulation de fréquence[1]
fr. ou **franç.**	français, française
FS	franc suisse
F. S.	faire suivre
f⁰ ou **f⁰ˢ**	folio, folios
°F	degré Fahrenheit

G

g	gramme
gal	gallon
G.-B.	Grande-Bretagne
GGC	gouverneur général en conseil
G. L.	grand livre
GMT	*Greenwich Mean Time* (heure moyenne du méridien de Greenwich)
gouv.	gouvernement
graph.	graphique

H

h	heure
ha	hectare
hab.	habitants
HAE	heure avancée de l'Est
haut. ou **H.**	hauteur
hist.	histoire, historien, historienne
HLM	habitation à loyer modéré (ou modique)

HNE	heure normale de l'Est
h-p.	heure-personne[2], heures-personnes
HT	hors taxes
h. t.	hors texte (adjectif et adverbe)
h.-t.	hors-texte (nom)
hyp.	hypothèque, hypothécaire
Hz	hertz

I

IARD	incendie, accidents, risques divers (assurances)
ibid.	*ibidem* (au même endroit)
id.	*idem* (le même)
i. e.	*id est* (c'est-à-dire [forme à préférer])
ill. ou **illustr.**	illustration
imp. féd.	impôt fédéral
imp. prov.	impôt provincial
impr.	impression
imprim.	imprimerie
inc.	incorporée
incl.	inclusivement
ind.	industrie, industriel
ind.	indépendant
inf.	inférieur
inf.	information
inf.	*infra* (ci-dessous)
int.	intérêt
intern. ou **internat.**	international
introd.	introduction
inv.	inventaire
invar. ou **inv.**	invariable
ital.	italique

---

1. **FM** est l'abréviation anglaise employée internationalement ; **MF** est déjà l'abréviation de moyennes fréquences.

2. Voir note 2, p. 203.

J

J	joule
j ou **d**	jour (*d* vient du latin *dies*, «jour»)
janv.	janvier
J.-C.	Jésus-Christ
j-p.	jour-personne[1], jours-personnes
juill.	juillet
jur.	juridique, jurisprudence

K

K	kelvin
kA	kiloampère
kg	kilogramme
kHz	kilohertz
km	kilomètre
km/h	kilomètre par heure
ko	kilo-octet
kPa	kilopascal
kV	kilovolt
kW	kilowatt

L

l	litre[2]
larg. ou **l.**	largeur
lat.	latitude
lb	livre, livres (poids)
LC ou **l/cr**	lettre de crédit
liq.	liquidation
litt.	littérature
liv.	livre (ouvrage)
livr.	livraison
LL. AA.	Leurs Altesses

loc.	location
loc.	locution
loc. cit.	*loco citato* (à l'endroit cité)
long.	longitude
long. ou **L.**	longueur
L.T.A.	lettre de transport aérien
ltée ou **l^tée**	limitée
L.V.	lettre de voiture

M

m	mètre
m.	mois
M.	monsieur
m^2, m^3	mètre carré, mètre cube
mA	milliampère
masc. ou **m.**	masculin
max.	maximum, maximal
MBA	marge brute d'autofinancement
MBA ou **M.B.A.**	*Master of Business Administration*[3]
MC	marque de commerce
MD	marque déposée
m^dise	marchandise
M^e	maître (avocat, notaire)
mens.	mensuel, mensuellement
mercr.	mercredi
M^es	maîtres
MF	moyenne fréquence
mg	milligramme
Mgr ou **Mgr**	monseigneur
M^grs ou **Mgrs**	messeigneurs
MHz	mégahertz
mi	mille (longueur)

1. Voir note 2, p. 203.

2. Le symbole SI de litre est **l**; le symbole **L** est toléré uniquement lorsqu'il y a risque de confusion entre la lettre *l* et le chiffre *1*. Il n'est donc jamais admis dans la formation des dérivés du litre (**dl**, **cl**, **ml**).

3. L'abréviation **MBA** ou **M.B.A.**, qui est celle de l'appellation anglaise, est admise en français, mais le nom du diplôme est bien ***maîtrise en administration des affaires***.

min	minute		**N. B.**	*nota bene* (notez bien)
min.	minimum, minimal		**n^{bre}**	nombre
MJ	mégajoule		**n/c**	notre compte
ml	millilitre		**n. d.**	non déterminé
Mlle ou Mlle	mademoiselle		**N.-D.**	Notre-Dame
Mlles ou Mlles	mesdemoiselles		**N. D. A. ou NDA**	note de l'auteur
mm	millimètre		**N. D. É. ou NDE**	note de l'éditeur
MM.	messieurs		**N. D. L. R. ou NDLR**	note de la rédaction
Mme ou Mme	madame		**N. D. T. ou NDT**	note du traducteur
Mmes ou Mmes	mesdames		**N.-E.**	nord-est
M^o	métro		**N.-N.-E.**	nord-nord-est
Mo	mégaoctet		**N.-N.-O.**	nord-nord-ouest
m.-p.	mois-personne[1], mois-personnes		**N.-O.**	nord-ouest
MRC	municipalité régionale de comté		**N^o ou n^o**	numéro[2]
ms	manuscrit		**N^{os} ou n^{os}**	numéros
m/s	mètre par seconde		**nouv.**	nouveau, nouvelle
mss	manuscrits		**nov.**	novembre
m^t	montant		**n. p.**	non paginé
mtée	montée		**N/Réf.**	notre référence
mV	millivolt		**N.-S.**	Notre-Seigneur
MV	mégavolt		**9°**	nono
MW	mégawatt			
–	moins, signe de soustraction			
'	minute d'angle			

O

o	octet
O.	ouest
o/	ordre de
O.-N.-O.	ouest-nord-ouest
oct.	octobre
ONG	organisme non gouvernemental
OPA	offre publique d'achat
op. cit.	*opere citato* (dans l'ouvrage cité) ou *opus citatum*

N

N	newton
n.	nom
N.	nord
N...	nom inconnu

---

1. Voir note p. 203.

2. On doit éviter d'employer en français le symbole # (appelé *carré* ou, familièrement, *dièse*) pour indiquer un ou des numéros.

ouvr. cité	ouvrage cité		**po**	pouce
oz	once		**p. o.**	par ordre
8º	octavo		**PP.**	pères
			p. p.	par procuration
			p. p.	participe passé
P			**P. P.**	port payé
p.	page, pages[1]		**P. P. C.**	pour prendre congé
p.	poste		**Pʳ, Pr**	professeur
P.	père		ou **Prof.**	
paragr.	paragraphe		**Pʳᵉ, Pre**	professeure
ou **§**			ou **Prof.**	
p. cent	pour cent		**PR**	poste restante
ou **p. 100**			**P. R.**	prix de revient
%	pour cent		**préf.**	préférence
p. 1000	pour mille		**prix unit.**	prix unitaire
ou **‰**			**prof. ou P.**	profondeur
p. cᵗ	prix courant		**prov.**	proverbe
P. D.	port dû		**prov.**	province, provincial
P.-D. G.,	président-directeur général,		**ps.**	psaume, psaumes
PDG,	présidente-directrice générale		**ps.**	pseudo
p.-d. g.			**P.-S.**	post-scriptum
ou **pdg**			**publ.**	publication
PEPS	premier entré, premier sorti		**P. V.**	prix de vente
p. ex.	par exemple		**P.-V.**	procès-verbal
P. F.	prix fixe		1ᵉʳ	premier
pH	potentiel hydrogène		1ᵉʳˢ	premiers
pi	pied		1ʳᵉ	première
pi²	pied carré		1ʳᵉˢ	premières
p. i.	par intérim		1º	primo (premièrement)
PIB	produit intérieur brut		**¶**	pied de mouche (paragraphe)
p. j.	pièce jointe, pièces jointes		**+**	plus, signe d'addition
pl.	place			
pl.	planche			
pl. ou plur.	pluriel		**Q**	
PLV	publicité sur le lieu de vente		**q**	quintal, quintaux
PME	petites et moyennes entreprises, petite ou moyenne entreprise		**QC**	Québec[2]
			QG	quartier général
PNB	produit national brut		**qq.**	quelque, quelques

1. L'abréviation *pp.* pour « pages » est vieillie.

2. Pour l'emploi de **QC**, voir p. 26, 32, 212.

qqch.	quelque chose
qqf.	quelquefois
qqn	quelqu'un
qual.	qualité
quant. ou **q**^té	quantité
quest. ou **Q.**	question
4⁰	quarto
5⁰	quinto

R

r ou **tr**	tour (révolution)
r.	reçu
R	recommandé
rad/s	radian par seconde
RC ou **r.-de-ch.**	rez-de-chaussée
RCB	rationalisation des choix budgétaires
RD	recherche-développement
réd.	rédaction, rédigé
réf.	référence
rel.	relié, reliure
rép. ou **R.**	réponse
RES	rachat d'entreprise par ses salariés
riv.	rivière
r/min	tour par minute
r⁰	recto
R. P.	révérend père
RR	route rurale
RR. PP.	révérends pères
r/s	tour par seconde
RSVP	Répondez, s'il vous plaît.
rte	route
R.-V.	rendez-vous

S

s	seconde
s.	siècle
S.	sud
S. A.	Son Altesse
sc.	scène
sc.	science(s)
S.-E.	sud-est
S.-O.	sud-ouest
S.-S.-E.	sud-sud-est
S.-S.-O.	sud-sud-ouest
s. d.	sans date
SEC ou **S.E.C.**	société en commandite
sect.	section
sem.	semaine
sem.	semestre
SENC ou **S.E.N.C.**	société en nom collectif
sept.	septembre
S. E.	Son Excellence (ambassadeur ou évêque)
S. Ém.	Son Éminence (cardinal)
S. F. ou **s. f.**	sans frais
S.-F. ou **S. F.**	science-fiction
sing. ou **s.**	singulier
SI	système international d'unités
s. l.	sans lieu
s. l. n. d.	sans lieu ni date
S. M.	Sa Majesté
S. O. ou **s. o.**	sans objet
sq.	*sequiturque* (et suivant)
sqq.	*sequunturque* (et suivants)
S^r ou **Sr**	sœur
S^rs ou **Srs**	sœurs
S. S.	Sa Sainteté
S^t ou **St**	saint
S^te ou **Ste**	sainte
S^tes ou **Stes**	saintes
S^ts ou **Sts**	saints
S^té, **Sté**, **s**^té	société
succ. ou **s**^le	succursale
sup.	supérieur

suppl.	supplément		**TVA**	taxe sur la valeur ajoutée
s. v.	sans valeur		**TVQ**	taxe sur les ventes du Québec
SVP ou **svp**	s'il vous plaît		**3º**	tertio
"	seconde d'angle			
2ᵈ, 2ᵈᵉ	second, seconde			

2ᵈ, 2ᵈᵉ second, seconde

2ᵈˢ, 2ᵈᵉˢ seconds, secondes

2º secundo

6º sexto

7º septimo

U, V

univ.	universel
univ.	université
UEC	unité d'éducation continue
UV	ultraviolet
V	volt
v.	verbe
v.	vers (poésie), verset
v.	vers (devant une date, équivalent de *circa*)
V. ou **v.**	voir
V. ou **vᵗᵉ**	vente
var.	variante, variable
v/c	votre compte
vg ou **v**	verge
v. g.	*verbi gratia* (exemple)
virᵗ	virement
VPC	vente par correspondance
V/Réf.	votre référence
vº	verso
vol.	volume
v.-p.	vice-président, vice-présidente
vx	vieux

T

t	tonne
t.	tome
T. ou **t.**	taxe
tél.	téléphone
tél. cell.	téléphone cellulaire
téléav.	téléavertisseur
téléc.	télécopie, télécopieur
term. a.	terminologue agréé ou agréée
terr.	territoire
t. féd. ou **t. f.**	taxe fédérale
t. prov. ou **t. p.**	taxe provinciale
TPS	taxe sur les produits et services
tr.	traité
trad.	traduction, traducteur, traductrice
trad. a.	traducteur agréé, traductrice agréée
trim.	trimestre
tr/s	tour par seconde
TSVP	Tournez, s'il vous plaît.
TTC ou **t. t. c.**	toutes taxes comprises
TU	temps universel

W, X

W	watt
W.	ouest[1]
×	signe de multiplication, sur
X…	inconnu, anonyme

---

1. Cette abréviation dite internationale n'est admise en français qu'en cas de risque de confusion entre l'abréviation **O.** et le zéro.

NOMS, ABRÉVIATIONS ET SYMBOLES OU CODES DES PROVINCES ET TERRITOIRES DU CANADA

NOM	ABRÉVIATION	SYMBOLE
Alberta (f.)	**Alb.**	**AB**
Colombie-Britannique (f.)	**C.-B.**	**BC**
Île-du-Prince-Édouard (f.)	**Î.-P.-É.**	**PE**
Manitoba (m.)	**Man.**	**MB**
Nouveau-Brunswick (m.)	**N.-B.**	**NB**
Nouvelle-Écosse (f.)	**N.-É.**	**NS**
Ontario (m.)	**Ont.**	**ON**
Québec (m.)	**Qc**	**QC**[1]
Saskatchewan (f.)	**Sask.**	**SK**
Terre-Neuve (f.)	**T.-N.**	**NF**
Territoire du Yukon[2] (m.)	**Yn**	**YT**
Territoires du Nord-Ouest[2]	**T. N.-O.**	**NT**
Nunavut (m.)	**—**	**NT**[3]

1. C'est bien *QC*, et non pas *PQ*, qui est le symbole de Québec. En effet, l'initiale du mot *province* n'entre dans aucun autre symbole de cette série. Quant à l'abréviation, c'est **Qc**, et non pas *Qué.*, qu'il faut retenir, selon l'avis de la Commission de toponymie, mais cette forme est d'un usage très rare et cède généralement la place au symbole **QC**.

2. Il n'y a pas de trait d'union entre **Territoire(s)** et **du**, car le mot *territoire* est un terme générique qui est conservé dans le nom officiel des territoires du Canada. Dans le nom officiel des provinces du Canada, au contraire, le mot *province* reste sous-entendu (*province de l'*Île-du-Prince-Édouard).

3. Le symbole de Nunavut est bien le même que celui de Territoires du Nord-Ouest : **NT**

ABRÉVIATIONS ET CODES
DES NOMS DE JOURS[1]

NOM	ABRÉVIATION COURANTE	ABRÉVIATION À UN CARACTÈRE	CODE
lundi	—	L.	LUN
mardi	—	M.	MAR
mercredi	mercr.	M.	MER
jeudi	—	J.	JEU
vendredi	vendr.	V.	VEN
samedi	sam.	S.	SAM
dimanche	dim.	D.	DIM

---

1. Les abréviations sont conformes aux règles usuelles de l'abréviation et ont un point abréviatif. Certains noms sont trop courts pour qu'on puisse les abréger de façon régulière. Les codes reprennent les premières lettres du nom et n'ont pas de point abréviatif.

ABRÉVIATIONS ET CODES
DES NOMS DE MOIS[1]

NOM	ABRÉVIATION COURANTE	CODE À UN CAR.	CODE À DEUX CAR.	CODE BILINGUE À DEUX CAR.	CODE À TROIS CAR.
janvier	janv.	J	JR	JA	JAN
février	févr.	F	FR	FE	FÉV
mars	—	M	MS	MR	MAR
avril	avr.	A	AL	AL	AVR
mai	—	M	MI	MA	MAI
juin	—	J	JN	JN	JUN
juillet	juill.	J	JT	JL	JUL
août	—	A	AT	AU	AOÛ
septembre	sept.	S	SE	SE	SEP
octobre	oct.	O	OE	OC	OCT
novembre	nov.	N	NE	NO	NOV
décembre	déc.	D	DE	DE	DÉC

---

1. Les abréviations courantes suivent les règles usuelles de l'abréviation. Les codes à un caractère reprennent la première lettre du nom. Les codes à deux caractères reprennent systématiquement la première et la dernière lettre du nom de mois en français ; les codes bilingues à deux caractères reprennent des lettres communes aux noms du mois en français et en anglais. Les codes à trois caractères reprennent les trois premières lettres du nom du mois, sauf pour juin et juillet, car ces lettres seraient les mêmes. Les codes n'ont pas de point abréviatif, mais les majuscules prennent en principe les accents.

NOMS DES ÉTATS DES ÉTATS-UNIS, ABRÉVIATIONS ET SYMBOLES OU CODES

NOM AMÉRICAIN	NOM FRANÇAIS	ABRÉVIATION AMÉRICAINE	SYMBOLE OU CODE
Alabama		Ala.	AL
Alaska			AK
Arizona		Ariz.	AZ
Arkansas		Ark.	AR
California	Californie	Calif.	CA
Colorado		Colo.	CO
Connecticut		Conn.	CT
Delaware		Del.	DE
District of Columbia	District de Columbia	D.C.	DC
Florida	Floride	Fla.	FL
Georgia	Géorgie	Ga.	GA
Hawaii			HI
Idaho			ID
Illinois		Ill.	IL
Indiana		Ind.	IN
Iowa			IA
Kansas		Kans.	KS
Kentucky		Ky.	KY
Louisiana	Louisiane		LA
Maine		Me.	ME
Maryland		Md.	MD
Massachusetts		Mass.	MA
Michigan		Mich.	MI
Minnesota		Minn.	MN
Mississippi		Miss.	MS
Missouri		Mo.	MO

NOM AMÉRICAIN	NOM FRANÇAIS	ABRÉVIATION AMÉRICAINE	SYMBOLE OU CODE
Montana		Mont.	MT
Nebraska		Nebr.	NE
Nevada		Nev.	NV
New Hampshire		N.H.	NH
New Jersey		N.J.	NJ
New Mexico	Nouveau-Mexique	N.Mex.	NM
New York		N.Y.	NY
North Carolina	Caroline du Nord	N.C.	NC
North Dakota	Dakota du Nord		ND
Ohio			OH
Oklahoma		Okla.	OK
Oregon		Ore.	OR
Pennsylvania	Pennsylvanie	Penn.	PA
Rhode Island		R.I.	RI
South Carolina	Caroline du Sud	S.C.	SC
South Dakota	Dakota du Sud		SD
Tennessee		Tenn.	TN
Texas		Tex.	TX
Utah			UT
Vermont		Vt.	VT
Virginia	Virginie	Va.	VA
Washington		Wash.	WA
West Virginia	Virginie-Occidentale	W.Va.	WV
Wisconsin		Wis.	WI
Wyoming		Wyo.	WY

LA PONCTUATION

La ponctuation est un système de signes conventionnels servant à indiquer les divisions d'un texte, à noter certains rapports syntaxiques (ce qu'on appelle la ponctuation grammaticale) ou certaines nuances affectives (ce qu'on appelle la ponctuation expressive) ; c'est aussi le fait, la manière d'utiliser ces signes.

■ SIGNES DE PONCTUATION

Les **signes de ponctuation** sont : le point (.) ; le point-virgule (;) ; le deux-points (:) ; les points de suspension (...) ; le point d'interrogation (?) ; le point d'exclamation (!) ; la virgule (,) ; les parenthèses ( ) ; les guillemets («», " ") ; les tirets (– –) et les crochets ([ ]). Certains autres signes remplissent également des fonctions typographiques : la barre oblique (/) ; la perluète ou esperluette (&) et l'astérisque (*), notamment.

Les signes de ponctuation ne doivent jamais être rejetés au début de la ligne suivante.

Voici quelques précisions sur l'emploi des signes de ponctuation et de certains signes annexes.

LE POINT

Le point indique la fin d'une phrase ; le point final se confond toutefois avec les points de suspension et le point abréviatif. On ne met généralement pas de point après un titre ou un sous-titre centré.

On ne met pas non plus de point après un nom propre, une dénomination sociale ou une signature, dans un en-tête de lettre, sur une carte professionnelle, une affiche, une enseigne, etc. En revanche, dans le cas de coordonnées écrites en continu (adresse, numéros de téléphone et de télécopie, etc., dans un en-tête de lettre par exemple), on peut séparer les diverses mentions ou séries de mentions par un point ou un point-virgule pour permettre de bien les distinguer (voir p. 37) ; c'est aussi le cas dans les références bibliographiques, où figurent notamment virgules et points.

Après un sous-titre non centré, le point est facultatif. Si un titre fait plus d'une ligne et comporte déjà une ponctuation forte (point, point d'interrogation, point d'exclamation), il faut un point final. On met aussi un point après un appel de note qui termine une phrase, même si l'appel de note suit un point abréviatif.

LE POINT-VIRGULE

Le point-virgule sépare les parties d'une phrase ; il tient à la fois du point et de la virgule. Plus précisément, on l'emploie soit pour séparer des propositions d'une certaine longueur comportant déjà des virgules, soit pour séparer deux propositions indépendantes, juxtaposées et étroitement unies par le sens. On l'emploie également à la fin des différents éléments d'une énumération, que ceux-ci fassent partie d'un même alinéa ou qu'ils soient présentés en alinéas séparés[1].

> **Cette lettre doit partir aujourd'hui, car le temps presse ; tout retard serait fâcheux et risquerait d'occasionner des frais supplémentaires.**

> **Les arguments invoqués furent les suivants :**
> **1) la situation financière et les ressources matérielles ;**
> **2) l'importance de la clientèle ;**
> **3) les succès de vente, les exportations et les commandes.**

LE DEUX-POINTS

Le deux-points[2] introduit un exemple, une citation, une énumération, un discours direct, une explication, une définition. On ne doit pas répéter le deux-points dans une même phrase, à moins que le second fasse partie d'une citation. Le deux-points est généralement suivi d'une minuscule. Dans un texte, on ne met de majuscule après le deux-points que dans le cas d'une citation complète entre guillemets et dans le cas où ce signe annonce plusieurs propositions complètes[3].

---

1. Pour la ponctuation après les éléments d'une énumération, voir p. 232.

2. Ce signe de ponctuation peut aussi s'appeler **les deux points** (ou **les deux-points**).

3. Voir aussi **Ponctuation devant et après les éléments d'une énumération**, p. 232, et **Majuscule ou minuscule dans les divisions et les énumérations**, p. 182.

Dans une lettre, la mention **Objet :** est suivie d'une majuscule, et, dans une note de service, les diverses mentions (**DESTINATAIRE :, DATE :,** etc.) comportent aussi un deux-points suivi d'une majuscule. Dans un formulaire, les têtes de rubriques ou de colonnes ne sont généralement pas suivies d'un deux-points. Cependant, si cette ponctuation s'avère nécessaire, il faut l'appliquer systématiquement. Dans les énumérations présentées verticalement, le deux-points est suivi soit d'une majuscule, soit d'une minuscule, selon le cas (voir p. 232).

> **Cette réunion confirme notre décision : il faut mettre l'accent sur un nouvel aspect du développement régional.**

> **Il lui répondit : « L'union fait la force ! »**

> **Certaines fournitures sont comprises : stylo, bloc de papier, trombones et correcteur.**

> *Dans une lettre :*
> **Objet : Réponse à une offre d'emploi**

> *Dans une note de service :*
> **DESTINATAIRE :   Le personnel du Service des communications**
> **DATE :   Le 16 janvier 2002**

> *Dans un formulaire :*

Référence	Désignation	Quantité	Prix

LES POINTS DE SUSPENSION

Les points de suspension vont toujours par trois, même derrière un point d'interrogation ou un point d'exclamation, mais le point abréviatif se confond avec eux. Ils indiquent le plus souvent que l'idée exprimée demeure incomplète, que la phrase est laissée en suspens. Placés entre crochets [...], ils indiquent une coupe qui a été effectuée dans un texte par une autre personne que l'auteur du texte. L'abréviation usuelle **etc.** ne doit pas être suivie par les points de suspension, car cela constituerait un pléonasme. Le point final de la phrase se confond avec eux.

> **Et alors ?... Plus rien !**

> **Vous avez vraiment renoncé à... ?**

> **Il ne savait plus que faire..., ni que dire...**

> **Vous pouvez toujours vous reporter au guide, p. 123 à 145 incl...**

LE POINT D'INTERROGATION

Le point d'interrogation termine les phrases interrogatives directes, mais pas les interrogations indirectes. Un mot seul, même s'il n'est pas interrogatif, peut aussi être suivi du point d'interrogation. Après un point d'interrogation, on emploie la majuscule si on considère que ce signe de ponctuation marque la fin de la phrase ; sinon, on emploie la minuscule.

> **Avez-vous bien reçu notre rapport ?**
> **Je me demande si nos clients ont bien reçu notre rapport.** (phrase interrogative indirecte)
>
> **Voulez-vous me faire l'honneur de présider notre cérémonie ?**
>
> **Allô ? Vous m'entendez ?**
> **Vous venez souvent ici ? en voiture ?**

Dans la correspondance notamment, on emploie parfois une formule interrogative qu'on qualifie d'oratoire ; il est préférable, dans ce cas aussi, de clore la phrase par un point d'interrogation.

> **Auriez-vous l'obligeance de transmettre ma demande à qui de droit ?**
>
> **Voudriez-vous transmettre mes meilleurs souvenirs au personnel qui m'a si aimablement accueilli ?**

LE POINT D'EXCLAMATION

Les emplois du point d'exclamation sont nombreux ; celui-ci s'emploie le plus souvent après un mot, une locution, une phrase exprimant un sentiment (joie, surprise, indignation, étonnement, ironie), ou après une interjection, une interpellation, un ordre. Après un point d'exclamation, on emploie la majuscule si on considère que ce signe de ponctuation marque la fin d'une phrase ; sinon, on emploie la minuscule.

> **Quelle nouvelle !**
>
> **Silence !**
>
> **Eh bien ! Vous voilà enfin !**
>
> **Allez-y ! et bonne chance !**

LA VIRGULE

La virgule indique une pause de courte durée, soit à l'intérieur d'une phrase pour isoler des propositions, soit à l'intérieur des propositions pour isoler certains de leurs éléments. Son emploi est parfois obligatoire, parfois facultatif ou subjectif, parfois interdit ; il faut cependant éviter autant la profusion des virgules, qui morcelle trop la phrase, que leur rareté, source d'ambiguïté. Voici, sur l'emploi de la virgule, quelques principes généraux et quelques cas particuliers.

La virgule s'emploie **entre les propositions ou les termes juxtaposés,** puisqu'il n'y a pas dans ce cas d'autres éléments qui séparent ces termes ou ces propositions.

> **Le présent ouvrage traite de la présentation de la lettre et de l'enveloppe, de l'emploi de la majuscule ainsi que de celui des signes de ponctuation.**

La virgule s'emploie **devant les propositions coordonnées** introduites par une conjonction de coordination telle que **mais** et **car**, à moins que ces propositions ne soient très brèves.

> **La réunion a eu lieu, mais elle a commencé en retard.**
> **Je vais vérifier ce point, car il me semble douteux.**

Par contre, on emploie rarement la virgule entre deux propositions coordonnées par **et**, **ou** ou **ou bien**, sauf s'il s'agit de sujets différents ou si la seconde proposition renforce la première, exprime une conséquence ou marque une opposition. On met cependant une virgule pour séparer deux membres de phrase ou deux propositions qui comprennent déjà la conjonction **et** ; l'usage est le même dans le cas de la conjonction **ou**. Lorsqu'il y a répétition de **et** devant des mots ou des groupes de mots, pour un effet stylistique, une virgule précède généralement ces conjonctions. Si la conjonction **ou** est répétée, la virgule est facultative ; s'il s'agit d'une alternative, on met une virgule.

> **M. Meilleur organise la campagne et il espère que les médias la couvriront.**
> (La conjonction *et* coordonne deux propositions qui ont le même sujet : pas de virgule.)
> **M. Meilleur organise la campagne, et les médias devraient la couvrir.**
> (La conjonction *et* coordonne deux propositions qui n'ont pas le même sujet : elle est précédée d'une virgule.)
>
> **Ce projet sera réalisé : nous en sommes certains, et nous ferons tout pour cela.** (La seconde proposition renforce la première : virgule devant *et.*)
> **Ce projet sera réalisé, et ce sera une réussite.** (La conjonction *et* coordonne deux sujets différents : elle est précédée d'une virgule.)
> **Ce projet sera réalisé cette année par notre équipe, ou il devra être confié à d'autres.** (La conjonction *ou* marque une opposition : elle est précédée d'une virgule.)

> **Nous avons bien reçu votre facture et la lettre qui l'accompagnait, et nous vous en remercions.** (La conjonction *et* coordonne deux propositions dont la première comprend déjà *et* : virgule devant le second *et*.)

> **L'information circule dans les deux sens, et de haut en bas, et de bas en haut.** (La répétition de *et* devant des groupes de mots a un effet stylistique : virgule devant les deux *et*.)

> **Il faudra commander un classeur ou une bibliothèque ou une armoire supplémentaire.** (La conjonction *ou* est répétée : virgule facultative.)

> **Le complément déterminatif, ou complément du nom, ou parfois complément de relation, n'est pas toujours facile à accorder.** (La conjonction *ou* est répétée : virgule facultative ; les éléments étant longs, il est toutefois préférable de les séparer par des virgules.)

> **Ou la présidente, ou le vice-président pourra s'adresser à l'assistance.** (Il s'agit d'une alternative : le second *ou* est précédé d'une virgule.)

L'expression **et ce** est généralement suivie d'une virgule ; une virgule la précède aussi, à moins bien sûr que **et ce** soit en tête de phrase. La virgule se met également devant **etc.**, et après lorsque cette locution ne termine pas la phrase.

> **L'opération s'est avérée un véritable succès commercial dans toutes les régions du Québec, et ce, malgré un budget publicitaire relativement réduit.**

> **La correspondance, les dossiers, la documentation, etc., doivent être reclassés d'urgence.**
> **Il est urgent de reclasser la correspondance, les dossiers, la documentation, etc.**

Il peut évidemment y avoir une virgule après la conjonction **et** lorsque le membre de phrase qui suit cette dernière est une incise ou un autre élément entre virgules. La conjonction **et**, de même que la conjonction **ou**, peut, dans certains contextes et selon le sens, faire partie d'une incise ; elle est alors précédée d'une virgule.

> **La demande a été faite dans les délais et, m'a-t-on assuré, elle a été examinée rapidement.**
> **La demande a été faite dans les délais et, fort heureusement, elle a été examinée rapidement.**

Il est possible, et même certain, que tout sera réglé demain.

Il est arrivé et, même ses adversaires en ont été déçus, il est reparti aussitôt. (La conjonction *et* coordonne deux propositions qui ont le même sujet : il n'est pas précédé d'une virgule ; la proposition incise est encadrée par des virgules.)

Le rapport a été remis à la ministre, et, ce qui n'a surpris personne, celle-ci a souhaité que ses recommandations fassent immédiatement l'objet d'un large débat. (La conjonction *et* coordonne des sujets différents et est suivie d'une incise : virgule avant et après *et*.)

Lorsque deux termes, deux groupes de mots sont précédés de la conjonction **ni**, on ne met en principe de virgule que si la longueur des éléments le justifie. Lorsqu'il y a plus de deux **ni**, on met des virgules (mais pas devant le premier **ni**).

Ce directeur général ne veut ni céder ni démissionner.

Ce directeur général ne veut ni procéder à une restructuration générale, ni élaborer un nouveau programme. (La longueur des éléments justifie la vigule devant le second *ni*.)

Ce n'est ni l'argent, ni les honneurs, ni le pouvoir qui la motive.

Avec les conjonctions **comme**, **ainsi que** et **de même que**, deux cas peuvent se présenter : si l'idée dominante est la coordination, ce qui équivaut à **et**, on ne met pas de virgules ; si l'idée dominante est la comparaison, on isole le membre de phrase par des virgules.

Le microordinateur ainsi que le télécopieur sont des appareils fort utiles.

Le microordinateur, ainsi que le télécopieur, est un appareil fort utile.

On emploie la virgule **devant les propositions subordonnées circonstancielles** introduites par **quoique, puisque, bien que, alors que, de sorte que, même si, tandis que**, etc., à moins qu'il ne s'agisse de propositions très brèves, absolument nécessaires au sens. On ne met cependant pas de virgule devant une subordonnée complément d'objet.

Je vous suggère de lire cet article, bien qu'il n'aborde pas la question d'un point de vue très original.

La couverture mentionnait bien qu'il s'agissait de la version définitive. (Il ne s'agit pas ici de la locution *bien que*, mais de l'adverbe *bien* suivi de la conjonction *que* introduisant une subordonnée complément.)

L'emploi de la virgule est moins fréquent **devant les propositions circonstancielles** introduites par **afin que** et **parce que**. Dans ce cas, c'est l'équilibre et le
sens de la phrase qui servent de guide.

> **Je vous transmets cette commande afin que vous y donniez suite.**
>
> **Je vous transmets la commande que j'ai reçue hier, afin que vous y
> donniez suite.**

On emploie la virgule **devant les propositions relatives explicatives** (ou qualifi-
catives, ou non déterminatives), c'est-à-dire celles qui ne sont pas indispensables
au sens de la phrase, qui ne limitent pas le sens de l'antécédent. De fait, les
relatives explicatives sont généralement des incises, écrites entre deux virgules.
On n'emploie pas de virgule devant les propositions relatives déterminatives, qui
sont indispensables au sens de la phrase.

> **Ces nouvelles disquettes, que nous venons de recevoir, sont supérieures
> aux autres.** (relative explicative)
>
> **Les disquettes que nous venons de recevoir sont inutilisables.** (relative
> déterminative)

En principe, on doit mettre une virgule devant **qui** si son antécédent n'est pas le
mot qui le précède immédiatement.

> **Nous vous faisons parvenir une copie du document, qui n'est malheureu-
> sement pas très nette.**
>
> **Nous soumettrons ce cas au père de l'élève, qui prendra la décision.**

La virgule s'emploie **après les compléments circonstanciels** de temps, de but, de
manière, de lieu, etc., qui se trouvent en tête de phrase, sauf lorsqu'ils sont très
courts. On ne met cependant pas de virgule **après le complément indirect** ou
déterminatif en inversion et on ne sépare pas par une virgule le verbe du complément d'objet, direct ou indirect.

> **Dans la signalisation routière québécoise, le mot *boulevard* s'abrège en
> *boul.***
>
> **Au personnel technique il est demandé de participer activement à ce pro-
> gramme.** (complément d'objet indirect en inversion)
>
> **Le personnel a reçu de la Direction des ressources humaines tous les ren-
> seignements utiles.** (complément d'objet indirect et complément d'objet direct)

Il n'y a pas de virgule **entre le sujet et le verbe**, ni même entre le dernier des
sujets juxtaposés et le verbe, sauf bien sûr dans le cas où, devant le verbe, est
placée une incise ou inséré un autre membre de phrase.

Le dernier rapport d'activité de l'entreprise en question est fort intéressant.

La lettre que nous avons reçue hier a répondu à nos interrogations.

Les lettres, les notes et les rapports seront tous reclassés.
Les lettres, les notes, les rapports seront tous reclassés.

Les lettres, les notes et les rapports, à commencer par les rapports mensuels, seront tous reclassés. (incise devant le verbe)

On emploie fréquemment la virgule après les locutions **par conséquent, par exemple, en effet, en l'occurrence**, etc., placées en tête de phrase. À l'intérieur d'une phrase, ces locutions peuvent aussi être encadrées de virgules.

En l'occurrence, la méthode à adopter est la suivante.
La méthode à adopter est en l'occurrence la suivante.
La méthode à adopter est, en l'occurrence, la suivante.

Les locutions **d'une part** et **d'autre part**, ou **d'une part** et **de l'autre**, sont souvent suivies d'une virgule si elles sont en tête de phrase ou de proposition. Dans les autres cas, la virgule est facultative.

D'une part, la conjoncture est favorable, d'autre part, nous disposons des ressources nécessaires.
Ce candidat possède les qualités recherchées d'une part et l'expérience pertinente de l'autre.

Après les adverbes et locutions **à peine, ainsi, aussi, du moins, en vain, peut-être, à plus forte raison, sans doute**, etc., en tête de phrase, on ne met pas de virgule s'il y a inversion du sujet, mais on en met souvent une si on ne fait pas l'inversion du sujet.

Aussi le rapport a-t-il été accueilli favorablement...
Aussi a-t-il été accueilli favorablement...
Aussi, le rapport a été accueilli favorablement...

On encadre de deux virgules les **incises** et les mots mis en **apostrophe** ou en **apposition** à moins bien sûr qu'ils ne terminent la phrase. Les propositions complétives (à fonction de complément d'objet direct), introduites par **que**, ne sont ni précédées ni suivies d'une virgule. Quand un complément circonstanciel ou un adverbe est précédé d'un **mot élidé**, les deux virgules sont supprimées.

La raison, vous le savez, est surtout financière. (incise)
Vous savez bien que, comme les journalistes l'ont écrit, sa nomination est imminente. (incise)

> **Vous savez bien qu'en annonçant sa nomination imminente les journaux ne se trompent pas.** (complétive et mot élidé)

> **Veuillez agréer, Madame, mes salutations distinguées.** (apostrophe)

> **Le ministre de l'Environnement, M. Jean Levert, a donné une conférence de presse.** (apposition)

> **De nombreux journalistes ont assisté à la conférence de presse de M. Jean Levert, ministre de l'Environnement.** (apposition)

> **Je précise bien que, en cas de contestation, c'est la version française qui prime.** (pas d'élision, complément inséré)

> **Je précise bien qu'en cas de contestation c'est la version française qui prime.** (complément précédé d'un mot élidé)

Il est d'usage de substituer une virgule à tout mot sous-entendu. Il s'agit le plus souvent d'une ellipse du verbe.

> **Les chefs de service sont convoqués à 10 h ; les chefs de division, à 11 h.**

LES PARENTHÈSES

Les parenthèses permettent d'intercaler dans la phrase un élément, une explication, un exemple qu'on ne juge pas indispensable au sens et dont on ne veut pas faire une phrase distincte. On ne met jamais de virgule ni de point-virgule devant la parenthèse ouvrante (ou première parenthèse), mais tout signe de ponctuation est possible après la parenthèse fermante (ou deuxième parenthèse). Le texte entre parenthèses peut avoir sa propre ponctuation, indépendante de celle du reste du texte, et il n'influe pas sur les accords en dehors des parenthèses. L'abus des parenthèses indique toutefois que le texte est mal composé.

> **Le générique d'une dénomination sociale peut désigner, entre autres, le service offert par l'entreprise (exemples : assurance, placement de personnel, publicité).**

> **Dans une dénomination sociale, seule la première lettre du générique et la première lettre du spécifique sont des majuscules. (Évidemment, les mots qui prennent normalement la majuscule la conservent.)**

> **Les ouvrages de référence (encyclopédies, dictionnaires, grammaires, codes typographiques, etc.) sont indispensables à tout travail de rédaction.**

Les parenthèses peuvent aussi servir à indiquer deux possibilités ou le choix entre deux lectures possibles (parenthèse d'alternative). Cette façon d'écrire est parfois difficile à lire, et il vaut mieux s'en abstenir dans les textes suivis et même dans les formulaires. Pour indiquer le choix entre le singulier et le pluriel, on peut coordonner l'article singulier et l'article pluriel, et écrire le nom au pluriel, ou opter pour le pluriel uniquement, car il inclut le singulier. Les parenthèses sont aussi déconseillées comme procédé de féminisation (voir p. 340).

> **des après-ski(s)**
> **l'État(-)providence**
> **le prix du (des) bureau(x) qui sera (seront) commandé(s)...**
> **Le ou les livres demandés sont arrivés** ou **Les livres demandés sont arrivés** (de préférence à *Le(s) livre(s) demandé(s) est (sont) arrivé(s)...*)
> **Les personnes qui désirent...** (de préférence à *La (les) personne(s) qui désire(nt)...*)

LES GUILLEMETS

Le premier guillemet s'appelle **guillemet ouvrant** et le deuxième, **guillemet fermant**. Dans un texte en français, on doit utiliser les guillemets français, en forme de chevrons (« »). Si on doit guillemeter un élément à l'intérieur d'un passage déjà entre guillemets, on utilise alors les guillemets anglais (" ").

On emploie les guillemets pour encadrer une citation, une définition, pour mettre en évidence un mot ou un groupe de mots étrangers, pour signaler un écart orthographique ou grammatical, ou encore pour indiquer qu'on émet des réserves sur l'emploi d'un mot. Les guillemets peuvent, comme le soulignement, remplacer l'italique dans certains cas : titres d'œuvres, formes critiquées, mots étrangers, notamment[1].

> **Au sens de « prospectus, dépliant », le mot *pamphlet* est un anglicisme.**

> **Le journaliste avait dit « aréoport » !**

> **« Le français au bureau » est un succès de librairie.**

Il existe différents types de citations, selon lesquels l'usage des guillemets varie ; quant à la ponctuation, il faut distinguer celle qui appartient à la citation de celle qui appartient au texte général. Voici quelques cas de citations guillemetées.

Lorsqu'on ne cite qu'**un mot** ou qu'**une expression** qui ne comporte pas de signe de ponctuation, la seule ponctuation se place après le guillemet fermant. Si la citation guillemetée comporte un point d'interrogation ou d'exclamation, la phrase conserve généralement sa ponctuation normale après le guillemet

---

1. Pour un traitement plus complet de la mise en relief des mots, voir aussi p. 249.

fermant. En principe, on place hors des guillemets l'article, l'adjectif possessif ou l'adjectif démonstratif qui précède une expression ou un mot seul. Toutefois, lorsqu'on cite un surnom ou un sobriquet, l'article qui fait partie du surnom est inclus dans les guillemets.

> **Il ponctuait son discours de multiples « n'est-ce pas ? ».**

> **A-t-elle vraiment parlé à ce sujet de « priorité des priorités » ?**

> **On n'en a pas fini avec l'« excellence » et la « qualité totale ».**

> **Ses collègues l'appellent « le prince de la virgule ».**

Lorsque le début d'une citation est fondu dans le texte, mais qu'elle se termine par une phrase complète, le point final est mis à l'extérieur des guillemets.

> **Il importe, selon elle, de « réexaminer le projet. C'est ce qu'indique l'étude de faisabilité ».**

Lorsqu'on cite **une phrase complète** qui commence par une majuscule et est annoncée par le deux-points, le signe de ponctuation final de la phrase citée, qui se place avant le guillemet fermant, termine aussi le texte à l'intérieur duquel se trouve la citation. On n'ajoute donc pas un nouveau point après la citation, même si celle-ci a plusieurs lignes[1]. Si une phrase commence par une citation qui est elle-même une phrase complète, la phrase peut se poursuivre sans autre ponctuation après le guillemet fermant.

> **La recherche vérifie l'hypothèse suivante : « La lecture influe favorablement sur les résultats scolaires des élèves. » Elle ne traite cependant pas de...**

> **Et je cite la fin de son discours : « Ce projet est-il vraiment réalisable ? » L'assistance est restée muette pendant un instant.**

> **« Que voulez-vous encore ? » demanda-t-il, excédé.**

Lorsque le passage qu'on cite est une proposition amenée par **que** ou **qu'**, les guillemets se placent après ce mot.

> **Ce formulaire atteste que « les renseignements fournis par le signataire sont exacts ».**

---

1. Contrairement à cet usage typographique fondé notamment sur l'économie des signes de ponctuation, certains auteurs préconisent de garder son point final à la phrase qui introduit la citation, respectant ainsi une certaine logique et la notion historique de « période », c'est-à-dire de phrase longue et complexe.

Lorsqu'une incise brève interrompt une citation, cette dernière n'est pas coupée par d'autres guillemets.

> **«Il ne nous reste plus, ajouta le secrétaire, qu'à transmettre le dossier aux autorités compétentes.»**

Lorsqu'une citation contient une autre citation, cette dernière est encadrée de guillemets anglais (" "). Pour une citation à l'intérieur de la deuxième citation, on emploie les guillemets allemands (' ').

> **Le président a clos la séance par ces mots : «Je vous dis à tous et à toutes "bonnes vacances !" et j'espère vous retrouver bien reposés à la rentrée.»**

Lorsqu'une citation se poursuit sur plusieurs alinéas, on met un guillemet fermant (dit «guillemet de suite») au début de chaque alinéa. Toutefois, certains codes préconisent plutôt dans ce cas un guillemet ouvrant.

.... :
    « ....
....
    » (ou «)...
....
....
    » (ou «)...
.... »

Enfin, le guillemet fermant peut servir à indiquer la répétition dans un tableau, une facture, un catalogue, etc.[1]

LE TIRET (COURT OU LONG)

Les tirets indiquent, dans les dialogues, le changement d'interlocuteur.

Le tiret unique peut servir à mettre en relief la conclusion d'une démonstration, mais il est surtout employé pour indiquer la nullité, dans un tableau, une facture, un catalogue, etc.[1] Il peut aussi servir à séparer certains éléments graphiques, dans des titres, des subdivisions, des énumérations, etc. Il équivaut également à un grand trait d'union dans les toponymes surcomposés, c'est-à-dire comprenant un élément déjà composé ; dans ce cas, comme le trait d'union, il n'est ni précédé ni suivi d'espacement (par exemple Mauricie–Bois-Francs), selon les règles de la Commission de toponymie.

---

1. Dans l'usage nord-américain, le guillemet indique en effet la répétition et le tiret indique la nullité. Dans l'usage français, c'est l'inverse. Il en résulte parfois une certaine ambiguïté. Pour indiquer la nullité, on peut préférer le zéro ou les mots **néant, rien** ou **non déterminé (n. d.)**, et, pour la répétition, on peut reproduire les données ou écrire le mot **idem**.

Les tirets doubles servent à isoler ou à mettre en valeur une incise ou un complément inséré (mot, groupe de mots, court passage), notamment quand la
phrase contient déjà plusieurs virgules. Ils peuvent aussi remplacer les crochets
pour faire ressortir un passage à l'intérieur d'un texte déjà entre parenthèses. Si
le groupe de mots ou le passage qu'on veut mettre ainsi en valeur termine la
phrase, le second tiret disparaît au profit du point (point d'interrogation, point
d'exclamation, deux-points également). En principe, on ne met pas de virgule
avec les tirets.

> **Voici donc – et ce n'est qu'un début – la liste du matériel nécessaire.**

> **Voici donc la liste du matériel nécessaire – et ce n'est qu'un début :
> classeur…**

___

LES CROCHETS

L'emploi des crochets se rapproche de celui des parenthèses. Ils marquent plus
particulièrement, dans un texte donné, des interventions dues à une autre personne que l'auteur du texte en question (coupures notamment). Ils servent aussi
à isoler un élément à l'intérieur d'un texte déjà entre parenthèses. On emploie
les crochets pour indiquer la prononciation d'un mot ; des points de suspension
entre crochets indiquent la troncation d'une citation.

> Dans un texte traduit :
> **Il s'agit bien de *laisser-faire* [en français dans le texte].**

> **Des précisions supplémentaires vous sont fournies dans la documentation
> ci-jointe (voir surtout le catalogue et ses suppléments [1994 et 1995]).**

> **« La virgule est le signe de ponctuation qui exprime le plus la subtilité, la
> finesse d'esprit, l'acuité de l'intelligence, [...] elle marque une pause de
> faible durée à l'intérieur d'une phrase. » (Jean-Pierre Colignon, *Un point,
> c'est tout !*)**

___

LA BARRE OBLIQUE

La barre oblique, également appelée *oblique, trait oblique, barre transversale* ou
barre de fraction, a de multiples usages.

Elle sert de symbole de division dans l'expression d'une fraction ou d'un rapport.

> **¼ ou 1/4**
> **km/h**
> **une carte au 1/20 000**

On l'emploie dans certaines abréviations ou mentions conventionnelles : pour faire état des références, pour séparer les initiales d'identification, pour indiquer qu'on doit tourner une page, etc.

> **N/Réf.**
> **HLC/cp**
> **.../...**
> **a/s de**

La barre oblique marque également une relation ou une opposition entre deux éléments, dans divers domaines spécialisés. (En effet, la barre oblique oppose, à la différence du trait d'union qui, comme son nom l'indique, lie deux éléments ou indique une multiplication, comme dans *année-personne*.)

> **l'alternance travail/loisirs**
> **ouvert/fermé**
> **le doublet écouter/ausculter**

On peut employer la barre oblique pour préciser, si besoin est, l'ordre des pages d'un document par rapport au nombre total de pages de ce document.

> **2/8, 3/8, 4/8... 8/8** (c'est-à-dire deuxième page d'un document qui en compte huit, troisième page d'un document qui en compte huit, etc.)

On ne doit cependant pas employer la barre oblique pour indiquer un féminin, ni pour séparer les éléments d'une date, pas plus que dans les toponymes surcomposés (voir aussi p. 165).

> **Saguenay–Lac-Saint-Jean** (et non pas *Saguenay/Lac-Saint-Jean*)

LA PERLUÈTE

La perluète (ou *perluette, esperluette, esperluète, éperluète*, ou encore *et commercial*) est essentiellement employée dans les raisons sociales pour lier des patronymes, des prénoms ou des initiales, ou dans des expressions comme & Fils, & Associés, & Cie. Elle représente le mot *et*, mais ne doit pas remplacer cette conjonction entre deux noms communs, qu'ils soient écrits en majuscules ou en minuscules.

> **Agence de publicité Allaire & Bédard**
> **P. Girard & Filles**
> **Vêtements et articles de sport Olympe**

———

L'ASTÉRISQUE

L'astérisque (nom masculin) indique généralement un renvoi. Il peut s'employer après un mot comme appel de note de préférence aux chiffres quand ceux-ci risquent de créer une confusion, dans les ouvrages scientifiques, les tableaux, etc. Dans ce cas, il peut être simple, double ou triple. Par ailleurs, dans certains ouvrages spécialisés comme les dictionnaires, il s'emploie devant un mot pour indiquer que le **h** initial est aspiré (ce qui peut aussi être une fonction de l'apostrophe) ou après un mot pour renvoyer à une entrée.

> **... est inférieur à 1000*** (appel de note)
>
> ***harcèlement** (h aspiré)
>
> **Solder* un compte** (voir ce mot)

■ PONCTUATION DEVANT ET APRÈS LES ÉLÉMENTS D'UNE ÉNUMÉRATION

Devant les éléments d'une énumération, on peut utiliser des signes typographiques comme les tirets, des gros points ronds ou carrés, des losanges, des chiffres ou des lettres minuscules italiques : 1), 2), 3)..., 1º, 2º, 3º..., *a*), *b*), *c*)...[1].

On fait toujours suivre du deux-points la proposition principale ou le membre de phrase qui introduit les éléments d'une énumération.

En principe, on met un point-virgule après chacun des éléments complémentaires, quelle que soit la ponctuation interne, et un point après le dernier élément. Si les éléments de l'énumération ne forment qu'un seul alinéa au lieu d'être disposés verticalement, on utilise aussi un point-virgule. Le point-virgule s'impose si l'un des éléments de l'énumération comporte déjà des virgules. Toutefois, si la phrase continue après l'énumération, le dernier paragraphe de celle-ci peut se terminer par une virgule.

Par ailleurs, au lieu d'un point-virgule, on se sert parfois : 1º d'une virgule si les éléments de l'énumération sont très courts ou dans le cas d'une subdivision ; 2º d'un point si chaque élément de l'énumération constitue une phrase.

Les éléments de l'énumération commencent généralement par une minuscule. Toutefois, lorsque ces éléments sont précédés de chiffres arabes ou de minuscules suivis d'une parenthèse, ils peuvent commencer soit par une minuscule soit

———

1. Voir aussi les règles de division des textes, p. 245.

par une majuscule. En outre, la majuscule s'impose dans les textes dont les subdivisions sont suivies d'un point ou d'un point et d'un tiret (I., A., 1., a., I. –, A. –, 1. –, etc.)[1].

Il est indispensable que chaque élément puisse se lire à la suite de la principale sans qu'il y ait rupture logique ni grammaticale.

> **Le présent ouvrage traite des points suivants :**
> **1° signes de ponctuation et coupure des mots ;**
> **2° emploi des majuscules :**
> **– majuscules de position,**
> **– majuscules de signification ;**
> **3° usage des abréviations, des sigles et des symboles.**

> **Le présent ouvrage traite des points suivants :**
> **– signes de ponctuation,**
> **– majuscules,**
> **– abréviations.**

> **Le présent ouvrage traite des points suivants : 1° signes de ponctuation ; 2° majuscules ; 3° abréviations.**

Dans certains documents publicitaires (dépliants, prospectus, etc.), on peut adopter une présentation plus libre lorsque les points énumérés ne font pas partie d'une phrase. La ponctuation est alors facultative, et le plus souvent omise, sur le modèle des titres.

> **Services linguistiques**
> • **Traduction**
> • **Adaptation**
> • **Rédaction**
> • **Révision**

Dans les questionnaires, il arrive que la première partie de la phrase introduise les divers éléments qui complètent l'interrogation. On peut alors mettre un point d'interrogation après chacun de ces éléments, qui constituent autant de fins de phrase.

> **Ce nouvel appareil vous sert-il surtout à :**
> *a*) **tenir votre comptabilité ?**
> *b*) **faire votre correspondance ?**
> *c*) **suivre l'avancement des travaux ?**

---

1. Voir aussi le point **Majuscule ou minuscule dans les divisions et les énumérations**, p. 182, et **La division des textes**, p. 245.

Si les éléments sont courts et qu'ils ne sont pas des propositions, c'est-à-dire qu'ils ne comprennent pas de verbes, on ne met le point d'interrogation qu'à la fin du dernier élément.

> **Quelles sont les qualités essentielles**
> **1) des chefs d'équipe,**
> **2) des gestionnaires,**
> **3) des spécialistes ?**

■ PONCTUATION ET APPELS DE NOTE

Les appels de note prennent le plus souvent la forme de chiffres supérieurs sans parenthèses. Ce sont les renvois les plus simples et les plus discrets. Il faut toutefois veiller à ce qu'il n'y ait pas de confusion possible avec les exposants, dans les textes techniques ou scientifiques notamment ; il est alors conseillé d'utiliser l'astérisque, successivement simple, double et triple (voir p. 232).

L'appel de note se place immédiatement après le mot ou le groupe de mots auquel il se rapporte, dont il n'est pas séparé par un espacement. Il précède donc toujours le signe de ponctuation. En fin de phrase, il est suivi du point final, même s'il suit un point abréviatif. En fin de citation, il se place avant le guillemet fermant.

> **Les majuscules doivent être accentuées[1].**
> **... les noms d'États, de provinces, de territoires, etc.[2].**
> **C'est ce qu'on appelle un «toponyme administratif[1]».**
> **Sa maxime préférée était : « Vingt fois sur le métier remettez votre ouvrage[2]. » Ce vers de Boileau...**
> **Le terrain mesurait 100 m** de long.** (et non *100 m^2*)

■ SIGNES DE PONCTUATION ET ESPACEMENT

Les codes typographiques indiquent l'espacement qui accompagne les divers signes de ponctuation. Ces indications s'appliquent avant tout et intégralement aux textes composés traditionnellement, par photocomposition ou par éditique ; elles prescrivent des espacements appelés, en typographie, espaces fines, moyennes et fortes, espaces-mots, espaces justifiantes, quarts de cadratin, demi-cadratins, etc.[1]. Malheureusement, peu de codes prévoient des adaptations pour les textes

---

1. Le mot **espace** est traditionnellement du genre féminin en typographie. Dans la langue générale, au sens de «mesure de ce qui sépare deux points, deux objets», donc aussi bien deux lettres ou deux mots, on emploie **espace** au masculin. On peut aussi employer dans ce sens **blanc** ou **espacement**.

dactylographiés et pour ceux qui sont produits par traitement de texte. De plus, les codes typographiques qui traitent occasionnellement de ces cas ne s'entendent pas toujours.

Au bureau, il faut donc essayer d'adopter un usage qui s'inspire des codes typographiques, mais qui tient compte des possibilités typographiques encore relativement limitées qu'offrent les logiciels de traitement de texte courants (à la différence des logiciels d'éditique et des logiciels professionnels de mise en page, qui permettent notamment les espaces fines). Dans le tableau qui suit, on remarque par exemple que les espaces fines typographiques sont généralement supprimées et équivalent à une absence d'espacement (c'est le cas pour le point-virgule, le point d'exclamation et le point d'interrogation) ; toute autre espace est rendue par un espacement fixe.

Pour des publications soignées, on s'en remettra évidemment aux codes typographiques classiques et à leurs règles plus nuancées, auxquelles se conforment les maisons d'édition.

ESPACEMENT AVANT ET APRÈS LES PRINCIPAUX SIGNES DE PONCTUATION ET D'AUTRES SIGNES OU SYMBOLES COURANTS

AVANT	SIGNE	APRÈS
pas d'espacement	*(Dans les textes)* **VIRGULE** $\boxed{,}$ **Les microordinateurs, les photocopieurs, les télécopieurs...**	un espacement
pas d'espacement	*(Dans les nombres)* **VIRGULE** $\boxed{,}$ **1,5 million** **12 535,75 $**	pas d'espacement
pas d'espacement	**POINT** $\boxed{.}$ **La télécopie est maintenant devenue indispensable. Cette technique...**	un espacement[1]
un espacement[2]	**DEUX-POINTS** $\boxed{:}$ **Les étapes sont les suivantes : planification, répartition...**	un espacement
pas d'espacement	**POINT-VIRGULE** $\boxed{;}$ **L'essentiel est résolu; il ne reste plus qu'à...**	un espacement

1. Après le point, le point d'exclamation et le point d'interrogation, un seul espacement suffit, et tous les codes typographiques s'entendent sur ce fait. L'usage dactylographique nord-américain, qui préconise deux espacements, ne se justifie guère, mais il demeure admis. Il présente cependant l'inconvénient de créer de grands blancs dans certains textes justifiés et de faire commencer des lignes par un espacement.

2. Même après une abréviation qui se termine par un point (Tél. : 873-1234). Pour éviter que le deux-points ne se trouve placé au début d'une ligne, il faut le faire précéder d'un espacement insécable. Il en va de même pour le guillemet fermant. Quant au guillemet ouvrant, il doit être suivi d'un espacement insécable.

AVANT	SIGNE	APRÈS
pas d'espacement	**POINT D'EXCLAMATION** [!] **Félicitations! Nous sommes fiers de votre succès!**	un espacement[1]
pas d'espacement	**POINT D'INTERROGATION** [?] **Pourriez-vous m'en faire parvenir deux exemplaires? J'en ferai bon usage.**	un espacement[1]
—	*(En début de phrase ou remplaçant le début d'un texte)* **POINTS DE SUSPENSION** [...] **... Cette énumération n'est sûrement pas exhaustive.**	un espacement
pas d'espacement	*(Au milieu ou à la fin d'une phrase)* **POINTS DE SUSPENSION** [...] **Inutile d'en dire plus... Je sais que vous avez compris.**	un espacement
pas d'espacement	**TRAIT D'UNION** [-] **L'Abitibi-Témiscamingue est la région administrative n° 8.**	pas d'espacement
un espacement	**TIRET** [–] **Tout le monde dit – mais je n'en crois rien – que ce sera fait demain.**	un espacement[2]

---

1. Voir note relative au point.

2. L'usage en matière d'espacement est différent dans les toponymes surcomposés ; voir p. 229.

AVANT	SIGNE	APRÈS
pas d'espacement	**BARRE OBLIQUE** / N/Réf. et V/Réf. sont des abréviations conventionnelles.	pas d'espacement
un espacement	**PARENTHÈSE OUVRANTE** (Les ouvrages de référence (encyclopédies, dictionnaires…	pas d'espacement
pas d'espacement	**PARENTHÈSE FERMANTE**) … grammaires, codes typographiques, etc.) sont indispensables.	un espacement[1]
un espacement	**CROCHET OUVRANT** [	pas d'espacement
pas d'espacement	**CROCHET FERMANT**] Dans le cas de REER, il faut éviter la prononciation [rir].	un espacement[1]
un espacement	**GUILLEMET OUVRANT** « Le texte précise bien que «tout le personnel…	un espacement[2]

1. Il n'y a pas d'espacement entre la parenthèse fermante, le crochet fermant ou le guillemet fermant et la ponctuation qui suit (sauf si c'est un tiret ou un deux-points).

2. La tradition dactylographique qui voulait qu'on ne laisse pas d'espacement à l'intérieur des guillemets (c'est-à-dire après le guillemet ouvrant et avant le guillemet fermant) était fondée sur l'emploi des guillemets anglais. Ces guillemets sont de plus en plus remplacés, à juste titre, par les guillemets français, qui, eux, demandent des espacements (espaces-mots), conformément à l'usage typographique général. Il n'y a pas d'espacement entre l'apostrophe et le guillemet ouvrant:

   Le code typographique précise qu'«il n'y a pas d'espace entre l'apostrophe et le guillemet ouvrant».

   De plus, pour éviter que le guillemet ouvrant ne se retrouve placé à la fin d'une ligne, il doit être suivi d'un espacement insécable.

AVANT	SIGNE	APRÈS
un espacement	**GUILLEMET FERMANT** `»` … est visé par cette mesure », et que celle-ci prend effet immédiatement.	un espacement[1]
un espacement	**GUILLEMETS ANGLAIS** `" "` pas d'espacement à l'intérieur de ces guillemets Le texte précise que « tout le personnel "staff" est visé par…	un espacement
pas d'espacement	**APOSTROPHE** `,` J'ai l'honneur de vous remettre l'insigne… Il ne s'agit pas d'« huile à chauffage ».	pas d'espacement[2]
un espacement	*(Placé avant le mot auquel il se rapporte)* **ASTÉRISQUE** `*` Les mots *handicap et *haricot commencent par un *h* aspiré.	pas d'espacement
pas d'espacement	*(Placé après le mot auquel il se rapporte)* **ASTÉRISQUE** `*` Son emploi est traité sous ponctuation* et sous astérisque*.	un espacement
un espacement	**POUR CENT** `%` des augmentations respectives de 8 % et de 7,25 %	un espacement

---

1. Voir note 1, page 238. De plus, pour éviter que le guillemet fermant ne se retrouve placé au début d'une ligne, il doit être précédé d'un espacement insécable.

2. Il n'y a pas d'espacement entre l'apostrophe et le guillemet ouvrant (voir exemple page précédente).

AVANT	SIGNE	APRÈS
un espacement	**UNITÉ MONÉTAIRE** $\boxed{\$}$ $\boxed{\text{M\$}}$ $\boxed{\$ \text{ CA}}$ $\boxed{\$ \text{ US}}$ $\boxed{¢}$ $\boxed{\text{F}}$ $\boxed{\text{FF}}$ 25,75 $ CA 10 ¢	un espacement[1]
un espacement	**SYMBOLE SI OU AUTRE** $\boxed{\text{kg}}$ $\boxed{\text{s}}$ $\boxed{\text{cm}}$ $\boxed{\text{A}}$ $\boxed{\text{l}}$ $\boxed{\text{h}}$ 58 kg 14 h 30 1,5 l	un espacement[2]
un espacement	**SIGNE ARITHMÉTIQUE** $\boxed{+}$ $\boxed{-}$ $\boxed{\times}$ $\boxed{:}$ $\boxed{=}$ $12 \times 12 = 144$	un espacement

---

1. Voir aussi p. 201.
2. Voir aussi p. 194.

LA COUPURE DES MOTS
EN FIN DE LIGNE

La coupure (ou division) des mots doit être évitée dans les titres, dans l'affichage, dans les en-têtes de lettres, et notamment dans les appellations d'organismes et de sociétés (voir aussi p. 36). Elle doit également être évitée autant que possible dans un texte soigné, mais certaines coupures sont indispensables, dans les lignes courtes et les colonnes notamment ; on doit toutefois éviter de terminer par un mot divisé plus de trois lignes consécutives. Il faut également respecter certaines règles pour la coupure des mots ; voici les plus usuelles, sur lesquelles les codes typographiques ne sont cependant pas unanimes.

En général, on divise les mots simples par syllabes, selon la prononciation, mais on doit aussi tenir compte de l'étymologie. La division peut se faire soit entre deux consonnes (semblables ou non), soit entre une voyelle et une consonne, soit entre une consonne et une voyelle, soit encore entre deux voyelles à condition que la division suive un préfixe. Noter que, dans les exemples qui suivent, le signe [indique une coupure possible.

cou[pure

com[mis[sion

ren[sei[gne[ment

sco[la[ri[té

pré[en[col[lage (*pré* est un préfixe)

extra[or[di[naire (*extra* est un préfixe)

co[opé[ra[tive (*co* est un préfixe)

anti[acide

inter[urbain

atmo[sphère

per[spec[tive (selon l'étymologie)

pers[pec[tive (selon la prononciation)

chlor[hy[drique (selon l'étymologie)

chlo[rhy[drique (selon la prononciation)

Les mots composés qui ne comportent pas de trait d'union se divisent entre leurs composants ; ceux qui comportent un trait d'union ne se divisent qu'après celui-ci. Lorsqu'un groupe de mots comprend plusieurs traits d'union, on le divise après le premier trait d'union. On peut couper avant un *t* euphonique, mais pas après, pour ne pas nuire à la prononciation, ni en principe non plus après le *t* ou le *s* sonore d'un verbe devant un pronom personnel, malgré la présence du trait d'union. On évite aussi de diviser avant les pronoms **en** ou **y** les verbes comprenant un *s* euphonique.

> **pomme[de[terre**
> **lave-[vaisselle** (et non pas *lave-vais-selle*)
> **c'est-[à-dire** ou **c'est-à-[dire**
> **va-[t-on**
> **répon[dit-il**
> **sou[tient-elle**
> **achètes-en**
> **sèmes-en**
> **vas-y**

Il faut éviter de diviser un mot de moins de quatre lettres ou un mot abrégé, de ne conserver en fin de ligne qu'une seule lettre ou une syllabe malsonnante, et de reporter sur la ligne suivante une syllabe muette de moins de trois lettres. Il ne faut pas non plus couper le dernier mot d'un paragraphe ou d'une page impaire.

> **sco[la[ri[té**
> **école**
> **île**
> **encycl.**
> **école**
> **culti[va[teur**
> **consom[ma[tion**

Il faut aussi s'abstenir de diviser un mot avant ou après une apostrophe, avant ou après un **x** ou un **y** quand ces lettres sont entre deux voyelles[1]. On peut toutefois couper un mot après un **x** ou un **y** s'ils sont suivis d'une consonne.

> **aujour[d'hui**
> **qu'a[vaient**
> **pres[qu'île**
> **royal**
> **croyance**

---

1. Lorsque **x** est prononcé [z], la coupure est tolérée : **deu[xième** ; il n'en va pas de même pour soixante, dont le **x** se prononce [s].

frayeur
soixante
clair[voyance
exis[tence
exa[men
ex[por[ta[tion
ly[rique
pay[sage
poly[va[lent

En principe, on ne divise pas non plus un nom propre de lieu ou de personne ni un prénom, mais on tolère la division après un trait d'union dans le cas d'un prénom composé, d'un patronyme composé ou d'un toponyme composé.

Marie-[France
Gérin-[Lajoie
Saint-[Germain
Rouyn-[Noranda
Saguenay–[Lac-Saint-Jean

Par ailleurs, on ne doit pas séparer un nom propre des abréviations de titres honorifiques ou de civilité, ni des initiales qui le précèdent ; un prénom écrit en toutes lettres peut cependant être séparé du nom propre qu'il accompagne. Lorsque les titres de civilité sont écrits en toutes lettres, on peut les séparer des noms propres.

A.-M. Rousseau
M. Bertrand R.[Dupuis
M. Luc[Moreau
le[Dr Knock

le docteur[Bélanger
madame[Marie[Lafortune

On ne sépare pas non plus un nombre écrit en chiffres du nom qui le précède ou qui le suit. On ne divise pas davantage les dates, les pourcentages, les sigles, les abréviations, les symboles, les numéros de téléphone, etc.

250 000 habitants
chapitre III
2 p. 100
14 novembre 1996 (mais on admet : **jeudi [14 novembre 1996**)
Unicef
SPGQ
s. l. n. d.
suppl.

pages 25 [à 30
p. 160
18 °C
250 km
250 kilomètres
1575,25 $ CA
15 h 30
873-6565 (à la rigueur, dans une colonne de texte très étroite : **(514) [873-6565)**

La division des mots étrangers employés en français s'effectue selon les règles de chaque langue étrangère.

LA DIVISION DES TEXTES

Il importe de structurer un texte de façon claire, cohérente et uniforme. La division d'un texte se fait généralement selon l'un ou l'autre des deux systèmes décrits ci-dessous.

───────

SYSTÈME TRADITIONNEL (AUSSI DIT CLASSIQUE OU LITTÉRAIRE),
UTILISANT CHIFFRES ET LETTRES DANS L'ORDRE SUIVANT :

chiffres romains	I II III
	ou I. II. III.
	ou I. – II. – III. –
lettres majuscules	A B C
	ou A. B. C.
	ou A. – B. – C. –
chiffres arabes	1 2 3
	ou 1. 2. 3.
	ou 1. – 2. – 3. –
	ou 1) 2) 3)
	ou 1° 2° 3°
lettres minuscules	*a. b. c.*
italiques	ou *a) b) c)*

SYSTÈME NUMÉRIQUE INTERNATIONAL
(AUSSI DIT MODERNE OU SCIENTIFIQUE)

Ce système, plus rigoureux, permet un repérage facile. Le nombre de chiffres à se suivre devrait être limité à quatre, tout comme le nombre des niveaux.

> **1.**
> **1.1.**
> **1.1.1.**
> **1.1.1.1.**
> **1.2.**
> **1.2.1.**
> **1.2.2.**
> **2.**
> **2.1.**

L'ISO (*International Organization for Standardization*, Organisation internationale de normalisation) préconise cependant de n'utiliser le point que pour séparer les chiffres et donc de ne pas faire suivre d'un point un chiffre employé seul ni le chiffre qui termine la série.

> **1**
> **1.1**
> **1.1.1**
> **1.1.1.1**
> **1.2**
> **1.2.1**
> **1.2.2**
> **2**
> **2.1**

Dans l'un ou l'autre de ces deux systèmes, on peut en outre utiliser le tiret, le gros point rond ou carré, le losange ou la flèche pour indiquer une subdivision d'un texte, à condition que la présentation du texte reste claire.

DIVISION DES TEXTES ET TYPOGRAPHIE

Le mot qui suit le chiffre ou la lettre indiquant une division du texte commence en principe par une majuscule.

En effet, après un chiffre romain, une lettre majuscule, un chiffre arabe ou une lettre minuscule suivis d'un point ou d'un point et d'un tiret, on met toujours une majuscule.

> **II. Majuscule**
> **II. – Majuscule**
> **B. Majuscule**
> **B. – Majuscule**
> **2. Majuscule**
> **2. – Majuscule**
> ***b.* Majuscule**

Après un chiffre arabe ou une lettre minuscule suivis d'une parenthèse, on met, au choix, une majuscule ou une minuscule.

> **2) Majuscule ou minuscule**
> ***b*) Majuscule ou minuscule**

Après un adverbe ordinal, on met généralement une minuscule.

> **2º minuscule**

Rappelons qu'en règle générale, et donc dans les divisions et les énumérations, le point, suivi ou non d'un tiret, commande de commencer le mot qui suit par une majuscule (voir p. 182). Pour la ponctuation devant et après les éléments d'une énumération, voir p. 232.

Voir aussi d'autres exemples de disposition p. 183.

HIÉRARCHIE DES TITRES

La typographie des titres et des sous-titres d'un texte doit respecter un ordre constant qui facilite la compréhension de la structure du texte ou du document ; ainsi :

- Les majuscules (ou capitales) viennent avant les minuscules, et on ne revient pas aux majuscules après avoir utilisé les minuscules.
- Les caractères gras viennent avant les maigres.
- Les grandes capitales viennent avant les petites capitales.
- Les titres centrés viennent avant les titres alignés à gauche.
- La taille des caractères, appelée *corps* (le nombre de points), marque aussi l'importance relative du titre ou du sous-titre.

• L'italique n'entre pas toujours en ligne de compte dans la hiérarchie des titres. Si on fait appel à l'italique dans la hiérarchie, il s'intercale entre le gras et le maigre.

La hiérarchie présentée ci-dessous indique l'ordre général à respecter ; tous les niveaux ne sont évidemment pas présents dans tous les textes. La numérotation ou les lettres qui accompagnent les titres jouent également un rôle dans la hiérarchisation des titres et des sous-titres (voir aussi p. 245).

GRANDES CAPITALES (OU MAJUSCULES) GRASSES
GRANDES CAPITALES (OU MAJUSCULES) ITALIQUES
GRANDES CAPITALES (OU MAJUSCULES) MAIGRES

PETITES CAPITALES GRASSES
PETITES CAPITALES ITALIQUES
PETITES CAPITALES MAIGRES

Minuscules grasses
Minuscules italiques
Minuscules maigres

LA MISE EN RELIEF

La mise en relief, ou mise en évidence, des mots, des termes et des expressions dans un texte écrit en romain (c'est-à-dire dans le caractère le plus courant dont le dessin est vertical) fait appel à l'italique, aux guillemets, au soulignement, aux caractères gras et aux majuscules.

Voici les principaux emplois correspondant à ces divers procédés. Il faut cependant y avoir recours avec discernement, car un trop grand nombre de mises en relief diminue l'effet attendu et risque de nuire à la lisibilité. Il faut veiller à l'uniformité dans le choix des procédés et, au besoin, indiquer au début du texte l'emploi réservé à chacun.

ITALIQUE

L'italique s'emploie pour les mots étrangers non francisés. Les noms de sociétés ou d'organismes étrangers s'écrivent cependant en romain.

> **L'équivalent français de *factory outlet* est magasin d'usine.**

> **un leitmotiv** (mot allemand francisé)
> **des sandwichs** (mot anglais francisé)
> **un modus vivendi** (mots latins francisés)
> **le Commonwealth**

Un mot cité comme objet d'étude s'écrit aussi en italique. C'est également le cas des termes scientifiques latins.

> **Le mot *chien* ne mord pas.**
> **Le nom scientifique du chien est *Canis familiaris*.**

L'italique indique en outre les expressions et mots ou termes fautifs. Il sert aussi à attirer l'attention sur un mot important.

> **Il ne s'agit pas de cours *prérequis*.** (L'adjectif qui convient ici est **préalable**.)

> **Ce qui compte, c'est le *résultat*.**

On écrit en italique les titres d'œuvres littéraires et artistiques, d'émissions, ainsi que de journaux et de périodiques mais pas les noms de lois (voir p. 155, 161 et 267).

Le **soulignement** (ou **souligné**) joue le même rôle que l'italique lorsqu'on ne dispose pas de ce dernier, mais il rend parfois la lecture plus difficile, car il coupe souvent les jambages des lettres, c'est-à-dire les traits verticaux situés au-dessous de la ligne. De plus, il est souvent remplacé par les caractères gras dans la mention de l'objet d'une lettre. Dans les documents Web et le courrier électronique, le soulignement indique les liens hypertextes.

GUILLEMETS

Le ou les mots qui évoquent la notion que désigne un mot se mettent entre guillemets, de même que l'indication du sens d'un mot ou sa définition.

> **Le mot *programme* ne signifie pas « émission ».**

> ***Pamphlet* a le sens de « court écrit satirique qui attaque avec violence le gouvernement, les institutions, etc. ».**

Les guillemets servent aussi à indiquer les emplois douteux, les écarts orthographiques ou grammaticaux dont la personne qui écrit le texte est consciente, ou les réserves qu'elle émet à l'égard de certains emplois.

> **Ses hypothèses se sont « avérées vraies ».**
> **Il aurait fait un « infractus ».**
> **Sa prétendue « maladie » était en fait diplomatique.**

Les citations se mettent également entre guillemets (voir p. 227).

CARACTÈRES GRAS

On utilise les caractères gras pour mettre en valeur un titre, ou encore un mot ou une expression dans un texte où figure déjà l'italique. Ils sont plus lisibles que l'italique, mais il faut éviter de «noircir» le texte. Le **gras italique** met en évidence un mot dans un texte en caractères romains gras. Les **capitales** peuvent avoir la même valeur que les caractères gras.

Il faut préférer heures supplémentaires à *temps supplémentaire.*

MAJUSCULES ET PETITES CAPITALES

Les textes tout en majuscules (ou capitales) sont plus difficiles à lire que ceux en minuscules, et la lecture s'en trouve ralentie. L'emploi exclusif des majuscules est réservé aux grands titres (voir p. 247), qui ne devraient pas comprendre plus de quatre ou cinq mots.

Les petites capitales s'emploient pour certains titres, certains noms propres, les noms d'auteurs dans des bibliographies, le mot ou la fraction de mot qui suit une lettrine, les chiffres romains dans certains cas.

PONCTUATION ET MISE EN RELIEF

Dans un texte où on utilise divers procédés de mise en relief, il est logique de composer en romain maigre ou ordinaire (dans la même face, c'est-à-dire dans le même type de caractère que le texte) les signes de ponctuation qui appartiennent à la phrase, au texte, et en gras, en souligné ou en italique ceux qui appartiennent aux mots ou aux passages mis ainsi en évidence. C'est la façon de faire la plus normale et celle qu'on devrait préférer.

> **Les féminins directrice, administratrice et réalisatrice ne doivent évidemment pas être remplacés par** *directeure, administrateure* **et** *réalisateure.* (La ponctuation appartient à la phrase et est dans le même caractère, en maigre et en romain.)

> **La question** *Qui est-ce qui ?* **aide à trouver le sujet du verbe.** (Le point d'interrogation appartient à la question mise en évidence, donc en italique.)

La plupart des auteurs de codes typographiques préconisent cependant, peut-être pour des raisons de commodité, de laisser la ponctuation basse (point, virgule et points de suspension) dans la même face que le mot qui la précède, mais d'écrire, conformément au principe énoncé ci-dessus, la ponctuation haute (point-virgule, deux-points, point d'exclamation, point d'interrogation, etc.) soit dans la face du mot qui précède, soit dans la face de la phrase, selon que la ponctuation est liée logiquement à l'un ou à l'autre.

> **Les féminins directrice, administratrice et réalisatrice ne doivent évidemment pas être remplacés par** *directeure, administrateure* **et** *réalisateure.* (ponctuation basse dans la face du mot qui précède, c'est-à-dire en gras dans le premier cas et en italique dans le second cas.)

> **Les termes conseil, conseiller, consultant, comme on le sait, ne sont pas interchangeables.** (ponctuation basse dans la face du mot qui précède)

> **Il ponctue ses phrases de nombreux** *n'est-ce pas ?* (Le point d'interrogation, ponctuation haute, appartient à l'expression mise en évidence.)

> **A-t-elle vraiment prononcé le mot** *relocalisation* **?** (Le point d'interrogation, ponctuation haute, appartient à la phrase.)

LES POLICES DE CARACTÈRES

Les polices de caractères (aussi appelées *fontes*) déterminent le dessin des lettres ; elles sont multiples et leur usage n'est pas normalisé, mais il faut veiller à ne pas en employer plus de deux ou trois dans une même page. Il faut aussi les choisir en fonction de la lisibilité et de l'effet qu'on cherche à obtenir. On peut les grouper en familles : polices avec empattements (ou avec sérif, c'est-à-dire dont les extrémités des lettres se terminent par un élargissement triangulaire ou rectangulaire), polices sans empattements (ou sans sérif) et polices décoratives ou fantaisie.

> **abc ABC** (police avec empattements)
>
> **abc ABC** (police sans empattements)
>
> *abc ABC* (police décorative ou fantaisie)

Le texte principal d'un document professionnel (administratif ou commercial) est généralement composé avec une police avec empattements, car ces polices sont très lisibles de près et en petite taille. Les empattements accentuent les différences entre les lettres et les rendent plus faciles à distinguer les unes des autres.

> **Le Times New Roman est la police avec empattements la plus connue.**
>
> **On dit que le Garamond, police avec empattements, convient bien au français.**

Traditionnellement, on utilise une police sans empattements pour les titres, les légendes ou les textes courts. Une telle police est facile à lire de loin et agréable en grande taille, mais on évite généralement de s'en servir dans les textes administratifs longs ainsi que dans les cas où il y aurait risque de confusion entre certaines lettres (le pronom *il*, écrit *i* majuscule et *l* minuscule, par exemple, qui donne Il en Arial).

> **L'Arial est une police sans empattements très connue.**
>
> **L'Univers est aussi une police sans empattements.**

Quant aux polices décoratives, il vaut mieux les utiliser avec modération ; elles
attirent l'attention, mais elles sont parfois difficiles à lire.

La Lucida est une police décorative.

LA PRITCHARD EST AUSSI UNE POLICE DÉCORATIVE.

Les polices symboles (symboles mathématiques ou chimiques, pictogrammes,
motifs décoratifs ou ornementaux, caractères spéciaux, etc.) s'utilisent soit dans
des textes spécialisés, soit pour attirer l'attention sur des points importants d'un
texte ou pour l'illustrer. Hors des usages techniques, il faut toutefois s'en servir
avec discernement.

☎ (514) 873-1234

➔ MISE EN GARDE

CRWORGCRWORG

L'ÉCRITURE DES NOMBRES

NOMBRES EN CHIFFRES

Dans la correspondance et les autres textes administratifs, les nombres s'écrivent en chiffres dans les cas suivants : adresses, dates, heures, âges, poids et mesures, pourcentages et nombres décimaux, sommes d'argent, pagination, numéros des paragraphes, des volumes, des chapitres, numéros d'articles de codes ou de lois, numéros de billets de loterie, matricules, etc. S'il n'y a pas risque d'ambiguïté, on peut, lorsqu'il y a deux ou plusieurs nombres successifs, ne pas répéter la même unité. Conformément aux règles du système international d'unités (SI), on sépare par un espacement les nombres en tranches de trois chiffres (ce qui reste facultatif pour les nombres de quatre chiffres), mais pas les numéros ni les dates (voir aussi p. 197).

> **150, rue des Érables**
>
> **10235, avenue Jacques-Cartier**
>
> **le 11 janvier 2002**
>
> **en 5000 av. J.-C.** (mais **15 000 ans avant notre ère**, car il s'agit là d'un nombre d'années, d'une durée, et non pas d'une date)
>
> **à 14 h 30**
>
> **Interdit aux moins de 18 ans**
>
> **250 g**
>
> **8,5 cm sur 10,5 cm**
>
> **les 2/3 de l'assistance**
>
> **plus de 75 % des réponses**
>
> **24,95 $**
>
> **2500 $ ou 2 500 $**
>
> **150 000 $**
>
> **869 314 500 dollars**
>
> **2,718 28**
>
> **LRQ, chap. P-35 : article 42**

p. 64, n° 7

360°

20 °C

NQ 9990-901

C'est le billet n° 852410 qui a gagné le gros lot.

les jeunes de 14 à 16 ans

L'augmentation est passée de 5 à 8 %.

Certains nombres s'écrivent en chiffres romains (grandes ou petites capitales, selon le cas). Les nombres ordinaux indiquant les siècles, les chapitres d'un livre, les manifestations culturelles ou sportives, etc., sont traditionnellement écrits en chiffres romains, mais cet usage semble aller en diminuant. (Voir aussi p. 251.)

NOMBRES EN LETTRES

Dans le corps d'un texte, on écrit généralement en toutes lettres ce qu'on appelle communément les nombres ronds, c'est-à-dire les nombres entiers se terminant par un ou plusieurs zéros (cinquante, cent, cinq cents, mille, etc.). On écrit aussi en lettres les nombres inférieurs soit à dix-sept, soit à vingt et un[1], à condition que l'essentiel du texte ne porte pas sur des données chiffrées (ce qui serait le cas, par exemple, d'un rapport d'enquête ou de sondage). S'il n'y a pas risque d'ambiguïté, on peut abréger un nombre écrit en lettres en faisant l'ellipse d'un élément.

> **Plus de trois cents personnes ont assisté à la conférence.**
>
> **De trois (cents) à quatre cents personnes ont assisté à la conférence.**

Lorsque, dans une même phrase, on cite deux nombres, dont l'un devrait normalement s'écrire en chiffres et l'autre en lettres, on peut les écrire tous les deux soit en chiffres, soit en lettres pour des raisons d'uniformité.

> **Plus de 300 personnes ont assisté à la première conférence, mais 125 seulement ont assisté à la seconde.**
>
> **Plus de trois cents personnes ont assisté à la première conférence, mais cent vingt-cinq seulement ont assisté à la seconde.**

---

1. Les auteurs d'ouvrages typographiques ne s'entendent pas tous sur ces limites, dont chacune peut se justifier ; après **seize**, de nombreux noms de nombres sont des noms composés, donc plus longs à écrire en lettres, et **vingt** marque la fin des deux premières dizaines. Certains auteurs fixent même cette limite à **neuf**, dernier nombre qui s'écrit par un seul chiffre. L'important est d'adopter une règle et de s'y tenir.

NOTATION DE L'HEURE

Dans les lettres et les textes commerciaux et administratifs courants, l'heure est notée en chiffres de 0 à 24, suivis du symbole **h**, toujours précédé et suivi d'un espacement, qui précède, le cas échéant, l'indication des minutes. Les minutes sont notées de 1 à 59. On peut aussi écrire le mot **heures(s)** en toutes lettres. (Voir aussi **Indication de la date et de l'heure, Lettres et textes courants** et **Tableaux et usages techniques**, p. 198 et suivantes.)

> **Nos bureaux sont ouverts de 9 h à 16 h 30.**
> **Heures d'ouverture : 8 h 30 – 18 h**
> **L'explosion s'est produite à 1 heure précise (HNE).**
> **À 19 heures eut lieu l'ouverture de la séance.**
> **L'avion n'a finalement décollé qu'à 0 h 5.**

L'heure est notée en lettres lorsqu'elle comporte les mots **quart, demi, trois quarts, midi, minuit.**

> **Le vin d'honneur sera servi à onze heures et quart.**
> **Je dois le rappeler à midi dix.**
> **À minuit et demi, les discussions n'étaient pas terminées.**
> **Le départ est prévu pour neuf heures et demie.**

Dans les textes juridiques ainsi que dans certains écrits à caractère solennel (invitations notamment), la date et l'heure sont le plus souvent écrites en toutes lettres. Autrefois, il était d'usage d'écrire **mil** devant un autre nombre, à partir de l'année 1001 (**mil** venant du latin singulier *mille,* et **mille** du pluriel *millia*). La graphie **mille** est maintenant tout aussi correcte, voire préférable, dans tous les cas.

> **Le huit mars mille neuf cent quatre-vingt-seize à onze heures trente...**
> **À vingt heures, le trente et un décembre de l'an mil huit cent cinquante...**

NOTATION DE L'ANNÉE

À l'exception des textes juridiques et de certains écrits à caractère solennel, l'année s'écrit en chiffres. Pour noter une période qui s'étend sur deux ou plusieurs années, on lie les deux années en chiffres par un trait d'union (et non par une barre oblique). Il est préférable de ne pas abréger l'indication de l'année ; cette pratique est cependant admise pour les dates historiques s'il n'y a pas d'ambiguïté, ainsi que dans des contextes familiers. On indique les décennies en ne reprenant que les chiffres de la dizaine. Dans ces cas, les deux chiffres retenus pour noter l'année ou les années ne doivent pas être précédés d'une apostrophe.

> *Rapport d'activité 2002*
> le Festival du homard 2000
> l'année financière 1999-2000 (et non *1999/2000* ni *1999-00*)
> la guerre de 1914-1918 ou la guerre de 14-18
> Mai 68
> Octobre 70
> dans les années 80, dans les années quatre-vingt[1] (mais pas *années '80*)
> le vingt-quatre juin deux mille un (voir aussi p. 257)

DURÉE

Les nombres exprimant des durées qui ne sont ni très précises, ni complexes, ni comparées et qui ne font pas partie d'une énumération s'écrivent en lettres, de même que les noms des unités de temps. Dans le cas contraire, on les écrit en chiffres, et on peut employer les symboles de temps.

> La subvention s'étend sur cinq ans.
> Il faut produire un rapport tous les trois mois.
> Ce colloque de deux jours et demi a été fructueux.
> La réunion a duré deux heures et demie.
> Une vidéo d'une heure dix minutes sera présentée à cette occasion.
>
> L'expérience a duré exactement 2 heures 28 minutes.
> La championne a couru l'épreuve en 10 min 35 s 7/100.

FRACTIONS

Le dénominateur d'une fraction (second élément) est un nom qui s'accorde avec le numérateur (premier élément). En matière de fractions, il ne faut pas confondre les adjectifs numéraux cardinaux (un, deux, trois, quatre, cinq, cent, deux cents, trois cents...) et les noms de dénominateurs de fraction (demi, tiers, quart, cinquième, centième, deux-centième, trois-centième...), ni ces derniers avec les adjectifs numéraux ordinaux, qui peuvent aussi être substantivés (deuxième, troisième, quatrième, cinquième, centième, deux centième, trois centième...).

> un centième (1/100)
> les trois centièmes (3/100)
> un trois-centième (1/300)

---

1. **Quatre-vingt** est ici l'adjectif numéral ordinal invariable.

deux trois-centièmes (2/300)
Elle est la deux centième sur la liste. (200ᵉ)
Le trois centième candidat... (300ᵉ)
sept dixièmes (7/10)
trente-cinq millièmes (35/1000)
trente cinq-millièmes (30/5000)
cinq cent-millièmes (5/100 000)
cinq cents millièmes (500/1000)
quatre-vingts dix-millièmes (80/10 000)
quatre-vingt-dix millièmes (90/1000)

SOMMES D'ARGENT ET GRANDS NOMBRES

Dans un texte suivi, les nombres approximatifs (ou exprimant des valeurs arrondies) de plus de six chiffres s'écrivent avec les mots **million** et **milliard**.

Quelque 15 millions de tonnes...
La population de Montréal était de 1 854 500 habitants.

Dans les textes courants, les unités monétaires s'écrivent en toutes lettres. Toutefois, le contexte suffit souvent pour indiquer de quelle unité monétaire il s'agit. On peut alors, pour alléger le texte, omettre le mot **dollar**.

Les États-Unis ont acheté pour 54 milliards de dollars canadiens de matières premières.
Les travaux ont coûté 40 millions à la Ville de Québec.

Dans les textes de nature financière ou statistique, le nom de l'unité monétaire peut être remplacé par son symbole.

85 000 000 $ (et non *85 millions $*, qui n'est toléré que dans les tableaux)

Les symboles d'unités monétaires ne peuvent être précédés des éléments **k** et **M** que dans les tableaux, les statistiques et dans les contextes où la place est vraiment limitée (**k$** : kilodollar ; **M$** : mégadollar). En tête de colonne, dans un tableau, on peut aussi écrire **en milliers de dollars** ou **en millions de dollars**, pour indiquer ce que représentent les divers nombres.

ÉTAT DES RECETTES ET DÉPENSES En milliers de dollars	
Recettes	100
Dépenses	90

ÉTAT DES RECETTES ET DÉPENSES En millions de dollars	
Recettes	85
Dépenses	75

ÉTAT DES RECETTES ET DÉPENSES M$	
Recettes	85
Dépenses	75

SIÈCLES

Quand ils ne sont pas en toutes lettres, les siècles sont traditionnellement écrits en chiffres romains (si possible petites capitales), mais on les voit aussi écrits en chiffres arabes dans des textes courants.

> **Le vingtième siècle a été marqué par...**
> **la langue des XVIIᵉ et XVIIIᵉ siècles**
> **au XVᵉ et au XVIᵉ siècle**
> **l'économie du 21ᵉ siècle**

RÈGLES GÉNÉRALES D'ÉCRITURE ET DE LECTURE DES NOMBRES

Place

Il faut éviter de commencer une phrase par un nombre en chiffres. On peut l'écrire en lettres (bien que cela puisse nuire à l'uniformité du texte) ou, mieux, reformuler la phrase.

> **Dix pour cent des appareils sont désuets.**
> **Parmi les 30 commerçants touchés par le sinistre, 10 déclarent...** (et non *10 des 30 commerçants touchés par le sinistre déclarent...*)

Pluriel

Lorsqu'un nom d'objet ou d'unité est précédé d'un nombre, ce nom prend la marque du pluriel dès que le nombre est égal ou supérieur à deux.

> **1,5 million**
> **1,85 mètre**
> **2 mètres**

Répétition

Dans les textes courants, on ne répète pas en chiffres, entre parenthèses, le nombre qu'on a écrit en toutes lettres. Cet usage est réservé aux documents ayant une portée juridique ou financière ; il est fondé sur des raisons de sécurité ou de fiabilité.

> **deux mille six cents dollars (2600 $)**
> (mais non *dix (10) des douze (12) candidatures*)

Dans les textes commerciaux, où on écrit les nombres en chiffres, on peut faire suivre ceux-ci des nombres en lettres entre parenthèses pour éviter d'éventuelles erreurs causées par des coquilles.

> **Sur les 27 (vingt-sept) appareils que nous avons commandés le mois dernier, nous n'en avons reçu que 15 (quinze) à ce jour.**

Élision

On fait généralement l'élision devant le nombre **un**, surtout quand il est suivi de décimales. Par contre, on ne fait pas l'élision si *un* désigne un chiffre ou un numéro, ou encore si on veut insister sur l'idée de quantité ou de mesure.

> **la somme d'un dollar cinquante**
> **des pièces de un dollar**
> **le un de la rue des Érables**

Huit a un *h* aspiré ; il n'y a jamais d'élision devant ce mot. Dans les nombres composés avec *huit,* on fait la liaison.

> **le huit**
> **toutes les huit heures**
> **dix-huit** (se prononce [dizuit], ou [dizui] devant une consonne ou un *h* aspiré)

On ne fait pas l'élision ni la liaison devant **onze**.

> **le onze novembre**
> **une distance de onze kilomètres**
> **Il y en avait onze.**

Lecture

La façon de lire et la façon d'écrire les nombres ne coïncident pas toujours ; on écrit certains éléments qu'on ne prononce pas, et l'ordre de certains éléments diffère à l'écrit et à l'oral.

Après des grandeurs comme **million** et **milliard** suivies d'une autre unité de mesure ou d'une unité monétaire, on n'écrit pas le **de** qu'on prononce entre la grandeur et l'unité.

    10 000 000 km se lit « dix millions de kilomètres »

En principe, à la lecture, on ne doit pas prononcer les mots **zéro** et **virgule**, mais dans certains nombres complexes il est difficile de faire autrement. Ainsi, si on dicte ou si on craint d'être mal compris, on peut épeler dans l'ordre de l'écriture.

    7,425 kg se lit « sept kilogrammes (ou kilos) quatre cent vingt-cinq »

    1,6 km se lit « un kilomètre six cents (mètres) » ou « un kilomètre six »

    1,72 m se lit « un mètre soixante-douze »

    4,50 m² se lit « quatre mètres carrés cinquante » ou « quatre mètres carrés et demi »

    3,25 $ se lit « trois dollars vingt-cinq »

    0,003 po se lit « trois millièmes de pouce »

    3,5 % se lit « trois et demi pour cent » ou « trois cinquante pour cent »

    7/10 se lit « sept dixièmes »

    10/7 se lit « dix septièmes »

    0,5 % se lit « un demi pour cent » ou « cinq dixièmes pour cent »

    0,8 % se lit « huit dixièmes pour cent »

    0,02 % se lit « deux centièmes pour cent » ou, pour éviter l'ambiguïté, « zéro virgule zéro deux pour cent »

    5,10 % se lit, pour éviter l'ambiguïté, « cinq virgule dix pour cent »

    150 009 $ se lit « cent cinquante mille neuf dollars »

    120,25 m/s se lit « cent vingt mètres vingt-cinq par seconde »

LES RÉFÉRENCES BIBLIOGRAPHIQUES

Les références bibliographiques ont surtout leur place dans les rapports et les manuels ainsi que dans les articles et les textes techniques et scientifiques. Même si elles figurent plus rarement dans les documents relevant du travail général de bureau, il peut être utile de connaître les règles de base auxquelles elles doivent se conformer. Pour les nombreux cas particuliers qui peuvent se présenter, on consultera avec profit un ouvrage spécialisé ou un protocole bibliographique plus complet.

Il n'existe pas de norme unique en matière de présentation des références bibliographiques ; divers protocoles ont cours, certains sont traditionnels, d'autres considérés comme plus modernes. Ce qui importe surtout, c'est d'adopter une présentation uniforme et cohérente, adaptée au type de document dont on donne la référence. Dans une bibliographie qui comprend plusieurs genres de documents, il peut être utile de regrouper ceux-ci par catégories, selon les besoins.

Nous proposons ici des principes de base en matière de présentation des références lorsqu'il s'agit de livres et d'articles, ainsi qu'une série d'exemples, fictifs en tout ou en partie, qui illustrent divers types de documents.

Un tableau résume les règles d'écriture que nous proposons pour les références bibliographiques des documents électroniques (p. 269).

LIVRE

La description bibliographique d'un livre se présente traditionnellement comme suit :

- Nom de l'**auteur** ou de l'**auteure** en majuscules (ou en petites capitales), virgule, prénom en toutes lettres avec majuscule initiale seulement, point. S'il y a deux auteurs, on coordonne les deux noms par la conjonction *et*, précédée d'une virgule ; le prénom du second auteur précède son patronyme. S'il y a trois auteurs, on met une virgule entre le prénom du premier et celui du deuxième et la conjonction **et** entre le patronyme du deuxième et le prénom du troisième. S'il y a plus de trois auteurs, on indique le nom et le prénom du premier qu'on fait suivre de la mention **et autres**, de préférence à *et al.*

- **Titre** et **sous-titre** du livre en italique ou en romain souligné, virgule ; le sous-titre est précédé d'un deux-points et suivi d'une virgule (pour l'usage des majuscules, voir p. 155) ;

- Mention de l'**édition**, s'il y a lieu, virgule ;

- **Lieu de publication**, virgule ; si le lieu n'est pas mentionné, on écrit **s. l.** entre crochets ;

- **Maison d'édition**, virgule ;

- **Date de publication**, virgule ; si la date ne figure pas sur la page de titre, on mentionne l'année des droits réservés, en faisant précéder le millésime d'un **c** ; en l'absence de toute date, on écrit **s. d.** entre crochets ;

- Numéro du **tome** ou du **volume** ou nombre de tomes ou de volumes, virgule ;

- Nombre de **pages**, point abréviatif. Outre les pages indiquées en chiffres arabes, il peut être utile de préciser, le cas échéant, le nombre de pages indiquées en chiffres romains (petites capitales) et, entre crochets, le nombre de pages non paginées.

- Titre de la **collection**, entre parenthèses, point après la parenthèse fermante.

La première ligne de la référence est à la marge de gauche, mais la ou les lignes suivantes sont renfoncées. La dernière ligne se termine par un point.

Un auteur :

COLIGNON, Jean-Pierre. *Un point, c'est tout !*, Montréal, Les Éditions du Boréal, 1993, 119 p.

QUÉBEC, DIRECTION GÉNÉRALE DES TECHNOLOGIES DE L'INFORMATION. *Introduction de la géomatique dans les ministères et les organismes publics*, Québec, Conseil du trésor, 1990, 80 p.

Deux auteurs :

AUDET, Marie, et Jean BOUCHARD. *Précis de grammaire française*, 2e éd., [s. l.], Linguator, 1990, 125 p.

Trois auteurs :

AUDET, Marie, Jean BOUCHARD et Claire CHAMPAGNE. *Objectif zéro faute : précis de grammaire française*, 3e éd., Montréal, Linguator, 1993, 130 p. (Collection Nota bene).

Plus de trois auteurs :

AUDET, Marie, et autres. *Objectif zéro faute : précis de grammaire française*, 4e éd., Montréal, Linguator, [s. d.], 140 p.

Sans auteur :

Grand dictionnaire encyclopédique Larousse, Paris, Librairie Larousse, 1985, 10 vol.

Techniques de l'ingénieur. E7 : Télécommunications, Paris, Techniques de l'ingénieur, 1984, s. p.

Dans des articles techniques ou scientifiques, on peut préférer la présentation suivante, qui rapproche la date du nom de l'auteur et qui facilite les renvois, c'est-à-dire le repérage et la citation des sources documentaires dans le corps du texte. (Voir ci-dessous **Renvois et références en bas de page**.)

- Nom en majuscules, puis prénom de l'**auteur** ou des auteurs (comme ci-dessus) ;
- **Année** de publication, suivie des lettres **a**, **b**, **c**, etc., si le même auteur a plusieurs publications la même année, entre parenthèses, point ;
- **Titre** du livre (comme ci-dessus), virgule ;
- **Lieu** de publication, virgule ;
- **Maison d'édition**, virgule ;
- Nombre de **pages**, point ;
- Titre de la **collection**, entre parenthèses, point.

AUDET, Marie (1990). *Précis de grammaire française,* Montréal, Linguator, 125 p.

ARTICLE

La description bibliographique d'un article de journal ou de périodique se fait traditionnellement de la manière suivante :

- Nom et prénom de l'**auteur** ou des auteurs (comme ci-dessus), point ;
- **Titre** de l'article entre guillemets français, en romain non souligné, virgule ;
- Nom de la **revue** ou du **journal**, en italique ou souligné, virgule ;
- Mention du **volume**, du **numéro** et de la **date** de publication, virgule ;
- Mention de la première et de la dernière **pages** de l'article, liées par un trait d'union, ou de la page ou des pages citées, point. Si deux pages citées ne sont pas consécutives, on sépare leurs numéros par une virgule.

AUDET, Marie. «Comment atteindre l'objectif zéro faute ?», *Revue québécoise de grammaire,* vol. 8, n⁰ 4, décembre 1993, p. 35-48.

DUVAL, Nicolas. «Le Québec à la fine pointe de l'infographie», *Le Devoir,* 16 sept. 1995, p. B-1.

Dans les articles techniques ou scientifiques, on peut aussi opter pour la présentation suivante, qui rapproche la date de publication du nom de l'auteur et facilite les renvois.

> AUDET, Marie (1993b). «Comment atteindre l'objectif zéro faute?», *Revue québécoise de grammaire,* vol. 8, n⁰ 4, décembre, p. 35-48.

ACTES

> ASSOCIATION CANADIENNE DES SCIENCES GÉODÉSIQUES ET CARTO-GRAPHIQUES. *Actes du colloque Géomatique II: le futur qui se fait/Symposium Proceedings Geomatics II : A Future in the Making,* Montréal, ACSGC-CISM, 1989, 242 p.

> *Problèmes et méthodes de la lexicographie terminologique: actes du colloque,* Université du Québec à Montréal, 8, 9, et 10 avril 1983, Montréal, Université du Québec à Montréal, 1985, 242 p.

FICHE

> SOCIÉTÉ RADIO-CANADA. Fiches terminologiques du Comité de linguistique, [Montréal, la Société], 1995, n⁰ 798.

NORME

> ORGANISATION INTERNATIONALE DE NORMALISATION. *Robots industriels,* Genève, ISO, mai 1991, 18 p. (Norme internationale ISO/TC 97/SC 8. Contribution française, N508).

> BUREAU DE NORMALISATION DU QUÉBEC. *Analyse sensorielle : vocabulaire.* Québec, Bureau de normalisation du Québec, mars 1994, 20 p. (NQ 8060-500).

PÉRIODIQUE

> *Terminogramme,* trimestriel, Québec, Les Publications du Québec, n⁰ 1, janv. 1980 – .

> *Informatique et bureautique,* Montréal, Publication Les Affaires, avril 1980 – .

> *Québec science,* mensuel, Sillery, Québec, Université du Québec, vol. 13, n⁰ 12, août 1995.

THÈSE OU MÉMOIRE

> LEBLANC, Claude. *L'œuvre romanesque radiophonique et télévisuelle de Dominique Racine,* Thèse (D. ès L.), Université de Sherbrooke, 1995, 564 p.

DOCUMENT AUDIOVISUEL

Pour les documents audiovisuels (films, vidéos, etc.) on indique d'abord le titre, puis le réalisateur ou la réalisatrice, la maison de production, ainsi que la durée et d'autres caractéristiques techniques.

> *Ma langue au chat*, [Enregistrement vidéo], réalisatrice : Margaret Thibault, Montréal, Office national du film du Canada, 1994, vidéocassette VHS, 50 min.

TEXTES DE LOI

Loi

La description bibliographique d'un texte de loi comprend les éléments suivants :

- **Pays** ou **État** responsable en majuscules, point ;
- **Titre** en italique[1], virgule ;
- **Lieu d'édition**, virgule ;
- **Maison d'édition**, virgule ;
- **Page**, point.

> QUÉBEC. *Charte de la langue française : LRQ, chapitre C-11, à jour au 2 septembre 1997*, [Québec], Éditeur officiel du Québec, c1997, VI, 43, VIII p.

> FRANCE. *Loi nº 94-665 du 4 août 1994 relative à l'emploi de la langue française*, Paris, Journal officiel, 1994.

Recueil de lois

> QUÉBEC. *Lois refondues du Québec*, [Québec], Éditeur officiel du Québec, c1978.

---

1. Dans la référence bibliographique d'un texte de loi, c'est un document qu'on cite : c'est pourquoi on écrit son titre en italique. Mais lorsqu'il est question d'une loi dans un texte, il s'agit le plus souvent d'une « disposition prise par le pouvoir législatif » et non pas du document qui en reproduit le texte ; c'est pourquoi dans ce cas le nom de la loi s'écrit en romain.

Règlement d'application d'une loi

Trois présentations sont possibles:

> QUÉBEC. «Règlement sur la langue du commerce et des affaires», *Gazette officielle du Québec. Partie 2, Lois et règlements*, 125ᵉ année, nᵒ 43, 13 octobre 1993, p. 7187-7190.

> «Règlement sur la langue du commerce et des affaires», *Gazette officielle du Québec. Partie 2*, vol. 125, nᵒ 43, 13 octobre 1993, p. 7187-7190.

> QUÉBEC. *Règlements adoptés en vertu de la Charte de la langue française: C-11, r.0.01 à r.14, à jour au 7 novembre 1995*, [Québec], Éditeur officiel du Québec, c1995, pag. multiple.

Chapitre d'une loi

Le protocole est le même que celui d'un chapitre de livre.

> «La langue du travail», dans QUÉBEC. *Charte de la langue française: LRQ, chapitre C-11, à jour au 2 septembre 1997*, [Québec], Éditeur officiel du Québec, c1997, chapitre VI, art. 41-50.

DOCUMENTS EN ANGLAIS

Pour les documents en anglais figurant dans une bibliographie qui comporte des titres en français, le protocole est le même que celui des documents en français. Quelques éléments sont toutefois écrits différemment: par exemple, on met une majuscule aux mots significatifs et à la mention de l'édition. Pour ce qui est de la mention du lieu d'édition, il n'y a pas de règle établie, mais il est d'usage de conserver la langue de départ, donc de l'écrire en anglais.

> ANGELL, David, and Brent HESLOP. *The Elements of E-mail Style: Communicate Effectively via Electronic Mail*, Reading, Addison-Wesley Publishing Co., c1994, 157 p.

> *The Canadian Style: A Guide to Writing and Editing*, Rev. and Exp. Ed., Toronto, Dundurn Press, c1997, 311 p.

DOCUMENTS ÉLECTRONIQUES

Voici un tableau récapitulatif du protocole de citation des documents électroniques (cédérom, article extrait d'un cédérom, article extrait d'une banque de données sur cédérom, banque en ligne, logiciel, page d'accueil de site Web, article extrait d'un site Web, courriel et groupe de discussion), avec exemples à l'appui[1]. Notez l'emploi des parenthèses et des crochets, qu'on peut facilement confondre.

	Cédérom	Art./CD	Art/BD/CD	Banque en ligne	Logiciel	Web accueil	Web article	Courriel	Groupe discussion
NOM, Prénom de l'auteur.	•	•	•	•	•	•	•	•	•
(Adresse de l'auteur).								•	
«Titre»,		•	•				•		
Titre,	•	•	•	•	•	•	•		
Objet du message								•	•
édition, version,	•	•							
[Support],	•	•	•	•	•	•	•	•	•
(Adresse du destin.),								•	
Date de création.						•	•		•
Date d'envoi.								•	
Lieu,	•	•	•	•	•	•	•		
Éditeur,	•	•	•	•	•	•	•		
Date,			•	•					
Date.	•	•							
Pagination			•	•					
Collation.				•					
[Adresse WEB, etc.]						•	•		•
[Adresse, numéro]			•	•					
(Date de consult.)						•	•		•

Cédérom

> *Dictionnaire de l'informatique et d'Internet,* version Windows, [Cédérom], Paris, Micro application, c1997.

---

1. Le tableau et les exemples ont été conçus par Mme Chantal Robinson, bibliothécaire à l'Office de la langue française.

Article extrait d'un cédérom

> FRÉMY, Patrice, et Dominique FRÉMY. «Comparaison dynamique des États : Irlande, Liban, Lituanie», *Quidmonde 1997 : tous les États du monde en direct*, [Cédérom], Paris, Quid multimédia, c1996-1997.

Article extrait d'une banque de données sur cédérom

> ROUX, Paul. «Genre des noms de ville», *La Presse*, [Cédérom], dimanche 1er juin 1997, p. A3, [Actualités Québec, nº 970601LA010].

Logiciel

> *Répertoire des municipalités du Québec*, éd. rév., version Windows, [Logiciel], [s. l.], Québec, ministère des Affaires municipales, 1997, 2 disquettes format 3 ½.

Web

> ALIS TECHNOLOGIES INC. *Principales langues du monde*, [En ligne], 1996. [babel.alis.com : 8080/langues/grandes.htm] (26 février 1998).

> THIMONNIER, René. «La dictée du diable», *Améliorez votre orthographe avec les dictées*, [En ligne], 1995, [www.montefiore.ulg.ac.be/~bronne/pivot/dictees/diable.htm] (5 mars 1998).

RENVOIS ET RÉFÉRENCES EN BAS DE PAGE

Dans le corps d'un texte, les renvois aux sources documentaires peuvent se faire à l'aide d'un chiffre surélevé, ou dans certains cas d'un astérisque, correspondant à une note en bas de page. Les références peuvent aussi figurer dans le texte lui-même, sous une forme abrégée.

À la différence des références bibliographiques regroupées à la fin d'un texte, dans les références en bas de page, le prénom précède toujours le nom de l'auteur et ce dernier est séparé du titre par une virgule. En principe, la première ligne commence en retrait, et la ou les suivantes sont à la marge de gauche. On indique la ou les pages consultées, et on peut se servir des abréviations latines *id.* (*idem*, «le même auteur») et *ibid.* (*ibidem*, «au même endroit»), *op. cit.* (*opere citato*, «dans l'ouvrage cité»), *loc. cit.* (*loco citato*, «à l'endroit cité») pour éviter de répéter certains éléments.

Une référence en bas de page se présente donc de la façon suivante :

> 1. **Marie AUDET,** *Précis de grammaire française,* **Montréal, Linguator, 1993, p. 25.**

> 2. ***Ibid.,*** **p. 38.**

Lorsque, dans les références bibliographiques, on rapproche la date du nom de l'auteur (voir plus haut **Livre** et **Article**), on évite certaines notes en bas de page et les renvois aux sources documentaires se font dans le texte de l'une ou l'autre des façons suivantes :

> **Audet (1993b) présente les...**

> **Une étude sur ce sujet précis (Audet 1993b : 38) tend à...**

LE CLASSEMENT ALPHABÉTIQUE

Un classement alphabétique peut être continu ou discontinu[1], et, pour être rigoureux et faciliter le repérage de ses éléments, il doit respecter certaines règles.

Un classement **continu**, ou absolu, est fait lettre par lettre. Dans ce type de classement, on dispose les éléments d'une nomenclature, d'une liste ou d'un index suivant l'ordre alphabétique, sans tenir compte des blancs ou espaces, des traits d'union, des barres obliques, des accents, des apostrophes ni des parenthèses. Seul intervient le strict caractère alphabétique. Les avantages du classement continu sont surtout l'accès facile et rapide à l'élément désiré ainsi que le rangement aisé des unités complexes, en particulier dans les index. Il présente cependant l'inconvénient d'interrompre certaines séries d'éléments.

> **appel de note**
> **appel d'offres** (La lettre *e* vient avant la lettre *o* ; l'apostrophe ne compte pas.)

> **LE BLANC**
> **LEBLOND**
> **LE BRETON** (L'espace ne compte pas ; la lettre *r* vient après la lettre *l*.)
> **LEBRUN**

> **centre commercial**
> **centre de villégiature**
> **centrer** (Le *r* vient avant le *s* ; le verbe interrompt la série de *centre*.)
> **centre sportif**
> **centre-ville**

---

1. D'après *Typographie et terminologie : guide de présentation des travaux terminologiques*, de Stéphane TACKELS, Office de la langue française, 1990, p. 18-19.

Un classement **discontinu**, ou logique, est fait mot par mot. Si un élément comprend plusieurs mots, on tient compte du premier mot, puis du second, et ainsi de suite. Le blanc vient avant le trait d'union ou l'apostrophe, qui eux-mêmes précèdent le caractère alphabétique.

> **appel d'offres** (L'apostrophe précède le caractère alphabétique *e*.)
> **appel de note**

> **LE BLANC**
> **LE BRETON**
> **LEBLOND** (L'espace précède le caractère alphabétique.)
> **LEBRUN**

> **centre commercial**
> **centre de villégiature**
> **centre sportif**
> **centre-ville**
> **centrer** (Le classement tient compte du mot *centre* ; l'espace et le trait d'union viennent avant la lettre *r*.)

Par ailleurs, il faut aussi appliquer les principes suivants :

- Le *s* ou le *x* final d'un mot doit intervenir dans le classement, qu'il soit continu ou discontinu.

> **adjectif**
> **adjectif numéral**
> **adjectifs coordonnés**

- La forme accentuée suit toujours la forme non accentuée.

> **remorque**
> **remorqué**
> **remorque équilibrée** *(classement continu)*

> **remorque**
> **remorque équilibrée**
> **remorqué** *(classement discontinu)*

- Les éléments commençant par une lettre étrangère se classent tout au début de la série d'éléments, ou bien selon la prononciation de la lettre. Si la lettre étrangère se trouve à l'intérieur de l'élément, seul est possible le classement effectué suivant la prononciation de la lettre.

- Les adjectifs numéraux, quand on les exprime en chiffres arabes ou romains, sont classés comme s'ils étaient inscrits en toutes lettres, sauf dans la nomenclature chimique où ils sont classés au premier mot qui les suit.

En informatique, le tri et le classement alphabétique des données nominatives ou autres en français suivent les règles générales suivantes[1]:

- On ne tient pas compte des signes diacritiques, ni des majuscules et des minuscules, sauf pour les homographes. Le classement s'effectue dans l'ordre continu des lettres de l'alphabet.

- L'ordre de classement des homographes est déterminé selon les règles suivantes : le caractère non accentué précède le caractère marqué d'un accent aigu, qui vient, dans l'ordre, avant l'accent grave, l'accent circonflexe et le tréma. Il faut noter que c'est la dernière différence dans le mot (quand il y en a plus d'une) qui a préséance. Les minuscules ont priorité sur les majuscules.

> **a A à À â Â**
> **c C ç Ç**
> **e E é É è È ê Ê ë Ë**
> **i I î Î ï Ï**
> **o O ô Ô**
> **u U ù Ù û Û ü Ü**
> **y Y ÿ Ÿ**

- Les digrammes soudés æ et œ sont classés dans la séquence des lettres qui les forment (ce qui est aussi le cas dans les dictionnaires).

> **du**
> **dû** (La lettre accentuée est classée après la lettre sans accent.)
>
> **pécher**
> **pêcher** (L'accent aigu vient avant l'accent circonflexe.)
>
> **pêche**
> **péché** (La dernière différence a préséance : le *e* final passe avant le é final.)
>
> **cote**
> **côte**
> **Côte**
> **coté**
> **Coté**
> **côté**
> **Côté**
> **coter**
>
> **coercition**
> **cœur**
> **coexistence**

---

1. D'après *Règles du classement alphabétique en langue française et procédure informatisée pour le tri*, d'Alain LaBonté, Conseil du trésor, [www.tresor.gouv.qc.ca]. À consulter pour plus amples renseignements.

LA CORRECTION DE TEXTES

La correction de textes ou, en imprimerie, correction d'épreuves, suit des règles bien précises. Pour être efficace, elle doit être claire et uniforme. En voici l'essentiel[1].

RÈGLES GÉNÉRALES

- La correction doit être dépourvue de la moindre ambiguïté. Pour ce faire, il existe un certain nombre de signes conventionnels, qui sont présentés ci-dessous. En cas de besoin, on peut aussi employer d'autres signes, tels que flèches, ratures, etc., accompagnés des instructions et commentaires voulus.

- Pour la correction, on utilise une encre d'une couleur différente de celle du texte à corriger, le rouge généralement, et on veille à écrire très lisiblement.

- En principe, toute correction comporte :
  a) dans le texte lui-même, un signe spécifique de repérage ;
  b) dans la marge, la reproduction du même signe ;
  c) dans la marge, si le signe n'est pas suffisamment clair par lui-même, l'indication de la rectification à apporter au texte ou un commentaire permettant la rectification.
  En principe, le signe de repérage renvoyé dans la marge est précédé de la correction.
  Tout commentaire que l'on porte dans la marge (et qui ne doit donc pas être reproduit dans le texte) doit être encerclé d'un trait continu.

- En principe, les corrections se font dans la marge de droite. Si on doit faire deux ou plusieurs corrections pour une même ligne, on les indique les unes à la suite des autres dans le prolongement de ladite ligne, dans l'ordre où les fautes apparaissent à la lecture. Si, pour une raison quelconque, on doit faire les corrections dans la marge de gauche, on indique la première correction le plus près du texte et l'on va à reculons, vers la gauche, pour les corrections subséquentes.

1. D'après *Rédaction technique, administrative et scientifique*, d'Hélène Cajolet-Laganière, Pierre Collinge et Gérard Laganière, 1997, p. 431-438.

SIGNES CONVENTIONNELS DE CORRECTION

Suppression

Symbole : ⟋ (le deleatur). La forme de ce signe peut varier (⟋ ⟍), mais il doit toujours avoir la forme d'une boucle. Si on doit supprimer un caractère (lettre ou signe de ponctuation), on le barre dans le texte (⟋) et l'on inscrit dans la marge : ⟋

| usine⟋ | ⟋ |

Si on doit supprimer un mot ou un groupe de mots, on le barre dans le texte par le signe ├──┤ et l'on inscrit dans la marge : ⟋├──┤

| Les ~~les~~ résultats | ⟋├──┤ |

Remplacement

On procède comme pour la suppression, mais, dans la marge, on ajoute avant le signe ⟋ ou ├──┤ la forme correcte qui doit remplacer la forme fautive barrée :

étais⟋	t⟋
était⟋	s⟋
~~rendu~~	arrivé ├──┤

Addition

Symbole : ⅄

Quand il faut ajouter une lettre (ou plusieurs lettres) à l'intérieur d'un mot, on met le symbole ⅄ (ressemblant à la lettre grecque *lambda*) dans le texte à l'endroit où se trouve la faute et on reporte la correction en marge :

il⅄sible	ll⅄
exige⅄t	a⅄
un is⅄me	th⅄

On procède de même pour ajouter un signe de ponctuation, un mot ou un groupe de mots :

| Je suis d'accord⅄dit-il. | ,⅄ |
| Je⅄d'accord | suis⅄ |

Erreurs de caractères

Il est question ici des majuscules et des minuscules, des caractères romains et italiques, ainsi que des différents corps de caractères. On entoure d'un cercle le ou les caractères erronés et l'on donne en marge le commentaire qui permettra la correction :

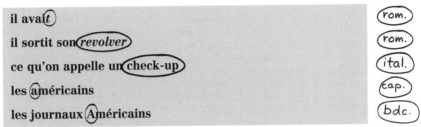

il avai(t)   (rom.)

il sortit son (revolver)   (rom.)

ce qu'on appelle un (check-up)   (ital.)

les (a)méricains   (cap.)

les journaux (A)méricains   (bdc.)

Quand il s'agit de remplacer une minuscule par une majuscule ou vice versa, on peut procéder comme pour un remplacement ordinaire :

les américains   A/

les journaux (A)méricains   a/

Si les deux formes sont identiques, on veillera à faire la minuscule très petite et l'on soulignera trois fois la majuscule :

les ßuisses   S/

les journaux ßuisses   s/

Espacements horizontaux

Les deux symboles fondamentaux sont :

- pour l'élargissement : ⊐
- pour le rétrécissement : ∪ (généralement doublé : ⊃)

S'il faut ajouter un espace, on met une barre à l'endroit voulu, et en marge, on inscrit le symbole ≠ :

la/correction des épreuves   ≠

S'il faut réduire l'espacement, on met dans le texte une barre à l'endroit voulu, et en marge, on inscrit ∫ :

Il nous a dit : « Venez chez moi. /»   ∫

Espacements verticaux

Pour la largeur des interlignes, les symboles sont les mêmes que pour l'espacement horizontal, mais ils sont placés verticalement au lieu de l'être horizontalement. On aura donc :

- pour l'élargissement de l'interligne : $||$
- pour le rétrécissement de l'interligne : $\supset$

On précisera évidemment au besoin, par une note encerclée en marge, à combien de lignes on veut augmenter ou réduire l'interligne.

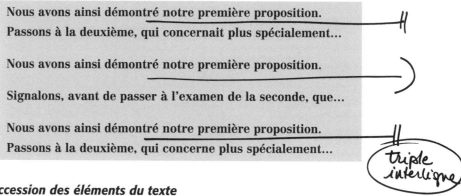

Ordre de succession des éléments du texte

Les symboles fondamentaux sont $\cup$, $\supseteq$ et $\bigcirc\rightarrow$

Lorsqu'il faut intervertir deux lettres dans un mot ou deux mots dans une phrase, on utilise le symbole $\cup$ et l'on indique en marge $\cup/$.

Lorsqu'il faut intervertir deux lignes dans un texte, on emploie le symbole $\supseteq$ et l'on indique en marge $\supseteq/$.

Lorsqu'il faut transporter un mot ou une expression (ou même une phrase) à un autre endroit du texte, on l'encercle et on indique au moyen d'une flèche l'endroit précis où l'élément déplacé doit figurer. S'il y a le moindre risque de malentendu, on fera dans la marge un commentaire encerclé :

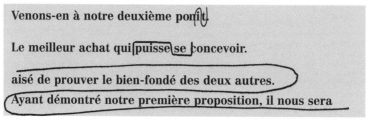

> L'entrepreneur nous a fait savoir qu'il n'était
> pas en mesure de poursuivre les travaux
> Après avoir terminé la phase 1 du projet.

Disposition du texte

Le symbole fondamental est le quadrilatère incomplet ⌐ ou ⌐ ,
ou ⌐ , ou ⌐ . Le sens en est le suivant : ce qui se trouve à l'intérieur
du quadrilatère doit être chassé vers le côté ouvert.

> Le gouvernement a décidé d'agir.

Signifie que la phrase doit commencer en retrait (alinéa). On peut ajouter le commentaire : (alinéa) ou ⁋

> Le gouvernement a décidé d'agir immédiatement.

Signifie qu'il ne faut pas faire d'alinéa. On peut ajouter le commentaire : (pas d'alinéa)

> Après avoir terminé la phase 1 du projet,
> l'entrepreneur nous a fait savoir qu'il n'était pas
> en mesure de poursuivre les travaux.

Signifie qu'il faut aligner convenablement à gauche. On peut ajouter le commentaire : (aligner)

> Il nous a fait savoir aujourd'hui qu'il n'é-
> tait pas en mesure de poursuivre les travaux.

Signifie qu'il faut chasser la syllabe *n'é* à la ligne suivante.

> Il nous a dit que tout le travail était fi-
> ni.

Signifie qu'il faut passer la syllabe *ni* à la ligne précédente.

> poursuivre les travaux.

Signifie que ces trois mots, figurant à la 1re ligne d'une page, doivent passer à la page précédente.

> ┃ Après avoir terminé la phase 1, l'entrepreneur ┃

Signifie que ce début d'alinéa, figurant en bas de page, doit être chassé à la page suivante.

Cas particuliers

Lorsqu'une phrase commence un alinéa et qu'elle devrait suivre immédiatement ce qui précède, on utilise le symbole ⊃ et, en marge : ⊃/ .

> L'entrepreneur nous a fait savoir qu'il n'était pas en
>
> mesure de poursuivre les travaux.⟩
>
> ⟨Cette nouvelle nous a consternés, car...

Lorsque, au contraire, il faut ajouter un retour à la ligne, on utilise le symbole ⌐ et l'on indique en marge ⌐ (alinéa) ou ⌐ ⁋

> Voilà pour le premier point. | En ce qui concerne
>
> le second,...

Annulation de correction

Il arrive que l'on aille trop vite pour faire une correction et qu'il faille l'annuler, donc ne rien changer au texte. Dans ce cas, on souligne la correction dans le texte au moyen d'un pointillé et l'on indique dans la marge le mot **bon**, souligné, lui aussi, d'un pointillé. Pour éviter tout doute, on rature la correction indiquée en marge :

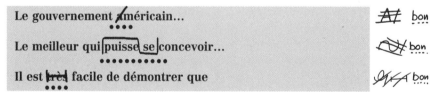

> Le gouvernement américain...
>
> Le meilleur qui | puisse se | concevoir...
>
> Il est très facile de démontrer que

Divers

Pour tous les cas non prévus ci-dessus, on donnera en marge ou ailleurs une explication succincte et claire de ce que l'on désire (explication encerclée d'un trait continu).

LES DOCUMENTS WEB

Les textes qui figurent dans les sites Web (appelés couramment mais moins précisément *sites Internet*) doivent évidemment posséder des qualités rédactionnelles comparables à celles de tout texte publié (structure, concision, correction lexicale, grammaticale et orthographique, etc.) et être adaptés à la lecture à l'écran. La mise en pages de documents pour le Web peut toutefois poser certaines difficultés d'ordre typographique. Contrairement à une page imprimée qui est en quelque sorte figée, une page Web doit s'adapter à différents environnements : configuration du logiciel de navigation, taille et résolution du moniteur, etc.

Pour s'assurer que le texte d'un document Web ne présente pas d'anomalie sur le plan visuel, il importe de respecter certaines règles typographiques de base qui sont souvent négligées, mais qui sont les mêmes que celles qu'on doit appliquer dans les textes produits par traitement de texte et imprimés (voir les sections précédentes de la présente partie : TYPOGRAPHIE). Voici un résumé de ces règles ; elles touchent aux erreurs les plus fréquentes relatives notamment aux guillemets, au signe de pourcentage, à l'écriture des nombres, à la ponctuation et aux espaces (en particulier les espaces insécables, c'est-à-dire « qu'on ne peut pas couper », indispensables pour que certaines configurations d'écran ne séparent pas des éléments indissociables)[1].

Guillemets

- Dans les textes français, on emploie les guillemets français : « ».
- Le guillemet ouvrant est suivi d'un espacement, et le guillemet fermant est précédé d'un espacement.

---

1. Pour cette section, nous avons bénéficié de la collaboration du webmestre de l'Office de la langue française, M. Jean-Claude Gaumond.

- Pour éviter que des guillemets ne soient isolés en début ou en fin de ligne, on prévoit des espaces insécables (entité HTML :). Pour obtenir des espaces insécables, on tape les touches suivantes :

  – sur un clavier PC : contrôle+majuscule+barre d'espacement
  – sur un clavier Macintosh : commande+majuscule+barre d'espacement

Signe de pourcentage

On sépare par un espacement le signe de pourcentage du nombre qui le précède. L'espace insécable permet d'éviter que le signe % ne se trouve seul au début d'une ligne.

Écriture des nombres

- Les nombres de plus de quatre chiffres sont séparés en tranches de trois chiffres à partir de la droite par un espacement. L'espace insécable permet d'éviter que deux tranches ne soient séparées, à la fin d'une ligne.

- On ne sépare pas un nombre écrit en chiffres du nom ou du symbole qui le précède ou qui le suit. L'espace insécable permet d'éviter qu'ils ne soient séparés en fin de ligne.

- On ne divise pas les numéros de téléphone ni les dates. Des espaces insécables entre le jour ou quantième (écrit en chiffres) et le nom du mois, ainsi qu'entre le nom du mois et l'année permettent d'éviter que ces éléments ne soient séparés. (Voir p. 255.)

Ponctuation

- Il faut veiller à ce que les signes de ponctuation ne soient jamais rejetés au début de la ligne suivante.

- En matière de ponctuation et d'espacement, il faut s'en tenir aux règles générales (voir p. 217-240) et ne pas insérer d'espacement devant le point-virgule, le point d'interrogation ni le point d'exclamation. Certains logiciels de traitement de texte insèrent automatiquement des espaces insécables devant ces trois signes de ponctuation : il est conseillé de désactiver cette fonction. De plus, ces espaces insécables sont souvent remplacés par des espaces sécables lorsque le document est converti en HTML, si bien qu'on peut trouver ces signes de ponctuation isolés, en début de ligne. Les deux-points sont toujours précédés d'un espacement insécable et suivis d'un espacement sécable.

Lettres supérieures (ou surélevées, comme un exposant)

Dans des documents Web soignés, on surélève la dernière ou les dernières lettres de certaines abréviations, comme on le ferait dans des textes imprimés, le cas échéant (voir p. 185). On a alors recours aux balises HTML.

Coupures

Outre ce qui est mentionné plus haut, il faut faire en sorte de ne pas séparer un nom propre des abréviations de titres honorifiques ou de civilité, ni des initiales qui le précèdent ; un prénom écrit en toutes lettres peut cependant être séparé du nom propre qu'il accompagne. On tolère la division après un trait d'union dans le cas d'un prénom composé, d'un patronyme composé ou d'un toponyme composé (voir p. 243).

■ BIBLIOGRAPHIE

Abrégé du Code typographique à l'usage de la presse, 2e éd. rev. et corr., Paris, Éditions du Centre de formation et de perfectionnement des journalistes, 1989, 94 p. (Les guides du Centre de formation et de perfectionnement des journalistes).

BRUNET, Pascal. *La typographie*, Paris, Osman Eyrolles multimédia, c1999, 238 p. (En 1 week-end).

BUREAU DE LA TRADUCTION. *Le guide du rédacteur*, 2e éd. [rev. et augm.], Ottawa, Travaux publics et Services gouvernementaux Canada, c1996, 319 p.

Code typographique : choix de règles à l'usage des auteurs et des professionnels du livre, 12e éd., Paris, Syndicat national des cadres et maîtrises du livre, de la presse et des industries graphiques, 1978, 121 p.

GOURIOU, Ch. *Mémento typographique*, [nouv. éd.], Paris, Éditions du Cercle de la librairie, 1990, c1973, 121 p.

Lexique des règles typographiques en usage à l'Imprimerie nationale, 3e éd., Paris, Imprimerie nationale, 1990, 197 p.

MARTINI, Éric. *Du caractère au paragraphe : abrégé de typographie à l'intention des utilisateurs de micro-ordinateur (traitement de texte et PAO)*, Paris, Duculot, c1998, 81 p. (Entre guillemets).

Le nouveau code typographique : les règles typographiques de la composition à l'usage des auteurs, des professionnels du livre et des utilisateurs d'ordinateurs, [nouv. éd.], Paris, Fédération de la communication CFE/CGC, c1997, 176 p.

RAMAT, Aurel. *Le Ramat de la typographie*, [nouv. éd.], Saint-Lambert, Aurel Ramat éditeur, c1999, 191 p.

TACKELS, Stéphane. *Typographie et terminologie : guide de présentation des travaux terminologiques,* Québec, Les Publications du Québec, 1990, 82 p. (Études, recherches et documentation).

Majuscules

DOPPAGNE, Albert. *Majuscules, abréviations, symboles et sigles : pour une toilette parfaite du texte*, 3ᵉ éd., Bruxelles, Éditions Duculot, c1998, 96 p. (Entre guillemets).

Ponctuation

CATACH, Nina. *La ponctuation : histoire et système*, 2ᵉ éd. corr., Paris, Presses universitaires de France, 1996, c1994, 127 p. (Que sais-je ? ; nᵒ 2818).

COLIGNON, Jean-Pierre. *Un point, c'est tout ! La ponctuation efficace,* Montréal, Les Éditions du Boréal, 1993, 119 p.

DOPPAGNE, Albert. *La bonne ponctuation : clarté, efficacité et présence de l'écrit*, 3ᵉ éd., Bruxelles, Éditions Duculot, c1998, 102 p. (Entre guillemets).

DRILLON, Jacques. *Traité de la ponctuation française,* Paris, Gallimard, 1991, 472 p.

TANGUAY, Bernard. *L'art de ponctuer,* Montréal, Chenelière/McGraw-Hill, 1996, 124 p.

Système international d'unités

BUREAU DE NORMALISATION DU QUÉBEC. *Dates et heures : représentation entièrement numérique*, 5ᵉ éd., Québec, Bureau de normalisation du Québec, 1997, 6 p. (BNQ 9990-951, 97-06-30).

BUREAU DE NORMALISATION DU QUÉBEC. *Le système international d'unités (SI) : définitions, symboles et principes d'écriture*, Québec, Bureau de normalisation du Québec, 1992, 115 p. (BNQ 9990-901, 92-10-10).

BUREAU DE NORMALISATION DU QUÉBEC. *Unité monétaire canadienne et autres : désignation et règles d'écriture*, 3ᵉ éd., Québec, Bureau de normalisation du Québec, 1997, 8 p. (BNQ 9921-500, 97-04-07).

Protocole bibliographique

PÉLOQUIN, Diane. *Annexe au protocole de rédaction du travail écrit,* Sherbrooke, Université de Sherbrooke, Département des lettres et communications, janvier 1995, 24 p.

Toponymie

COMMISSION DE TOPONYMIE. *Guide toponymique du Québec: politiques, principes, normes et procédures de la Commission de toponymie concernant le choix, le traitement, l'officialisation, la diffusion et la conservation des noms de lieux,* 2e éd. rév. et enr., Québec, Les Publications du Québec, 1990, 178 p.

COMMISSION DE TOPONYMIE. *Noms et lieux du Québec: dictionnaire illustré,* Sainte-Foy, Les Publications du Québec, 1994, 925 p.

COMMISSION DE TOPONYMIE. *Noms et lieux du Québec: si chaque lieu m'était conté*, [Cédérom], Sainte-Foy, Les Publications du Québec, c1997.

COMMISSION DE TOPONYMIE. *Répertoire toponymique du Québec 1987,* Québec, Les Publications du Québec, 1987, 1900 p.

COMMISSION DE TOPONYMIE. *Répertoire toponymique du Québec 1987: supplément cumulatif 1997*, Sainte-Foy, Les Publications du Québec, 1998, 462 p.

COMMISSION DE TOPONYMIE. *Topos sur le Web*, [En ligne], 1998, [www.toponymie. gouv.qc.ca].

Troisième partie

GRAMMAIRE ET VOCABULAIRE

MOTS ET EXPRESSIONS
À CONNAÎTRE

La liste ci-dessous a été dressée à partir des mots et expressions figurant dans les éditions antérieures du *Français au bureau,* auxquels ont été ajoutés des cas soumis fréquemment aux services de consultation de l'Office de la langue française, ainsi que des formulations employées dans les imprimés commerciaux et administratifs. C'est un simple aide-mémoire qui ne fait pas de distinctions entre les diverses formes à éviter (impropriétés, solécismes, anglicismes, etc.).

Dans la liste ci-dessous, le choix de la forme à retenir parmi celles qui sont proposées (colonne de droite) doit évidemment se faire en tenant compte du contexte et des nuances de sens désirées. Certaines formes qui sont à éviter dans le sens indiqué (celui de la forme à retenir) pourraient être correctes dans d'autres sens, qu'il faut vérifier dans un dictionnaire. Par exemple, *admission* est un mot français qui possède plusieurs sens, mais il faut éviter de l'employer dans le sens d'« entrée » ou de « droits d'entrée dans une salle ».

À éviter	À retenir
#	n^o, N^o
#*P.O.*	**Numéro de bon de commande**
#*SKU*	**Code d'article, référence**

A

À éviter	À retenir
À :	**Destinataire :** ou **Destinataires :**
Abreuvoir	**Fontaine**
Abrévier	**Abréger**
Année *académique*	Année **scolaire** Année **universitaire**

À éviter	À retenir
Il veut *s'accaparer* le marché.	Il veut **accaparer** le marché. Il veut **s'emparer du** marché.
Il *s'en est accaparé.*	Il **l'a accaparé.**
Faire *accepter* un chèque	Faire **viser** un chèque
Projeter des *acétates*	Projeter des **transparents**
Action(s) à prendre	**Mesure(s)** à prendre **À faire**
À date, jusqu'à date	**À ce jour, jusqu'à maintenant, jusqu'ici, jusqu'à présent**
Mettre un ouvrage *à date*	Mettre un ouvrage **à jour**
Engager du personnel *additionnel*	Engager du personnel **supplémentaire, complémentaire**
Admission	**Entrée**
Adresser l'auditoire	**S'adresser à, parler à** l'auditoire **Faire un discours**
Adresser un problème, un sujet	**Traiter, aborder** un problème, un sujet
Faire affaire(s) au Québec	**Être établi** au Québec
Être en affaire(s)	**Être dans les affaires, faire des affaires**
Affidavit	**Déclaration sous serment**
Affiler, aiguiser un crayon	**Tailler** un crayon
L'*agenda* de la réunion	L'**ordre du jour** de la réunion
Vendeur *agressif*	**Bon** vendeur, vendeur **dynamique**
Ajustement d'un compte	**Rectification** d'un compte
Ajustement d'un salaire	**Rajustement** d'un salaire
Ajusteur d'assurance	**Expert** ou **experte d'assurances, en assurances, en sinistre**
À l'année longue	**À longueur d'année Toute l'année**
À la journée longue	**À longueur de journée Toute la journée**
La nouvelle *à l'effet que...*	La nouvelle **voulant que..., selon laquelle...**
Être *à l'emploi de...*	**Travailler à, pour, chez... Faire partie du personnel de...**
Faire des *altérations*	Faire des **retouches**, des **modifications**
Choisir entre deux *alternatives*	Choisir entre deux **possibilités, deux solutions**

À éviter	À retenir
Hésiter entre *deux alternatives*	Hésiter **devant une alternative**, **entre deux partis**
Anticiper une amélioration	**S'attendre à, prévoir** une amélioration
Un *appel conférence*	Une **conférence téléphonique**
Une *application*	Une **demande d'emploi**
Un *appointement*	Un **rendez-vous**
J'*apprécie* ce que vous avez fait…	Je **vous suis reconnaissant de** ce que vous avez fait…
J'*apprécierais* que vous…	Je **souhaiterais** que vous… Je **vous serais reconnaissant de**… Je **vous saurais gré de**…
J'*apprécierais* rencontrer M. Roy	Je **souhaiterais**, je **souhaite** rencontrer… Je **désirerais**, je **désire** rencontrer… Je **serais heureux de** rencontrer…
J'ai *apprécié* ce témoignage de…	J'ai **été sensible à** ce témoignage de…
Vos commentaires seront *appréciés*	Vos commentaires seront **(les) bienvenus.**
Les *argents*	Les **sommes, montants, crédits, fonds** **L'argent**
Avoir *un argument, une argumentation* avec	Avoir **une discussion** avec
Les *arriérages*	Les **arrérages** **L'arriéré**
À tous les jours	**Tous les jours**
À *toutes fins pratiques*	**En pratique, pratiquement**
L'*assemblée* est levée.	La **séance** est levée.
Assigner quelqu'un à un travail	**Affecter** quelqu'un à un travail **Assigner** un travail à quelqu'un
Assumer que	**Présumer que, supposer que**
Chèque *au montant de*…	Chèque **de**…
Au niveau des finances	**En ce qui concerne les** finances **Pour ce qui est des** finances **En matière de** finances
Au plan financier	**Sur le plan** financier
Au plan de l'efficacité	**Sur le plan** de l'efficacité
Pour *aussi peu que* 20 $	Pour **la modique somme de** 20 $
Aux quatre heures	**Toutes les quatre heures**
Cette information s'est *avérée* fausse, vraie.	Cette information s'est **révélée** fausse, vraie.
Aviseur légal	**Conseiller juridique, conseillère juridique**

À éviter	À retenir
Aviseur technique	**Conseiller technique, conseillère technique**
Comité *aviseur*	**Comité consultatif, comité conseil**

B

À éviter	À retenir
Back order (sur un bordereau de livraison)	**Livraison différée**
Articles, commande *back order*	Articles, commande **en souffrance, en retard**
Être *back order*	Être **en rupture de stock**
La *balance* de la commande, du texte	Le **reste** de la commande, du texte
La *balance* d'un compte	Le **solde** d'un compte
Un *bed and breakfast*	Un **gîte touristique** (Gîte du passant est une marque de commerce.)
Bellboy	**Téléavertisseur, radiomessageur, messageur**
Appeler quelqu'un sur son *Bellboy*	**Envoyer un message à quelqu'un, appeler quelqu'un** (par son téléavertisseur, par radiomessagerie)
Toucher un *bénéfice* en vertu de…	Toucher une **indemnité**, une **prestation** en vertu de…
Bénéfices marginaux	**Avantages sociaux**
Cette mesure va *bénéficier* à beaucoup de gens	Cette mesure va **profiter** à beaucoup de gens.
Avoir *de besoin*	Avoir **besoin**
Bienvenue ! (en réponse à « Merci ! »)	**De rien !** **Il n'y a pas de quoi !** **Je vous en prie !**
Un *blanc de chèque*	Une **formule de chèque**, un **chèque**
Avoir un *blanc* de mémoire	Avoir un **trou** de mémoire
Un *bloc à appartements*	Un **immeuble résidentiel**, un **immeuble d'habitation**, un **immeuble**
Appeler d'une *boîte* téléphonique	Appeler d'une **cabine** téléphonique
Bon de réquisition	**Demande d'achat, de fournitures, de matériel, de service** **Bon de magasin, bon de commande**
Recevoir un *bonus*	Recevoir une **prime**, une **indemnité**, un **boni**, une **gratification**

À éviter	À retenir
Boxing Day	**Après-Noël, lendemain de Noël, soldes de l'Après-Noël, d'après Noël**
Notre *branche à* Sherbrooke	Notre **succursale de** Sherbrooke
Avant le *break* de 10 h	Avant la **pause**, la **pause-café** de 10 h
Bris de contrat	**Rupture** de contrat
Il y a un *bug* dans le système.	Il y a un **bogue** dans le système.
Bumper quelqu'un	**Supplanter** quelqu'un
Bumping	**Supplantation**
Bureau chef	**Siège social**
Bureau des directeurs	**Conseil d'administration**

C

Cahier des signatures	**Parapheur**
Année *de calendrier*	Année **civile**
Jour *de calendrier*	Jour **civil**
Cancellation	**Annulation**
Canceller un appel	**Annuler** un appel
Canceller un chèque	**Annuler** un chèque
Canceller un rendez-vous	**Annuler** un rendez-vous
Carte d'affaires	**Carte professionnelle**
Casier postal	**Case postale**
Ceci dit	**Cela** dit
La *cédule* de…	Le **calendrier**, l'**horaire**, le **programme** de…
Céduler une réunion	**Prévoir, fixer** une réunion
Céduler une activité au programme	**Inscrire** une activité au programme
Centre d'achats	**Centre commercial**
Certificat-cadeau	**Chèque-cadeau**
Certificat de naissance	**Acte de naissance**
Se présenter à la *chambre* 112	Se présenter au **bureau**, au **local**, à la **salle**, à la **porte** 112
Sans charge additionnelle	**Sans supplément** **Tous frais compris** **Tout compris**
Charger 100 $	**Demander** 100 $
Charger un article	**Facturer, faire payer** un article

À éviter	À retenir
Il a oublié de *charger* le café.	Il a oublié de **compter** le café.
Appel à *charges renversées*	Appel à **frais virés**
Chargez cela à mon compte	**Portez** cela à mon compte **Mettez** cela sur mon compte
Le *chiffre (shift)* de jour	Le **poste** de jour Le **quart** de jour L'**équipe** de jour
Être sur le chiffre (shift) de...	**Être affecté au poste de...** **Être de...** **Être affecté à l'équipe de...**
Vous trouverez *ci-attaché*	Vous trouverez **ci-joint, ci-annexé**
Ci-bas mentionné	**Mentionné ci-dessous** **Mentionné ci-après**
Ci-haut mentionné	**Mentionné ci-dessus** **Susmentionné** **Précité**
Circulaire (publicité)	**Dépliant, prospectus, cahier publicitaire**
Gagner 100 $ *clair*	Gagner 100 $ **net**
Clairer 100 $ de profit	**Faire** 100 $ de profit **Faire un bénéfice de** 100 $
Clairer quelqu'un	**Congédier** quelqu'un
Clause nonobstant	**Disposition de dérogation**
Clause *orphelin*	Clause **de disparité de traitement**
Personnel, travail *clérical*	Personnel, travail **de bureau**
Client facture originale	**Facture originale** **Exemplaire du client**
Client par	**Signature du client**
Client quantité	**Quantité commandée** **Quantité demandée**
Expédier quelque chose *COD*	Expédier quelque chose **contre remboursement**
Code régional	**Indicatif** régional
Collection du courrier	**Levée** du courrier
Combler un poste	**Pourvoir à** un poste, **pourvoir** un poste
Commande client	**Numéro de commande du client**
Faire passer un *commercial*	Faire passer un **message publicitaire**
Compagnie de finance	**Société de prêts, société de crédit, société de financement**
Le *complètement* d'un formulaire	Le **fait de remplir** un formulaire
Compléter un formulaire	**Remplir** un formulaire

À éviter	À retenir
La *complétion* des travaux	L'**achèvement** des travaux
Compliments de la saison	**Joyeux Noël et bonne année** **Nos meilleurs vœux pour Noël et la** **nouvelle année** **Joyeuses fêtes**
Comptes payables	**Comptes fournisseurs**
Comptes recevables	**Comptes clients**
Compte tenu que	**Compte tenu de** **Compte tenu du fait que**
Être confiant que	**Être convaincu, sûr, persuadé que** **Avoir bon espoir que**
Être confronté par, à un problème	**Faire face à** un problème
Se confronter à un problème	**(Devoir) affronter** un problème
Comité *conjoint*	Comité **mixte**, comité **paritaire**
Connecter le téléphone	**Brancher** le téléphone
Avoir des *connexions*	Avoir des **relations**
Un chiffre *conservateur*	Un chiffre **prudent**
Construction (signalisation routière)	**Travaux**
Contracteur et *sous-contracteur*	**Entrepreneur** et **sous-traitant** **entrepreneuse** et **sous-traitante**
Contrôler la situation	**Dominer, maîtriser** la situation **Avoir** la situation **en main**
Participer à *une convention*	Participer à **un congrès**
Acheter deux *copies* d'un journal	Acheter deux **exemplaires** d'un journal
La *corde* du téléphone	Le **cordon**, le **fil** du téléphone
Client *corporatif*	**Société, entreprise cliente**
Droit *corporatif*	Droit **commercial**, droit **des entreprises**
Nom *corporatif*	Nom **de société** **Dénomination sociale** **Raison sociale**
Profil *corporatif*	Profil **d'entreprise**
Image *corporative*	Image **de marque, de la société,** **de l'entreprise** **Réputation de la société**
Affaires *corporatives*	Affaires **de l'entreprise, de la société**
Établir *une cotation* (pour des biens ou des services, en réponse à une demande)	Établir **un devis**
Counseling	**Consultation, orientation,** **conseillance**
Couper des postes, des emplois	**Supprimer** des postes, des emplois

À éviter	À retenir
Coupon-rabais	**Bon de réduction**
Coupure de poste, d'emploi	**Suppression** de poste, d'emploi
Coupure de budget	**Diminution** de budget
Coupures budgétaires	**Restrictions, compressions** budgétaires
Coût(s) d'opération	**Frais d'exploitation, de production, de fabrication**
Cueillette des données, de fonds	**Collecte** des données, de fonds

D

À éviter	À retenir
Dactylographier avec une bonne *dactylo*	Dactylographier avec une bonne **machine à écrire**
Date facturation	**Date de facturation**
De :	**Expéditeur :** ou **Expéditeurs :** **Expéditrice :** ou **Expéditrices :** **Expéditeur ou expéditrice :**
Surveiller les *déboursés*	Surveiller les **décaissements,** les **sorties de fonds,** les **débours**
De d'autres	**D'autres**
Un *déductible* de 200 $	Une **franchise** de 200 $
Déduction sur le salaire	**Retenue** **Prélèvement** **Précompte**
Êtes-vous d'accord? — *Définitivement !*	**Assurément, certainement, absolument** **Bien sûr** (Définitivement signifie «d'une manière définitive, pour toujours».)
Défrayer les dépenses de quelqu'un	**Défrayer quelqu'un**
Degré d'instruction	**Scolarité** **Études** **Niveau de scolarité**
Demander une question	**Poser** une question
Démarrer une entreprise	**Lancer** une entreprise
Démotion	**Rétrogradation** **Déclassement**
Adressez-vous au *département* des jouets	Adressez-vous au **rayon** des jouets
Département de service	**Atelier de réparation**
Département des réparations	**Service** des réparations

À éviter	À retenir
Dépendamment des circonstances	**Selon** les circonstances
Dépendant de votre décision…	**Selon** votre décision
	Suivant votre décision
	En fonction de votre décision
	D'après votre décision
	Selon la décision que vous prendrez
Avoir des *dépendants*	Avoir des **personnes à charge**
Dépenses d'opération	**Frais d'exploitation**
Dépenses encourues	**Frais engagés**
	Dépenses **engagées**
Habiter dans un *développement*.	Habiter dans un **lotissement**.
Il y a de nouveaux *développements* dans ce dossier.	Il y a des **faits**, des **événements** nouveaux dans ce dossier.
Développeur	**Promoteur (immobilier), promotrice (immobilière)**
	Lotisseur, lotisseuse
	Aménageur (foncier), aménageuse (foncière)
Directeur (d'un conseil d'administration)	**Administrateur, administratrice**
	Membre (d'un conseil d'administration)
Disconnecter le téléphone	**Débrancher** le téléphone
Cet article est *disponible au prix de…*	Cet article est **en vente à…**
Je suis à votre *disponibilité*	Je suis à votre **disposition**
J'ai vu *docteur* (ou *D^r*) Gagnon.	J'ai vu **le docteur** (ou **le D^r**) Gagnon.
Le commerce *domestique*	Le commerce **intérieur**
Donner un dépôt	**Verser un acompte, des arrhes**
Dû le…	**Dû pour le…**
	À payer avant le…
La date *due* pour votre paiement	**L'échéance** de votre paiement
	La **date d'échéance** de votre paiement
Duo-Tang	**Reliure à attaches**

E

À éviter	À retenir
Effectif au…	**En vigueur le, à partir du…**
Date *effective*	Date **d'entrée en vigueur**
	Date **d'entrée en application**
	Date **d'effet**
	Prise d'effet

À éviter

Ne pas *élaborer*

Être *éligible* à une indemnité

Être *éligible* pour un emploi, un concours

Émettre un reçu, un permis

Mettre l'*emphase* sur

Empowerment, empouvoirement

Être *en* affaires

Appareil *en approbation*

En autant que

La personne *en charge*

Être *en charge de*

Rappeler *en dedans de* quinze minutes

Être *en devoir*

Écrire *à l'endos d'une lettre*

Endosser une décision

Le règlement *en force*

Appareil *en ordre*

Passeport *en ordre*

En rapport avec ce travail

La ligne est *engagée*

Courrier *enregistré*

Les *enregistrements* d'un véhicule

S'*enregistrer* à l'hôtel

En termes de productivité

Période d'*entraînement*

À retenir

Ne pas **donner de détails, de précisions**
Ne pas **s'étendre**

Être **admissible** à une indemnité

Être **admissible** à un emploi, un concours

Délivrer, donner un reçu, un permis

Mettre l'**accent** sur, **insister sur**
Faire ressortir
Mettre en valeur, en relief

**Autonomisation, habilitation,
responsabilisation**

Être **dans les** affaires, **faire des** affaires

Appareil **à l'essai**

Dans la mesure où

La personne **responsable**
Le ou la responsable

Être **responsable de**

Rappeler **d'ici à, avant** quinze minutes

Être **de service, de garde**

Écrire **au verso d'une lettre**

Approuver, appuyer une décision

Le règlement **en vigueur**

Appareil **en bon état, en état de marche**

Passeport **en règle**

Au sujet de ce travail
Pour ce qui est de ce travail
En ce qui concerne ce travail

La ligne est **occupée**

Courrier **recommandé**

Le **certificat d'immatriculation** d'un
véhicule

S'**inscrire** à l'hôtel

Sur le plan de la productivité
Sous l'angle de la productivité
En fonction de la productivité
En ce qui concerne la productivité
En matière de productivité
Pour ce qui est de la productivité

Période d'**essai, d'apprentissage**
Stage (de formation)

À éviter	À retenir
Entrepreneurship	**Entrepreneuriat** **Esprit d'entreprise**
Entrer des faits dans un rapport	**Consigner** des faits dans un rapport
La ligne est *en trouble*	La ligne est **en dérangement**
Enveloppe-retour préadressée et prétimbrée	**Enveloppe-réponse affranchie** ou **timbrée**
L'*envers* d'une feuille	Le **dos**, le **verso** d'une feuille
Les épargnes	**L'épargne** **Les économies**
Un parcours *erratique*	Un parcours **irrégulier, capricieux, inégal**
Corriger une *erreur cléricale*	Corriger une **erreur matérielle**, une **faute de frappe**, une **faute** ou une **erreur de copiste**
Escompte sur un article	**Rabais, réduction, remise** sur un article
Taper une lettre à double *espace*	Taper une lettre à double **interligne**
Espace à bureaux à louer	**Bureaux** à louer
Estimé budgétaire	**Prévisions** budgétaires
Un *estimé* des ventes	Une **estimation** des ventes
Demander un *estimé* à un entrepreneur	Demander un **devis**, une **estimation** à un entrepreneur
L'*étampe* du Service de révision	Le **timbre**, le **tampon** du Service de révision
Étamper un document	**Timbrer** un document **Apposer un timbre, un tampon** sur un document
Être d'affaires	**Avoir le sens des affaires**
Étude légale	**Cabinet (d'avocat[s])** **Étude (de notaire)**
L'*exécutif*	**Le conseil** ou **le comité de direction** **Le bureau**
Secrétaire *exécutif, exécutive*	Secrétaire **de direction** Secrétaire **administratif, administrative**
Vice-président *exécutif*	Vice-président **directeur** Vice-présidente **directrice**
Exempt *taxe fédérale*	Exempt **de taxe fédérale** **Exemption : taxe fédérale**
Date *expédiée*	Date **d'expédition**
Extension 24	**Poste 24**
Extensionner un délai	**Prolonger** un délai

À éviter

À retenir

F

À éviter	À retenir
Date *facturée*	Date **de facturation**
Faire application	**Faire une demande d'emploi** **Poser sa candidature** **Postuler**
Fax	**Télécopie** **Télécopieur**
Faxer	**Télécopier**
Fermer la ligne	**Raccrocher**
Feuille de temps	**Feuille de présence**
Figurer le coût de…	**Estimer, prévoir, calculer** le coût de…
Ranger un dossier dans *la filière*	Ranger un dossier dans **le classeur**
Une décision *finale*	Une décision **sans appel**
Une version *finale*	Une version **définitive**
Finaliser un rapport	**Achever, terminer, mettre au point** un rapport **Mettre la dernière main à** un rapport
Année *fiscale*	Année **financière, budgétaire** **Exercice financier, exercice**
Fonds de pension	**Caisse de retraite**
Forger une signature	**Contrefaire, imiter** une signature
Fournisseur quantité	**Quantité reçue**
Deux sociétés *se sont fusionnées*	Deux sociétés **ont fusionné**
Dans le futur	**À l'avenir**

G

À éviter	À retenir
Porter un *gaminet,* des *gaminets*	Porter un **tee-shirt,** un **T-shirt,** des **tee-shirts,** des **T-shirts**
Vente de *garage*	**Vente-débarras**
Gardez la ligne	**Ne quittez pas**
Gérant d'artiste	**Imprésario** **Agent d'artiste, agente d'artiste**
Gérant de banque	**Directeur** ou **directrice de banque**
Le *gérant de département*	Le ou la **chef de rayon**

À éviter	À retenir
Le *gérant des ventes*	Le ou la **chef des ventes** Le **directeur commercial** ou la **directrice commerciale** Le **directeur** ou la **directrice des ventes**
Grâce aux taux d'intérêt élevés, cette entreprise a fait faillite.	**À cause des** taux d'intérêt élevés, cette entreprise a fait faillite.
Grand total	**Total général** **Total global**

H

À éviter	À retenir
Heures d'affaires	**Heures d'ouverture** **Heures de bureau**
Mettre sur le *hold*	Mettre **en garde**, mettre **en attente**
Une situation *hors de notre contrôle*	Une situation **indépendante de notre volonté** Une situation **imprévisible**
Être *hors d'ordre*	**Présenter une proposition non recevable** **Poser une question irrecevable** **Ne pas avoir la parole**

I

À éviter	À retenir
un icône	**une** icône
Carte d'*identification*	Carte d'**identité**
Veuillez vous *identifier*	Veuillez vous **nommer** Veuillez vous **présenter** Veuillez **établir votre identité**
Identifier trois produits	**Nommer, citer, indiquer, énumérer** trois produits
Identifier des objectifs	**Déterminer** des objectifs
Identifier les raisons qui…	**Donner, préciser** les raisons qui…
Identifier des différences	**Établir** des différences
Vous n'êtes pas sans *ignorer*	Vous n'êtes pas sans **savoir**
Il me fait plaisir de…	**J'ai le plaisir de…** **C'est avec plaisir que je…**
Il nous fait plaisir de…	**Nous avons le plaisir de…** **C'est avec plaisir que nous…**

À éviter	**À retenir**
Imputabilité des gestionnaires	**Responsabilité** des gestionnaires **Responsabilisation** des gestionnaires **Obligation de rendre compte**
Les gestionnaires sont *imputables à…*	Les gestionnaires sont **responsables devant…** Les gestionnaires sont **comptables à…**
Information (téléphone)	**Assistance-annuaire**
Une conduite *inappropriée*	Une conduite **déplacée, inconvenante**
Un moment *inapproprié*	Un moment **inopportun**, un **mauvais** moment
Un mot *inapproprié*	Un mot **impropre, mal choisi**
Des propos *inappropriés*	Des propos **déplacés, incorrects**
Initialer une note, un document	**Parapher** ou **parafer** une note, un document **Apposer ses initiales sur** une note, un document
Initier une recherche	**Commencer, entamer, entreprendre** une recherche
Appeler quelqu'un à, par l'*intercom*	Appeler quelqu'un à, par l'**interphone**
Les personnes *intéressées à* participer	Les personnes **désireuses de** participer Les personnes **qui souhaitent, qui désirent** participer
Les personnes *intéressées au* dossier	Les personnes **qui s'intéressent au** dossier Les personnes **que le dossier intéresse**
Avoir un article *en inventaire*	Avoir un article **en stock**
Un *item* de discussion	Un **sujet** de discussion
Mettre un *item* à l'ordre du jour	Mettre une **question**, un **point**, un **sujet** à l'ordre du jour
Plusieurs *items* sont en solde	Plusieurs **articles** sont en solde
Les *items* d'un budget	Les **articles** d'un budget
Les *items* d'un livre de comptes	Les **postes** d'un livre de comptes

J

Joindre un parti	**Adhérer à** un parti
Jouir d'une mauvaise réputation	**Avoir** une mauvaise réputation (mais **jouir d'une bonne réputation**)

À éviter	À retenir
Commis *junior*	**Commis** Commis **débutant, débutante** **Second, seconde** commis
Être *justifié de* faire quelque chose	Être **en (bon) droit** de, **avoir raison** de, **avoir de bonnes raisons pour**, être **fondé à,** être **autorisé à** faire quelque chose

L

Service *légal*	Service **juridique**
Secrétaire *légale*	Secrétaire **juridique**
Une poursuite *légale*	Une poursuite **judiciaire**
Écrire en *lettres moulées*	Écrire en **caractères d'imprimerie** (mention consacrée pour les formulaires)
Une *levée de fonds*	Une **campagne de financement** Une **collecte de fonds** Une **souscription**
Licence	**Plaque d'immatriculation**
Licences	**Permis de conduire**
Couper la *ligne*	Couper la **communication**
Travailler dans telle ou telle *ligne*	**Exercer** telle ou telle **profession** **Avoir** telle ou telle **spécialité**
Services *line*	Services **opérationnels** Services **d'exploitation**
Cadre *line*	Cadre **hiérarchique**
La *littérature* de cette entreprise	La **documentation** de cette entreprise
Le *livre des minutes*	Le **registre des procès-verbaux**
Demander le *local* 37	Demander le **poste** 37
Loger un appel (domaine judiciaire)	**Interjeter** appel **En appeler de**
Loger un appel téléphonique	**Faire** un appel téléphonique **Téléphoner, appeler, donner un coup de téléphone**
Loger un grief	**Déposer** un grief
Loger une plainte	**Déposer** une plainte **Porter plainte**
Un appel *longue distance,* un *longue distance*	Un appel **interurbain**, un **interurbain**

À éviter	À retenir
M	
La *malle* est arrivée	Le **courrier** est arrivé
Envoyer une lettre par la *malle*	Envoyer une lettre par la **poste**
Maller une lettre	**Poster** une lettre, **mettre** une lettre **à la poste**
Je vous ai beaucoup manqué	**Vous m'avez beaucoup manqué**
Manuel de service	**Guide d'entretien**
Manufacturier de meubles, de tissus	**Fabricant** de meubles, de tissus
Manufacturier d'automobiles, d'ordinateurs	**Constructeur** d'automobiles, d'ordinateurs
Le *membership* de l'association	L'**effectif**, les **membres**, le **nombre de membres** de l'association
Le prix littéraire qu'il *s'est mérité*	Le prix littéraire qu'il **a reçu, obtenu** Le prix littéraire **qui lui a été décerné**
Se mériter un trophée, un prix	**Gagner, remporter** un trophée, un prix
Le Montréal *métropolitain*	**L'agglomération montréalaise, l'agglomération de Montréal**
Les *minutes* de la séance	Le **procès-verbal** de la séance
Les *minutes* de la réunion	Le **compte rendu** de la réunion
Inscrire dans les *minutes*	Inscrire au **procès-verbal**
Salle de *montre*	Salle d'**exposition**
N	
Nil (sur un formulaire)	**Néant**
Au niveau du travail	**Pour ce qui est du** travail **En ce qui concerne, touche** le travail **En matière de** travail **Du point de vue du** travail **Dans le domaine du** travail
Au niveau financier	**Sur le plan** financier
Choisir un nom *corporatif*	Choisir un nom **de société**, une **dénomination sociale**, une **raison sociale**
Non applicable, NA	**Sans objet, S. O., s. o.**
Donner sa *notice*	Donner, remettre sa **démission** (*notice* équivaut en fait à **préavis**)

À éviter	À retenir
La *notice* affichée	L'avis affiché
Numéro civique	Numéro (dans la voie), numéro d'immeuble

O

À éviter	À retenir
Ouvrir la ligne	Décrocher
Quelle est votre *occupation* ?	Quelle est votre profession ?
Officier du syndicat	Membre du bureau Dirigeant syndical, dirigeante syndicale
Les *officiers* du syndicat	Le bureau du syndicat
Bénéfices d'*opération*	Bénéfices d'exploitation
Machine, station, usine *en opération*	Machine en marche Station en service Usine en activité
L'*opération* de l'usine, ses *opérations*	L'exploitation de l'usine, ses activités
Opérer un commerce	Tenir, exploiter un commerce
Avoir l'*opportunité* de…	Avoir l'occasion de…
Situation présentant des *opportunités*	Situation présentant des avantages, des possibilités, des perspectives d'avenir
Originer de	Provenir de
Il y a une *ouverture*	Il y a un emploi vacant, une vacance, un poste offert
De nouvelles *ouvertures*	De nouveaux débouchés
Ouvrir la ligne	Décrocher

P

À éviter	À retenir
Pagette	Téléavertisseur, radiomessageur, messageur
Appeler quelqu'un sur sa *Pagette*, le *pager*	Envoyer un message à quelqu'un, appeler quelqu'un (par son téléavertisseur, par radiomessagerie)
Paie de vacances	Indemnité de congé
Paiemaître	Payeur, payeuse
Pamphlet (publicitaire)	Brochure, dépliant (publicitaire) Prospectus

À éviter	À retenir
Panéliste, panelliste	**Spécialiste** **Expert, experte** **Participant, participante**
Ce colloque comprend plusieurs *panels*.	Ce colloque comprend plusieurs **tables rondes.**
Deux *par* cinq (dimensions)	Deux **sur** cinq
Profession *paralégale*	Profession **parajuridique**
Nous avons *parlé que*...	Nous avons **dit que**...
Partir à son compte	**S'établir** à son compte
Partir une entreprise, un commerce	**Fonder, créer, lancer, monter, ouvrir** une entreprise, un commerce
Pas d'admission sans affaires	**Entrée interdite sans autorisation**
Passé date	**Périmé** **Expiré**
Passé dû	**Échu** (délai) **En souffrance** (marchandise, quittance, compte) **Arriéré** (intérêt, dette, paiement dû)
2 % sur compte *passé* 30 jours	2 % sur compte **impayé après** 30 jours
Patronage	**Favoritisme**
Payable *sur* livraison	Payable **à la** livraison **Contre remboursement**
Payable *sur* réception de la facture	Payable **à la** réception de la facture
Téléphone *payant*	Téléphone **public**
Les *payeurs de taxes*	Les **contribuables**
Des avantages *pécuniers*	Des avantages **pécuniaires**
Recevoir un *per diem*	Recevoir une **indemnité forfaitaire quotidienne**, un **forfait quotidien** une **indemnité quotidienne**, une **indemnité journalière**
La *pesanteur* d'un colis	Le **poids** d'un colis
Place d'affaires	**Établissement** **Bureau** **Maison de commerce**
Placer un appel	**Faire** un appel, **appeler** **Téléphoner, donner un coup de téléphone**
Placer un grief	**Formuler** un grief

À éviter	À retenir
Placer une commande	**Passer** une commande **Commander**
Plan d'assurance	**Régime** d'assurance
Plan de paiement	**Modalités** de paiement
Plan de pension	**Régime de retraite**
Travailler au deuxième *plancher*	Travailler au deuxième **étage** (ou au premier étage, suivant l'ordre adopté)
Poinçonner à 9 h	**Pointer** à 9 h
Soulever un point d'ordre	**Faire appel au règlement** **Invoquer le règlement**
Political correctness	**Nouvelle orthodoxie** **Orthodoxie sociale, intellectuelle** **Néobienséance, rectitude politique**
Politically correct	**Néo-orthodoxe, néobienséant**
Poll	**Bureau de vote** **Bureau de scrutin**
Porter fruit	**Porter des fruits, porter ses fruits**
Post-it note	**Papillon adhésif** (amovible)
Faire le *post mortem* de…	Faire le **bilan**, l'**analyse** (rétrospective) de… **Revenir sur**
Pour fins de…	**Aux fins de**… **Pour**… **Pour les besoins de**…
Reçu *pour fins d'impôt*	Reçu **fiscal**, reçu **officiel**
Pour votre information	**À titre d'information** **À titre de renseignement** **À titre documentaire** **Pour information**
Enveloppe *préadressée et préaffranchie*	**Enveloppe-réponse affranchie** ou **timbrée**
Prendre le vote	**Mettre aux voix** **Passer, procéder au** vote
Prendre un cours	**Suivre** un cours
Un prérequis	**Un préalable**
Un cours *prérequis*	Un cours **préalable**
Les *prérequis pour* ce poste	Les **conditions d'admissibilité à** ce poste
Priorisation	**Hiérarchisation, établissement de priorités, classement par priorités, choix de priorités**

À éviter	À retenir
Prioriser	**Hiérarchiser**; accorder, donner la priorité à; établir des priorités
Secrétaire *privé*	Secrétaire **particulier**
Secrétaire *privée*	Secrétaire **particulière**
Prix d'admission	**Entrée** **Prix d'entrée**
Le *prix de liste*	Le prix **courant**
Les *publicistes* de cette agence	Les **publicitaires** de cette agence
Puncher à 9 h	**Pointer** à 9 h
Purchase order, PO	**Bon de commande, commande, demande d'achat**

Q

Avoir les *qualifications* nécessaires	Avoir la **compétence** nécessaire Avoir les **qualités** nécessaires
Question d'ordre	**Question relative au règlement** **Question sur un point de règlement** **Question invoquant le règlement**
Question hors d'ordre	**Question irrecevable**
Il *a quitté*. Il a *quitté le bureau*.	Il **est parti**.

R

Rapport d'impôt	**Déclaration de revenus** **Déclaration d'impôts**
Se rapporter à son supérieur	**Rendre des comptes** à son supérieur **Rendre compte** à son supérieur
Se rapporter au travail	**Se présenter** au travail
Ready memo	**Notagramme** **Note-liasse**
Record d'absences	**Registre des absences**
Les *records* de la société	Les **archives**, les **dossiers**, les **registres** de la société
Reçu paiement	**Pour acquit** **Paiement reçu** **Payé**

À éviter	À retenir
Référant à votre lettre du…	**En réponse à** votre lettre du… **Pour faire suite à** votre lettre du…
Médecin *référant*	Médecin **traitant** Médecin **orienteur**
Organisme *référant*	Organisme **orienteur**
J'ai *référé* cette affaire à…	J'ai **confié** cette affaire à… J'ai **mis** cette affaire **entre les mains de**…
Référer à quelqu'un	**Faire allusion** à quelqu'un
Référer un malade à un spécialiste	**Diriger** un malade vers un spécialiste **Envoyer** un malade chez un spécialiste
Référer une question à un comité	**Soumettre, renvoyer** une question à un comité
Lettre de *références*	Lettre de **recommandation**
Salaire *régulier*	Salaire **normal** Salaire **de base**
Assemblée *régulière*	Assemblée **ordinaire**
Rejoindre quelqu'un par téléphone	**Joindre** quelqu'un par téléphone
Relocaliser	**Déplacer, déménager, transporter, reloger, transférer, transplanter**
Le *rempli* d'un formulaire	Les **zones remplies**, les **parties remplies** d'un formulaire
Rencontrer une échéance	**Respecter** une échéance
Rencontrer une exigence	**Se conformer à** une exigence
Rencontrer un objectif	**Atteindre** un objectif
Faire *renverser les charges*	Faire **virer les frais**
Réquisition (d'achat)	**Demande d'achat, de matériel, de fournitures, de service** **Bon de magasin, bon de commande**
Résignation	**Démission**
Être *responsable pour*	Être **responsable de**
Retenue (téléphone)	**Garde**
Adresse de *retour*	Adresse de l'**expéditeur**
Retourner un appel téléphonique	**Rappeler** **Rendre** un appel téléphonique
Faire l'entretien *de routine*	Faire l'entretien **normal, ordinaire, courant**

À éviter	À retenir
S	
Sans préjudice	**Sous toutes réserves**
Sauver de l'argent	**Économiser** (de l'argent)
	Épargner (de l'argent)
	Faire des économies
Sauver du temps	**Gagner** du temps
Une voiture *de seconde main*	Une voiture **d'occasion**
Seconder une proposition	**Appuyer** une proposition
Secondeur	**Second proposeur, seconde proposeuse**
	Coproposant, coproposante
Cadre *senior*	Cadre **supérieur**, cadre **supérieure**
Commis *senior*	Commis **principal**, commis **principale**
	Premier commis, **première** commis
D'après la *séniorité*	D'après l'**ancienneté**
Séparation	**Cessation d'emploi, départ**
Je vous *serais* gré	Je vous **saurais** gré
Nous vous *serions* gré	Nous vous **saurions** gré
Signaler 9	**Faire le 9**
Signaler un numéro de téléphone	**Composer** un numéro de téléphone
Signature autorisée	**Signature de la personne autorisée**
Signer à l'endos d'un chèque	**Endosser** un chèque
Le *site* d'une nouvelle usine	L'**emplacement** d'une nouvelle usine
SKU (stock keeping unit)	**Article de point de stock, article stock**
Supporter un logiciel	**Fonctionner sous** un logiciel
S'objecter à…	**S'opposer à…**
	Protester contre…
Soulever un point d'ordre	**Invoquer le règlement**
	Faire appel au règlement
	En appeler d'un règlement
Sous-contracteur	**Sous-traitant, sous-traitante**
La situation est *sous contrôle.*	La situation est **maîtrisée.**
	La situation est **rentrée dans l'ordre.**
Sous étude	**À** l'étude
Sous observation	**En** observation
Sous-total	**Somme partielle**
	Total
Assemblée, séance *spéciale*	Assemblée, séance **extraordinaire**

Services *staff*	Services **fonctionnels**
Cadre *staff*	Cadre **conseil** **Conseiller, conseillère**
Il y a du *statique* sur la ligne.	Il y a du **brouillage** sur la ligne.
Statut civil	**État civil**
Statut marital	**Situation de famille** **État matrimonial**
Le *statut* d'un dossier	L'**état** d'un dossier
Storage	**Entreposage** **Garde-meubles** **Entrepôt**
Subpoena	**Citation à comparaître**
Suite à notre conversation…	**Pour faire suite à** notre conversation… **À la suite de** notre conversation… (formules à préférer dans le style administratif)
Prix *sujets à changement sans préavis*	Prix **indiqués sous réserve de modifications**
Avoir le *support* de	Avoir l'**appui** de **Être soutenu par**
Supporter une candidature	**Appuyer, soutenir** une candidature
Supporter une œuvre	**Soutenir** une œuvre
Être *sur* un comité	**Faire partie** d'un comité **Être membre** d'un comité
Siéger *sur* le conseil d'administration	Siéger **au** conseil d'administration
Être sur l'horaire variable	**Avoir** l'horaire variable
Sur le journal	**Dans** le journal
Sur la rue	**Dans** la rue
Sur SRC	**À la** SRC
Sur semaine	**En** semaine
Surintendant (d'un immeuble)	**Concierge** **Gérant, gérante**
Surintendant de l'entretien	**Chef** de l'entretien
Faire du *surtemps*	Faire des **heures supplémentaires**

T

Technicalités	**Détails de procédure** **Points de détail**
Tel que convenu	**Comme convenu**
Recevoir un *téléphone*	Recevoir un **appel téléphonique, un coup de téléphone, un coup de fil**

Temps double	**Salaire majoré de 100 %**
Temps et demi	**Salaire majoré de 50 %**
Temps simple	**Salaire normal** **Salaire de base**
Faire du *temps supplémentaire*	**Faire des heures supplémentaires**
Tentativement	**À titre d'essai** **Provisoirement**
En termes de	**En matière de** **En ce qui concerne** **Pour ce qui est de** **En fonction de** **Sous l'angle de** **Sur le plan de**
Termes et conditions	**Conditions générales de vente**
Transiger avec une société	**Traiter, négocier** avec une société **Être en relation d'affaires** avec une société
Transiger un contrat	**Négocier** un contrat

U

Faire partie de l'*union*	Faire partie du **syndicat** **Être syndiqué, syndiquée**
Unité	**Appartement, bureau, porte**

V

Varia	**Questions diverses** **Divers**
Représentant *des ventes*	**Représentant (commercial)** **Représentante (commerciale)**
Acheter un article *en vente*	Acheter un article **en solde, en réclame, en promotion, au rabais**
Verbatim	**Mot à mot**
Versus (vs)	**Contre (c.)** **Par opposition à** **Par rapport à** **Comparé à** **Opposé à**
Via les médias	**Par** les médias, **par la voie** des médias (**Via** signifie « en passant par [un endroit] ».)

RÉPERTOIRE DE DIFFICULTÉS GRAMMATICALES ET ORTHOGRAPHIQUES

Ce petit répertoire alphabétique de difficultés grammaticales et orthographiques ne saurait remplacer grammaires et dictionnaires des difficultés de la langue, qui sont des ouvrages plus complets. Il ne traite succinctement que de certains points qui font l'objet de demandes fréquentes auprès des services de consultation de l'Office de la langue française. Le découpage des difficultés et la façon dont les questions sont abordées tiennent compte, autant pour les brèves explications que pour les exemples fournis, des situations de communication propres au travail de bureau. Plusieurs de ces sujets sont traités de façon plus systématique dans d'autres ouvrages, auxquels il est conseillé de se référer au besoin.

ACQUIS, ACQUIT

Acquis peut être un nom, un adjectif ou le participe passé du verbe *acquérir*. Il fait référence à la notion d'«acquisition». On l'emploie notamment dans des expressions comme *tenir pour acquis, considérer comme acquis*.

> Il s'agit là d'un acquis précieux.
>
> Les connaissances acquises au cours de ce stage seront utiles.
>
> L'expérience qu'il a acquise lui sera reconnue.
>
> La fidélité de notre clientèle ne doit pas être considérée comme définitivement acquise.

Le nom *acquit* a le sens d'«acquittement». On l'emploie notamment dans la mention «Pour acquit» qu'on appose sur certains formulaires, ainsi que dans l'expression «par acquit de conscience».

ADJECTIF DE COULEUR

Les adjectifs désignant la couleur s'accordent en principe avec le nom auquel ils se rapportent. Il en va de même des participes dérivés d'adjectifs ou de noms de couleur.

des livres blancs
des feuilles blanchâtres
des cloisons fauves
des chemises orangées

Les adjectifs de couleur sont invariables s'ils sont composés (c'est-à-dire qu'il s'agit de deux adjectifs de couleur liés par un trait d'union), ou modifiés par un autre adjectif ou par un nom.

des murs bleu-vert
des chemises jaune pâle et vert foncé
des couvertures bleu marine (et non pas *bleu marin*)

Les adjectifs de couleur restent également invariables lorsqu'ils sont juxtaposés ou coordonnés pour qualifier un seul nom.

une brochure vert et bleu (avec du vert et du bleu)
des brochures vert et bleu (chacune comporte du vert et du bleu)
des brochures vertes et bleues (certaines sont vertes, d'autres sont bleues)

Sont également invariables les noms considérés comme des adjectifs de couleur par référence à la couleur caractéristique de la chose.

des chemises marron
des échantillons moutarde
des cloisons pastel
des revêtements de sol feuille morte

ADJECTIF EMPLOYÉ ADVERBIALEMENT

Certains adjectifs peuvent être employés comme adverbes (on les appelle parfois adverbes adjectivaux); ils ne varient jamais en genre et restent souvent invariables en nombre.

des légumes tranchés fin ou fins
des carottes râpées fin (et non pas *râpées fines*)

> **des cheveux coupés court** (invariable de préférence)
> **des objets posés droit**
> **des crayons taillés pointu**

Dans des formules avec le verbe *ouvrir,* l'adjectif *grand* employé adverbialement varie généralement, mais l'invariabilité est admise.

> **ouvrir toute grande la porte**
> **ouvrir les portes toutes grandes**
> **ouvrir tout grand les portes**
>
> **la porte est grande ouverte**
> **garder la porte grande ouverte**

De tels adjectifs employés adverbialement sont parfois étroitement unis au verbe et restent invariables.

> **des appareils qui coûtent cher**
> **des marchandises qui pèsent lourd**
> **des produits qui sentent bon**
> **Ils ont vu trop grand.**
> **Elles travaillent dur.**

ADJECTIF EMPLOYÉ À LA FORME IMPERSONNELLE

Dans la correspondance, les enveloppes peuvent porter des mentions comme CONFIDENTIEL, RECOMMANDÉ, PERSONNEL, URGENT, en capitales. Dans ce contexte, ces adjectifs s'écrivent toujours au masculin singulier. (Voir aussi p. 29.)

Il en va de même pour le mot VENDU qu'on voit sur des écriteaux devant des maisons, par exemple. On peut sous-entendre la forme impersonnelle « c'est vendu », et les adjectifs qui s'accordent avec un pronom neutre s'écrivent au masculin singulier. La règle s'applique aussi aux mentions OCCUPÉ, RÉSERVÉ et COMPLET (équivalent français de *No Vacancy*).

ADJECTIF QUALIFICATIF

L'adjectif qualificatif épithète s'accorde en genre et en nombre avec le nom ou le pronom auquel il se rapporte.

Les adjectifs coordonnés se rapportant chacun à une seule des réalités exprimées par un nom au pluriel s'écrivent au singulier.

> **les populations francophone et anglophone**
>
> **les gouvernements fédéral et provincial** (s'il n'est question que d'un gouvernement provincial)
>
> **les gouvernements fédéral et provinciaux**

Deux adjectifs coordonnés au singulier peuvent se rapporter à un nom qui s'écrit au singulier ou au pluriel, le plus souvent selon le nombre de l'article (ou du déterminant). S'il n'y a pas d'article, l'accord se fait selon le sens ; le singulier et le pluriel sont parfois également possibles (surtout dans le cas d'adjectifs numéraux ordinaux).

> **les élèves des premier et deuxième cycles** (Le nom est au pluriel parce que l'article est au pluriel.)
>
> **les élèves du premier et du deuxième cycle** (Le nom est le plus souvent au singulier parce que les articles sont au singulier ; un nom au pluriel serait cependant admis.)
>
> **les élèves des classes de première et de deuxième année** (Ellipse de l'article au singulier et de *année* après *première* : le singulier est le plus courant, mais le pluriel serait admis.)
>
> **les élèves des classes de 2e, 3e et 4e année** (Pas d'article : le singulier est le plus courant, mais le pluriel serait admis.)
>
> **les élèves des quatrième et cinquième secondaire** (Expression elliptique pour *quatrième et cinquième années du secondaire*, c'est-à-dire de l'enseignement secondaire.)
>
> **de la 2e à la 4e année**

> **à court ou à long terme** (soit à court terme, soit à long terme)
>
> **à court et à moyen termes** (il y a deux termes, l'un court, l'autre moyen)
>
> **à court et à moyen terme** (ellipse de *terme* après *court*)
>
> **à long et moyen terme** (ellipse de *terme* et de *à*)

Si les noms sont de genres différents, l'adjectif se met au masculin pluriel ; il est alors préférable d'écrire le nom masculin près de l'adjectif.

> **la loi et le règlement relatifs à...**
>
> **les premiers candidats et candidates**

L'adjectif ou le participe passé qui suit un complément du nom s'accorde selon le sens. Voir aussi les articles **Collectif** et **Complément du nom** de ce répertoire.

> **des cuisses de poulet surgelées** (ce sont les cuisses de poulet qui ont été surgelées)
>
> **des boîtes de poisson surgelé** (c'est d'abord le poisson qui est surgelé)

> **un bifteck de côte grillé**
> **une rouelle de jambon frais**
> **une darne de saumon grillée**
> **une escalope de porc attendrie**

> **le nombre de jours de travail consacrés à...** (ce sont les jours qui sont consacrés)
> **le nombre de jours de travail additionné au nombre de...** (c'est le nombre qui est additionné)
> **le nombre de jours de travail continu** (c'est le travail qui est continu)

ADJECTIF VERBAL

L'adjectif verbal est un participe présent (c'est-à-dire une forme d'un verbe) qui devient un adjectif, d'où son nom d'adjectif verbal. Il s'accorde avec le nom auquel il se rapporte.

> **des travaux fatigants**
> **des fonctions exigeantes**

Certains adjectifs verbaux présentent des particularités orthographiques qui les distinguent des participes présents correspondants. Ainsi, il ne faut pas confondre les adjectifs verbaux *communicant, différent, excellent, précédent* avec, respectivement, les participes présents *communiquant, différant, excellant, précédant.* On est en présence d'un participe présent lorsque le mot en question est précédé de la préposition *en,* qu'il est accompagné (ou pourrait l'être dans le contexte) d'un complément d'objet direct ou indirect, ou d'un complément circonstanciel, ou encore lorsqu'il est accompagné de la négation *ne* ou *ne... pas.* Un adjectif verbal, quant à lui, peut se mettre au féminin.

> **Elle réussit un tour de force, convainquant les plus incrédules.** (participe présent avec complément d'objet direct)
> **En ne négligeant pas cet aspect de la question...** (complément d'objet direct, négation, participe présent précédé de la préposition *en*)
> **Une indemnité équivalant à trois mois de loyer lui sera versée.** (participe présent avec complément d'objet indirect) ou **Une indemnité équivalente à trois mois de loyer...** (adjectif verbal et son complément)
> **On lui versera donc une indemnité équivalente.** (adjectif verbal au féminin)
> **Les personnes résidant sur ce territoire...** (participe présent avec complément circonstanciel)
> **Voilà des orateurs convaincants.** (adjectif verbal, peut se mettre au féminin : des oratrices convaincantes)
> **Le comité a émis des opinions divergentes sur cette question.** (féminin, adjectif verbal)
> **Ce sondage ne tient compte que des électeurs votants.** (adjectif verbal, peut se mettre au féminin)

Les formes *résident* et *résidant* sont parfois en concurrence. Noter que le participe présent est toujours *résidant,* mais que les dictionnaires consignent soit une forme, soit l'autre, pour l'adjectif verbal et pour le nom. Dans la langue administrative, l'Office de la langue française a recommandé les termes *résident,* nom masculin et adjectif, et *résidente,* nom féminin et adjectif, pour désigner ou qualifier une personne qui habite en un lieu donné. Dans d'autres contextes, et notamment en géographie, c'est le mot *habitant* qu'on emploie dans ce sens.

AINSI QUE

Quand *ainsi que* liant deux noms sujets exprime une idée d'addition, de coordination (ce qui équivaut à **et**), le verbe se met au pluriel. L'élément introduit par *ainsi que* n'est pas entre deux virgules.

> **Ce rapport ainsi que cette étude seront publiés.**

Quand *ainsi que* exprime une idée de comparaison, le verbe s'accorde avec le premier élément. Le deuxième élément s'écrit entre deux virgules.

> **Ce rapport, ainsi que celui qui l'a précédé, sera publié.**

APRÈS QUE

Cette locution conjonctive se construit avec le passé antérieur de l'indicatif, ou plus rarement avec le passé composé ou d'autres temps de l'indicatif. Sa construction avec le subjonctif est critiquée ; en effet, la proposition introduite par *après que* indique quelque chose de certain, qui s'est bel et bien passé ou qui se passera, ce qui n'est pas le cas, par exemple, des propositions introduites par la locution *avant que,* qui, elle, demande le subjonctif.

> **après qu'ils furent commandés...**
> **après qu'ils seront commandés...**
> **après qu'ils sont commandés...**
> **après qu'ils ont été commandés...** (et non pas *après qu'ils fussent commandés,* ni *après qu'ils soient commandés,* ni *après qu'ils aient été commandés*)

AUCUN

L'adjectif indéfini *aucun* s'emploie principalement au singulier. Il se met cependant au pluriel avec les noms qui sont toujours au pluriel, comme *archives, frais, funérailles, représailles, honoraires* et *ciseaux* (au sens d'«instrument à deux branches mobiles, croisées et tranchantes»). *Aucun* se met aussi au pluriel devant un nom qui a un singulier, mais qui est employé dans un contexte où il ne peut être qu'au pluriel.

> **Aucuns frais ne seront remboursés.**
>
> **Il n'y a aucuns frais supplémentaires.**
>
> **Elle n'a facturé aucuns honoraires.**
>
> **Aucunes archives n'ont été détruites.**
>
> **On n'a exercé aucunes représailles contre eux.**
>
> **Il ne reste aucuns ciseaux de ce modèle.**
>
> **Cette entreprise n'a effectué aucuns travaux publics.**

AUSSITÔT ET AUSSI TÔT

Aussitôt signifie «tout de suite, au moment même»; suivi de *que,* il a le sens de «dès que».

> **Le dossier a aussitôt été remis à qui de droit.**
>
> **Veuillez me le renvoyer aussitôt que possible.**

Aussi tôt s'oppose à *aussi tard.*

> **Il est arrivé aussi tôt que vous.**
>
> **Venez aussi tôt que possible.** (À l'inverse, on pourrait dire *Venez aussi tard que possible.* La construction avec *aussitôt* dans le sens de «dès que» serait également correcte ici.)

AVOIR POUR OBJET, POUR OBJECTIF, POUR BUT

Dans l'expression *avoir pour objet,* le mot *objet* est toujours au singulier (ce qui, soit dit en passant, est aussi le cas dans la mention de l'objet d'une lettre). Le sujet de cette expression est généralement une chose; dans le cas d'une personne, on emploie plutôt l'expression *avoir pour but,* dans laquelle *but* s'écrit le plus souvent au singulier.

> **Ces nouvelles mesures ont pour objet l'égalité professionnelle et le développement des ressources humaines.**
>
> **En appliquant cette politique, la ministre a pour but de promouvoir l'égalité professionnelle.**
>
> **En appliquant cette politique, la ministre a pour buts la promotion de l'égalité professionnelle et le développement des ressources humaines.**

Dans l'expression *avoir pour objectif,* le mot *objectif* peut se mettre au pluriel pour souligner la pluralité des divers objectifs.

> **Le programme d'aide au personnel a pour objectifs la prévention [...], l'orientation [...] et l'assistance [...].**

BEAUCOUP DE

Le déterminant indéfini *beaucoup de* peut être suivi d'un nom au singulier ou au pluriel. L'accord du verbe peut se faire au singulier ou au pluriel selon le sens de la phrase ; il se fait le plus souvent avec le nom. (Voir aussi **Collectif.**)

> **Beaucoup de monde a manifesté son intérêt.**
> **Beaucoup de gens ont manifesté leur intérêt.**
> **Beaucoup de patience vous sera demandée tout au long de ce travail.**
> **Beaucoup d'efforts seront nécessaires pour y arriver.**
>
> **Beaucoup de papiers éparpillés donne une impression de désordre.** (C'est-à-dire le fait qu'il y ait beaucoup de papiers éparpillés donne une impression de désordre.)
> **Beaucoup de documents dispersés ont été enfin rassemblés.**
>
> **beaucoup de détails**
> **beaucoup de chance**
> **beaucoup d'argent**
> **beaucoup de plaisir**

CADRE

Le mot *cadre* est le second élément de certains noms composés dans lesquels il a le sens général de « structure » : *loi-cadre, programme-cadre, plan-cadre.* Ces noms sont attestés dans les dictionnaires avec un trait d'union, et leurs deux éléments prennent un *s* au pluriel.

> **une loi-cadre, des lois-cadres**
> **des programmes-cadres**
> **des plans-cadres**

Dans l'expression *femme cadre,* le mot *cadre* est en apposition et a le sens de « personne qui fait partie du personnel d'encadrement ». Les deux mots ne sont pas liés par un trait d'union et tous deux prennent un *s* au pluriel. Le mot *cadre* étant épicène (c'est-à-dire qu'il a la même forme au masculin et au féminin : un cadre, une cadre), c'est surtout lorsqu'il est employé au pluriel qu'il peut être utile, dans certains contextes, de le faire précéder de *femmes* ; au singulier, l'article suffit à indiquer qu'il s'agit d'une femme (la cadre, une cadre).

> **une femme cadre** ou **une cadre**
> **des femmes cadres**

CECI, CELA, CELA DIT

Les pronoms démonstratifs *ceci* et *cela* ne sont pas interchangeables.

Ceci annonce une déclaration, une explication, une énumération, c'est-à-dire ce qui va suivre, va être dit ou écrit. Dans les exemples ci-dessous, le démonstratif *ceci* est placé dans la première des deux propositions de la phrase et précède donc la déclaration à laquelle il se rapporte.

> **Rappelez bien ceci au personnel : il est interdit de partir avant 16 h 30.**
> **Ceci est clair : il ne renoncera jamais à l'héritage.**

Le pronom démonstratif *cela*, au contraire, sert à rappeler ce qui précède, ce qui vient d'être dit ou écrit. Il est donc placé dans la seconde partie de la phrase, après l'énoncé qu'il rappelle.

> **Le personnel n'est pas autorisé à partir avant 16 h 30 : rappelez-lui bien cela.**
> **Elle pourra prendre ses vacances comme prévu : cela, je le lui ai promis.**

Comme le pronom démonstratif *ceci* annonce ce qui va être dit, on comprend bien que l'expression *ceci dit* n'a pas de sens et qu'il vaut mieux l'éviter. Par contre, l'expression *cela dit* peut s'employer pour résumer ce qui vient d'être dit avant que ne soit rapportée une restriction à cet énoncé.

> **Elle pourra prendre ses vacances comme je le lui ai promis ; cela dit, elle devra être présente au bureau pour la rédaction du rapport d'activité.**
> **Nous avons déjà fait de nombreuses compressions ; cela dit, il faudra encore réduire les frais d'exploitation si nous voulons que l'entreprise devienne rentable.**

CENT

Lorsqu'il est adjectif numéral cardinal, *cent* prend un *s* quand il est multiplié par un nombre qui le précède et qu'il n'est pas suivi immédiatement d'un autre adjectif numéral. (Voir aussi **Vingt** et **Mille**.)

> **deux cents dollars** (*deux* multiplie *cent* ; aucun adjectif numéral ne suit)
> **deux cent cinquante dollars** (*deux* multiplie *cent* ; *cinquante*, adjectif numéral, suit)

> **deux cent mille dollars** (*mille* est un adjectif numéral)
> **deux cents millions de dollars** (*million* est un nom)
> **deux cents milliards de dollars** (*milliard* est un nom)
>
> **mille cent dollars** (1100 $; *mille* ne multiplie pas *cent*, l'un et l'autre s'additionnent)
> **onze cents dollars** (1100 $; *onze* multiplie *cent*)

Lorsqu'il est adjectif numéral ordinal, c'est-à-dire qu'il exprime l'ordre, le rang, *cent* est employé pour *centième* et reste invariable. Dans ce cas toutefois, on emploie plus souvent les chiffres.

> **la cent quatre-vingt-septième séance de...**
> **page deux cent** (la deux-centième page)
> **l'année mille neuf cent cinquante**
> **Elle habite au deux cent de la rue des Érables.**

CENTRE-VILLE

Pour désigner le quartier central d'une ville, on emploie le mot *centre-ville*, forme abrégée de « centre de la ville », même s'il n'est pas attesté dans tous les dictionnaires. Ce mot s'écrit avec un trait d'union et chaque élément prend un *s* au pluriel.

> **le centre-ville**
> **des centres-villes**

C'EST, CE SONT

C'est, ou *c'était,* s'emploie devant un attribut, nom ou pronom, singulier ainsi que devant les pronoms *nous* et *vous*. *Ce sont,* ou *c'étaient,* s'emploie devant un attribut pluriel et, en concurrence avec *c'est,* ou *c'était,* devant les pronoms *eux* et *elles*.

> **C'est la raison pour laquelle je vous écris.**
> **C'était vous qui aviez raison.**
> **Ce sont les raisons qui motivent notre décision.**
> **Ce sont elles qui participeront au colloque.** (ou C'est elles qui...)

Lorsque, dans la tournure *c'est... que*, ce qui suit *c'est* n'est pas un attribut, il faut éviter d'employer *ce sont*.

> **C'est de ces décisions qu'il sera question.** (Et non pas *ce sont de ces décisions...*, parce qu'on dit : Il sera question *de* ces décisions ; *décisions* n'est pas un attribut ; éviter aussi *c'est de ces décisions dont il sera question*. Voir aussi **Dont**.)

On peut écrire *que ce soit* ou *que ce soient*, en choisissant d'accorder ou avec le pronom relatif ayant pour antécédent un nom pluriel, ou avec le pronom *ce*, équivalant à *cela*. Dans bien des contextes, l'emploi du nom singulier est préférable et résout la difficulté. Voir aussi l'article **Quelque, quel que** de ce répertoire.

> **Il est inutile de faire quelques démarches que ce soit.** (accord avec le pronom *ce*)
>
> **Il est inutile de faire quelques démarches que ce soient.** (équivaut à *quelques démarches, quelles qu'elles soient*)
>
> **Il est inutile de faire quelque démarche que ce soit.**

CHAQUE, CHACUN

Chaque est un adjectif indéfini qui accompagne un nom ; *chacun* et *chacune* sont des pronoms indéfinis. Ces mots ne s'emploient qu'au singulier.

> **Chaque dossier sera examiné avec soin.**
>
> **Chacun des dossiers sera examiné attentivement.**
>
> **Ces appareils coûtent plusieurs centaines de dollars chacun.** (de préférence à *chaque*, qui est critiqué)

Lorsque deux éléments sont juxtaposés ou coordonnés, l'accord du verbe se fait le plus souvent au singulier, mais le pluriel est aussi admis.

> **Chaque directrice, chaque directeur, chaque chef de service a été prié de...**
>
> **Chaque directrice et chaque directeur a été prié de...** (ou ont été priés de...)
>
> **Chacun et chacune a été prié de...** (ou ont été priés de...)

Après **chacun des** ou **chacune des**, le verbe se met au singulier.

> **Chacun des dossiers sera examiné avec soin.**

Il faut éviter d'employer *chaque* avec un adjectif numéral et un nom pluriel. Pour exprimer la périodicité, on emploie dans ce cas *tous les, toutes les*.

> **Les livraisons se font tous les trois jours.** (et non pas *chaque trois jours*, ni à *chaque trois jours*, ni à *tous les trois jours*)

CHARNIÈRES

On entend généralement par charnières les éléments qui lient entre elles les diverses parties d'un énoncé. Ces charnières peuvent être implicites et consister en des mots qui font référence à ce qui a déjà été écrit : ce peut être des articles définis, des adjectifs démonstratifs et possessifs, des pronoms ou certains adverbes. Les charnières qu'on peut qualifier d'explicites, quant à elles, sont des mots, des groupes de mots ou des locutions qui lient les idées ou les paragraphes de façon tangible. Il faut toutefois se rappeler que c'est d'abord le lien entre les idées qui assure la cohésion d'un texte.

Voici, sous forme de liste, des charnières explicites groupées sous certains mots ou locutions vedettes dont elles constituent des séries d'équivalents approximatifs[1]. Ne sont cependant pas reprises ici de nombreuses prépositions, conjonctions et formules épistolaires (voir p. 44-46) qui peuvent aussi servir de charnières.

À cette fin
À cet effet,...
Pour atteindre ce résultat,...

De plus
En outre,...
En plus,...
Par surcroît,...
De surcroît,...
De même,...
Également,...
Qui plus est,...

D'ailleurs
Par ailleurs,...
D'un autre côté,...
À un autre point de vue,...
Par contre,..
Dans un autre ordre d'idées,...
En revanche,...
D'autre part,...
Du reste,...

D'après ce qui précède
Selon ce qui précède,...
Conformément à ce qui précède,...
À la lumière de ce qui précède,...
Comme nous l'avons dit plus haut,...
Comme nous l'avons dit ci-dessus,...
Comme nous l'avons mentionné antérieurement,...
Selon nos conclusions précédentes,...
Nous avons vu plus haut que...
Dans les circonstances,...
Dans ces conditions,...
Compte tenu de ce qui précède,...
En raison de ce qui précède,...

Dans ce cas
Si tel est le cas,...
Dans cette hypothèse,...
Dans une telle hypothèse,...

Car
En effet,...
C'est que...
C'est qu'en effet,...
De fait,...

Enfin
Pour terminer,...
En terminant,...
Finalement,...
En dernier lieu,...
En conclusion,...
Pour conclure,...
En fin de compte,...

Par conséquent
Aussi(,)...
C'est pourquoi...
En conséquence,...
Pour cette raison,...
Pour ces motifs,...
Pour ces raisons,...
Ainsi(,)...
Donc,...

---

1. Cette liste de charnières est extraite de *Rédaction technique, administrative et scientifique*, d'Hélène CAJOLET-LAGANIÈRE, Pierre COLLINGE et Gérard LAGANIÈRE, 1997, p. 421-425.

En réalité
En fait,...
À vrai dire,...
Effectivement,...

Notamment
En particulier,...
Particulièrement,...
Entre autres choses,...
Principalement,...
Surtout,...
Entre autres,...

En résumé
Bref,...
En un mot,...
Pour tout dire,...
Somme toute,...
En d'autres termes,...
En somme,...
Tout compte fait,...
En définitive,...
Au fond,...
Tout bien considéré,...
Au total,...
Dans l'ensemble,...
Essentiellement,...
En substance,...

Pourtant
Néanmoins,...
Toutefois,...
Cependant,...
Au contraire,...
Au demeurant,...

Sans doute
Assurément,...
Évidemment,...
Naturellement,...
Certainement,...
Bien sûr,...
Certes,...
En vérité,...
Vraiment,...

À notre avis
En ce qui nous (me) concerne,...
Pour notre (ma) part,...
Personnellement,...
Quant à nous (moi),...
À notre (mon) avis,...
À notre (mon) sens,...
Selon nous (moi),...

Au sujet de
Quant à...
Relativement à...
En ce qui regarde...
En ce qui touche...
En ce qui concerne...
En ce qui a trait à...
À propos de...
Pour ce qui est de...
En matière de...
En liaison avec...
En rapport avec...
De ce point de vue,...
Du point de vue de...
À cet égard,...
À ce sujet,...
À ce propos,...
Dans cet ordre d'idées,...
Sur ce point,...

Sous réserve de
À l'exception de ce qui précède,...
Excepté ce qui vient d'être dit,...
Hormis ces quelques points,...
Sauf ce qui vient d'être dit,...
Sauf en ce qui a trait à...,

De toute façon
En tout état de cause,...
En toute hypothèse,...
De toute manière,...

Quoi qu'il en soit,...
En tout cas,...
Le cas échéant,...

Contrairement à ce qui précède
À l'opposé de ce qui précède,...
À l'encontre de ce qui vient d'être dit,...

En général
Généralement,...
Habituellement,...
Ordinairement,...
En principe,...
En théorie,...
Théoriquement,...
En règle générale,...
D'une manière générale,...
D'une façon générale,...

D'une part
En premier lieu,...
En tout premier lieu,...
Tout d'abord,...

D'autre part
En second lieu,...
Ensuite,...

À première vue,...
Au premier abord,...
De prime abord,...

Mais à bien considérer les choses,...
Mais réflexion faite,...
Mais à tout prendre,...

Non seulement,...

mais encore,...
mais aussi,...
mais en outre,...

CHEVAL

Le pluriel du mot *cheval* est bien *chevaux* ; en effet, la plupart des mots terminés en *-al* font leur pluriel en *-aux*. Dans certaines expressions, *cheval* est le plus souvent au singulier, dans d'autres on emploie toujours *chevaux*.

> **des chevaux de course**
> **des chevaux-vapeur**
> **des queues de chevaux sauvages**
>
> **des queues de cheval**
> **des crins de cheval**
> **des fers à cheval**
>
> **Ils ont fait de ces revendications leur cheval de bataille.**
> **C'est un de leurs chevaux de bataille.** (rare)
> **Il est encore monté sur ses grands chevaux.**

CHEZ

Le mot *chez* est une préposition qui a servi à former certains noms. On n'emploie de trait d'union après *chez* que dans ces noms composés invariables : un chez-moi, un chez-toi, des chez-soi, etc.

> **Chacun est rentré chez soi.** (préposition *chez* suivie du pronom personnel *soi*)
> **Chacun apprécie son chez-soi.** (un chez-soi)

La préposition *chez* s'emploie devant un pronom ou un nom de personne, mais pas devant un nom de lieu ni d'établissement (dans ces derniers cas, on emploie la préposition *à*).

> **aller chez un fournisseur, chez un client, chez le coiffeur**
> **aller à la pharmacie, à l'entrepôt**

Chez peut s'employer devant une dénomination sociale ou un nom de commerce si cette appellation est constituée d'un nom de personne. S'il s'agit d'un sigle, l'usage hésite entre *à* et *chez*. Si la dénomination sociale est formée d'éléments autres que des noms de personnes, la préposition *à* est préférable. Si elle commence par un article ou une préposition, on ne peut pas employer *chez*.

> **Elle travaille chez Bombardier.**
> **Il travaille à (ou chez) IBM.**
> **Elles travaillent à Hydro-Québec et à Air Canada.**
> **Ils travaillent à La Baie, au Club Prisco.**

CI-ANNEXÉ, CI-INCLUS, CI-JOINT

Ces locutions sont variables ou invariables, selon qu'elles sont des adjectifs ou des adverbes.

1. Lorsqu'elles sont placées en tête de phrase, elles sont adverbes et invariables. C'est aussi le cas lorsqu'elles sont placées dans le corps de la phrase et qu'elles précèdent immédiatement un nom. Elles peuvent aussi, en tant qu'adverbes, être séparées du verbe par un nom complément d'objet direct.

> **Ci-joint les photocopies promises.**
> **Vous trouverez ci-inclus copie de la note mentionnée plus haut.** (L'adverbe n'est pas entre virgules.)
> **La note dont vous trouverez copie ci-inclus a été envoyée à tout le personnel.** (Équivaut à *dont vous trouverez ci-inclus copie.*)
> **Les contrats, dont nous vous remettons deux copies ci-joint, seront signés demain.** (Équivaut à *dont nous vous remettons ci-joint deux copies.*)

2. Lorsque ces locutions sont placées après un nom précédé d'un déterminant, elles sont adjectifs et variables.

> **Veuillez remplir les formulaires ci-joints.**
> **Les deux copies ci-incluses doivent être affichées au tableau.**

3. Lorsque, dans le corps d'une phrase, elles sont placées devant un nom précédé d'un article ou d'un adjectif, on peut les considérer soit comme adverbes, soit comme adjectifs. Elles sont alors soit invariables, soit variables.

> **Vous trouverez ci-inclus** (ou **ci-incluse**) **la liste de nos publications.**
> **Je vous fais parvenir ci-joint** (ou **ci-jointes**) **deux disquettes de démonstration.**
> **Veuillez trouver ci-annexé** (ou **ci-annexée**) **ma demande d'emploi.**

CIBLE ET CLÉ

Les noms composés avec *cible* et *clé* (qui peut aussi s'écrire *clef* quand il n'est pas en apposition) ne prennent généralement pas de trait d'union, car chacun des deux noms conserve sa signification propre (*clé* a alors le sens de « essentiel, qui fournit la solution »). Les deux noms sont donc en apposition et le second a une valeur adjectivale, souvent d'attribut ; comme ils désignent une même réalité, ils prennent tous les deux, le cas échéant, la marque du pluriel.

> **un marché cible, des marchés cibles** (un marché qui est une cible ; des marchés qui sont des cibles)
> **un groupe cible, des groupes cibles**
> **un public cible, des publics cibles**

un élément clé, des éléments clés (un élément qui est une clé, qui fournit la solution ; des éléments qui sont des clés)

une position clé, des positions clés

un poste clé, des postes clés

une industrie clé, des industries clés

un témoin clé, des témoins clés

un mot-clé, des mots-clés (Dans le domaine documentaire, c'est un véritable nom composé, qui s'écrit avec un trait d'union ; dans d'autres contextes, on le voit écrit sans trait d'union.)

Le mot *clé* est le plus souvent au pluriel dans l'expression *clés en main.*

acheter une usine clés en main

___

COLLECTIF

Un nom collectif est un nom singulier qui représente un ensemble d'éléments. L'accord du verbe qui a pour sujet un collectif suivi d'un complément se fait soit avec le collectif, soit avec son complément, selon le sens ou l'intention quant à l'état ou à l'action exprimée par le verbe. Si le collectif est précédé d'un article défini, d'un adjectif possessif ou d'un adjectif démonstratif, l'accord se fait généralement avec le collectif, et le verbe est au singulier. Après un collectif précédé de *un* ou *une,* l'accord se fait le plus souvent avec le complément.

La série de questions l'a embarrassé.

Ce groupe de spécialistes jouit d'une bonne réputation.

Une centaine de personnes seront consultées. (Plus fréquent que *Une centaine de personnes sera consultée.*)

Après *la majorité de, la totalité de,* le verbe se met généralement au singulier. Après *une majorité de, une quantité de, quantité de,* l'accord du verbe se fait avec le complément.

La majorité des experts s'entend sur cette question.

La grande majorité des personnes consultées s'est prononcée en faveur de ce projet.

La totalité des appareils est en bon état.

Une grande quantité de demandes nous sont parvenues.

Quantité de disquettes sont inutilisables.

Après *la majeure partie de* ou *des,* l'accord du verbe se fait avec le complément.

> **La majeure partie des documents sont en français.**
> **La majeure partie du personnel est de cet avis.**

Après les collectifs *la plupart des, beaucoup de, bien des, une infinité de, trop de, combien de, tant de* ou *nombre de,* l'accord du verbe se fait avec le complément exprimé ou sous-entendu.

> **La plupart des spécialistes s'entendent sur ce point.**
> **Nombre de rapports ont été adressés à la commission.**
> **Une infinité de suggestions ont été faites ; la plupart étaient très pertinentes.**
> **Nous avons reçu plus de mille réponses ; beaucoup d'entre elles sont exactes.** (ou **Nous avons reçu plus de mille réponses dont beaucoup sont exactes.**)

Après d'autres collectifs ou d'autres noms exprimant une quantité suivis d'un complément, l'accord se fait souvent avec ce complément. Il faut toutefois tenir compte du sens donné aux divers éléments de la phrase. Dans bien des cas, les deux accords sont possibles.

> **La dizaine de personnes qui a** (ou **qui ont**) **répondu à l'appel...**
> **Le nombre de programmes qui ont été offerts doit s'ajouter au nombre de ceux qui ont été vendus.**
> **La pile de dossiers qu'il a transportée...**
> **La pile de dossiers qu'il a consultés...**

Après un collectif ou une expression exprimant la quantité comme *la plupart, un grand nombre, beaucoup, plusieurs,* etc., ayant pour complément le pronom *nous* ou *vous,* le verbe se met presque toujours à la troisième personne du pluriel. Toutefois, après *la plupart d'entre nous,* le verbe peut se mettre à la première personne du pluriel pour souligner que la personne qui parle ou écrit s'inclut dans le groupe.

> **Beaucoup d'entre vous se sont sentis visés personnellement.**
> **La plupart d'entre nous sont ravis de la décision prise.**
> **La plupart d'entre nous sommes engagés dans cette action.**

Voir aussi l'article **Pourcentage et fraction.**

―――――

COMPLÉMENT DU NOM

C'est le sens qui détermine si le complément du nom, ou complément déterminatif, est au singulier ou au pluriel. L'usage est parfois flottant.

Ce complément reste au singulier s'il désigne l'espèce, la classe, la matière ou la nature, ou encore une abstraction ou une réalité non dénombrable. Avec les mots *gelée, jus, liqueur, sirop,* le complément est le plus souvent consigné au singulier.

> **des cuisses de grenouille**
> **des chefs de service**
> **des directeurs et directrices d'école**
> **des offres de service** (même si on dit « offrir ses services »)
> **des offres, des demandes d'emploi**
> **des demandeurs d'emploi**
> **des rapports de force**
> **des styles de vie**
> **des débuts d'année**
> **des fins de semaine**
> **des ouvrages de référence**
> **des plans d'action**
> **des rapports d'activité** (des rapports sur l'activité [collectif, abstrait] de la société)
> ou **des rapports d'activités** (des rapports sur les activités de la société)
> **du jus d'orange**
> **de la gelée de pomme**

Ce complément est au pluriel, même si le premier nom est au singulier, lorsque l'idée de pluralité s'impose, et qu'il y a nécessairement plusieurs éléments. Si le premier nom est au pluriel et que le complément est accompagné d'un qualificatif ou d'un autre complément, le pluriel tend à s'imposer. Avec les mots *compote, confiture, marmelade, pâte,* le complément est le plus souvent consigné au pluriel.

> **une femme d'affaires**
> **une salle de conférences**
> **une salle de réunion(s)**
> **un état de choses**
> **un échange de vues**
> **la création d'emplois**
> **un autre ordre d'idées**
> **une dégustation de vins et de fromages**
>
> **des mères de familles monoparentales**
> **des articles de revues étrangères**
> **des directeurs et directrices d'écoles secondaires**
>
> **des chefs d'État francophones** (Ce sont les personnes qui sont francophones.)
> **des chefs d'États francophones** (Ce sont les États qui sont francophones.)

de la compote de pommes
de la confiture de fraises
de la pâte d'amandes
du beurre d'arachides (ou **du beurre d'arachide** ; le singulier est admis)

Après les mots *espèce, genre, type, sorte, variété, catégorie, forme, classe,* etc., au pluriel, le complément est généralement au pluriel s'il est concret et au singulier s'il a une valeur abstraite. Après ces mots au singulier, le complément est le plus souvent au singulier. (Pour l'accord, voir les mots traités dans ce répertoire.)

des catégories de personnes
des types d'appareils
des genres de caractères
plusieurs espèces de courage

une variété de produit
une sorte de formulaire

Pour l'accord du verbe après certains compléments du nom, voir l'article **Collectif** de ce répertoire. Pour l'accord de l'adjectif ou du participe passé après un complément du nom, voir l'article **Adjectif qualificatif.**

CONCORDANCE DES TEMPS

Les règles de la concordance des temps déterminent quel temps du verbe il convient d'employer dans une subordonnée, en fonction du temps employé dans la principale, ou, plus exactement, en fonction du sens de la phrase. Ainsi, par exemple, le verbe de la subordonnée se met au présent, au futur ou au passé, selon que l'action de ce verbe se passe pendant, avant ou après celle du verbe de la principale. Ces règles sont moins strictes qu'autrefois, d'autant plus que certains temps verbaux (les première et deuxième personnes de l'imparfait du subjonctif, notamment) ne sont plus guère employés.

• Il doit y avoir concordance entre le verbe de la proposition principale et celui de la subordonnée au subjonctif.

Si le verbe de la principale est au présent (de l'indicatif ou du conditionnel), le verbe de la subordonnée se met au présent. Si l'action de la subordonnée s'est passée avant celle de la principale, le verbe de la subordonnée est au passé du subjonctif.

La direction <u>souhaite</u> que le personnel <u>soit</u> informé régulièrement.
La direction <u>souhaiterait</u> que le personnel <u>soit</u> informé régulièrement.
La direction <u>doute</u> que le personnel <u>ait été</u> informé régulièrement.
(L'action de la subordonnée précède celle de la principale.)

Si le verbe de la principale est au passé (de l'indicatif ou du conditionnel), le verbe de la subordonnée se met en principe à l'imparfait du subjonctif. Si l'action de la subordonnée s'est passée avant celle de la principale, le verbe de la subordonnée est en principe au plus-que-parfait du subjonctif. Dans ces cas, il est toutefois admis d'employer le présent ou le passé du subjonctif.

> **La direction avait souhaité que le personnel fût (ou soit) informé régulièrement.** (*fût*, imparfait, ou *soit*, présent du subjonctif)
>
> **La direction aurait souhaité que le personnel eût été (ou ait été, ou soit) informé régulièrement.** (*eût été*, plus-que-parfait, ou *ait été*, passé, ou *soit*, présent du subjonctif)

• Il doit aussi y avoir concordance entre le verbe de la proposition principale et celui d'une subordonnée de condition introduite par *si*. (Voir aussi p. 376.)

Quand le verbe de la proposition principale est au présent ou au futur, la subordonnée introduite par *si* est au présent de l'indicatif. Quand ce verbe est au conditionnel présent, la subordonnée est à l'imparfait de l'indicatif. Quand il est au conditionnel passé, la subordonnée se met au plus-que-parfait de l'indicatif.

> **La direction informera le personnel si la situation change.**
> **La direction informerait le personnel si la situation changeait.**
> **La direction aurait informé le personnel si la situation avait changé.**

La subordonnée de condition introduite par *si* n'est jamais au futur ni au conditionnel (à la différence d'une interrogation indirecte ou d'une subordonnée de concession, voir p. 376).

> **Si la situation changeait, la direction en informerait le personnel.** (et non *si la situation changerait*; subordonnée de condition)
>
> **Le personnel a demandé à la direction si la situation changerait.** (interrogation indirecte; verbe au conditionnel après *si*)
>
> **Si une telle situation serait éminemment souhaitable, elle n'en demeure pas moins tout à fait improbable.** (la proposition introduite par *si* exprime une concession; elle a le sens de «s'il est vrai que»)

• La concordance des temps s'applique également dans le discours indirect.

CONSEIL

Le mot *conseil* entre dans la composition de certains noms de professions et d'entreprises; il a le sens de «conseiller». Il suit immédiatement ces noms auxquels il est lié par un trait d'union. Au pluriel, on met un *s* aux deux noms. Le cas échéant, seul le premier élément se met au féminin.

> **un avocat-conseil, une avocate-conseil**
> **des avocats-conseils, des avocates-conseils**

un ingénieur-conseil, une ingénieure-conseil
des ingénieurs-conseils, des ingénieures-conseils
un médecin-conseil, une médecin-conseil, des médecins-conseils
un cabinet-conseil, des cabinets-conseils
une société-conseil, des sociétés-conseils

COULEUR

Le mot *couleur* figure dans de nombreuses expressions ; il est tantôt au singulier, tantôt au pluriel.

Il est au singulier lorsqu'il est en apposition, ainsi que dans la construction *de couleur*.

des photos couleur
des téléviseurs couleur
des gens de couleur
des crayons de couleur bleus et verts
des cartons de couleur verte (Cette formulation peut être jugée redondante : *des cartons verts* suffit généralement.)
deux bicyclettes de montagne, de couleur grise, à 21 vitesses
des draps blancs et de couleur
changer de couleur

Il est généralement au pluriel lorsqu'il est précédé de la préposition *en,* sauf dans l'expression *haut en couleur.*

un film en couleurs
une photo en couleurs
rêver en couleurs
des personnages hauts en couleur

DE... À

Pour indiquer une quantité approximative ou deux limites dans le temps ou l'espace, on emploie la construction *de... à.* L'ellipse de la préposition *de* est toutefois possible, mais il est préférable de la maintenir si la construction de la phrase le permet. Dans certains contextes, ce *de* se confond avec une autre préposition *de.* Il faut noter que l'ellipse de l'unité de mesure ou de l'élément commun est aussi possible à condition qu'elle ne crée pas d'ambiguïté.

Veuillez nous renvoyer ce formulaire d'ici à une semaine.
Le Québec compte de six à sept millions d'habitants. (de préférence à *Le Québec compte six à sept millions d'habitants*)

> **un salaire de 15 à 20 dollars de l'heure** (Les deux *de* se confondent ici ; on n'écrira pas *un salaire de de 15 à 20 dollars...*)
> **Les vingt à vingt-cinq candidatures que nous avons reçues...**
> **une salle de 1200 à 1300 places** (ou de 12 à 1300 places)
> **une augmentation de 5 à 6 %** (ou de 5 % à 6 %)

Un trait d'union (ou un tiret) peut remplacer *de... à* dans l'expression d'horaires, par exemple :

> **Heures d'ouverture : 9 h – 21 h** (de préférence à *Heures d'ouverture : 9 h à 21 h*)

On ne peut en principe utiliser *de... à* (ou *à* seulement) devant deux nombres consécutifs que lorsque ces deux nombres sont fractionnables. Dans le cas contraire, on emploie *ou*.

> **de deux à trois pages de notes** (nombres consécutifs fractionnables : il peut y en avoir deux pages et demie)
> **Nous avons retenu cinq ou six candidatures.** (et non pas *cinq à six candidatures,* car ces nombres consécutifs ne sont pas fractionnables ; on ne peut pas avoir cinq candidatures et demie)
> **Nous retiendrons de dix à quinze candidatures.** (ou Nous retiendrons dix à quinze candidatures. Nombres non consécutifs)

Dans le contexte de l'interprétation des lois, la mention d'une série d'articles de loi comprend le premier et le dernier ; il est donc superflu d'ajouter *inclusivement*. Toutefois, dans les autres contextes, il est utile de préciser *inclusivement* ou *exclusivement* si on craint l'ambiguïté.

> **sous réserve des articles 20 à 30**
> **pages 15 à 20 inclusivement**
> **de la page 18 à la page 25 exclusivement**
> **p. 28-35**
> **n°s 2 à 8 incl.** (ou excl.)

Pour indiquer un choix entre plusieurs adjectifs numéraux, on emploie généralement la conjonction *ou*. On peut aussi juxtaposer les adjectifs sans conjonction en les séparant par une virgule ; cette dernière construction appartient toutefois davantage à la langue familière.

> **Nous avons consacré sept ou huit heures à ce dossier.**
> **Nous avons passé sept, huit heures sur ce dossier.**

DE MÊME QUE

Lorsque deux sujets sont liés par *de même que* équivalant à *et,* avec une idée d'addition, le verbe est au pluriel. L'élément introduit par *de même que* n'est pas entre deux virgules.

Le siège social de même que les succursales suivront cette politique.

Lorsque deux sujets sont liés par *de même que,* exprimant la comparaison et signifiant «de la même manière que», le verbe s'accorde avec le premier sujet et reste au singulier. En principe, l'élément introduit par *de même que* s'écrit alors entre virgules.

Le rapport d'activité de cette année, de même que ceux des années précédentes, peut être consulté à la bibliothèque.

DEMI

Placé après le nom, l'adjectif *demi* s'accorde en genre seulement. (Il s'agit de la moitié de l'unité que désigne le nom.)

cinq fois et demie
deux heures et demie
dix kilomètres et demi
midi et demi
minuit et demi

Placé devant le nom, l'élément *demi* est invariable et lié au nom par un trait d'union.

les demi-finales du championnat
plusieurs demi-heures

DERNIER

Quand, dans l'écriture d'une date, il est important de faire mention de l'année (ce qui n'est pas toujours le cas), il est préférable de l'indiquer précisément, en chiffres. Toutefois, on peut dans certains cas avoir recours à l'adjectif *dernier*. Pour l'accorder, il est logique de tenir compte du moment où le texte est rédigé, même si certains auteurs préconisent l'accord au pluriel dans tous les cas où il est question de plusieurs jours.

Si, par exemple, on est le 14 novembre 2000 et qu'on veuille parler des 9 et 10 du même mois, on accordera *dernier* avec les jours (dans ce contexte, eux seuls peuvent être « derniers », puisque le mois de novembre est le mois courant).

> **les 9 et 10 novembre derniers**
> **du 8 au 12 novembre derniers**

Si, toujours en date du 14 novembre 2000, on veut parler des 24 et 25 octobre, on accordera *dernier* avec le mois (c'est effectivement alors le mois dernier).

> **les 24 et 25 octobre dernier**
> **du 20 au 27 octobre dernier**

Si les dates s'échelonnent sur deux mois, *dernier* se rapporte aux jours et s'écrit au pluriel.

> **les 30, 31 octobre et 1er novembre derniers**
> **du 30 octobre au 4 novembre derniers**

DES MIEUX, DES MOINS, DES PLUS

Conformément à l'usage moderne, après *des mieux, des moins, des plus,* l'adjectif ou le participe passé qui se rapporte à un nom est toujours au pluriel et s'accorde en genre avec ce nom.

> **Nous avons reçu une documentation des plus complètes.** (une documentation parmi les plus complètes)
> **Cette hypothèse est des moins plausibles.**
> **Voilà une spécialiste des plus compétentes et des plus intéressantes.**

Lorsque l'adjectif ou le participe se rapporte à un infinitif, à un pronom neutre ou à toute une proposition, il reste invariable.

> **Cela est des plus incertain.** (extrêmement incertain)
> **Dans les circonstances, voyager lui est des plus pénible.**

DONT

Le pronom relatif *dont* équivaut à *de qui, de quoi, duquel,* etc. Il faut donc éviter d'employer *de* dans la proposition principale qui introduit une relative avec *dont,* ce qui serait un pléonasme. De la même façon, si on emploie la préposition *de* devant l'antécédent dans la proposition principale, c'est le pronom relatif *que* qu'on emploie ensuite dans la relative, et non pas *dont,* pour éviter aussi un pléonasme.

> **C'est lui dont nous parlons.**
>
> **C'est de lui que nous parlons.** (et non pas *C'est de lui dont nous parlons*)
>
> **C'est de ces points qu'il sera question.** (et non pas *C'est de ces points dont il...*)

Lorsqu'on emploie *dont,* il faut bien veiller à respecter la correction syntaxique de toute la phrase.

> **ce dont il s'agit** (et non pas *ce qu'il s'agit,* car il s'agit de cela)
>
> **ce dont on ne s'est pas rendu compte** (et non pas *ce qu'on ne s'est pas rendu compte,* car on se rend compte de cela)
>
> **les documents dont nous avons besoin** (et non pas *que nous avons de besoin*)
>
> **Précisez-nous ce dont vous avez besoin.**
>
> **Voilà un ouvrage dont la qualité des illustrations est remarquable.** (et non pas *Voilà un ouvrage dont la qualité de ses illustrations...*)
>
> **D'après la façon dont la situation a été décrite, il y a lieu de s'inquiéter.** (et non pas *... la façon que...*)

DU ET DÛ

Du est un article défini contracté ou un article partitif qui a le sens de « de le » (l'équivalent féminin en est *de la*). *Dû* peut être un nom masculin qui ne s'emploie qu'au singulier, ou un adjectif masculin singulier, ou le participe passé masculin singulier du verbe *devoir* (qui font *dus* au masculin pluriel et *due* ou *dues* au féminin).

> **Nous attendons la réponse du ministre.** (article défini contracté)
>
> **Il lui reste encore du travail.** (article partitif)
>
> **Elles ont réclamé leur dû.** (nom)
>
> **Envoyer un colis en port dû.** (adjectif)
>
> **Le montant de la facture est dû avant la fin du mois.** (participe passé)
>
> **Nous avons dû les convaincre.** (participe passé)
>
> **La panne est due à un court-circuit.**
>
> **Beaucoup d'accidents sont dus à la fatigue.**

L'adjectif et le participe passé *dû* peuvent se rapporter à un nom, mais pas à toute une proposition. La construction *dû à* en tête de phrase ou de proposition est un calque de l'anglais à éviter. Il faut la remplacer, selon le contexte, par *à cause de, grâce à, en raison de, par suite de.*

> **En raison d'un malentendu, la rencontre n'a pas eu lieu.** (et non pas *Dû à un malentendu...*)

EN COLLABORATION AVEC

La construction *en collaboration avec* s'emploie pour signifier que deux ou plusieurs personnes ou organismes ont travaillé ensemble à une œuvre commune. Elle est souvent juxtaposée, entre deux virgules, à un sujet, mais a une fonction de complément. Le verbe qui suit ne s'accorde évidemment qu'avec le sujet.

> **Le directeur commercial, en collaboration avec la directrice des communications, doit préparer un projet de...**
>
> **Télé-Québec, en collaboration avec l'Office de la langue française, organise...**

D'autres formulations, entraînant d'autres accords, sont aussi possibles :

> **Le directeur commercial et la directrice des communications doivent, en collaboration, préparer un projet de...**
>
> **Le directeur commercial et la directrice des communications doivent collaborer à la préparation d'un projet de...**
>
> **Télé-Québec et l'Office de la langue française collaborent à l'organisation de...**
>
> **L'Office de la langue française collabore avec Télé-Québec à l'organisation de...**

ENTRE AUTRES

L'expression *entre autres* (qui s'écrit sans apostrophe ni trait d'union et où *autres* est toujours au pluriel) s'emploie quand on veut désigner tout particulièrement une personne ou une chose parmi d'autres ; elle signifie justement « parmi d'autres, notamment, en particulier ». En principe, elle est en rapport avec un nom ou un pronom exprimé immédiatement avant ou après. Le fait de l'employer sans rapport direct avec un nom ou un pronom peut nuire à la clarté de l'énoncé.

> **Entre autres qualités, elle a fait preuve de conscience professionnelle et de ténacité.**
>
> **Elle a fait preuve de qualités essentielles, entre autres la conscience professionnelle et la ténacité.**
>
> **Elle a fait preuve, entre autres qualités, de conscience professionnelle et de ténacité.**
>
> **Elle a fait preuve, entre autres, de conscience professionnelle et de ténacité.**

ESPÈCE DE

L'article ou l'adjectif démonstratif qui précède le mot *espèce* s'accorde toujours avec lui, c'est-à-dire au féminin, quel que soit le genre du complément qui suit.

> **une espèce de classeur**
> **cette espèce de tableau**

Si *espèce de* est au singulier, le complément est le plus souvent au singulier. Après *espèces de,* au pluriel, le complément se met généralement au pluriel ; il reste cependant au singulier s'il est abstrait.

> **plusieurs espèces de plantes tropicales**
> **diverses espèces de marchandises**
> **Il y a deux espèces de courage.**

Toutefois, si *espèce* est au singulier et son complément au pluriel, l'accord de l'adjectif, du participe passé ou du verbe se fait avec ce complément lorsque celui-ci représente l'idée principale et que *espèce de* a le sens plutôt péjoratif de « quelque chose comme ». Il en va de même dans ce cas avec un complément masculin singulier.

> **une espèce d'appareils qui se sont avérés absolument inutilisables**
> **une espèce de graphique tracé rapidement**

Par contre, si le mot *espèce* a son sens plein, celui de « sorte », de « classe », et surtout s'il est précédé d'un adjectif démonstratif, c'est lui qui détermine l'accord de l'adjectif, du participe passé ou du verbe.

> **Cette espèce de verres est particulièrement délicate.**

ET/OU

La tournure *et/ou,* qui indique à la fois une addition et un choix, peut être ambiguë et il est préférable de l'éviter, bien qu'elle soit parfois utilisée par commodité dans certains textes techniques. En effet, dans la majorité des cas, la conjonction *ou* employée seule suffit à exprimer la possibilité de choix ou d'addition ; c'est d'ailleurs le sens de *ou* en logique et en mathématiques.

> **Il y a sûrement des ajouts ou des corrections à apporter à ce texte.** (Il peut y avoir et des ajouts et des corrections.)

Toutefois, si on veut éviter toute ambiguïté, on peut avoir recours à une formule plus explicite.

> **Les congressistes peuvent se réunir dans la salle A ou dans la salle B, ou dans les deux.**
>
> **Invitez la présidente et la vice-présidente, ou l'une des deux.**

FÉMINISATION

L'Office de la langue française recommande l'utilisation du féminin des appellations d'emploi (voir liste en annexe) et propose aux personnes qui veulent féminiser leurs textes des règles et des procédés qui respectent les principes fondamentaux de la grammaire. (Voir la publication *Au féminin : guide de féminisation des titres de fonction et des textes,* de l'Office de la langue française.)

Ces procédés sont l'écriture des formes des deux genres en toutes lettres et le recours aux termes génériques et aux tournures neutres. La rédaction d'une note générale indiquant que, dans un texte donné, «le masculin désigne à la fois les hommes et les femmes» ou que «les titres désignent également les hommes et les femmes», ou encore que «la forme masculine, utilisée pour plus de commodité, désigne tant les femmes que les hommes» ne constitue pas une façon de féminiser ce texte.

Écriture des formes des deux genres, en toutes lettres

Les formes féminines s'écrivent à côté des formes masculines, qu'il s'agisse de noms ou de pronoms. Il faut donc éviter les formes tronquées du genre *les ingénieur(e)s, les étudiant/e/s inscrit/e/s, les chirurgien,ne,s* ou *les directeurs-trices* ; ces formes sont contraires à l'usage grammatical et nuisent à la lisibilité des textes.

On répète en principe les articles et les adjectifs devant la forme masculine et devant la forme féminine, mais on peut omettre de le faire lorsque les deux formes désignent des personnes appartenant au même groupe.

> **Les candidats et les candidates recevront une convocation.**
> **Les candidats et candidates recevront une convocation.**

> **Les députées et députés présents ont manifesté leur désaccord.**

Dans la formulation des cartes-réponses également, on indiquera les deux formes, masculine et féminine, ou on optera pour une formulation neutre (voir p. 342). Il faut éviter les formes : *Je serai présent(e), Je serai présent-e, Je serai présent/e.*

Je serai présent
☐ oui
☐ non

Je serai présente
☐ oui
☐ non

On peut avoir recours à l'ellipse dans certains cas, à condition d'éviter toute ambiguïté. On ne peut toutefois pas faire l'ellipse du second élément d'un nom composé avec trait d'union, ni d'un nom en apposition, ni de l'adjectif faisant partie d'une appellation d'emploi.

> **On demande un agent ou une agente d'information.**
>
> **On demande un avocat-conseil ou une avocate-conseil.**
> **Laboratoire pharmaceutique cherche ingénieur chimiste ou ingénieure chimiste.**
> **Une courtière immobilière ou un courtier immobilier s'occupera de la transaction.**

On ne répète généralement pas un nom qui a la même forme au masculin et au féminin.

> **On consultera une ou un notaire.**
> **Le ou la juge tranchera.**

Lorsqu'on reprend les appellations par des pronoms, on peut avoir recours au pronom masculin pluriel si on a déjà employé les formes des deux genres au pluriel ; si les deux genres n'ont pas été explicitement désignés, on se sert des pronoms masculin et féminin.

> **Les techniciens et les techniciennes doivent assurer l'entretien des appareils. [...] Ils doivent aussi...**
> **Tout le personnel est invité à cette réunion. [...] Ceux et celles qui...**
> **Le directeur ou la directrice assume [...]. Il ou elle est responsable...**

L'accord des adjectifs et des participes se fait au masculin pluriel lorsqu'ils se rapportent à la fois au nom masculin et au nom féminin. Quand ces deux noms sont au singulier, l'accord peut aussi se faire au masculin singulier s'il n'y a pas d'ambiguïté.

> **Les directeurs et directrices sont priés de...**
> **La ministre et le sous-ministre ont été invités à...**
> **La candidate ou le candidat choisi sera...**

On écrit en premier indifféremment le nom masculin ou le nom féminin, à moins que ceux-ci ne soient accompagnés d'un adjectif ou d'un participe à accorder : dans ce cas, l'accord devant se faire au masculin, on écrit de préférence le nom masculin le plus près de l'adjectif ou du participe à accorder.

> **Les nombreux techniciens et techniciennes de l'entreprise...**
> **Les représentantes et représentants syndicaux et patronaux...**

Recours aux termes génériques et aux tournures neutres

Un terme générique est un nom, masculin ou féminin, qui peut désigner aussi bien des hommes que des femmes (*une personne, les gens, les scientifiques, la direction, la présidence*, etc.). Certains termes génériques sont des collectifs (*le public, le personnel, l'assemblée, l'électorat, la clientèle, le corps professoral*, etc.).

> **C'est une note adressée au personnel.** (de préférence à *C'est une note adressée aux employés et employées.*)
> **Invitation valable pour deux personnes**

Les tournures neutres sont des formulations non personnalisées, des constructions infinitives ou nominales ; elles conviennent particulièrement pour la rédaction de descriptions de tâches, pour l'affichage des postes et pour les formulaires.

Notons enfin que, sur une carte-réponse, on peut employer les formules suivantes, qui conviennent aussi bien aux hommes qu'aux femmes :

> ☐ **Je dois décliner l'invitation**
> ☐ **J'accepte l'invitation**
> ☐ **Je confirme ma (notre) présence**

FORMATION DES NOMS D'ÉTABLISSEMENTS ET DE LIEUX

Pour former un nom d'établissement ou de lieu, public ou privé, construit ou non, il convient de respecter certaines règles syntaxiques, typographiques et toponymiques dont voici un bref rappel. (Voir aussi le chapitre traitant de l'usage des majuscules, p.143-183.)

Une dénomination se compose généralement d'un élément générique, qui désigne le type d'établissement ou de lieu dont il s'agit, et d'un élément spécifique ou distinctif, qui peut être lui-même un nom de personne ou un nom géographique, entre autres. Les deux éléments peuvent – ou doivent, selon le cas – être joints par la préposition *de* ou un article défini contracté (*du, des*). Si l'élément spécifique est composé, chacun des mots qui le composent prend la majuscule, et ces mots sont liés par des traits d'union.

Si le spécifique est un nom de personne ou de personnage non précédé d'un titre, un nom commun sans article ou une expression sans article, il est juxtaposé au générique sans préposition.

> **la bibliothèque Louis-Joseph-Papineau** (le spécifique est un nom de personne en apposition ; traits d'union, que la personne soit décédée ou non)
> **la salle Guillaume-Couture** (voir ci-dessus)

le centre commercial Fleur-de-Lys (le spécifique est un nom commun en apposition, sans article)

la résidence Sans-Souci (spécifique formé d'une expression composée)

le foyer Notre-Dame

Si le spécifique est un toponyme (nom de ville, de cours d'eau ou d'autre réalité géographique), un nom commun précédé d'un article ou un nom propre de personne précédé d'un titre, il est lié au générique par la préposition *de* ou un article défini contracté (*du, des*).

le centre culturel de Saint-Georges (Le spécifique est un nom de ville ; il est lié au générique par la préposition *de*.)

l'aréna de Montréal-Nord (même explication que ci-dessus)

le camping de la Rivière-Rouge (Le spécifique composé est un nom géographique : emploi de la préposition *de* ; éviter *camping Rivière-Rouge*.)

le parc de la Brunante (Le spécifique est un nom commun employé avec un article ; on doit employer la préposition *de*, et éviter *parc La Brunante*.)

l'amphithéâtre du Docteur-Penfield (Le spécifique composé est un nom de personne précédé de son titre ; on emploie l'article contracté *du*.)

FINI

En tête de phrase, le participe passé *fini* peut être invariable ou s'accorder. On peut mettre une virgule entre le participe passé et le nom.

Fini les frontières (équivalant à *c'est fini, les frontières*)

Finies les frontières (équivalant à *les frontières sont finies*)

Fini, les vacances ! (ou **Finies, les vacances !**)

GENRE DE

Le complément de *genre de* est le plus souvent au singulier quand *genre* est lui-même au singulier, et au pluriel quand *genre* est au pluriel. Le verbe qui suit s'accorde en conséquence.

Ce genre d'appareil est très pratique.

Ces genres d'appareils sont très pratiques.

C'est le genre de personne qui nous convient.

Toutefois, si *genre* est au singulier et son complément au pluriel, l'accord se fait avec ce complément pluriel lorsque celui-ci représente l'idée principale. Si un complément au féminin singulier représente l'idée principale, l'accord se fait également avec ce complément.

C'est le genre de personnes qui ont toujours raison.

Ils ont fait un genre de recherches tout à fait inutiles.

C'est un genre de questions fort embarrassantes.

un genre d'entreprise très lucrative

Quand le mot *genre* a son sens plein, celui de « catégorie », et surtout quand il est précédé d'un adjectif démonstratif, c'est lui qui détermine l'accord.

Ce genre de recherches a été mis au point dernièrement.

H MUET, H ASPIRÉ

Le *h* muet n'a aucune valeur dans la prononciation. Devant un *h* muet, on fait l'élision, c'est-à-dire qu'on supprime la voyelle finale du mot qui le précède et qu'on la remplace par une apostrophe. Le *h* muet permet de faire la liaison avec le mot précédent. On considère que les mots qui commencent par un *h* muet commencent par une voyelle du point de vue phonétique et se comportent comme tels par rapport aux mots qui les précèdent.

l'homme du XXIe siècle

l'héroïne du roman

l'huissier (et non pas *le huissier*; **à l'huissier**, et non pas *au huissier*)

les hommes, les héroïnes, les huissiers [lè-zom, lè-zé-ro-ine, lè-zui-sié]

l'hydrogène, l'hydroélectricité

Le *h* aspiré est différent. Il ne s'entend pas, mais empêche l'élision et la liaison. On considère que les mots qui commencent par un *h* aspiré commencent par une voyelle du point de vue phonétique, mais se comportent par rapport aux mots qui les précèdent comme s'ils commençaient par une consonne.

la hache

le handicap

les personnes handicapées (se prononce per-sonn-an, et non pas *per-sonn-z-an*)

le haricot, les haricots (se prononce lè-a-ri-co, et non pas *lè-za-ri-co*)

le haut-parleur, les haut-parleurs (se prononce lè-o-par-leur, et non pas *lè-zo-parleur*)

la hernie (**sa hernie**, et non pas *son hernie*)

les héros [lè-éro]

On peut savoir si un mot commence par un *h* muet ou un *h* aspiré en consultant un dictionnaire. Dans *Le nouveau petit Robert*, par exemple, la transcription phonétique d'un *h* aspiré est indiquée par une apostrophe précédant le *h*; dans *Le petit Larousse*, le *h* aspiré est indiqué par un astérisque devant le mot.

En ce qui concerne les noms propres et les prénoms commençant par un *h*, l'usage varie, et il vaut mieux consulter une grammaire complète ou un dictionnaire de prononciation. Dans les noms de lieux et de personnes des pays de langue germanique (allemand, anglais, néerlandais, etc.) ainsi que de ceux de langue espagnole et des pays arabes ou orientaux, c'est le *h* aspiré qui est en usage, mais il y a des exceptions pour les noms très connus ou d'un emploi courant. Une dénomination sociale formée d'un élément commençant par un *h* suit la même règle que cet élément.

> **les livres d'Huguette, d'Hubert, d'Henri** (Plus courant que *de Huguette, de Hubert, de Henri*. Toutefois, on fait la liaison dans *Saint-Hubert, Saint-Hippolyte* et *Saint-Hyacinthe*, mais pas dans *Saint-Henri*.)
>
> **une composition d'Hector Berlioz**
>
> **les habitants de Hambourg**
>
> **la baie d'Hudson**
>
> **la municipalité d'Hemmingford** *ou* **de Hemmingford**
>
> **les vedettes d'Hollywood**
>
> **la population d'Haïti**
>
> **la Hollande**
>
> **le règne de Hirohito**
>
> **les installations d'Hydro-Québec** (car on dirait et on écrirait *d'hydroélectricité*)

IMPÉRATIF ET INFINITIF

Dans des textes administratifs, techniques ou commerciaux, on a parfois le choix d'employer soit l'impératif soit l'infinitif. Les deux modes sont corrects, mais le choix de l'un ou de l'autre comporte des nuances, et entraîne le respect de règles de concordance avec les autres éléments de la phrase. Il faut surtout veiller à utiliser d'une manière uniforme, dans un même texte ou document, l'infinitif ou l'impératif.

L'emploi de l'**infinitif** convient aux avis de sécurité, aux simples indications techniques, aux instructions très courtes, aux modes d'emploi généraux ou aux consignes qui s'adressent à un lectorat indifférencié (bordereaux de transmission et de messages téléphoniques, feuilles de route, recettes, panneaux indicateurs ou de sécurité, notamment). Le texte à l'infinitif est impersonnel, neutre, distant, moins prescriptif que l'impératif. Lorsqu'on emploie l'infinitif, il faut aussi dépersonnaliser les pronoms et les adjectifs possessifs ou les employer à la troisième personne (éviter les *vous, votre, vos*), et employer des tournures impersonnelles. La formule de politesse *s'il vous plaît* et son abréviation *SVP* ne peuvent pas s'employer avec l'infinitif ; on leur préfère alors *prière de*.

> **AVANT D'OUVRIR, COUPER LE COURANT**
> **Ne pas mettre en marche**
> **Éteindre et débrancher l'appareil après usage**
> **À conserver au frais**
> **Découper suivant le pointillé**
> **Fermer la porte**
> **POUSSER/TIRER** (POUSSEZ/TIREZ est également correct.)
> **Défense de stationner** (et non pas *Ne pas stationner SVP*)
> **Prière de remplir le (ou son) formulaire d'appréciation à la fin de la séance.** (mais non pas *S'il vous plaît* [ni *SVP*] *remplir le formulaire...*)
> **Ne rien laisser dans la salle.**
> **Pour bénéficier de ces avantages, on doit en faire la demande avant le 31 décembre.** (formule non infinitive, mais impersonnelle)
> **Commencer par l'emploi le plus récent.** (et non pas *par votre emploi le plus récent*)
> **Les personnes intéressées doivent faire parvenir leur candidature à l'adresse ci-dessous.** (formule non infinitive, mais à la troisième personne)

Le mode **impératif** informe sur un ton plus personnel, plus proche du public lecteur. Il convient pour donner des instructions ou des conseils à suivre personnellement. Les formulaires où on demande explicitement de répondre à une série de questions précises (demande d'emploi, par exemple) sont généralement à l'impératif. De même, le texte des affiches de sécurité (à distinguer des panneaux de sécurité) est à l'impératif, dans un style direct, parfois familier, et accompagné d'une illustration.

Avec l'impératif, on emploie les pronoms personnels et les adjectifs possessifs à la deuxième personne (*vous, votre, vos*). L'expression *S'il vous plaît* et son abréviation d'un usage plus familier *SVP* ne s'emploient qu'avec l'impératif et se placent en principe à la fin de la phrase.

> **Vous avez terminé ? Éteignez l'appareil et débranchez-le !** (ou Éteignez et débranchez l'appareil !)
> **Veuillez remplir votre formulaire d'appréciation à la fin de la séance.**
> **N'oubliez pas vos documents dans la salle.**
> **Si le poste vous intéresse, faites parvenir votre candidature à l'adresse ci-dessous.**
> **Si vous désirez bénéficier de ces avantages, faites-en la demande avant le 31 décembre.**
> **Respectez le silence des lieux, s'il vous plaît !**
> **Faites-moi parvenir vos commentaires, SVP.** (et non pas *SVP me faire parvenir vos commentaires*, et aussi de préférence à *SVP faites-moi parvenir vos commentaires*)

INTER-

Le préfixe *inter-* se soude au mot qui suit, sans trait d'union.

> **une interface, des interfaces**
> **un intertitre, des intertitres**
> **des interrelations**
> **un appel interurbain**
> **des échanges intercontinentaux**
> **des relations interprofessionnelles**

Lorsqu'un adjectif est formé du préfixe *inter-* et d'un nom, il est d'usage de mettre cet adjectif au pluriel quand il renvoie à plusieurs éléments, même si le nom auquel il se rapporte est singulier.

> **un comité interentreprises**
> **une rencontre interclubs**

Lorsque *inter-* marque la réciprocité, il faut éviter les pléonasmes causés par l'emploi de la préposition *entre* dans le même membre de phrase.

> **Ces deux groupes sont en interrelation.** (et non pas *il y a interrelation entre ces deux groupes*)
> **la communication entre les parties** (et non pas *l'intercommunication entre les parties*)

INTERNET

On rencontre le mot **Internet**, nom du «réseau des réseaux» informatique, employé avec ou sans article. Étant donné qu'on le considère comme un nom propre qui désigne une réalité unique, et qu'il ne s'agit pas d'un nom géographique, l'article n'est pas nécessaire. Il reste donc préférable de dire ou d'écrire :

> **Avez-vous consulté le *Vocabulaire d'Internet* ?**
> **Internet permet de faire des recherches et de se documenter.**

Quant aux prépositions à employer avec le nom **Internet**, tout dépend du verbe. On peut dire qu'on fait des recherches **sur** ou **dans** Internet. Avec les verbes *naviguer* et *surfer*, on hésite parfois entre les prépositions **dans** et **sur**. Comme le cyberespace rappelle davantage l'espace aérien que l'étendue marine, il serait plus logique de dire qu'on navigue *dans* Internet. De plus, le double sens de *sur* peut prêter à confusion : si on parle d'un renseignement sur Internet, on ne sait pas s'il s'agit d'un renseignement à propos d'Internet ou d'un renseignement trouvé dans le réseau Internet.

Les termes **intranet** et **extranet**, qui désignent des réseaux à usage plus restreint (privé ou commercial), sont considérés comme des noms communs ; ils s'écrivent avec des minuscules initiales et prennent un *s* au pluriel. On les emploie avec un article.

Pour citer une **adresse Web** (ou **adresse URL**, dite couramment mais moins précisément **adresse Internet**) dans un texte, on peut opter pour l'un ou l'autre des procédés suivants de mise en évidence : l'écrire en gras, ou la mettre entre parenthèses ( ), ou entre crochets [ ], ou encore entre chevrons simples < >. Si l'adresse finit la phrase, on met un point final.

> **L'adresse du site de l'Office de la langue française est :**
> **www.olf.gouv.qc.ca.**
> **Dans le site de l'Office (www.olf.gouv.qc.ca), on peut consulter**
> **la Charte de la langue française.**
> **On trouve la réponse dans la foire aux questions linguistiques**
> **[www.olf.gouv.qc.ca/ressources/faq/faq_liste.html].**
> **Si les technologies de l'information en français vous intéressent,**
> **consultez le site de l'Office <www.olf.gouv.qc.ca>.**

JOURS DE LA SEMAINE

Les noms des jours de la semaine prennent un *s* au pluriel. Ils s'écrivent sans majuscule.

> **Le comité se réunit tous les mercredis.**
> **les premier et troisième lundis du mois**
> **Les jeudis et vendredis, les magasins ferment à 21 heures.** (au sens de tous les jeudis et tous les vendredis)
> **Notre bureau est fermé les samedis et dimanches.**

Dans bien des cas cependant, l'emploi du singulier générique suffit.

> **Notre bureau est fermé le samedi et le dimanche.**
> **Notre bureau est fermé les samedi et dimanche.** (Accord relativement rare ; l'article au pluriel équivaut ici à deux articles au singulier.)

Les mots *matin, midi, après-midi* et *soir* sont invariables quand ils suivent un nom de jour, car on sous-entend alors *au matin, dans l'après-midi, à midi, au soir.*

> **Elle doit rendre un rapport tous les lundis matin.**

LEDIT

Dans la langue juridique, l'adjectif *dit* peut être joint à un article défini simple ou contracté, pour former un adjectif démonstratif. Il faut toutefois éviter les formes *cedit, cette dite, cesdits,* etc., qui seraient des pléonasmes.

> **ledit, ladite, lesdits, lesdites**
> **audit, à ladite, auxdits, auxdites**
> **dudit, de ladite, desdits, desdites**

Les adjectifs et les noms *susdit, susdite, susdits, susdites* s'écrivent en un mot, ainsi que *susmentionné, susnommé* et *suscrit.* La plupart des autres composés avec *sus-* s'écrivent en deux mots avec un trait d'union; il est bon d'en vérifier l'orthographe dans un dictionnaire.

LEUR

Leur peut être un adjectif possessif, un pronom possessif ou un pronom personnel.

Leur, adjectif possessif, s'accorde en genre et en nombre avec le nom qu'il précède. Dans certains contextes, qu'on emploie *leur* ou *leurs,* une ambiguïté persiste; le singulier indique que ce qui est possédé est unique pour chacun ou est possédé en commun, et le pluriel indique soit que chacun possède plusieurs choses, soit que chacun possède une chose, ce qui fait plusieurs choses au total. Dans les cas où il ne doit pas y avoir d'ambiguïté, il est préférable d'employer *chacun* ou *chaque.*

> **Ils ont payé leur facture.** (Ils avaient une seule facture pour tous ou une facture chacun.)
> **Ils ont payé leurs factures.** (Chacun avait plusieurs factures ou chacun avait la sienne, ce qui fait plusieurs factures au total.)
>
> **Chacun a payé sa facture.** (aucune ambiguïté)
> **Chacun a payé ses factures.**
>
> **Les secrétaires sont responsables de leur ordinateur.**
> **Les secrétaires sont responsables de leurs ordinateurs.**
> **Chaque secrétaire est responsable de son ordinateur.**
>
> **Les étudiants et étudiantes doivent se munir de leur formulaire d'inscription.**
> **Les étudiants et étudiantes doivent se munir de leurs formulaires d'inscription.**

Leur est un pronom possessif variable généralement précédé d'un article défini : *le leur, la leur, les leurs.*

Leur devant un verbe est un pronom personnel complément invariable ; il a le sens de « à eux, à elles ».

> **Les nouvelles leur ont été annoncées ce matin.**

MATIN, MIDI, APRÈS-MIDI, SOIR

Les mots *matin, midi, après-midi* et *soir* restent invariables après les noms de jour, car on sous-entend alors *au matin, à midi, dans l'après-midi, au soir.*

> **Elle est en conférence téléphonique tous les mardis matin.**
> **Le bureau reste ouvert les jeudis et vendredis soir.**

MÊME

Lorsqu'il est adjectif, *même* s'accorde avec le nom ou le pronom auquel il se rapporte. Il est joint aux pronoms personnels par un trait d'union (*moi-même, vous-même(s), elles-mêmes,* etc.).

> **Nous avons les mêmes articles au même prix.**
> **Les élèves eux-mêmes sont enthousiastes.**

Comme adverbe, il est invariable. Il se rapporte à un verbe, à un adjectif ou à un autre adverbe ; il peut aussi précéder un article, un adjectif démonstratif, un adjectif numéral ou un pronom.

> **Interdit aux enfants, même accompagnés.**
> **Même les élèves exigeants ont été satisfaits.**
> **Même ceux et celles qui n'avaient pas de billet ont pu entrer.**
> **Elles accepteront même aujourd'hui.**

Placé immédiatement après un nom, *même* peut être adjectif ou adverbe.

> **Les élèves mêmes ont été satisfaits.** (équivaut à *les élèves eux-mêmes*)
> **Les élèves même ont été satisfaits.** (équivaut à *même les élèves*)

On écrit sans trait d'union *cela même, ici même, là même, par là même.*

MILLE

L'adjectif numéral cardinal *mille* est invariable. Le nom masculin *mille* synonyme de *millier* est également invariable ; il ne faut cependant pas confondre *mille* avec *millier,* qui, lui, est variable.

> **mille mercis**
> **plus de deux mille dollars**
> **gagner des mille et des cents**
> **Des spectateurs, il y en avait des dizaines de mille.**
> **Il y avait des dizaines de milliers de spectateurs.**

Le nom *mille* est variable lorsqu'il s'agit de la mesure de distance.

> **parcourir des milles en autobus**
> **rouler à cent milles à l'heure**
> **des milles marins**
> **des milles nautiques**

MOINS DE DEUX

Après l'expression *moins de deux,* le verbe se met généralement au pluriel, parce que le nom qui suit le numéral *deux* est au pluriel. L'accord se fait aussi en genre avec ce nom.

> **Moins de deux semaines se sont écoulées.**

Voir aussi, dans ce répertoire, les articles **Plus d'un** et **Pourcentage et fraction**.

MOTS COMPOSÉS (PLURIEL)

Le pluriel des noms composés suit la règle générale suivante : les éléments qui sont des verbes ou des adverbes restent invariables, tandis que ceux qui sont des noms ou des adjectifs prennent la marque du pluriel si le sens le permet. À la suite des rectifications orthographiques préconisées par le Conseil supérieur de la langue française de France en 1990, on observe toutefois une tendance à souder les éléments de certains noms composés, notamment de ceux qui comprennent un élément verbal ou certains préfixes, et à accorder moins systématiquement les éléments en tenant compte de leur sens. Les dictionnaires ont commencé à consigner ces nouvelles graphies, et les grammaires à en faire état. Il est recommandé de consulter ces ouvrages.

un pèse-lettre, des pèse-lettres (élément verbal invariable, nom variable)
un lave-glace, des lave-glaces

un tire-bouchon, des tire-bouchons (élément verbal invariable, nom variable)
un tirebouchon, des tirebouchons (variante orthographique : éléments soudés)

un chauffe-eau, des chauffe-eau (élément verbal invariable, nom invariable, car on chauffe de l'eau, et non pas des eaux)
un haut-parleur, des haut-parleurs (adverbe invariable, nom variable)

une pause-café, des pauses-café (des pauses pour le ou du café ; peut aussi s'écrire pause café, pauses café)
un timbre-poste, des timbres-poste (des timbres pour la poste)
une soirée-bénéfice, des soirées-bénéfice (des soirées *à bénéfice*, au bénéfice de...)
un concert midi, des concerts midi (ce n'est pas un mot composé ; *midi* a le sens de *à midi*)
un terre-plein, des terre-pleins (des [endroits] pleins de terre)

un dîner-débat, des dîners-débats (des dîners qui sont aussi des débats)
un souper-conférence, des soupers-conférences
un déjeuner-causerie, des déjeuners-causeries
un café-théâtre, des cafés-théâtres

NATAL

L'adjectif *natal* a son pluriel en *-als*. Toutefois, les composés de *natal* qui appartiennent à la langue médicale font le plus souvent leur pluriel en *-aux*.

des pays natals

des soins néonatals ou **néonataux**
des examens périnatals ou **périnataux**
des cours prénatals ou **prénataux**
des exercices postnatals ou **postnataux**

NON-

Les noms composés avec l'adverbe *non* s'écrivent avec un trait d'union. Le dernier élément prend un *s* au pluriel.

la non-conformité
la non-ingérence

> **le point de non-retour**
> **les non-fumeurs**
> **une salle non-fumeurs** (par ellipse de *destinée aux, pour les*)

Les adjectifs et les participes passés précédés de cet adverbe ne sont en principe pas liés à lui par un trait d'union, l'adverbe *non* gardant traditionnellement sa fonction. Toutefois, plus l'emploi de ces formes devient fréquent dans la langue moderne, plus on les considère comme lexicalisées, c'est-à-dire comme de véritables mots composés, et plus on a tendance à les écrire avec un trait d'union. Les dictionnaires usuels, qu'il est recommandé de consulter, les consignent souvent sous cette forme. Si le mot qu'on cherche n'est pas attesté dans ces dictionnaires, on lui fait suivre la règle générale.

> **des décisions nulles et non avenues**
> **une entreprise non rentable**
> **les personnes non admissibles à...**
> **un organisme non gouvernemental**
>
> **une méthode non-conformiste**
> **des manifestations non-violentes**
> **les pays non-engagés**

NOUS DE MAJESTÉ OU D'AUTORITÉ, NOUS DE MODESTIE, NOUS DE SOCIÉTÉ

Le pronom personnel *nous* est employé dans le style administratif quand on veut parler au nom d'un organisme ou d'une personne morale, c'est-à-dire au nom de plusieurs personnes physiques. C'est ce qu'on appelle parfois le *nous de société* ; il s'agit là d'un véritable pluriel. L'adjectif, le participe ou le nom qui se rapporte au pronom se met alors au masculin pluriel.

> **Nous sommes persuadés que vous donnerez suite à ce rappel.**
> **Nous avons été déçus de ne pas recevoir d'accusé de réception.**
> **Nous ne sommes pas responsables des dommages qui pourraient survenir.**
> **Nous sommes propriétaires de l'immeuble en question.**

Il arrive cependant que le pronom *nous* ne remplace qu'une seule personne ; c'est ce qu'on appelle, selon les contextes, *pluriel de modestie,* ou *pluriel de majesté* ou *d'autorité.* C'est le *nous* qu'une personne emploie à la place de *je* pour parler d'elle-même dans la préface d'un livre, par exemple. Dans ce cas, l'adjectif ou le participe reste au singulier.

> **Nous avons été obligée de restreindre la recherche.** (La personne qui parle est une femme.)

Nous nous sommes résolu à publier toutes les données détaillées. (La personne qui parle est un homme.)

Nous sommes sûr que nos lecteurs et lectrices comprendront...

En foi de quoi, nous, X..., expert agréé, certifions que...

NUL ET NUL AUTRE

L'adjectif indéfini *nul* s'accorde avec le nom auquel il se rapporte, mais comme il a le sens d'«aucun», il ne se met au pluriel que devant un nom qui n'a pas de singulier ou qui a un sens particulier au pluriel.

sans nul doute

Cette démarche ne mène nulle part.

Nulles archives n'ont été conservées.

nuls frais supplémentaires

Nul peut être suivi du pronom *autre* ; il s'accorde alors généralement avec le nom que remplace *autre*.

un travail semblable à nul autre

une responsabilité comparable à nulle autre

C'est nulle autre que sa fille qui a remis le trophée.

Les parties qui s'affrontaient étaient nuls (ou nulles) autres que le syndic et le promoteur. (accord soit avec *syndic* et *promoteur*, soit avec *parties*)

Dans la construction *à nul autre pareil, nul* s'accorde en genre uniquement avec le nom que remplace le pronom *autre* (à moins que ce mot ne s'emploie qu'au pluriel), et l'adjectif qualificatif *pareil* s'accorde en genre et en nombre avec le nom que remplace *autre*.

des expositions à nulle autre pareilles (c'est-à-dire des expositions pareilles à nulle autre, à aucune autre exposition)

des jardins à nul autre pareils (c'est-à-dire des jardins pareils à nul autre, à aucun autre jardin)

des funérailles à nulles autres pareilles (*funérailles* ne s'emploie qu'au pluriel)

ON

Le verbe qui suit le pronom indéfini *on* est toujours au singulier. *On* équivaut à *quelqu'un, tout le monde, quiconque.* Cependant, l'accord en genre et en nombre des adjectifs et des participes passés avec *on* peut se faire soit au féminin si *on* représente une femme, soit au pluriel s'il représente des femmes ou des hommes et des femmes.

> **On est forcé de se poser la question.**
>
> **Quand on est une femme, on se sent obligée de s'y intéresser.**
>
> **On a été rassemblés dans l'amphithéâtre.**

On n'exclut pas toujours la personne qui parle. *On* est fréquemment employé pour *nous* à l'oral dans un registre familier. À l'écrit, il est toutefois préférable d'employer *nous*.

> **On a été consultés** (ou **consultées**) **à plusieurs reprises.** (oral familier)
>
> **Nous avons été consultés** (ou **consultées**) **à plusieurs reprises.**
>
> **Nous, on est toujours prêts** (ou **prêtes**) **à participer.** (oral familier)
>
> **Nous, nous sommes toujours prêts** (ou **prêtes**) **à participer.**

On peut être remplacé par *l'on* pour des raisons d'euphonie, notamment après *et, ou, où, que, si*, etc., mais *L'on* en tête de phrase est une tournure vieillie.

Avec *on* devant un verbe, un adverbe ou une préposition commençant par une voyelle, il faut éviter de confondre la forme affirmative et la forme négative, qu'il n'est pas toujours facile de distinguer à l'oral. En effet, qu'on fasse la liaison avec *on* ou avec la négation *n'*, la prononciation est la même. À l'écrit, on peut vérifier si la phrase est à la forme affirmative ou à la forme négative en remplaçant *on* par un autre pronom ; s'il s'agit de la forme négative, il ne faut pas oublier l'adverbe de négation élidé *n'*.

> **On entend.** (Il entend : forme affirmative)
>
> **On n'entend rien.** (Il n'entend rien : forme négative avec la négation *n'*)
>
> **On y va.** (Comme « Il y va. »)
>
> **On n'y va jamais.** (Comme « Il n'y va jamais. »)
>
> **On en a plus.** (Le *s* de *plus* est sonore quand *plus* signifie « davantage ».)
>
> **On n'en a plus.** (Le *s* de *plus* est muet dans les locutions négatives *ne plus, non plus,* et devant une consonne.)

Le *on* de modestie est comparable au *nous* de modestie ; comme ce dernier, il peut être employé pour *je* dans l'expression écrite soignée, notamment.

> **Dans le présent ouvrage, on s'est efforcé de traiter de façon concise et pratique des règles et des usages de la correspondance commerciale et administrative.**

Dans un même texte ou contexte, le pronom *on* doit toujours faire référence à la même réalité ou aux mêmes éléments, pour éviter toute ambiguïté. Dans certains cas, on peut employer un autre pronom (*nous*, par exemple) ou une autre construction.

> **Nous avons vu précédemment qu'aux États-Unis on a procédé à diverses études qui confirment ces résultats.**
>
> *ou*
>
> **On a vu précédemment qu'aux États-Unis diverses études ont confirmé ces résultats.** (Plutôt que : *On a vu précédemment qu'aux États-Unis on a procédé à diverses études qui confirment ces résultats*, pour éviter une ambiguïté, les deux *on* ne désignant pas les mêmes personnes.)

L'adjectif possessif correspondant à *on* est *son, sa, ses*. Dans l'usage familier, c'est *notre, nos*.

> **On rédige son courrier à l'ordinateur.**
>
> **On a éteint notre ordinateur à la fin de la journée.** (familier, au lieu de « Nous avons éteint notre ordinateur... »)

─────────

PAR

La préposition *par* est suivie du singulier quand elle indique la distribution, c'est-à-dire quand on pourrait la remplacer par *pour chaque*, qu'il s'agit d'un rapport de division.

> **trois fois par semaine**
> **un exemplaire par personne**
> **cinq dépliants par enveloppe**
> **des centaines d'arbres par kilomètre carré**
> **un supplément de 50 $ par bureau**
> **Il y a vingt articles par caisse.**
> **faire dix fautes par page**
> **On compte dix appareils par service.**

La préposition *par* est suivie du pluriel dans des expressions où le sens est plutôt celui de « dans certains », « selon les », « en », ce qui est souvent le cas dans les tableaux.

> **par moments**
> **ranger par catégories**
> **classer par séries**
> **répartir par matières**
> **diviser un livre par chapitres**
> **Consommation de produits laitiers par groupes d'âge**
> **Répartition des nouveaux appareils par services**

PARTI, PARTIE

Il faut distinguer les noms *parti* et *partie*.

Partie, nom féminin, peut notamment être employé avec certains verbes dans des expressions ou des locutions qui signifient «constituer une part ou une partie, participer». *Partie* reste invariable dans *avoir affaire à forte partie, faire partie de, prendre à partie, être juge et partie, avoir partie liée, en tout ou en partie.*

> **Ils font partie d'un groupe dynamique.**
> **Ils sont à la fois juge et partie.**
> **Les candidats ont été pris à partie.**

Dans d'autres cas, *partie* s'écrit selon le sens au singulier ou au pluriel. Dans *être partie à* ou *dans,* le singulier indique que le sujet pluriel forme une même partie (*partie* est alors un collectif), et le pluriel signifie que les éléments qui composent le sujet pluriel sont autant de parties.

> **Elles sont parties prenantes dans ce projet.**
> **les contrats auxquels elles sont parties** (Il s'agit de deux ou de plusieurs parties.)
> **les contrats auxquels elles sont partie** (Il s'agit de la même partie.)

Parti est un nom masculin qui, dans certaines expressions ou locutions comme *prendre parti pour, tirer parti de,* reste également invariable.

> **Elles ont pris parti pour leurs collègues.**
> **Ils ont su tirer parti de la situation.**

> **Ces décisions dénotent certains partis pris.** (un parti pris, des partis pris)

PARTICIPE PASSÉ

L'accord des participes passés est expliqué en détail dans toutes les grammaires et dans tous les dictionnaires des difficultés de la langue, auxquels il est conseillé de se reporter. Voici toutefois certains cas particuliers.

Sans auxiliaire

Compris, étant donné, excepté, passé, vu peuvent s'employer dans des constructions figées; ils sont considérés comme des prépositions et restent alors invariables quand ils précèdent le nom auquel ils se rapportent. *Étant donné* et *passé* peuvent aussi être variables.

Passé cette date, l'offre ne sera plus valable.

Étant donné les conclusions de l'étude, des mesures s'imposaient.

Je serai absent le mois prochain, excepté la dernière semaine.

Vu l'importance des travaux, d'autres ressources sont nécessaires.

Tout est fourni, y compris les disquettes.

Tout est fourni, les disquettes y comprises (ou les disquettes comprises).

Verbes impersonnels

Le participe passé des verbes impersonnels et des verbes employés impersonnellement est toujours invariable.

Les dégâts qu'il y a eu le mois dernier ont été réparés.

La quantité de matériaux qu'il a fallu a dépassé les prévisions.

Avec en

Lorsque le complément d'objet direct est représenté par le pronom adverbial *en*, avec le sens partitif de «de cela, de ces choses» et considéré comme neutre, le participe passé qui suit peut toujours rester invariable. Le pronom *en* est alors essentiel au sens de la phrase.

Elle a envoyé plus de lettres qu'elle n'en a reçu.

Lorsque *en* n'est pas complément d'objet direct, ce n'est pas lui qui commande l'accord ; les règles habituelles s'appliquent donc alors.

Nos clients sont satisfaits : voici les appréciations que nous en avons reçues. (Qu'est-ce que nous avons reçu ? *que*, complément d'objet direct, mis pour *appréciations* ; *en* est ici complément d'objet indirect, il répond à la question *de qui ?*)

Avec le pronom l'

Lorsque le complément d'objet direct est le pronom neutre *l'*, ayant le sens de «cela», le participe passé reste invariable. (Il ne faut toutefois pas confondre ce pronom neutre avec celui qui représente un nom, masculin ou féminin, et qui commande l'accord.)

La recherche est plus longue que je ne l'avais prévu. (C'est-à-dire que je n'avais prévu qu'elle serait ; ce n'est pas la recherche que j'avais prévu.)

Les recherches sont plus longues que nous ne l'avions prévu. (même explication que ci-dessus)

Nous avons pu mener la recherche de la façon dont nous l'avions préparée. (Qu'est-ce que nous avions préparé ? *l'*, mis pour *la recherche*, donc accord au féminin singulier.)

Constructions elliptiques

Le participe passé reste aussi invariable dans certaines constructions elliptiques.

> **La recherche est plus longue que prévu.** (plus longue que c'était prévu)
> **Les recherches sont plus longues que prévu.** (Le participe passé ne se rapporte pas au nom *recherches* comme ce serait le cas des deux adjectifs dans « plus longues que coûteuses » ou « plus longues qu'ardues ».)

Suivi d'un infinitif

Le participe passé suivi d'un infinitif s'accorde si le complément d'objet direct est placé avant le groupe verbal qui comprend le participe passé et s'il fait l'action exprimée par l'infinitif (étant en quelque sorte le sujet de cet infinitif), que le verbe soit pronominal ou non.

> **Les relations que nous avons senties se détériorer...** (Nous avons senti quoi? *que*, mis pour les relations. Qu'est-ce qui se détériore? les relations.)

> **Nous les avons entendus discuter de cette question.** (Ce sont eux qui discutent.)
> **Ces avocates, on ne les avait jamais entendues dire cela.** (Ce sont les avocates qui disent.)
> **Ces vérités, on ne les avait jamais entendu dire.** (On n'avait jamais entendu dire quoi? *les*, mis pour *ces vérités*. Ce ne sont pas ces vérités qui disent; *ces vérités* est complément d'objet direct de l'infinitif dire.)

> **Les locaux que nous avons voulu louer...** (Ce ne sont pas les locaux qui louent; *les locaux* est complément d'objet direct de l'infinitif.)
> **Ce sont des paroles que nous avons entendu prononcer par le directeur.** (Ce ne sont pas les paroles qui prononcent.)

> **La nouvelle édition qu'on nous a demandé de préfacer...** (On nous a demandé quoi? de préfacer : c'est l'infinitif qui est le complément d'objet; le participe passé reste invariable.)

> **Ils s'étaient imaginé remporter le premier prix.** (Ils avaient imaginé quoi? le fait de remporter le premier prix.)

Ne pas confondre avec :

> **Ils s'étaient imaginés les meilleurs.** (Ils avaient imaginé qui? *s'* mis pour *se*, c'est-à-dire eux-mêmes.)

Faire *et* se faire

Le participe passé de *faire* et *se faire* est toujours invariable devant un infinitif.

> **Les recherches que nous avons fait publier ont eu du succès.**
> **Elles se sont fait demander les raisons de leur geste.**

Laisser *et* se laisser

Le participe passé *laissé* devant un infinitif suit en principe la règle d'accord des autres participes suivis d'un infinitif. (Voir plus haut.) Il est cependant de plus en plus admis de le considérer comme invariable, par analogie avec le participe passé de *faire* et de *se faire*. C'est notamment la position du Conseil supérieur de la langue française de France, qui, dans ses Rectifications de l'orthographe, préconise l'invariabilité de *laissé* dans ce cas.

> **les caisses qu'il a laissées tomber** (Il a laissé quoi ? *qu'*, mis pour *les caisses*. Ce sont les caisses qui tombent, donc accord du participe passé ; l'invariabilité serait admise.)
>
> **Ils se sont laissé convaincre par ces arguments.** (Ils ont laissé qui ? *se*, qui représente *ils*. Mais le complément d'objet direct, *se*, ne fait pas l'action exprimée par l'infinitif *convaincre* ; *laissé* reste donc invariable.)
>
> **Elles les ont laissés parler.** (Elles ont laissé qui ? *les*, mis ici pour un nom masculin pluriel. C'est *les*, complément d'objet direct, qui fait l'action exprimée par l'infinitif, *parler* ; l'invariabilité serait admise.)

Suivi d'un infinitif sous-entendu

Le participe passé de verbes d'opinion (*cru, dû, pensé, permis, pu, voulu*, principalement) peut être suivi d'un *infinitif sous-entendu*. Ce participe passé reste invariable, car aucun élément qui le précède n'est son complément d'objet direct. Celui-ci est l'infinitif sous-entendu.

> **Nous avons compilé toutes les données que nous avons pu.** (L'infinitif *compiler* est sous-entendu.)
>
> **Ils ont exploité toutes les ressources qu'ils ont voulu.** (L'infinitif *exploiter* est sous-entendu ; ils ont voulu quoi ? exploiter.)

Avec on

Après le pronom sujet *on*, le participe passé conjugué avec l'auxiliaire *être* s'accorde en genre et en nombre avec les personnes englobées par ce pronom. (Voir aussi l'article qui porte sur le pronom **On**, p. 354.)

> **On s'est assuré de l'exactitude des données.** (*On* ne représente qu'une personne, l'auteur.)
>
> **On a été enchantés de sa nomination.** (*On* représente *nous*, masculin pluriel.)
>
> **On est surprises de cette décision.** (*On* représente un féminin pluriel.)

Verbes pronominaux

Le participe passé des verbes qui n'existent que sous la forme pronominale s'accorde en genre et en nombre avec le sujet du verbe. C'est aussi le cas pour les verbes pronominaux dont l'action ne se reporte pas sur le sujet et qu'on appelle verbes pronominaux non réfléchis.

> **Ils se sont absentés.** (Verbe *s'absenter* ; le verbe *absenter* n'existe pas.)

Elles s'étaient <u>souvenues</u> des moindres détails. (Verbe *se souvenir* ; il n'y a pas de verbe *souvenir*.)

Ils se sont <u>aperçus</u> de l'erreur. (verbe *s'apercevoir*, non réfléchi, ne signifie pas « apercevoir soi »)

Elles se sont <u>plaintes</u> de la mauvaise qualité de l'air. (verbe *se plaindre*, non réfléchi)

Le participe passé des verbes transitifs et intransitifs employés pronominalement s'accorde en genre et en nombre avec le complément d'objet direct, s'il précède le verbe, car l'auxiliaire *être* est généralement mis pour *avoir*. Ce complément d'objet direct peut être soit le pronom *se*, soit un nom.

Ils se sont <u>vus</u> tout de suite. (Ils ont vu qui ? se, mis pour *ils*. *Se* est complément d'objet direct.)

Elle s'est <u>fixé</u> des objectifs ambitieux. (Elle s'est fixé quoi ? des objectifs : le complément d'objet direct est placé après ; pas d'accord.)

les objectifs ambitieux que s'est <u>fixés</u> la ministre (La ministre [sujet inversé] s'est fixé quoi ? [ou a fixé quoi à elle ?] *que*, mis pour *les objectifs* : le complément d'objet direct est placé avant le participe passé, ce dernier s'accorde donc avec lui.)

Elles se sont <u>parlé</u> à plusieurs reprises. (*Se* est complément d'objet indirect : elles ont parlé à qui ? à elles ; pas d'accord.)

Le participe passé des verbes pronominaux *se rire, se plaire, se déplaire, se complaire, se nuire, se parler, se rendre compte, se succéder, se suffire, s'en vouloir,* reste invariable, car ils n'ont jamais de complément d'objet direct. Avec ces verbes, le pronom *se* est complément d'objet indirect, répondant à la question *à qui ?* ou *à quoi ?*

Elles se sont <u>plu</u> à concevoir un nouveau programme. (Le pronom *se* n'est pas complément d'objet direct ici.)

Les chefs de service se sont <u>succédé</u> à ce poste. (Ils ont succédé les uns aux autres : *se* est complément d'objet indirect.)

Les secrétaires s'en étaient <u>rendu compte</u>. (On considère que *compte* est une sorte de complément d'objet direct du verbe.)

Verbes exprimant la mesure, la quantité, la durée

Le complément d'objet direct (qui répond généralement à la question *quoi ?*) et certains compléments circonstanciels de mesure, de quantité ou de durée (répondant aux questions *combien ?, combien de temps ?, comment ?*) sont parfois difficiles à distinguer. C'est notamment le cas avec les verbes *coûter, valoir, peser, mesurer, courir, vivre, dormir, régner, durer, reposer* employés intransitivement.

les centaines de dollars que cet appareil a <u>coûté</u> (Cet appareil a coûté combien ?)

les efforts que cette recherche a <u>coûtés</u> (Cette recherche a coûté quoi ?)

> **les dix tonnes que ce conteneur aurait _pesé_** (Ce conteneur aurait pesé combien ?)
>
> **les conteneurs que le transporteur avait _pesés_** (Le transporteur avait pesé quoi ?)
>
> **la semaine qu'a _duré_ le congrès** (Le congrès a duré combien de temps ?)
>
> **les quarante-deux kilomètres qu'elles ont _couru_** (Elles ont couru combien ?)
>
> **les marathons qu'elles ont _courus_** (Elles ont couru quoi ?)

Cependant, le verbe _avoir_ et les verbes _dépenser, gagner, parier, perdre, prendre_ et _rapporter_ sont transitifs directs, c'est-à-dire qu'ils sont généralement accompagnés d'un complément d'objet direct. L'accord du participe passé se fait donc avec ce complément d'objet direct s'il est placé avant.

> **les cinquante ans qu'il a _eus_ cette année**
>
> **les milliers de dollars que j'avais si difficilement _gagnés_**
>
> **les précieuses minutes qu'il a _perdues_**
>
> **les cinq kilos qu'elle a _perdus_**

L'expression de grandeurs ou de mesures peut même être complément d'objet direct de verbes comme _ajouter, calculer, couper, enlever, passer, prendre, supprimer_, etc. ; l'accord du participe passé se fait donc avec ce complément s'il est placé avant.

> **les 500 grammes qu'on a _ajoutés_** (Qu'est-ce qu'on a ajouté ? ou On a ajouté quoi ?)
>
> **les cent dollars qu'on a _calculés_**
>
> **les dix centimètres qu'on a _coupés_**
>
> **les deux jours qu'on a _passés_ à...**
>
> **les trois minutes qu'on a _supprimées_**

Avec un attribut du complément d'objet direct

Lorsque le complément d'objet direct a un attribut et que le participe passé est suivi de cet attribut, l'accord du participe passé se fait généralement avec le complément d'objet direct placé avant lui, mais l'invariabilité est admise.

> **les recherches qu'on avait _crues_** (ou _cru_) **terminées**

Toutefois, si l'attribut du complément d'objet direct est suivi d'un infinitif complément, le participe passé et l'attribut sont invariables.

> **les documents que nous avons _jugés_** (ou _jugé_) **nécessaires** (même cas que ci-dessus)
>
> **les documents que nous avons _jugé_ nécessaire de vous envoyer** (_nécessaire_, attribut du complément d'objet direct _que_, mis pour _documents_, est suivi d'un infinitif complément, _de vous envoyer_)
>
> **les données qu'on avait _déclaré_ être inexactes**

PAS DE

Après les négations *pas de, plus de,* le nom peut être au singulier ou au pluriel, selon qu'il serait au singulier ou au pluriel si la phrase était affirmative. Dans certains contextes, le singulier et le pluriel sont possibles.

> **Nous n'avons pas de nouvelles de lui.**
> **Nous n'avons plus d'argent à consacrer à ces travaux.**

> **Il n'y a pas de mots pour décrire cette situation.**
> **Il n'y a pas de solution à ce problème.**

> **Il n'a plus de dossier (ou de dossiers) en retard.**

PASSÉ SIMPLE

Le passé simple exprime un fait complètement achevé au moment où on parle. Il a pour ainsi dire disparu de la langue parlée, mais on l'emploie encore à l'écrit, non seulement dans les textes littéraires, mais aussi dans les textes scientifiques et journalistiques. On le conjugue surtout à la troisième personne du singulier et du pluriel. Aux autres personnes, notamment aux deux premières personnes du pluriel, on le remplace généralement par le passé composé.

PERSONNEL ET EFFECTIF

Le mot **effectif**, emprunté au domaine militaire, s'emploie en gestion pour désigner le nombre de personnes qui constituent un groupe défini. D'abord employé seulement au singulier, *effectif* est parfois au pluriel pour insister sur l'importance numérique, mais le singulier est plus courant.

> **L'effectif de l'hôpital est resté stable cette année.**
> **Les effectifs doubleront au cours des trois prochaines années.**

Le mot **personnel** est différent. C'est un mot au singulier qui représente plusieurs individus, un ensemble de personnes : c'est un collectif. On le voit parfois au pluriel, mais il ne devrait l'être que dans des contextes particuliers, lorsqu'il est important de préciser qu'il y a plusieurs catégories de personnel. L'usage courant n'admet en effet que le singulier, et on parle en général du personnel de l'école, de l'hôpital, de l'entreprise, même s'il est évident que, dans une école par exemple, il y a le personnel enseignant, le personnel administratif, le personnel d'entretien, etc.

> **Le personnel de l'école sera invité à donner son avis sur cette question.**

Le personnel enseignant, le personnel administratif et le personnel d'entretien seront invités à donner leur avis sur cette question. La consultation de ces trois personnels (ou, de préférence, catégories de personnel ou groupes) importe beaucoup à la direction de l'établissement.

PÉRIODICITÉ

Pour exprimer la périodicité d'une chose, la fréquence à laquelle elle survient, ou sa durée, on a souvent recours à des adjectifs. En voici un rappel.

deux fois par jour	**biquotidien**
deux fois par semaine	**bihebdomadaire**
deux fois par mois	**bimensuel**
deux fois par an	**semestriel**
tous les deux mois	**bimestriel**
tous les deux ans	**bisannuel** ou **biennal**

Il n'existe pas d'adjectif pour qualifier ce qui revient toutes les deux semaines (ce qui est différent de deux fois par mois). Toutefois, les noms *quatorzaine* et *quinzaine* désignent respectivement un espace de quatorze jours ou un espace de quinze jours, ce qui, dans les faits, revient au même (tout comme *huit jours* peut être synonyme d'*une semaine*, qui n'en compte que sept). Donc, pour dire qu'on reçoit son salaire toutes les deux semaines, on peut employer l'expression *paie à la quatorzaine* ou, de façon plus moderne, *paie à la quinzaine*, ou encore tout simplement le mot *quinzaine*, dont le sens de «salaire de deux semaines» est attesté dans les dictionnaires.

PLUS D'UN

Après *plus d'un* ou *plus d'une*, qu'il s'agisse de l'adjectif ou du pronom indéfini, le verbe se met généralement au singulier. Cependant, quand *plus d'un* ou *plus d'une* est répété, le verbe se met au pluriel.

> **Plus d'une candidate a évité cette erreur.**
> **Plus d'un s'en est plaint.**

> **Plus d'une erreur, plus d'une omission nuisent à la qualité de ce rapport.**

Si le verbe qui suit *plus d'un* ou *plus d'une* exprime une action réciproque, ce verbe pronominal se met au pluriel.

> **Plus d'un se seraient battus pour l'avoir.**

Lorsque *plus d'un* ou *plus d'une* est suivi d'un complément au pluriel, le verbe peut se mettre au singulier ou au pluriel.

> **Plus d'un de ses travaux a été remarqué (ou ont été remarqués).**

Avec l'expression *plus de deux,* le verbe se met toujours au pluriel. C'est aussi généralement le cas avec l'expression *moins de deux* (voir ce point).

> **Plus de deux mois se sont écoulés depuis notre dernière rencontre.**
> **Moins de deux semaines ont passé depuis sa visite.**

POSSIBLE

Possible est variable quand il est adjectif et qu'il qualifie un nom ; il s'accorde alors avec ce nom.

> **Nous lui avons posé toutes les questions possibles.** (qui étaient possibles)

Possible est invariable quand il est précédé d'un superlatif comme *le moins, le plus, les meilleurs.* En effet, dans ce cas, *possible* ne se rapporte pas au nom, il remplace la proposition « qu'il est possible ».

> **Il faut distribuer le plus possible de dépliants.**
> **Il faut distribuer le plus de dépliants possible.** (qu'il est possible de distribuer)

POST-

Ce préfixe se soude au mot qui suit, sauf dans les expressions latines. Devant les mots qui commencent par un *t,* la plupart des dictionnaires mettent un trait d'union, mais certains les soudent comme les autres mots.

> **postdater**
> **postdoctoral**
> **postindustriel**
> **postmoderne**
> **postsynchronisation**
>
> **post-traumatique** (ou, plus rarement, **posttraumatique**)
>
> **post-scriptum**
> **post-partum**
> **post mortem** (locution adjectivale : **Le testament est un acte juridique post mortem.**)

POURCENTAGE ET FRACTION

Après l'expression d'un pourcentage ou d'une fraction suivie d'un complément, le verbe peut se mettre au singulier ou au pluriel, mais en général un complément au pluriel entraîne un verbe au pluriel et un complément au singulier entraîne un verbe au singulier.

> **Il semble que 25 % de l'électorat a voté contre.**
> **Il ressort que 40 % des spécialistes sont de cet avis.**
> **Trois quarts de la récolte a été perdue** (ou **ont été perdus**).
> **La moitié des dossiers seront archivés** (ou **sera archivée**)[1].

Lorsqu'une fraction ou un pourcentage est précédé d'un article ou d'un adjectif au pluriel, l'accord se fait au pluriel, de même qu'après l'expression *sur cent*.

> **les 15 % de bénéfice qui restent**
> **Ces dix pour cent doivent être répartis.**
> **Les deux tiers du territoire sont protégés.**
> **Quinze élèves sur cent ont obtenu cette note.**

Le participe passé s'accorde avec le pourcentage ou avec son complément selon le sens.

> **Soixante-quinze pour cent de la clientèle que le Service de la publicité a consultée se sont montrés favorables à la nouvelle marque.** (C'est toute la clientèle qui a été consultée.)
> **Les soixante-quinze pour cent de la clientèle que le Service de la publicité a consultés se sont montrés favorables à la nouvelle marque.** (On n'a consulté que soixante-quinze pour cent de la clientèle.)

Si le complément est sous-entendu et qu'il est singulier, l'accord se fait avec l'expression de pourcentage, donc au masculin (singulier pour 1 %, pluriel dans les autres cas). Si le complément sous-entendu est un pluriel et qu'il s'agit de personnes, l'accord se fait en genre et en nombre avec lui.

> **Cette fois encore, 1 % sert à ...**
> **Pour ce qui est du budget de l'année prochaine, 20 % seront réservés à...**
> **Parmi les personnes qui ont répondu à l'appel, 70 % ont été affectées au...**

Voir aussi l'article **Collectif.**

---

1. Toutefois, lorsque les noms de fraction *la majorité* ou *la minorité* sont pris au sens mathématique très précis, ce sont généralement eux qui commandent l'accord.

PRÉ-

Ce préfixe se soude aux nombreux mots qu'il sert à former, sans trait d'union. Dans les noms composés *pré-bois* et *pré-salé,* l'élément *pré* n'est pas un préfixe, mais le nom masculin qui a le sens de «pâturage».

préétabli
préexistant
préindustriel
préopératoire
prépaiement
préretraite
préalable (Et non pas *prérequis,* qui est un calque de l'anglais à éviter.)

PROCHAIN

Quand, dans l'écriture d'une date, il est important de faire mention de l'année (ce qui n'est pas toujours le cas), il est préférable de l'indiquer précisément, en chiffres. Toutefois, on peut dans certains cas avoir recours à l'adjectif *prochain.* Pour accorder cet adjectif, il est logique de tenir compte du moment où le texte est rédigé, même si certains auteurs préconisent l'accord au pluriel dans tous les cas où il est question de plusieurs jours.

Si, par exemple, on est le 14 novembre 2000 et qu'on veuille parler des 21 et 22 du même mois, on accordera *prochain* avec les jours (dans ce contexte, eux seuls peuvent être «prochains»; novembre est le mois courant).

les 21 et 22 novembre prochains
du 20 au 25 novembre prochains

Si, toujours en date du 14 novembre 2000, on veut parler des 7 et 8 décembre, on accordera *prochain* avec le mois (c'est effectivement alors le mois prochain).

les 7 et 8 décembre prochain
du 6 au 10 décembre prochain

Si les dates s'échelonnent sur deux mois, *prochain* s'écrit au pluriel.

les 29, 30 novembre et 1er décembre prochains
du 29 novembre au 5 décembre prochains

QUAND, QUANT À, ET TANT QU'À

Il ne faut pas confondre **quand**, conjonction, qui est synonyme de *lorsque*, et **quant à**, locution prépositive, qui signifie «pour ce qui est de, en ce qui concerne».

> **Quand il est arrivé, tout était prêt.**
> (C'est-à-dire «Lorsqu'il est arrivé...». Il ne faut pas se laisser induire en erreur par le son [t] commandé par la liaison.)
> **Quant à moi, je suis satisfaite.**
> (C'est-à-dire «En ce qui me concerne...». Et non pas *Quand à moi*, ni *Tant qu'à moi...* Voir ci-dessous.)

La conjonction *quand* n'est que rarement suivie de la préposition *à*. On ne rencontre cette construction que dans les textes littéraires, en cas d'inversion ou d'insertion d'un complément.

> **Quand à la nuit succède le jour...**
> (ou «Lorsque à la nuit succède le jour...»; inversion de «Quand le jour succède à la nuit...»)
> **Quand, à la fin du jour, les animaux vont boire...**
> (ou «Lorsque, à la fin du jour, les animaux vont boire...»: complément inséré)

Il ne faut pas confondre non plus **quant à** et **tant qu'à**. La construction **tant qu'à** a le sens de «puisqu'il faut, s'il faut aller jusque-là»; elle s'emploie devant un infinitif, qui peut être précédé d'un pronom.

> **Tant qu'à travailler, essayons d'y trouver du plaisir.**
> (C'est-à-dire «Puisqu'il faut travailler...» Ne pas confondre avec «Quant à travailler, il n'en est pas question.», qui signifie «Pour ce qui est de travailler...».)
> **Tant qu'à faire, prenez aussi ce livre-là!**
> **Prenez aussi ce livre-là, tant qu'à y être!**

QUELQUE, QUEL QUE

Le mot *quelque* est adverbe, donc invariable, quand il a le sens de «environ».

> **Nous en avons vendu quelque trois mille exemplaires.**

Quelque... que s'accorde en fonction du ou des mots intercalés.

> **pour quelque motif que ce soit...** (Un nom seul est placé après *quelque*: accord avec ce nom.)
> **quelques renseignements que vous demanderez...**

quelques frais supplémentaires que ce soit ou que ce soient (Un nom et un adjectif sont placés après *quelque* : accord de *quelques* avec le nom. Le verbe s'accorde soit avec le pronom *ce*, mis pour *cela*, soit avec le nom *frais* : quelques frais, quels qu'ils soient.)

quelques avantages précieux que cette association nous procure...

quelque rapidement que vous procédiez... (Un adverbe, un participe passé ou un adjectif seul est placé après *quelque* : ce dernier est invariable ; il a le sens de « si ».)

Quelque spécialisés qu'ils soient, ces ouvrages ne répondent pas à nos besoins.

Le mot *quelque* peut aussi être un adjectif indéfini qui a le sens de « plusieurs, un certain nombre de » ou de « un certain, une certaine ». Il s'accorde alors avec le nom auquel il se rapporte. Il est toujours au pluriel dans *et quelques*.

Nous vous en envoyons quelques exemplaires.

Cette demande nous est parvenue il y a quelque temps.

Il aurait dû avoir quelque idée sur la question.

Il aurait dû avoir quelques idées sur la question.

pour trois cents dollars et quelques

pour trois cents et quelques dollars

Le pronom relatif indéfini *quel que* (*quelle que, quels que, quelles que*) est suivi d'un pronom personnel ou d'un verbe d'état (*être, paraître, sembler, devenir, demeurer, rester*) ou encore de *pouvoir* ou de *devoir* au subjonctif. L'élément *quel* s'accorde avec le nom qu'il remplace.

Je respecterai votre décision, quelle qu'elle soit.

Quelles que puissent être vos raisons, vous ne pouvez refuser.

Quelle que soit la solution que vous choisirez, nous l'appliquerons.

Nous lui confierons le premier dossier, quel qu'il soit.

QUI (ACCORD DU VERBE APRÈS *QUI*)

Lorsque le pronom relatif *qui* a pour antécédent un pronom démonstratif (*celui, celle, ceux, celles*) qui est attribut d'un verbe à la 1re ou à la 2e personne dont le sujet est un pronom personnel, l'accord du verbe de la proposition relative peut se faire soit avec le pronom démonstratif attribut (c'est-à-dire à la 3e personne), soit avec le pronom personnel (c'est-à-dire à la 1re ou à la 2e personne).

Si le verbe de la proposition principale est interrogatif ou négatif, l'accord se fait avec l'attribut (le pronom démonstratif).

> **Êtes-vous celui qui a reçu cette demande ?**
> **Nous ne sommes pas celles qui ont terminé le travail.**

Si le verbe de la proposition principale est affirmatif, l'accord du verbe de la proposition relative se fait le plus souvent avec l'attribut antécédent de *qui* lorsque celui-ci est soit un pronom démonstratif (*celui, celle, ceux, celles*), soit un nom précédé d'un article ou d'un adjectif démonstratif. Toutefois, l'accord avec le pronom personnel est aussi admis.

> **Vous êtes celle qui est la plus apte à assumer ces fonctions.** (Plus fréquent que *Vous êtes celle qui êtes la plus apte à assumer ces fonctions.*)
>
> **Nous sommes ceux qui ont effectué cette étude.** (Plus fréquent que *Nous sommes ceux qui avons effectué cette étude.*)
>
> **Vous êtes de ceux qui savent se décider rapidement.** (Plus fréquent que *Vous êtes de ceux qui savez vous décider rapidement.*)
>
> **Vous êtes la candidate qui a retenu notre attention.** (Plus fréquent que *Vous êtes la candidate qui avez retenu notre attention.*)

Si l'attribut antécédent de *qui* est un numéral ou un adjectif précédé de l'article défini, l'accord du verbe de la proposition relative se fait fréquemment avec le pronom. Dans les autres cas, l'usage est indécis. Voir aussi l'article **Un des** de ce répertoire.

> **Vous êtes la première qui êtes arrivée à cette conclusion.**
> **Nous sommes les seuls qui acceptons l'invitation.**
> **Vous êtes des spécialistes qui connaissent (ou connaissez) le sujet à fond.**

QUOIQUE, QUOI QUE

La conjonction *quoique*, qui a le sens de « bien que, encore que », est suivie d'un verbe au subjonctif, d'un adjectif, d'un participe passé ou d'un complément. *Quoique* ne s'élide que devant *il, ils, elle, elles, on, un* et *une*.

> **Quoiqu'elle soit surchargée, elle a accepté cette responsabilité.**
> **Ils ont voté pour lui, quoique avec réticence.**
> **Elle sera présente, quoique invitée tardivement.**

La locution pronominale *quoi que* a le sens de « quelle que soit la chose que » ou « une chose quelconque ». Le verbe qui la suit est au subjonctif.

> **Quoi que vous décidiez, nous vous soutiendrons.**
> **Lui a-t-on réclamé quoi que ce soit ?**
> **Quoi qu'il en pense, il n'a rien dit.**

RAISONS SOCIALES

Une dénomination sociale, couramment appelée *raison sociale*, comporte généralement deux parties :

- une partie générique, qui sert à dénommer de façon générale une entreprise ;
- une partie spécifique, qui sert à distinguer nettement une entreprise d'une autre. Dans certains cas, cette partie spécifique peut être utilisée seule.

Dans un texte, on fait accorder les verbes, les participes passés et les adjectifs qui se rapportent aux raisons sociales.

Si la raison sociale n'est formée que d'un spécifique, l'accord peut se faire avec le premier mot, s'il s'agit d'un nom commun, ou avec le mot *société* sous-entendu. Si une telle raison sociale commence par un article (avec majuscule initiale), on fait l'accord en fonction de cet article, qui se contracte au besoin.

> **Air Canada est décidé à...** (accord avec le premier mot)
> **Air Canada est décidée à...** (accord avec le mot *société* sous-entendu)
> **Hydro-Québec est intervenue...**
> **Soquam s'est dotée de...**
> **Depuis vingt ans, La Capitale s'est efforcée de...**
> **Pour la mode, Les mille et une nuits sont fort réputées.**
> **Pour la mode, pensez aux Mille et une nuits.** (et non pas à *Les Mille...*)

Il en va de même lorsqu'une raison sociale formée d'un générique et d'un spécifique commence par un article (bien que l'article soit déconseillé dans la formulation de ce type de raison sociale).

> **Pour répondre à ces besoins, Les Publications Prodomo fournissent...**
> **Il faut s'adresser directement aux Publications Prodomo.** (et non pas à *Les Publications...*)

Si la raison sociale ne commence pas par un article, on doit tout de même la faire précéder d'un article, contracté au besoin et sans majuscule, dans le corps d'une phrase. L'usage veut cependant que certains génériques au singulier qui ne désignent pas un type d'établissement soient employés sans article.

Pour mieux servir leurs clients, les Chaussures Modelor se sont associées à...

Voilà six mois que les Ensembles Urbi inc. sont engagés dans ce projet.

C'est pourquoi l'Atelier de nettoyage Sinet vous donnera toute satisfaction.

Il a adressé une plainte aux Éditions ABC.

C'est la présidente du Groupe Intertex qui a prononcé la conférence d'ouverture.

La décision de Gaz Métropolitain a été bien reçue.

La nouvelle politique d'Air Transit sera rendue publique demain.

Si la raison sociale se compose de patronymes ou si elle comporte les expressions *et Associés, et Compagnie, et Fils,* etc., l'accord se fait au pluriel.

Allaire & Bédard informent leur aimable clientèle de...

Nicole Duchesne et Cie sont heureuses de...

On peut aussi faire précéder la raison sociale d'un terme générique approprié, sans majuscule ; la raison sociale est alors en apposition ou précédée de la préposition *de.* Ce procédé s'applique notamment aux cas où la raison sociale commence par un article contracté ou par une préposition, ou lorsque la raison sociale est un numéro.

La boutique L'impromptu est ouverte...

Le quotidien *Les Nouvelles* consacre un article à...

La société des Pneus Sécur ouvre une nouvelle succursale.

La société Air Transit a annoncé... (langue soutenue)

Le restaurant Chez la mère Catherine est réputé pour...

La société 1234-5678 QUÉBEC INC. a été fondée...

Dans certains contextes, un mot générique (*société, entreprise, agence,* etc.) peut être nécessaire, soit pour remplacer la raison sociale, soit pour faciliter la reprise de cette raison sociale par un pronom.

Bombardier a innové dans plusieurs domaines. [...] Cette société vient de recevoir le prix d'excellence...

ou

La société Bombardier a innové dans plusieurs domaines. [...] Elle vient de recevoir le prix d'excellence...

ou encore

Bombardier a innové dans plusieurs domaines. [...] On vient de lui décerner le prix d'excellence... ou bien Le prix d'excellence... vient de lui être décerné.

Pour l'emploi de *à* et *chez* devant une raison sociale, voir l'article **Chez** de ce répertoire.

RE-

Le préfixe *re-* sert à indiquer le retour à un état antérieur (*renouer, reboucher*), un changement de direction (*retourner, rejeter*), un renforcement (*rechercher, rehausser*), la répétition (*redire, refaire, renvoyer*), etc. Dans ce dernier sens, on peut l'appliquer à de nombreux verbes ou noms, que les dictionnaires ne peuvent tous citer. Devant une voyelle, *re-* devient *r-* ou *ré-* (on a ainsi les verbes *récrire* ou *réécrire*, mais le nom *réécriture* seulement ; les verbes *réanimer* et *ranimer*, qui ont des sens différents, mais le nom *réanimation* seulement), et devant un *s*, on emploie *re-*, *ré-* ou *res-* (*resaler, résonner, ressaisir*). Comme l'usage n'est pas toujours fixé, la consultation d'un dictionnaire s'impose, autant pour vérifier la forme du mot que son sens exact.

En effet, il faut éviter d'employer un verbe composé avec le préfixe *re-* lorsque le sens ne l'exige pas (par exemple, ne pas employer *rejoindre* au lieu de *joindre*, *relier* au lieu de *lier*, *rentrer* au lieu d'*entrer*, *reconduire* au lieu de *conduire*, *rajouter* au lieu d'*ajouter*, *rapporter* au lieu d'*apporter*, *réchauffer* au lieu d'*échauffer*, *retrouver* au lieu de *trouver*, *regrouper* au lieu de *grouper*, *rechercher* au lieu de *chercher*, etc ; ne pas confondre non plus l'adjectif *irréconciliable*, dérivé du verbe *réconcilier*, et l'adjectif *inconciliable*, dérivé du verbe *concilier*). Les confondre et toujours employer la forme en *re-* serait se priver d'un moyen d'expression fort utile.

> **Je n'ai pas réussi à vous joindre au téléphone.** (et non pas *à vous rejoindre*)
>
> **C'est elle qui entre en scène la première.** (et non pas *qui rentre en scène*)
>
> **Les élèves qui sont entrés au secondaire cette année...** (et non pas *qui sont rentrés*)
>
> **La veille de son départ, il lui a proposé d'aller la conduire à l'aéroport.** (et non pas *d'aller la reconduire*)
>
> **Avant un match, il est bon de faire des exercices d'échauffement.** (et non pas *des exercices de réchauffement*)
>
> **Cette règle se trouve à la page 120.** (et non pas *se retrouve*)
>
> **Les documents à consulter sont groupés dans ce classeur.** (et non pas *sont regroupés* ; mais : **Les documents étaient éparpillés, on les a regroupés.**)
>
> **J'ai dû chercher ce mot dans un dictionnaire.** (et non *rechercher*, à moins qu'il ne s'agisse d'une nouvelle consultation sur le même mot)
>
> **Les intérêts des parties en présence semblent inconciliables.** (et non pas *irréconciliables* ; mais : **Ils sont maintenant devenus des adversaires irréconciliables.**)

Il faut aussi éviter d'employer dans la même phrase un verbe composé avec *re-* marquant la répétition et la locution adverbiale *de nouveau*, ce qui constituerait une redondance.

> **Il est revenu hier** ou **Il est venu de nouveau hier.** (et non pas *Il est revenu de nouveau hier.*)

S EUPHONIQUE

Pour faciliter la liaison, on ajoute un *s* euphonique au singulier de l'impératif des verbes en *-er* et de certains autres qui se terminent par une voyelle, devant les pronoms adverbiaux *en* et *y* compléments du verbe et non suivis immédiatement d'un infinitif. Un trait d'union relie le verbe au pronom adverbial.

Expliques-en les causes. (*en* n'est pas suivi d'un infinitif)

Aies-en la certitude. (même remarque que ci-dessus)

Parles-en à tes collègues. (même remarque que ci-dessus)

Donnes-en en échange. (Le premier *en* est le pronom qui a le sens de « de cela », le second est une préposition.)

Parle en toute confiance. (*en* est ici une préposition et non pas un pronom adverbial)

Va en distribuer. (*en* est suivi d'un infinitif)

Vas-y sans tarder. (*y* n'est pas immédiatement suivi d'un infinitif, mais de l'expression *sans tarder*)

Retourne y annoncer la nouvelle. (*y* est suivi d'un infinitif)

Retournes-y tout de suite. (*y* est complément du verbe et n'est pas suivi d'un infinitif)

SANS

Le nom qui suit la préposition *sans* (indiquant l'absence, la privation) peut être au singulier ou au pluriel, selon le sens et la logique de la phrase ou de l'expression. De façon générale, il est au singulier si c'est un nom abstrait ou s'il indique l'unité. Dans certains cas, le singulier et le pluriel sont admis ; on consultera avec profit un dictionnaire pour vérifier les usages consacrés.

un accueil sans cérémonie

un résultat obtenu sans effort, mais sans mérite non plus

le chevalier sans peur et sans reproche

Cette lettre sera postée aujourd'hui sans faute.

La réunion s'est déroulée sans interruption de 9 h à 15 h 30.

sans objet

sans lieu ni date

sans douleur

Sans commentaire !

une dictée sans fautes

une ambition sans limites

être sans ressources

> sans aucuns frais
>
> une maladie sans séquelles

La préposition *sans* sert à former des noms et des adjectifs composés invariables qui s'écrivent avec un trait d'union.

> un sans-abri, une sans-abri, des sans-abri
>
> les sans-emploi
>
> faire des sans-faute
>
> des allures sans-gêne

La locution *sans que* se construit avec le subjonctif et n'est pas suivie du *ne* explétif. (On qualifie le mot *ne* d'explétif lorsqu'il n'est pas indispensable et qu'il n'a pas son rôle habituel de négation.)

> La réunion a été annulée sans qu'il soit prévenu. (et non pas *sans qu'il ne soit prévenu*)
>
> Elle ne viendra pas sans qu'on l'invite.

SE SENTIR, SE VOIR

Les verbes *se sentir* et *se voir* sont suivis de l'infinitif quand la phrase indique une action, et du participe passé quand la phrase indique un état (c'est alors un équivalent expressif du verbe *être,* dont il ne faut cependant pas abuser).

> Elles se sentent ressusciter. (Elles font l'action de ressusciter.)
>
> Elles se sont vues continuer malgré tout. (Pour l'accord du participe passé, voir ci-dessous.)
>
> Elles se sentent critiquées injustement. (Elles subissent la critique, elles sont dans l'état de critiquées.)
>
> Elles se voient désormais privées de ce droit.
>
> Ces crédits se verront affectés à la recherche.
>
> Elles se voient rappeler à l'ordre. (action accomplie par autrui : on les rappelle à l'ordre)
>
> Elles se voient rappelées à l'ordre. (état : elles sont rappelées à l'ordre)
>
> Elles se verront refuser l'entrée de la salle. (action accomplie par autrui : on leur refuse l'entrée)

Lorsque *se sentir* et *se voir* sont employés au passé, l'accord de *senti* et de *vu* est différent selon que ces mots sont suivis soit d'un adjectif ou d'un participe passé, soit d'un infinitif.

Quand ils sont suivis d'un adjectif ou d'un participe passé, *senti* et *vu* s'accordent avec le sujet.

> **Elles se sont senties obligées de répondre.**
> **Elles se sont senties acceptées par le groupe.**
> **Elles se sont vues récompensées de leurs efforts.**

Quand ils sont suivis d'un infinitif, *senti* et *vu* s'accordent avec le sujet (représenté par le pronom complément d'objet direct *se*) si celui-ci fait l'action exprimée par l'infinitif. Si ce n'est pas le sujet qui fait l'action exprimée par l'infinitif, *senti* et *vu* sont invariables.

> **Elles se sont senties renaître.** (Ce sont elles qui renaissent.)
> **Elles se sont vues accéder aux plus hauts postes.** (Ce sont elles qui accèdent.)
>
> **Elles se sont senti condamner sans raison.** (Ce ne sont pas elles qui condamnent.)
> **Elles se sont vu décerner le premier prix.**
> **Elles se sont vu accorder un droit de réponse.**
> **Elles se sont vu citer en justice.**

Voir aussi l'article **Participe passé** dans ce répertoire.

SI (MODE DU VERBE APRÈS *SI*)

Dans une proposition introduite par *si* qui exprime une condition, le verbe est à l'indicatif.

> **Ils assisteraient au colloque s'ils le pouvaient.**
> **Si vous acceptiez, nous en serions ravis.**

Toutefois, il n'est pas toujours exact de répéter que « les scies (*si*) n'aiment pas les raies (*-rai*) ». En effet, dans une proposition introduite par *si* qui exprime non pas une condition, mais une concession, le verbe peut être au futur ou au conditionnel, et donc se terminer par *-rai*, *-ra*, *-ront*, *-rais*, *-rait* ou *-raient*. On peut analyser cette construction appartenant à un registre de langue très soutenu comme une ellipse de *s'[il est vrai que]*, *s'[il faut admettre que]*, *si [on estime que]*.

> **Si cela semblera toujours incroyable à plusieurs, il n'en reste pas moins que c'est la pure vérité.** (s'il est vrai que cela semblera toujours incroyable...)
> **Si le texte dans son entier serait trop long, on pourrait tout de même en retenir une partie.** (s'il faut admettre que le texte dans son entier serait trop long...)

Lorsque *si* introduit une interrogation indirecte, le conditionnel est correct.

> **Nous aimerions savoir si vous seriez disposé à entrer en fonction le mois prochain.**
>
> **Je lui ai demandé s'il voudrait me remplacer.** (ou à l'indicatif, avec une nuance de sens : ... **s'il voulait me remplacer**)

Après la conjonction *que* remplaçant un second *si* lorsque deux propositions conditionnelles sont coordonnées, on emploie généralement le subjonctif, mais l'indicatif est admis.

> **Si vous déposez une plainte par écrit et que vous ne receviez** (ou **recevez**) **pas d'accusé de réception dans les dix jours...** (équivaut à *Si vous déposez une plainte par écrit et si vous ne recevez pas...*)

Voir aussi les règles de la concordance des temps, p. 331.

SOIT, SOIENT

La conjonction *soit* peut servir à introduire une explication ou une équivalence. Elle signifie alors « c'est-à-dire » et est invariable. Elle est aussi invariable quand elle marque l'alternative et équivaut à « ou bien... ou bien ».

> **deux appareils à 150 $, soit 300 $ au total**
> **Voici le matériel nécessaire, soit un ordinateur et une imprimante.**
>
> **Il faut soit réparer ce télécopieur, soit le changer.**

La conjonction *soit* peut aussi introduire une hypothèse ou une donnée dans un raisonnement. Elle signifie alors « supposons ». C'est le seul cas où la conjonction *soit* pourrait se mettre au pluriel, mais ce pluriel est désuet.

> **Soit deux droites parallèles AB et CD...** (de préférence à *Soient deux droites parallèles...*)

SORTE DE

Si *sorte de* est au singulier, le complément est généralement au singulier. Après *sortes de,* au pluriel, le complément se met généralement au pluriel ; il reste toutefois au singulier s'il est abstrait.

> **une sorte de marqueur**
> **plusieurs sortes de meubles de bureau**
> **deux sortes de concurrence**

Toutefois, dans le cas où *sorte* est au singulier et son complément au pluriel, l'accord se fait avec ce complément.

> **une sorte de livres épuisés**
> **Cette sorte de frais ne sont pas remboursables.**

SOUS-

Le préfixe *sous* marque une position inférieure, une subordination, une subdivision quand il entre dans la formation d'un nom, et une insuffisance quand il aide à former un verbe. Les mots composés avec *sous* s'écrivent tous avec un trait d'union et la plupart d'entre eux prennent la marque du pluriel (pour s'en assurer, il convient de consulter un dictionnaire).

> **un sous-domaine, des sous-domaines**
> **un sous-ministre, des sous-ministres**
> **un sous-main, des sous-main** (invariable)
> **un sous-verre, des sous-verre(s)**
> **sous-évaluer**
> **des enfants sous-alimentés**
> **des personnes sous-payées**

Toutefois, certains mots formés avec le préfixe *sous* s'écrivent en un seul mot, sans trait d'union, parce qu'ils viennent du latin. Ce sont **souscrire**, **soustraire** et **soussigné**, ainsi que leurs dérivés (*souscription, soustraction,* etc.).

> **Je soussignée(,) Marie Lafleur, autorise ma sœur, Julie Lafleur, à...**

STANDARD

Le mot *standard,* emprunté à l'anglais, est un nom masculin qui a le sens de «type, ensemble de caractéristiques» ou de «dispositif d'un réseau téléphonique permettant de mettre des lignes en relation». Il ne faut cependant pas le confondre avec le mot *norme,* ni employer l'expression *standard de vie* à la place de *niveau de vie.*

> **des standards téléphoniques**

L'adjectif *standard,* comme beaucoup d'adjectifs empruntés qui se prêtent mal à l'accord en genre, reste invariable en genre et le plus souvent en nombre également. La marque du pluriel est toutefois acceptable, conformément aux principes d'intégration des mots d'origine étrangère.

> **des échanges standard** ou **standards**
> **des modèles standard** ou **standards**
> **des pièces standard** ou **standards**

SUBJONCTIF

Le mode subjonctif exprime le doute, l'incertitude, le souhait, l'ordre, la nécessité, la volonté, la crainte, le regret, la supposition, le résultat recherché, l'éventualité, etc., c'est-à-dire ce qui est envisagé, mais qui n'est pas réalisé de façon sûre.

Certaines locutions formées avec le mot *que* sont toujours suivies du subjonctif : *afin que, avant que, bien que, en attendant que, jusqu'à ce que, pour que, quoique,* etc.

D'autres locutions sont suivies soit du subjonctif, soit de l'indicatif, selon le sens de la phrase.

> **Nous vous enverrons le tout de façon que vous le receviez à temps.**
> **Les appareils ont été disposés à l'envers, de façon qu'ils sont inutilisables.** (c'est-à-dire de telle façon qu'ils sont inutilisables, ou de telle sorte qu'ils sont inutilisables)

Si une proposition principale est négative, interrogative ou hypothétique, la proposition relative est normalement au subjonctif.

> **Il n'y a que cette proposition qui soit acceptable.**
> **Nous n'en connaissons pas d'autres qui aient la même compétence.**

Certaines propositions relatives peuvent se construire avec le subjonctif; elles comportent alors le sens de *tel que (telle que, tels que, telles que).* L'indicatif (y compris le conditionnel) reste toutefois possible.

> **Nous sommes à la recherche d'une personne qui sache se servir d'un tableur.** (une personne telle qu'elle sache se servir...)

Il y a des contextes où le conditionnel, le futur et le présent de l'indicatif ainsi que le subjonctif peuvent s'employer, avec des nuances de sens indiquant une plus ou moins grande éventualité dans la réalisation de l'action.

> **Choisissez un appareil qui pourrait s'installer facilement.** (conditionnel)
> **Choisissez un appareil qui puisse s'installer facilement.** (présent du subjonctif)
> **Choisissez un appareil qui pourra s'installer facilement.** (futur de l'indicatif)
> **Choisissez un appareil qui peut s'installer facilement.** (présent de l'indicatif)

On emploie plus souvent le subjonctif que l'indicatif après un superlatif ou l'équivalent d'un superlatif, notamment *le seul (la seule) qui, le seul que, le seul dont, l'unique qui, le premier qui, le dernier que, le meilleur que*, etc., ainsi qu'après *il n'y a que... qui (que, dont, etc.)* et *il y a peu de... que*.

> **C'est le seul ordinateur qui nous convienne.**
>
> **Il s'agit de la première imprimante qui soit dotée de cette fonction.**
>
> **Voilà le meilleur rapport que j'aie lu.**
>
> **Il n'y a que cette solution qui puisse les satisfaire.**

Lorsqu'on emploie les locutions *si... et que* pour éviter la répétition de deux *si* en tête de deux propositions coordonnées, *que* est généralement suivi du subjonctif, mais l'indicatif est admis.

> **Si vous recevez un appareil défectueux et que vous ne le signaliez** (ou **signalez**) **pas immédiatement...** (équivaut à *Si vous recevez un appareil défectueux et si vous ne le signalez pas immédiatement...*)

SUPER

Super peut être un nom, un adjectif ou un préfixe.

Comme nom masculin, c'est l'abréviation de *supercarburant*.

> **Dans votre nouvelle voiture, mettez-vous du super ou de l'ordinaire ?**

Comme adjectif invariable, épithète placée après le nom ou attribut, *super* appartient au registre familier et a le sens de « supérieur, épatant, formidable ».

> **Une soirée super, des filles super**
>
> **Ils ont été super !**

Comme préfixe, *super* exprime le plus haut degré ou la supériorité. Il sert à former de nombreux noms et adjectifs appartenant à la langue technique ou publicitaire. Les mots composés avec *super* s'écrivent sans trait d'union, à de rares exceptions près, dont *super-huit* (ou *super-8*) ainsi que certains mots familiers de création récente, pour lesquels l'usage est flottant. En cas de doute, on peut opter pour l'agglutination (écriture en un seul mot), conforme à l'évolution de l'orthographe.

> **Un avion supersonique, un supersonique**
>
> **Des superordinateurs, des supermolécules**
>
> **Des supermarchés, des superpuissances**
>
> **Elle est superchic.** (ou **super-chic**)
>
> **Il est super-sympa.**

SUR-

Le préfixe *sur* marque l'excès ou signifie « au-dessus », « par dessus ». Tous les mots formés avec ce préfixe, qu'ils soient des noms, des verbes ou des adjectifs, s'écrivent sans trait d'union.

> **la surabondance**
> **une surdose** (en anglais : *overdose*)
> **surestimer**
> **surfin**
> **le surlendemain**
> **surmonter**
> **la surproduction**
> **Cette compagnie aérienne abuse de la surréservation** (en anglais : *overbooking*).

Les dictionnaires ne mentionnent qu'une exception, le nom *surplace*, qui peut s'écrire en un seul mot ou avec un trait d'union dans l'expression **faire du surplace** ou **faire du sur-place**.

SYNTHÈSE

Le nom *synthèse* n'est guère attesté dans les ouvrages de référence comme élément entrant dans la composition d'autres noms auxquels il serait lié par un trait d'union, ni comme élément juxtaposé sans trait d'union. Cependant, il peut être complément de nom, lié par la préposition *de*.

> **une note de synthèse**
> **un article de synthèse**
> **un rapport de synthèse**
> **des documents de synthèse**

Il faut noter que, dans le domaine de l'éducation, *épreuve-synthèse* et *examen-synthèse* sont à éviter. On doit leur préférer notamment, selon le cas, **épreuve de fin d'étape, examen de fin d'étape, épreuve de contrôle** ou **contrôle**.

T EUPHONIQUE

La lettre *t* précédée et suivie d'un trait d'union est une lettre euphonique qui permet la liaison dans les formes interrogatives surtout. Elle ne peut précéder que les pronoms *elle, il, on*.

> **Que fera-t-elle ?**
> **Où va-t-il ?**
> **Qu'y a-t-il ?**

Qu'en dira-t-on ? (à ne pas confondre avec *les qu'en-dira-t-on*)
Convainc-t-il toujours son auditoire ?
Ne voilà-t-il pas un nouvel argument ?

On ne met pas de *t* euphonique après un verbe qui se termine par un *d*, qui d'ailleurs se prononce [t].

Répond-il ?
Entend-elle ?

Il ne faut pas confondre le *t* euphonique avec le *t* qui résulte de l'élision des pronoms personnels *te* ou *toi,* et qui est suivi d'une apostrophe.

Va-t'en.
Ne t'y fie pas.
Mets-t'y sans tarder.
Nous t'envoyons le rapport immédiatement.

TEL ET TEL QUE

L'adjectif *tel* s'accorde avec le ou les noms ou pronoms auxquels il se rapporte et qui le suivent.

Tel est l'état de la situation.
Telle est la situation.
Les publications de notre organisme, tels les rapports de recherche et les études, sont distribuées gratuitement.
Ce ne sont pas des éditions définitives ; il ne faut donc pas les considérer comme telles.

Dans une comparaison ou une énumération introduite par *tel que,* tel s'accorde avec le nom qui précède.

Des publications telles que rapports de recherche et rapports d'activité sont destinées à un public restreint.
Des livres de référence tels que grammaires et encyclopédies devraient se trouver sur tous les bureaux.

Lorsque l'adjectif *tel* est employé avec *que* pour former la locution conjonctive *tel que* introduisant une proposition, *tel* doit également se rapporter à un nom ou à un pronom et s'accorder avec lui.

Tels que je les connais, ils ont dû accepter.
Ces machines ne sont pas fonctionnelles telles qu'elles ont été installées.

> **La situation, telle qu'elle nous a été décrite, semble grave.**
> **Nous avons expédié les documents tels que nous les avions reçus.**

La construction elliptique formée de *tel que* plus un participe passé est admise, à condition que l'adjectif *tel* se rapporte bien à un nom ou à un pronom, et qu'il ne renvoie pas à toute une proposition. Dans la langue soutenue, il est cependant préférable de maintenir le sujet et l'auxiliaire.

> **La situation, telle que décrite, semble grave.**
> **La situation, telle qu'elle a été décrite, semble grave.**

C'est généralement la conjonction *comme* qu'on emploie pour faire référence à toute une proposition. On peut aussi avoir recours à *ainsi que, conformément à,* etc. L'emploi de *tel que* dans ce cas est à éviter.

> **Comme promis, je vous envoie la liste de nos publications.** (et non pas *Tel que promis...*)
> **Le rapport n'a pas été remis comme prévu.**
> **Ainsi que nous l'avions annoncé, notre nouveau produit...** (et non pas *Tel qu'annoncé.* Noter en passant qu'employé seul dans l'affichage, *Tel qu'annoncé* devrait être remplacé par une expression du genre : Annoncé dans les médias, Présenté à la télévision, Comme dans notre publicité, etc.)
> **Conformément à la décision du conseil, la politique de...** (et non pas *Tel que décidé par le conseil, la politique de...*)

TOUT

1. Le mot *tout* peut être un adjectif indéfini qui a le sens de « chaque, n'importe quel » ou de « sans exception », ou un adjectif qualificatif signifiant « entier, véritable, unique ». Il peut aussi être un pronom indéfini. Dans ces cas, il est variable.

> **Tous les dossiers seront reclassés.**
> **Tous seront reclassés.**
> **Toute lettre, toute note, tout compte rendu sera reclassé.**
> **Toute lettre, toute note et tout compte rendu seront reclassés.**
> **Pour tout renseignement, prière de s'adresser à...**
> **C'est toute une histoire.**
> **Nous vous avons tout montré.**

La plupart des expressions et locutions formées avec *tout* s'écrivent au singulier. *Tout* y a le sens de «n'importe quel».

> **en tout cas**
> **à tout prix**
> **à tout propos**
> **de toute façon**
> **à toute heure**
> **en toute saison**

Certaines expressions et locutions s'écrivent avec *tous* ou *toutes,* dans le sens de «tous les, toutes les».

> **de tous côtés**
> **à tous égards**
> **en toutes lettres**
> **de toutes pièces**
> **toutes proportions gardées**
> **en tous sens**
> **tous azimuts**

D'autres expressions et locutions peuvent s'écrire au singulier ou au pluriel, selon le sens qu'on y donne à *tout*.

> **en tout genre, en tous genres**
> **à tout moment, à tous moments**
> **de toute sorte, de toutes sortes**
> **à tout point de vue, à tous points de vue**
> **à** ou **de tout âge, à** ou **de tous âges**

2. Le mot *tout* peut aussi être un adverbe qui signifie «tout à fait, complètement, entièrement». Il est normalement invariable. Cependant, lorsqu'il est suivi d'un adjectif ou d'un participe passé féminin commençant par une consonne ou un *h* aspiré, il devient variable. On peut vérifier dans un dictionnaire si un mot commence par un *h* aspiré ou par un *h* muet (il y est le plus souvent marqué par un astérisque ou une apostrophe). Voir aussi l'article sur *h* muet et *h* aspiré, p. 344.

> **Il est tout heureux.**
> **Elles sont tout heureuses.**
> **Elles sont toutes honteuses.** (suivi d'un *h* aspiré)
> **Elles sont tout étonnées.**

Elles sont tout en haut de la liste.

Elle est toute confuse. (suivi d'une consonne)

Ils sont tout près de réussir.

Nous avons reçu de tout nouveaux ordinateurs.

De tout petits changements ont été apportés au système.

les tout derniers jours de l'exercice

Les expressions *au tout début, le tout début, les tout débuts, à la toute fin* sont critiquées, car l'adverbe *tout* ne peut modifier un nom. On dira plutôt, selon le contexte : tout au début, les tout premiers débuts, les premières années, les premiers jours de, tout à la fin, etc.

3. Le mot *tout* peut aussi être un nom masculin qui s'écrit *touts* au pluriel.

Nous prendrons le tout.

Ces lots forment des touts bien distincts.

4. Dans les noms et les adjectifs composés qui commencent par l'élément *tout,* celui-ci est soit adverbe, et il reste invariable ou varie suivant la règle générale, soit adjectif, et il varie.

les tout-petits

des autorités toutes-puissantes

des véhicules tout-terrain ou **tout-terrains** ou **tous-terrains**

des tout-terrains

TOUT AUTRE

Dans l'expression *tout autre*, lorsque *tout* signifie « n'importe quel » et se rapporte à un nom ou à un pronom, il est adjectif, donc variable. Le nom qui suit *tout autre* pourrait s'intercaler entre *tout* et *autre* : c'est un moyen commode de reconnaître qu'il est adjectif.

Toute autre solution serait préférable.

Pour toute autre demande, adressez-vous à...

Tout suivi de *autre* est adverbe quand il signifie « complètement, tout à fait ». On ne peut pas le séparer de *autre*.

Il s'agit de tout autre chose.

D'habitude, elle est tout autre.

C'est une tout autre affaire.

Les vraies raisons sont tout autres.

TRAIT D'UNION

Les mots composés qui comportent un trait d'union sont fort nombreux, et l'usage semble souvent capricieux. Certaines des rectifications orthographiques proposées par le Conseil supérieur de la langue française de France en 1990 portent d'ailleurs sur cette question et proposent même de souder les éléments dans plusieurs cas. La consultation des dictionnaires reste indispensable, même si tous ne consignent pas les mêmes graphies et que plusieurs graphies sont fréquemment en concurrence. Le trait d'union est généralement la marque de la lexicalisation, c'est-à-dire de la reconnaissance d'un mot figé sous cette forme, avec une unité de sens. La soudure des éléments marque une plus grande lexicalisation encore (*audiovisuel, faitout, millefeuille, socioéconomique*, etc.).

Le trait d'union s'impose dans les mots composés pour éviter la rencontre de voyelles qui poserait des difficultés de lecture. Seul le dernier élément peut prendre la marque du pluriel.

      auto-immunisation (pour éviter *oi*)
      auto-induction
      bio-industrie
      gastro-intestinal
      génito-urinaire (pour éviter *ou*)
      intra-urbain (pour éviter *au*)
      intra-utérin
      micro-informatique
      micro-intervalle
      néo-impressionnisme
      photo-interprétation
      primo-infection
      sacro-iliaque
      thermo-ionique

Le trait d'union est également maintenu dans les adjectifs et les noms composés géographiques.

      afro-américain
      anglo-saxon
      franco-québécois
      gréco-romain

TYPE

Le mot *type* peut être juxtaposé à un nom, sans trait d'union, avec le sens d'«exemple», de «modèle». Il prend au besoin la marque du pluriel.

> **un cas type, des cas types**
> **un écart type, des écarts types**
> **des listes types**
> **des formules types**

Après l'expression *type de* suivie d'un complément, qui peut être selon le sens au singulier ou au pluriel, l'accord du verbe ainsi que celui de l'adjectif ou du participe passé se font généralement avec le complément. Toutefois, si *type de* est précédé d'un démonstratif, l'accord se fait avec *type*.

> **Un certain type d'appareils ont été commandés expressément pour lui.**
> **Il s'agit d'un type de travaux qui exigent peu de ressources.**
> **Voilà un type de travail qui me convient.**
> **différents types de vêtements**
>
> **Ce type de demandes est fréquent.**

UN DES

Après *un des, une des, un de ces, une de ces, un de ceux-là, une de celles-là... qui, que,* l'accord du verbe se fait selon le sens, au singulier ou au pluriel.

L'accord se fait au pluriel si on veut insister sur la pluralité, ce qui est le cas le plus fréquent. L'accord est au singulier si le sens l'impose et que le pluriel est impossible ; on met souvent alors une virgule devant *qui* ou *que* (proposition relative explicative).

> **Cette candidate possède l'un des meilleurs dossiers qui ont été présentés.**
> **Nous faisons affaire avec l'une des spécialistes de la question, qui nous a été fortement recommandée.**
> **Nous devons vous renvoyer un de ces appareils, qui ne nous donne pas satisfaction.**

VILLE

Le genre des noms de ville témoigne d'un usage assez flottant et il varie en fonction des contextes.

Sont toujours féminins les noms qui commencent par un article féminin et souvent ceux qui se terminent par *e* ou *es*. On peut aussi faire l'accord au féminin avec le mot *ville* exprimé ou sous-entendu.

> **La Tuque est située...**
> **L'Ancienne-Lorette s'est étendue...**
> **Montréal vue par les enfants**
> **Montréal a été l'organisatrice des Jeux olympiques de 1976.**
> **Saint-Jérôme, ville fleurie**

Toutefois, le masculin tend actuellement à se généraliser. Il s'impose évidemment si le nom de ville commence par un article ou un mot masculin. L'accord se fait habituellement au pluriel avec un nom pluriel comprenant un article.

> **Sherbrooke s'est équipé de...**
> **Gaspé est reconnu pour...**
> **Montréal a été choisi parmi...**
> **Trois-Rivières est situé sur la rive nord du Saint-Laurent.**
> **Havre-Saint-Pierre a été fondé...**
> **Le Gardeur est considéré comme...**
> **Les Méchins sont situés...**

C'est le masculin qu'on emploie avec les adjectifs *vieux* et *tout* qui précèdent le nom de la ville.

> **le Vieux-Québec**
> **Ils ont quadrillé tout Sainte-Foy.**
> **le Tout-Jonquière**

────────

VINGT

L'adjectif numéral cardinal *vingt* varie lorsqu'il est multiplié et qu'il n'est pas suivi d'un autre nombre.

> **tous les vingt ans**
>
> **Nous vous en avons commandé quatre-vingts.**
> **deux cent quatre-vingts places**
>
> **quatre-vingts dollars**
> **quatre-vingt-cinq dollars**
> **quatre-vingt mille dollars**
> **quatre-vingts milliers de dollars** (Le mot *millier* est un nom.)

quatre-vingts millions de dollars (Le mot *million* est un nom.)

cent vingt pages (*cent* ne multiplie pas *vingt*)
mille vingt billets

Lorsque *vingt* est adjectif numéral ordinal, signifiant « vingtième », il reste invariable. On écrit cependant plus souvent ces nombres en chiffres.

les années quatre-vingt (les années 80, mais pas *les années '80*)
la page trois cent quatre-vingt
Veuillez vous rendre au quatre-vingt de la rue des Érables.

VOIR

Le verbe **voir** est parfois employé comme un auxiliaire, suivi soit d'un infinitif, soit d'un participe passé selon qu'on insiste sur l'action ou sur l'état. Le fait de remplacer un verbe en *-er* par un verbe d'une autre terminaison aide à faire un choix entre les deux.

Voici les sujets que nous aimerions voir traiter au cours du colloque. (ou **voir débattre**)
Indiquez-nous quels travaux vous souhaiteriez voir terminés avant votre départ. (ou **voir finis**)

les termes qu'il souhaite voir préciser (ou **voir définir** ; c'est-à-dire qu'il souhaite qu'on précise [action])
les termes qu'il souhaite voir précisés (ou **voir définis** ; c'est-à-dire qu'il souhaite voir être précisés [état])

PROTOCOLE TÉLÉPHONIQUE

Au bureau, une partie des communications orales, à l'intérieur comme à l'extérieur de l'entreprise ou de l'organisme, se passent au téléphone. Il importe donc de maîtriser la technique et le vocabulaire du téléphone, ainsi que la façon de s'exprimer à l'appareil. Voici donc quelques formules utiles au cours de conversations téléphoniques. Il peut être bon également de consulter la liste des mots et expressions à connaître (p. 289 à 312).

TÉLÉPHONE

La personne qui répond peut dire simplement, s'il s'agit d'une communication privée :

> — **Allô !** (ou **Allo !**)
> — **Oui, allô !**

Dans une entreprise ou un organisme, on donne selon le cas le nom de l'établissement, de la direction, du service, du bureau, etc., puis, généralement, on se nomme. Cette pratique est recommandée pour personnaliser les communications.

> — **Laboratoire Technor**
> — **Direction des communications, Lise Lajoie**
> — **Ministère de l'Environnement**
> — **Bureau du président, Hélène Delorme**
> — **Ici Jean Poirier.**
> — **Marie Larose à l'appareil.**
> — **Daniel Rodrigo, service après-vente**

De façon générale, il n'est pas conseillé d'ajouter « Bonjour », car en français le savoir-vivre demande en principe qu'on fasse suivre cette salutation d'un nom de personne ou d'un titre de civilité. Comme la personne qui répond au téléphone ne sait pas encore à qui elle s'adresse, cette salutation est prématurée.

On ne se nomme pas en faisant précéder son nom d'un titre de civilité, que ce soit *monsieur, madame, docteur* ou *maître*. La formule «*Mon nom est N...*», calquée sur l'anglais, est à éviter. On donne directement son nom ou on le fait précéder de **ici**.

Si la personne qui répond ne s'est pas nommée et si c'est elle qu'on demande, elle répond généralement : «C'est moi-même. »

Si on doit faire attendre la personne qui téléphone, on emploie des formules comme :

> — **Ne quittez pas.** (Et non *Gardez la ligne*, ni *Restez sur la ligne* mais **Restez en ligne** est correct.)
> — **Un moment, s'il vous plaît.**
> — **Un instant, je vous prie.**
> — **Excusez-moi un instant. Ne quittez pas.**
> — **Pouvez-vous patienter un instant ?**
> — **Merci de rester en ligne.**

Si on doit passer la communication à quelqu'un, on peut employer une formule du genre :

> — **Je vous mets en communication avec M. Bergeron.**
> — **Ne quittez pas, je vous passe Mme Lajoie.**
>
> (à quoi on peut ajouter :)
> — **Vous êtes en communication.**
> — **Vous êtes en ligne.**

Si on doit filtrer les appels, on demande :

> — **Vous êtes Monsieur...?** (ou **Madame...?**)
> — **Puis-je lui dire qui l'appelle ?** (Et non *Qui parle ?*, ni *C'est quoi votre nom ?*)
> — **Qui dois-je annoncer ?**
> — **C'est de la part de Madame...?** (ou **de Monsieur...?**)
> — **C'est de la part de qui, s'il vous plaît ?** (Cette formule peut cependant être ambiguë, laissant entendre que la personne téléphone de la part d'une autre.)
> — **De la part de qui, s'il vous plaît ?** (même remarque que ci-dessus)

Si la personne appelée est absente ou occupée, on propose généralement de prendre un message ; on peut aussi, selon le cas, demander à l'appelant ou à l'appelante de patienter, ou encore lui demander si on peut lui être utile.

> — **Je regrette, le poste de Mme Larose est occupé. Voulez-vous patienter ?**
>
> — **M. Leblanc est déjà au téléphone. Désirez-vous attendre ou préférez-vous rappeler ?**
>
> — **Mme Duchêne est en conférence (ou en réunion). Aimeriez-vous qu'elle vous rappelle ?** (et non ... *qu'elle retourne votre appel*)
>
> — **M. Lebrun est absent pour le moment. Voulez-vous parler à sa secrétaire ?**
>
> — **M. Mercier est à l'extérieur ce matin. Y a-t-il un message à lui laisser ?**
>
> — **Mme Laliberté est en vacances jusqu'à lundi. Puis-je vous être utile ?** (De préférence à *Puis-je vous aider ?*)
>
> — **M. Dupont n'est pas au bureau aujourd'hui. Je peux vous passer son adjointe.**
>
> — **Désirez-vous patienter ?**
>
> — **Puis-je prendre un message ?**
>
> — **Voulez-vous laisser un message ?**
>
> — **Puis-je lui demander de vous rappeler ?**
>
> — **Pouvez-vous m'épeler votre nom, s'il vous plaît ?**
>
> — **À quel numéro ?**
>
> — **Quel est votre numéro de téléphone ?**
>
> — **Qui doit-il demander ?**
>
> — **Que puis-je faire pour vous ?**
>
> — **C'est à quel sujet, je vous prie ?**

Il faut éviter les formules du genre *M. Leblanc a quitté* ou *M. Leblanc a déjà quitté*, car le verbe *quitter* ne s'emploie sans complément d'objet direct que dans la formule « Ne quittez pas ». Il est préférable de dire : « M. Leblanc vient de partir ». Noter aussi qu'on dit « joindre quelqu'un par téléphone » (et non pas *rejoindre*).

À la fin de la conversation téléphonique, on peut employer des formules comme les suivantes, selon le cas :

> — **Excusez-moi, je vais devoir vous quitter, on m'appelle sur une autre ligne.**
>
> — **Je vous remercie.**
>
> — **Je vous en prie.** (et non *Bienvenue*)
>
> — **Il n'y a pas de quoi, Madame.**
>
> — **De rien, Monsieur.**
>
> — **Au revoir, Madame.** (et non *Bonjour*)

CODE D'ÉPELLATION

Le code d'épellation permet d'épeler les noms propres ou les noms communs difficiles, ou encore de distinguer entre des lettres dont la prononciation se ressemble, et d'éviter ainsi les confusions. On épelle soit en énumérant les noms de code les uns après les autres, soit, si certaines lettres seulement risquent d'être mal comprises, en disant par exemple : «G comme Georges, U, N comme Nicolas…» ou, s'il s'agit d'un code postal, «J comme Jacques, 3, M comme Marie, 2, P comme Pierre, 8», etc., et non pas *G comme dans Georges*, ni *G pour Georges*.

Il existe plusieurs codes d'épellation ; celui qui suit, principalement composé de prénoms, est employé à Bell Canada.

A	comme Alice	N	comme Nicolas
B	Berthe	O	Olivier
C	Charles	P	Pierre
D	David	Q	Quintal
E	Édouard	R	Robert
F	François	S	Samuel
G	Georges	T	Thomas
H	Henri	U	Ursule
I	Ida	V	Victor
J	Jacques	W	William
K	Kléber	X	Xavier
L	Louis	Y	Yvonne
M	Marie	Z	Zoé

RÉPONDEUR ET BOÎTE VOCALE

Les répondeurs ainsi que les boîtes et les messageries vocales font maintenant partie de l'équipement téléphonique. Voici des exemples de messages enregistrés pouvant convenir à diverses situations au bureau :

> **Ici Dominique Bélanger. Je ne peux pas vous répondre pour l'instant, mais laissez-moi un message et je vous rappelle dès que possible. Merci.**

> **Ici Jean-Claude Paradis. Je serai absent jusqu'au lundi 25. Laissez-moi un message et je vous rappellerai à mon retour. Vous pouvez aussi vous adresser au secrétariat, au 234-5678. Merci.**

Ici Claire Blanchard. Si vous entendez ce message, c'est que je suis soit déjà au téléphone, soit absente de mon bureau. Laissez-moi votre nom et votre numéro de téléphone, et je vous rappellerai sans faute. Pour joindre le secrétariat ou en cas d'urgence, faites le 0. (Et non pas *Si vous avez besoin d'assistance, faites le 0,* car il ne s'agit pas à proprement parler d'assistance.) **Merci.**

Vous êtes bien au Service des achats. Comme nous ne pouvons vous répondre pour l'instant, veuillez nous laisser un message et nous vous rappellerons le plus tôt possible. Merci.

Bienvenue chez Corbeil & Associés, et merci de votre appel. Nous sommes désolés de ne pouvoir vous répondre en ce moment, mais laissez-nous un message et nous vous rappellerons sans délai. À bientôt!

Ici Multimédia Imagiclic. Si vous connaissez le numéro du poste de la personne que vous voulez joindre, composez-le maintenant. Pour obtenir la liste des postes téléphoniques, faites le 2. Pour parler à notre réceptionniste, faites le 0 ou ne quittez pas.

VOCABULAIRE
TECHNIQUE
ILLUSTRÉ

Ce vocabulaire reproduit certaines
illustrations du dictionnaire
thématique *Le visuel*, publié
par les Éditions Québec Amérique,
ainsi que d'autres illustrations
réalisées par Bertrand Lachance.
Il indique les termes désignant
les principaux objets et appareils
dont on se sert au bureau.
Les titres des pages figurent
dans l'index général.

CALCULATRICE

CALCULETTE

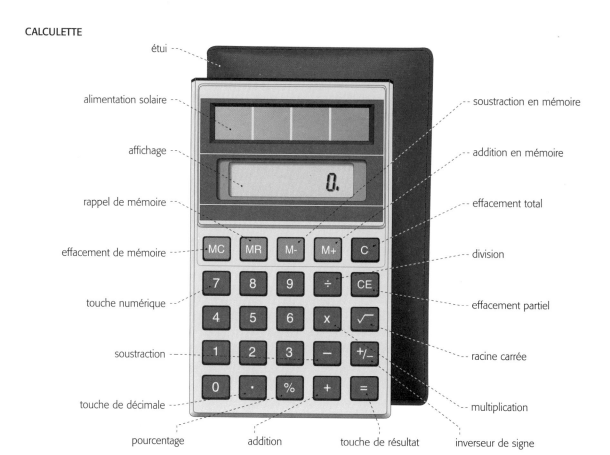

étui

alimentation solaire

affichage

rappel de mémoire

effacement de mémoire

touche numérique

soustraction

touche de décimale

pourcentage

addition

touche de résultat

soustraction en mémoire

addition en mémoire

effacement total

division

effacement partiel

racine carrée

multiplication

inverseur de signe

CALCULATRICE À IMPRIMANTE

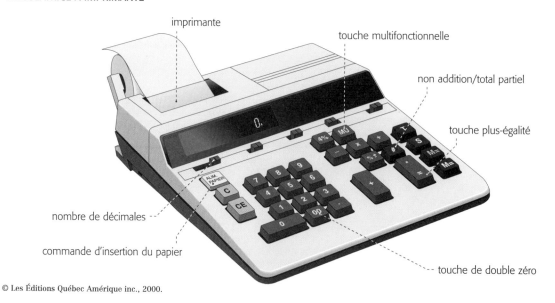

imprimante

touche multifonctionnelle

non addition/total partiel

touche plus-égalité

nombre de décimales

commande d'insertion du papier

touche de double zéro

INSTRUMENTS POUR ÉCRIRE

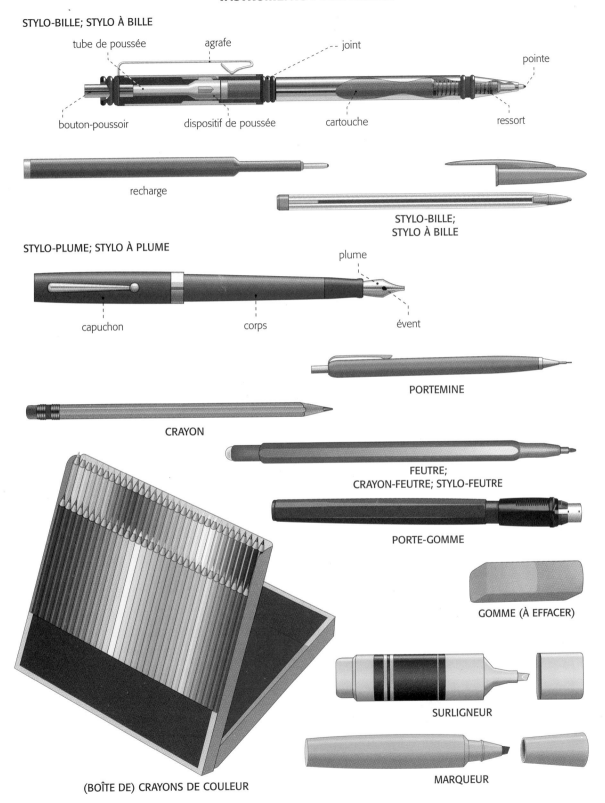

STYLO-BILLE; STYLO À BILLE

tube de poussée   agrafe   joint   pointe

bouton-poussoir   dispositif de poussée   cartouche   ressort

recharge

STYLO-BILLE;
STYLO À BILLE

STYLO-PLUME; STYLO À PLUME

plume

capuchon   corps   évent

PORTEMINE

CRAYON

FEUTRE;
CRAYON-FEUTRE; STYLO-FEUTRE

PORTE-GOMME

GOMME (À EFFACER)

(BOÎTE DE) CRAYONS DE COULEUR

SURLIGNEUR

MARQUEUR

ARTICLES DE BUREAU; FOURNITURES DE BUREAU

timbre caoutchouc;
timbre (de caoutchouc)

tampon encreur

DÉVIDOIR DE
RUBAN ADHÉSIF

PIQUE-NOTES

TIMBRE DATEUR;
DATEUR

NUMÉROTEUR

PORTE-TIMBRES

PERFORATRICE

ESTAMPEUSE D'ÉTIQUETTES

MOUILLEUR

FICHIER ROTATIF

PÈSE-LETTRES

TAILLE-CRAYON

RÉPERTOIRE TÉLÉPHONIQUE

ARTICLES DE BUREAU; FOURNITURES DE BUREAU

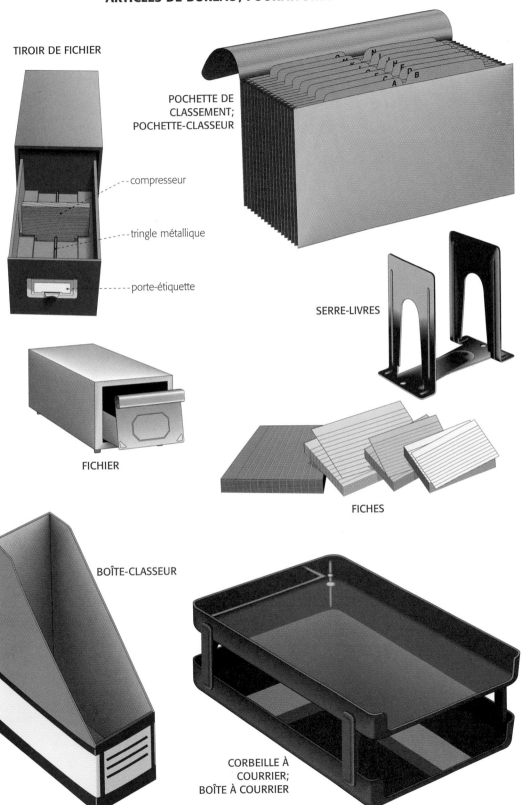

TIROIR DE FICHIER

POCHETTE DE CLASSEMENT; POCHETTE-CLASSEUR

compresseur

tringle métallique

porte-étiquette

FICHIER

SERRE-LIVRES

FICHES

BOÎTE-CLASSEUR

CORBEILLE À COURRIER; BOÎTE À COURRIER

ARTICLES DE BUREAU; FOURNITURES DE BUREAU

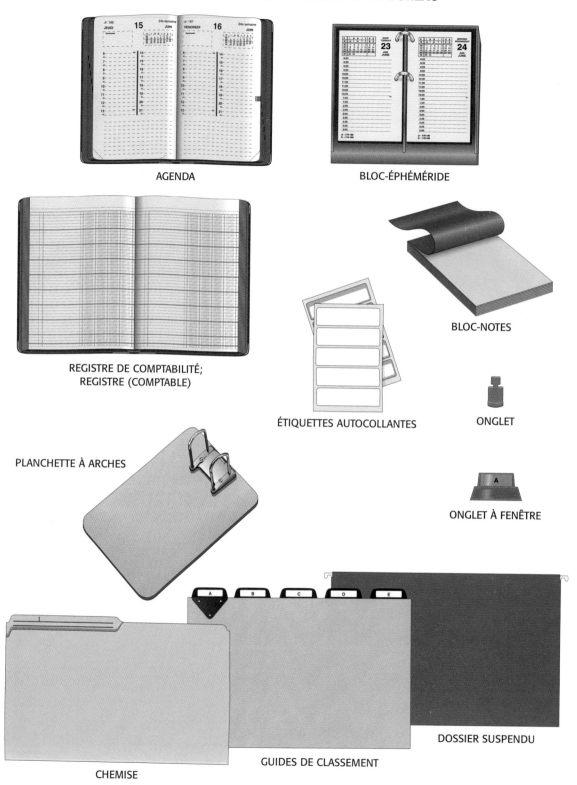

AGENDA

BLOC-ÉPHÉMÉRIDE

REGISTRE DE COMPTABILITÉ;
REGISTRE (COMPTABLE)

BLOC-NOTES

ÉTIQUETTES AUTOCOLLANTES

ONGLET

PLANCHETTE À ARCHES

ONGLET À FENÊTRE

DOSSIER SUSPENDU

GUIDES DE CLASSEMENT

CHEMISE

PLANCHETTE À PINCE;
PORTE-BLOC

CLASSEUR (À ANNEAUX);
RELIURE À ANNEAUX

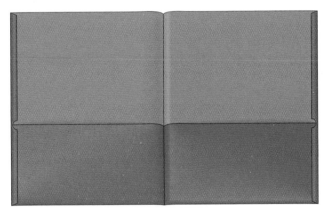

POCHETTE D'INFORMATION;
DOSSIER À RABAT

FEUILLETS INTERCALAIRES

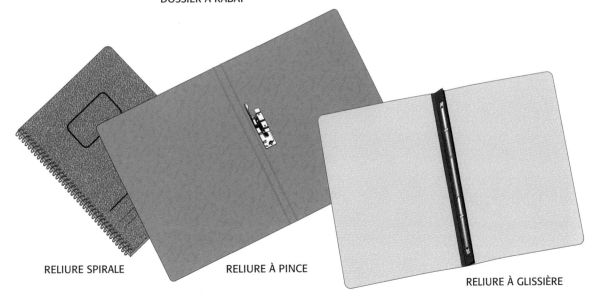

RELIURE SPIRALE

RELIURE À PINCE

RELIURE À GLISSIÈRE

ARTICLES DE BUREAU; FOURNITURES DE BUREAU

CISAILLE; MASSICOT

lame

entablure

tranchant

branche

anneau

CISEAUX

BÂTONNET DE COLLE

CORRECTEUR LIQUIDE

PINCE-NOTES

TROMBONES

AGRAFEUSE

COUPE-PAPIER

ATTACHES PARISIENNES

AGRAFES

PUNAISES

TAILLE-CRAYON

RUBAN CORRECTEUR

DÉGRAFEUSE

ARTICLES DE MAROQUINERIE

MALLETTE

fermoir

séparation-classeur

pochette

charnière

doublure

classeur à soufflets

porte-stylo

cadre

poignée

serrure à combinaison

SERVIETTE

PORTE-DOCUMENTS À SOUFFLET

poignée rentrante

poche extérieure

patte

soufflet

serrure à clé

PORTE-DOCUMENTS PLAT

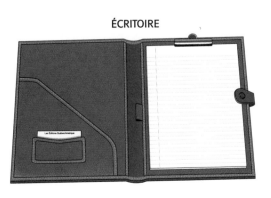

ÉCRITOIRE

MOBILIER DE BUREAU

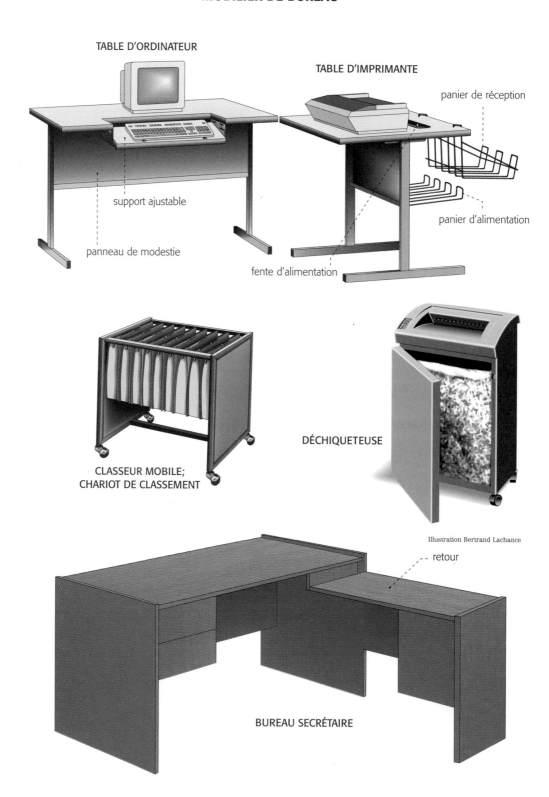

TABLE D'ORDINATEUR

TABLE D'IMPRIMANTE

panier de réception

support ajustable

panneau de modestie

fente d'alimentation

panier d'alimentation

CLASSEUR MOBILE;
CHARIOT DE CLASSEMENT

DÉCHIQUETEUSE

Illustration Bertrand Lachance

retour

BUREAU SECRÉTAIRE

MOBILIER DE BUREAU

BUREAU DE DIRECTION

SOUS-MAIN

CHAISE DACTYLO

FAUTEUIL PIVOTANT À BASCULE

CLASSEUR À CLAPETS

CLOISON AMOVIBLE

MOBILIER DE BUREAU

PRÉSENTOIR À REVUES

PATÈRE

ARMOIRE À FOURNITURES

PORTEMANTEAU

ARMOIRE-VESTIAIRE

VESTIAIRE DE BUREAU

MATÉRIEL DIVERS

CHAISES EMPILABLES

CHAISE PLIANTE

CLIMATISEUR DE FENÊTRE

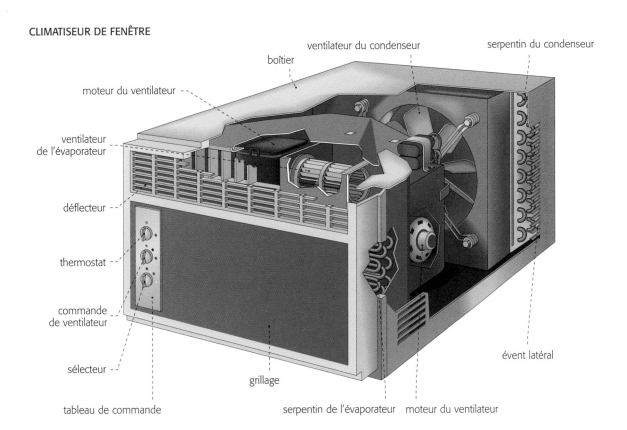

boîtier

ventilateur du condenseur

serpentin du condenseur

moteur du ventilateur

ventilateur de l'évaporateur

déflecteur

thermostat

commande de ventilateur

sélecteur

tableau de commande

grillage

serpentin de l'évaporateur

moteur du ventilateur

évent latéral

TÉLEX; TÉLÉCOPIEUR

TÉLEX

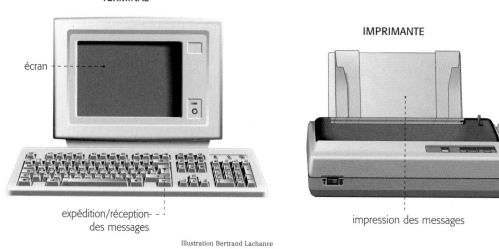

TERMINAL

écran

expédition/réception des messages

IMPRIMANTE

impression des messages

Illustration Bertrand Lachance

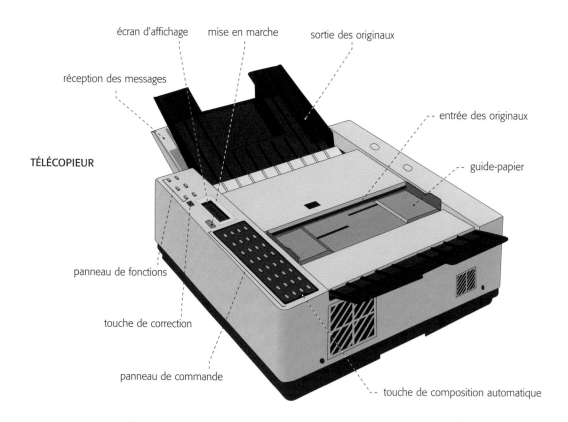

écran d'affichage

mise en marche

sortie des originaux

réception des messages

entrée des originaux

guide-papier

TÉLÉCOPIEUR

panneau de fonctions

touche de correction

panneau de commande

touche de composition automatique

PHOTOCOPIEUR

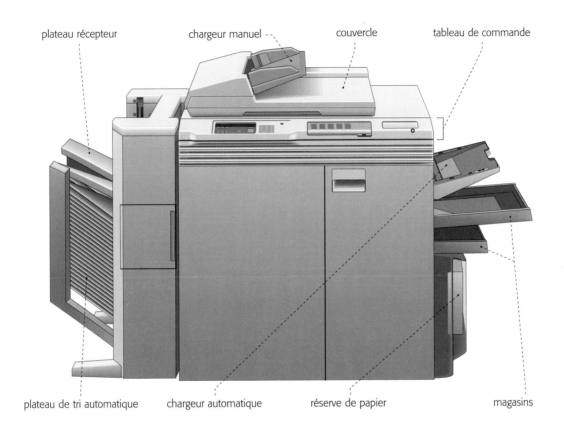

plateau récepteur

chargeur manuel

couvercle

tableau de commande

plateau de tri automatique

chargeur automatique

réserve de papier

magasins

TABLEAU DE COMMANDE

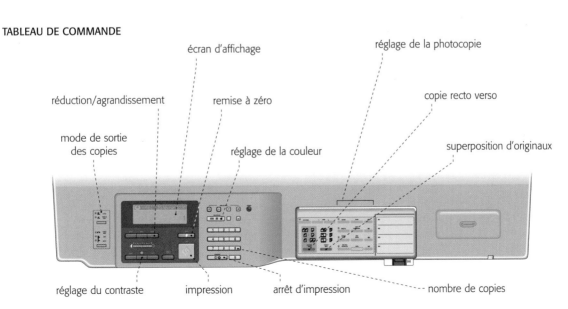

écran d'affichage

réglage de la photocopie

réduction/agrandissement

remise à zéro

copie recto verso

mode de sortie
des copies

réglage de la couleur

superposition d'originaux

réglage du contraste

impression

arrêt d'impression

nombre de copies

TÉLÉPHONE ; MATÉRIEL TÉLÉPHONIQUE

RÉPONDEUR TÉLÉPHONIQUE

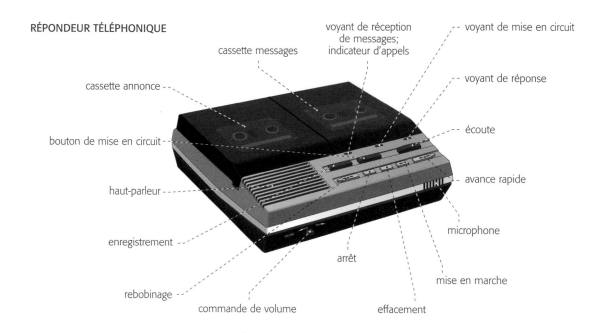

voyant de réception de messages; indicateur d'appels

cassette messages

voyant de mise en circuit

cassette annonce

voyant de réponse

bouton de mise en circuit

écoute

haut-parleur

avance rapide

microphone

enregistrement

mise en marche

arrêt

rebobinage

effacement

commande de volume

POSTE TÉLÉPHONIQUE

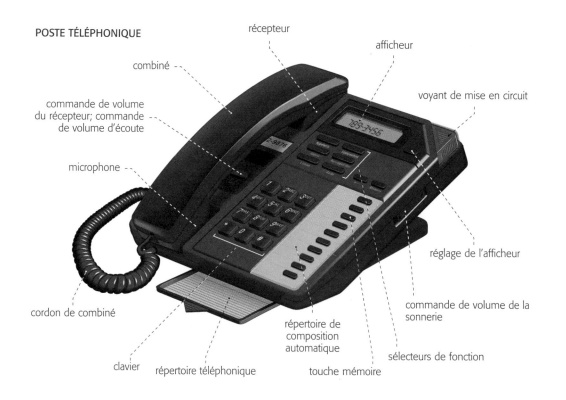

récepteur

afficheur

combiné

commande de volume du récepteur; commande de volume d'écoute

voyant de mise en circuit

microphone

réglage de l'afficheur

commande de volume de la sonnerie

cordon de combiné

répertoire de composition automatique

sélecteurs de fonction

clavier

répertoire téléphonique

touche mémoire

TÉLÉPHONE; MATÉRIEL TÉLÉPHONIQUE

PUPITRE DIRIGEUR

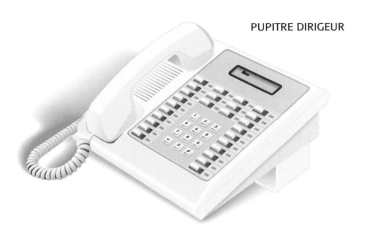

antenne

bouton marche/arrêt

afficheur

touche

clavier

TÉLÉPHONE CELLULAIRE PORTATIF;
TÉLÉPHONE CELLULAIRE PORTABLE

TÉLÉPHONE SANS FIL

MACHINE À ÉCRIRE ÉLECTRONIQUE

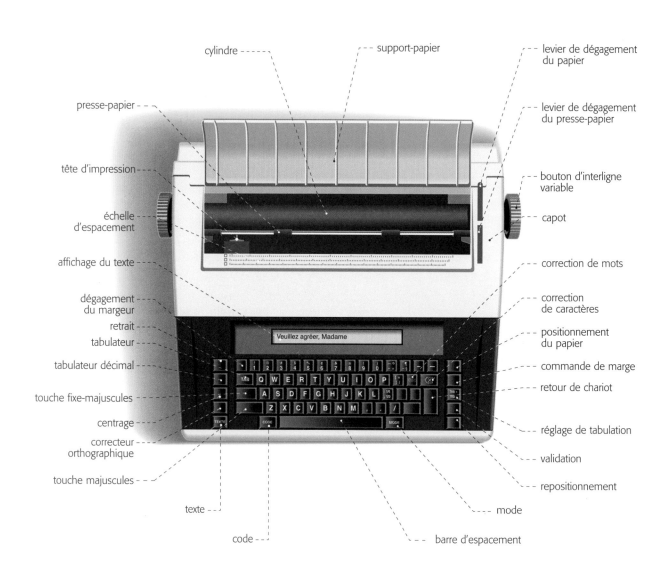

cylindre

support-papier

levier de dégagement du papier

presse-papier

levier de dégagement du presse-papier

tête d'impression

bouton d'interligne variable

échelle d'espacement

capot

affichage du texte

correction de mots

dégagement du margeur

correction de caractères

retrait

positionnement du papier

tabulateur

commande de marge

tabulateur décimal

retour de chariot

touche fixe-majuscules

centrage

réglage de tabulation

correcteur orthographique

validation

touche majuscules

repositionnement

texte

mode

code

barre d'espacement

Veuillez agréer, Madame

MATÉRIEL DE PRÉSENTATION

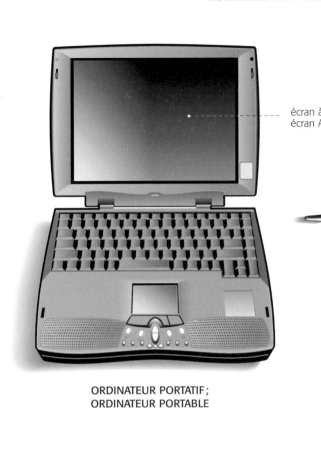

écran à cristaux liquides;
écran ACL

ORDINATEUR PORTATIF;
ORDINATEUR PORTABLE

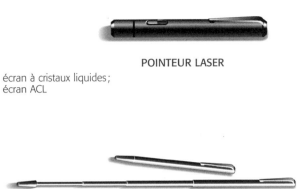

POINTEUR LASER

BAGUETTE TÉLESCOPIQUE

ÉCRAN DE PROJECTION

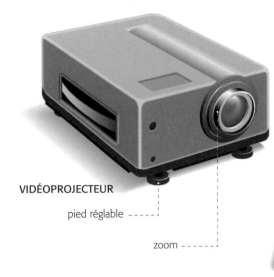

VIDÉOPROJECTEUR

pied réglable

zoom

TÉLÉCOMMANDE
(À) INFRAROUGE

LE MICRO-ORDINATEUR ET SES PÉRIPHÉRIQUES

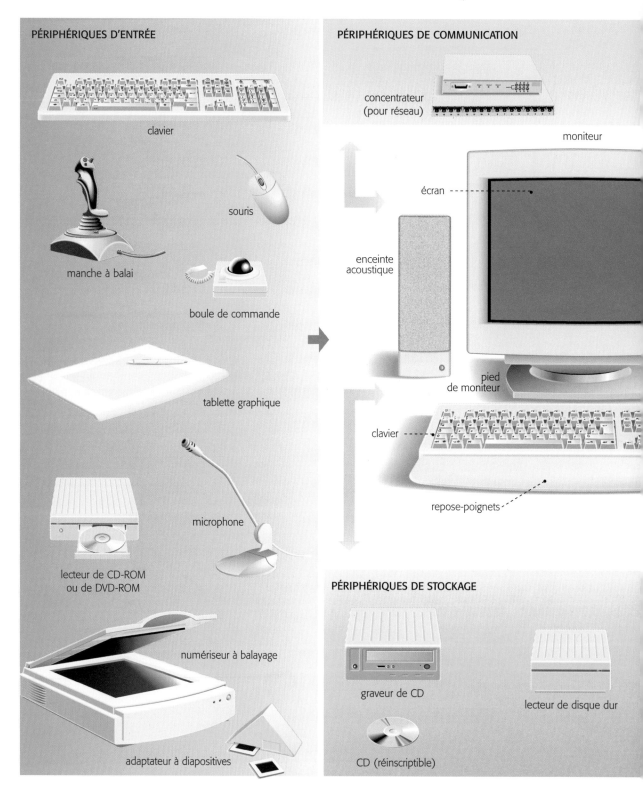

PÉRIPHÉRIQUES D'ENTRÉE

clavier

manche à balai

souris

boule de commande

tablette graphique

microphone

lecteur de CD-ROM
ou de DVD-ROM

numériseur à balayage

adaptateur à diapositives

PÉRIPHÉRIQUES DE COMMUNICATION

concentrateur
(pour réseau)

moniteur

écran

enceinte
acoustique

pied
de moniteur

clavier

repose-poignets

PÉRIPHÉRIQUES DE STOCKAGE

graveur de CD

lecteur de disque dur

CD (réinscriptible)

415

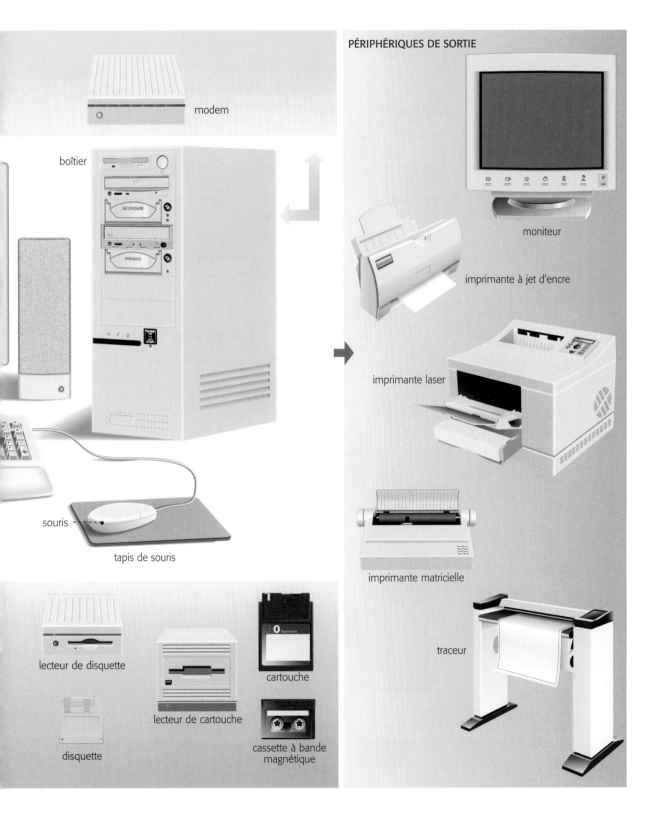

modem

boîtier

souris

tapis de souris

lecteur de disquette

disquette

lecteur de cartouche

cartouche

cassette à bande magnétique

PÉRIPHÉRIQUES DE SORTIE

moniteur

imprimante à jet d'encre

imprimante laser

imprimante matricielle

traceur

Illustration Bertrand Lachance

MATÉRIEL BUREAUTIQUE

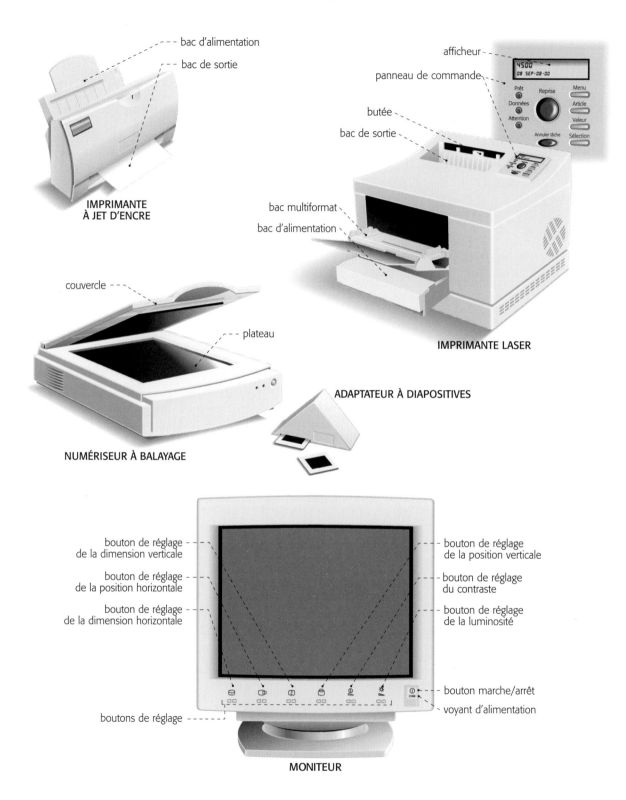

bac d'alimentation

bac de sortie

IMPRIMANTE À JET D'ENCRE

afficheur

panneau de commande

butée

bac de sortie

bac multiformat

bac d'alimentation

IMPRIMANTE LASER

couvercle

plateau

ADAPTATEUR À DIAPOSITIVES

NUMÉRISEUR À BALAYAGE

bouton de réglage de la dimension verticale

bouton de réglage de la position horizontale

bouton de réglage de la dimension horizontale

bouton de réglage de la position verticale

bouton de réglage du contraste

bouton de réglage de la luminosité

bouton marche/arrêt

voyant d'alimentation

boutons de réglage

MONITEUR

MATÉRIEL BUREAUTIQUE

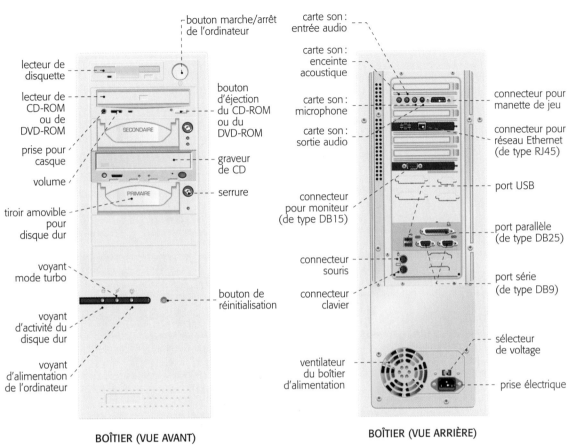

bouton marche/arrêt de l'ordinateur

carte son : entrée audio

carte son : enceinte acoustique

lecteur de disquette

lecteur de CD-ROM ou de DVD-ROM

bouton d'éjection du CD-ROM ou du DVD-ROM

carte son : microphone

carte son : sortie audio

connecteur pour manette de jeu

connecteur pour réseau Ethernet (de type RJ45)

prise pour casque

graveur de CD

volume

serrure

connecteur pour moniteur (de type DB15)

port USB

tiroir amovible pour disque dur

port parallèle (de type DB25)

voyant mode turbo

bouton de réinitialisation

connecteur souris

connecteur clavier

port série (de type DB9)

voyant d'activité du disque dur

voyant d'alimentation de l'ordinateur

ventilateur du boîtier d'alimentation

sélecteur de voltage

prise électrique

BOÎTIER (VUE AVANT)

BOÎTIER (VUE ARRIÈRE)

Illustration Bertrand Lachance

LECTEUR DE DISQUE DUR

bras de lecture-écriture

disque dur

moteur du bras de lecture-écriture

tête de lecture-écriture

CLAVIER NORMALISÉ

CAN/CSA Z243.200-92
PICTOGRAMMES ISO 9995-7

tabulation à gauche
tabulation à droite

échappement

effacement arrière

contrôle

alternative

majuscule; sélection du niveau 2

alternative;
sélection du niveau 3

retour

verrouillage des majuscules

contrôle; sélection de groupe

Illustration Bertrand Lachance

impression
à l'écran

défilement

pause

insertion

début

page précédente

verrouillage numérique

retour

suppression

fin

page suivante

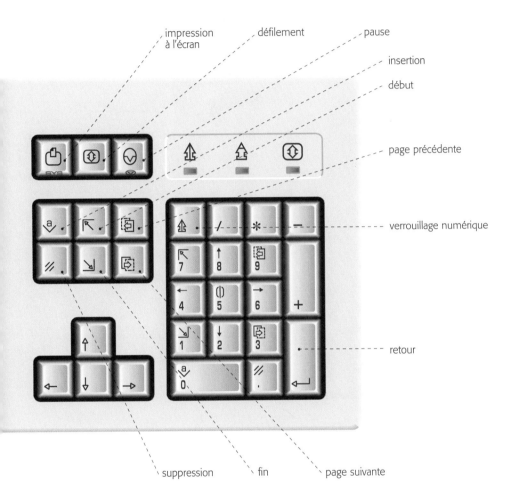

Illustration Bertrand Lachance

MATÉRIEL BUREAUTIQUE

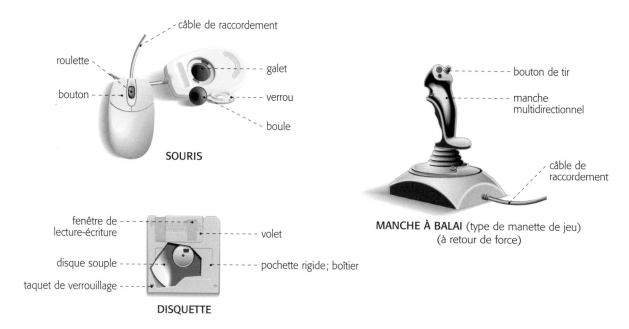

câble de raccordement

roulette

bouton

galet

verrou

boule

SOURIS

bouton de tir

manche multidirectionnel

câble de raccordement

MANCHE À BALAI (type de manette de jeu)
(à retour de force)

fenêtre de lecture-écriture

disque souple

taquet de verrouillage

volet

pochette rigide; boîtier

DISQUETTE

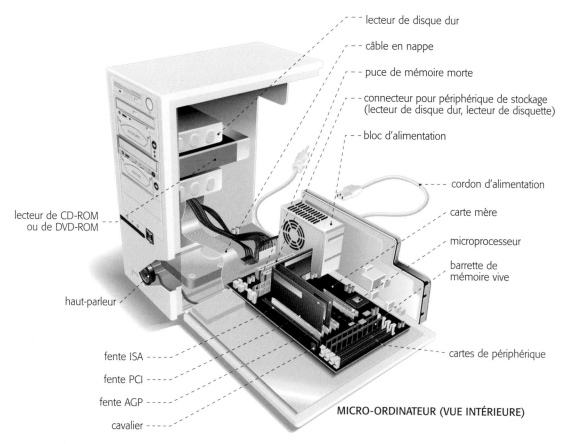

lecteur de disque dur

câble en nappe

puce de mémoire morte

connecteur pour périphérique de stockage
(lecteur de disque dur, lecteur de disquette)

bloc d'alimentation

cordon d'alimentation

carte mère

microprocesseur

barrette de mémoire vive

lecteur de CD-ROM
ou de DVD-ROM

haut-parleur

cartes de périphérique

fente ISA

fente PCI

fente AGP

cavalier

MICRO-ORDINATEUR (VUE INTÉRIEURE)

PICTOGRAMMES ISO 9995-7

PICTOGRAMMES	FRANÇAIS	ABRÉVIATION FRANÇAISE
	Échappement	Échapp. / Éch.
	Impression de l'écran	Impr. écran / Impr. écr.
	Défilement	Défil.
	Pause	Pause
	Interruption	Interr.
	Effacement arrière ; Effacement	Effac. arr. ; Effac.
	Insertion	Insert.
	Suppression	Suppr.
	Début	Début
	Fin	Fin
	Page précédente	Page préc. / P. préc.
	Page suivante	Page suiv. / P. suiv.
	Curseur vers le haut	
	Curseur vers le bas	
	Curseur vers la gauche	
	Curseur vers la droite	
	Tabulation à gauche	Tab. gauche / Tab. g.
	Tabulation à droite	Tab. droite / Tab. dr.
	Retour	Retour / Ret.
	Verrouillage des majuscules	Verr. maj.
	Majuscule ; Sélection du niveau 2	Maj. ; Niv. 2
	Verrouillage numérique	Verr. num.

PICTOGRAMMES	FRANÇAIS	ABRÉVIATION FRANÇAISE
⊛	Contrôle	Ctrl
↗	Alternative	Alt.
⇧	Alternative ; Sélection du niveau 3	Alt. ; Niv. 3
⇨	Contrôle ; Sélection de groupe	Ctrl ; Groupe
⎵	Espace	Esp.
⎵	Espace insécable	Esp. inséc.

DÉNOMINATION DES CARACTÈRES
COMPLÉMENTAIRES DE L'ALPHABET LATIN N°1
(La liste des caractères reprend la disposition des touches du clavier normalisé.)

\	Barre oblique inverse	¼	Fraction un quart
/	Barre oblique	%	Symbole pour cent
—	Trait horizontal	½	Fraction un demi
¦	Barre verticale interrompue	?	Point d'interrogation
!	Point d'exclamation	¾	Fraction trois quarts
¡	Point d'exclamation retourné	&	Perluète
¹	Exposant un	{	Accolade ouvrante
@	A commercial	*	Astérisque
²	Exposant deux	}	Accolade fermante
#	Carré	(	Parenthèse ouvrante
£	Symbole de la livre	±	Signe plus ou moins
³	Exposant trois	[	Crochet ouvrant
$	Symbole du dollar	)	Parenthèse fermante
¤	Symbole monétaire	]	Crochet fermant

_	Trait bas, soulignement	a	Indicateur ordinal féminin
-	Signe moins, trait d'union	:	Deux-points
¿	Point d'interrogation retourné	;	Point-virgule
+	Signe plus	´	Accent aigu
=	Signe égal	È	E majuscule accent grave
¸	Cédille	À	A majuscule accent grave
¬	Signe de négation	Ù	U majuscule accent grave
®	Symbole marque déposée (anglais)	«	Guillemet français ouvrant
¶	Symbole du paragraphe (anglais)	»	Guillemet français fermant
¥	Symbole du yen	©	Symbole tous droits réservés
Ø	O barré majuscule	¢	Symbole du cent
Þ	Thorn minuscule	º	Indicateur ordinal masculin
¨	Tréma	µ	Symbole de _micro-_
^	Accent circonflexe	'	Apostrophe
°	Symbole du degré	,	Virgule
`	Accent grave	×	Signe de multiplication
Ç	C cédille majuscule	<	Signe inférieur à
¯	Macron	"	Guillemet anglais
~	Tilde	.	Point
Æ	Ligature majuscule æ	÷	Signe de division
§	Symbole du paragraphe	·	Point médian
ß	S dur (allemand)	>	Signe supérieur à
Ð	Eth majuscule	É	E majuscule accent aigu

■ BIBLIOGRAPHIE

Dictionnaires usuels

Dictionnaire du français plus, Montréal, Centre éducatif et culturel, 1988, 1856 p.

Dictionnaire québécois d'aujourd'hui, 2e éd., Montréal, Dicorobert, 1993, 1272, 343 p.

Le nouveau petit Robert : dictionnaire alphabétique et analogique de la langue française, nouv. éd. remaniée et amplifiée, Paris, Dictionnaires Le Robert, 1999, c1993, 2551 p.

Le petit Larousse illustré 2000, en couleurs, Paris, Larousse, 1999, 1784 p.

Difficultés de la langue

L'art de conjuguer : dictionnaire de 12 000 verbes, nouv. éd., Montréal, Hurtubise HMH, c1998, 166 p. (Bescherelle ; 1).

BIRON, Monique, et autres. *Au féminin : guide de féminisation des titres de fonction et des textes,* Québec, Les Publications du Québec, 1991, 34 p. (Guides de l'Office de la langue française).

COLIN, Jean-Paul. *Dictionnaire des difficultés du français,* Paris, Dictionnaires Le Robert, 1993, 623 p. (Les Usuels).

DUBUC, Robert. *Objectif 200 : deux cents fautes de langage à corriger,* Ottawa, Éditions Leméac, 1971, 133 p.

GIRODET, Jean. *Dictionnaire Bordas des pièges et difficultés de la langue française,* [nouv. éd.], Paris, Bordas, 1994, c1988, 896 p. (Les Référents Bordas).

GREVISSE, Maurice. *Le bon usage : grammaire française,* 13e éd. rev. et ref. par André Goosse, Paris–Louvain-la-Neuve, Éditions Duculot, 1993, 1762 p.

HANSE, Joseph. *Nouveau dictionnaire des difficultés du français moderne,* 3e éd. établie d'après les notes de l'auteur avec la collaboration scientifique de Daniel Blampain, Paris-Gembloux, Éditions Duculot, 1994, 983 p.

JOUETTE, André. *Dictionnaire d'orthographe et d'expression écrite,* Paris, Dictionnaires Le Robert, 1993, 774 p. (Les Usuels).

PÉCHOIN, Daniel, et Bernard DAUPHIN. *Dictionnaire des difficultés du français d'aujourd'hui,* Paris, Larousse-Bordas, c1998, 659 p. (Expression).

THOMAS, Adolphe. *Dictionnaire des difficultés de la langue française,* Paris, Larousse, 1993, 435 p.

VILLERS, Marie-Éva de. *Multidictionnaire de la langue française,* 3e éd., Montréal, Éditions Québec Amérique, c1997, 1532 p. (Collection Langue et culture).

WARNANT, Léon. *Dictionnaire de la prononciation française dans sa norme actuelle,* Paris-Gembloux, Duculot, c1987, 988 p.

Vocabulaire général

CORBEIL, Jean-Claude, et Ariane ARCHAMBAULT. *Le visuel : dictionnaire thématique français-anglais*, 2e éd., Montréal, Éditions Québec/Amérique, 1992, 896 p. (Collection Langue et culture).

GUILLOTON, Noëlle. *Mots pratiques, mots magiques : 140 questions de langue au fil des saisons*, Québec, Les Publications du Québec, c1997, 250 p.

LESSARD, Denys, et autres. *Le français quotidien du personnel de secrétariat, des gestionnaires, des communicateurs et communicatrices*, Québec, Les Publications du Québec, 1990, 92 p. (Cahiers de l'Office de la langue française).

OFFICE DE LA LANGUE FRANÇAISE. *La disquette linguistique*, [Logiciel], Québec, Les Publications du Québec, 1993, disquette format 3 ½.

OFFICE DE LA LANGUE FRANÇAISE. *Le grand dictionnaire terminologique 2000*, [Cédérom], Montréal, Cedrom-Sni, 1999.

OFFICE DE LA LANGUE FRANÇAISE. *Téléphone linguistique,* service téléphonique sur audiotex.

SOCIÉTÉ RADIO-CANADA. *Fiches du Comité de linguistique*, [Montréal, La Société], 1960-1993.

Dictionnaires bilingues

Langue générale

Le Robert et Collins Senior : dictionnaire français-anglais, anglais-français, 5e éd., Paris, Dictionnaires Le Robert, c1998, 2081, [106] p.

Comptabilité et gestion

MÉNARD, Louis. *Dictionnaire de la comptabilité et de la gestion financière anglais-français*, Toronto, Institut canadien des comptables agréés, 1994, 994 p.

Le Robert et Collins du management : dictionnaire français-anglais, anglais-français, Paris, Dictionnaires Le Robert, 1992, 1022 p.

Informatique

BERGERON, Marcel, Corinne KEMPA, et Yolande PERRON. *Vocabulaire d'Internet : HTML, Java, VRML, cyberculture*, 2e éd. rev. et augm., Sainte-Foy, Québec, Les Publications du Québec, c1997, 140 p. (Cahiers de l'Office de la langue française).

GINGUAY, Michel. *Dictionnaire d'informatique, bureautique, télématique, micro-informatique : anglais-français*, 11e éd. rév. et augm., Paris, Masson, 1992, 286 p.

OFFICE DE LA LANGUE FRANÇAISE. *Le grand dictionnaire terminologique 2000*, [Cédérom], Montréal, Cedrom-Sni, 1999.

ANNEXES

PROFESSIONS, MÉTIERS, TITRES, FONCTIONS ET APPELLATIONS DE PERSONNES AU FÉMININ

Le féminin des noms de profession, de métier, de fonction, etc., suit les règles grammaticales de formation du féminin des noms et des adjectifs. C'est ce que confirme, à quelques exceptions près, la liste suivante, qui n'est toutefois pas exhaustive (voir aussi le guide *Au féminin* publié par l'Office de la langue française).

Il faut noter que la plupart des noms terminés en *-eur* forment régulièrement leur féminin en *-euse* (c'est notamment le cas pour les noms qui dérivent directement d'un verbe), mais que certains ont une finale en *-eure* que l'usage a retenue. Pour quelques féminins, deux formes sont proposées, les dictionnaires et les guides officiels attestant l'une ou l'autre. Par ailleurs, il faut remarquer que dans les appellations formées d'un nom et d'un adjectif, les deux éléments se mettent au féminin.

A

académicien
académicienne

accessoiriste
accessoiriste

accordeur
accordeuse

acheteur
acheteuse

acquéreur
acquéreuse
acquéresse (droit)

actuaire
actuaire

acupuncteur
acupunctrice

adapteur
adapteuse

adjoint
adjointe

adjudant
adjudante

administrateur
administratrice

afficheur
afficheuse

affineur
affineuse

affréteur
affréteuse

agent
agente

agent immobilier
agente immobilière

agrégé
agrégée

agresseur
agresseuse

agriculteur
agricultrice

agronome
agronome

aide-comptable
aide-comptable

aide-mécanicien
aide-mécanicienne

aiguilleur
aiguilleuse

ajusteur
ajusteuse

alphabétiseur
alphabétiseuse

amateur
amatrice

ambassadeur
ambassadrice

ambulancier
ambulancière

aménageur
aménageuse

amiral
amirale

amuseur
amuseuse

analyste financier
analyste financière

anatomiste
anatomiste

anesthésiste
anesthésiste

animalier
animalière

animateur
animatrice

annonceur
annonceuse
annonceure

anthropologue
anthropologue

antiquaire
antiquaire

apiculteur
apicultrice

appariteur
apparitrice

appelant
appelante

applicateur
applicatrice

apprenti
apprentie

apprêteur
apprêteuse

appuyeur
appuyeuse

arbitre
arbitre

arboriculteur
arboricultrice

archéologue
archéologue

architecte
architecte

archiviste
archiviste

armateur
armatrice

armurier
armurière

aromaticien
aromaticienne

arpenteur
arpenteuse

arpenteur-géomètre
arpenteuse-géomètre

arrangeur
arrangeuse

artificier
artificière

artilleur
artilleuse

artisan
artisane

artiste
artiste

aspirant
aspirante

asphalteur
asphalteuse

assembleur
assembleuse

assesseur
assesseure

assistant
assistante

associé
associée

assureur
assureuse
assureure

assureur-vie
assureuse-vie
assureure-vie

astrologue
astrologue

astronaute
astronaute

astronome
astronome

athlète
athlète

attaché
attachée

audiologiste
audiologiste

auditeur
auditrice

auteur
auteure

auteur-compositeur
auteure-compositrice

autocaravanier
autocaravanière

auxiliaire
auxiliaire

aviateur
aviatrice

aviculteur
avicultrice

avocat
avocate

ayant droit
ayant droit

B

bagagiste
bagagiste

balayeur
balayeuse

banquier
banquière

baroudeur
baroudeuse

barreur
barreuse

bâtonnier
bâtonnière

batteur
batteuse

bénéficiaire
bénéficiaire

bénévole
bénévole

berger
bergère

bibliothécaire
bibliothécaire

bijoutier
bijoutière

biochimiste
biochimiste

biologiste
biologiste

blanchisseur
blanchisseuse

botaniste
botaniste

bottier
bottière

boucher
bouchère

boulanger-pâtissier
boulangère-pâtissière

boursier
boursière

boxeur
boxeuse

brasseur
brasseuse

bricoleur
bricoleuse

brigadier
brigadière

briqueteur-maçon
briqueteuse-maçonne

briquetier
briquetière

brocanteur
brocanteuse

bruiteur
bruiteuse

buandier
buandière

bûcheron
bûcheronne

bureauticien
bureauticienne

C

câbleur
câbleuse

cadet
cadette

cadre
cadre

cadreur
cadreuse

caissier
caissière

cambiste
cambiste

camelot
camelot

cameraman
cameraman

camionneur
camionneuse

candidat
candidate

canoteur
canoteuse

cantinier
cantinière

cantonnier
cantonnière

capilliculteur
capillicultrice

capitaine
capitaine

caporal
caporale

caravanier
caravanière

cardiologue
cardiologue

carilloneur
carillonneuse

cariste
cariste

carreleur
carreleuse

carrossier
carrossière

cartographe
cartographe

cascadeur
cascadeuse

catalogueur
catalogueuse

cavalier
cavalière

cégépien
cégépienne

censeur
censeure

chancelier
chancelière

changeur
changeuse

chansonnier
chansonnière

chanteur
chanteuse
cantatrice
(opéra ou chant classique)

chapelier
chapelière

charcutier
charcutière

chargé de...
chargée de...

chargeur
chargeuse

charpentier
charpentière

chasseur
chasseuse

chasseur de têtes
chasseuse de têtes

chaudronnier
chaudronnière

chauffagiste
chauffagiste

chauffeur
chauffeuse

chef
chef

chercheur
chercheuse

chevalier
chevalière

chimiste
chimiste

chiropraticien
chiropraticienne

chirurgien
chirurgienne

chocolatier
chocolatière

chômeur
chômeuse

chorégraphe
chorégraphe

chroniqueur
chroniqueuse

chronométreur
chronométreuse

cimentier
cimentière

cinéaste
cinéaste

clerc
clerc

client
cliente

clinicien
clinicienne

clown
clown

cogniticien
cogniticienne

coiffeur
coiffeuse

collaborateur
collaboratrice

collègue
collègue

colonel
colonelle

colporteur
colporteuse

combattant
combattante

comédien
comédienne

comique
comique

commandant
commandante

commandeur
commandeure

compétiteur
compétitrice

commanditaire
commanditaire

commentateur
commentatrice

commerçant
commerçante

commis
commis

commis-vendeur
commis-vendeuse

commissaire
commissaire

commissaire-priseur
commissaire-priseuse

communicateur
communicatrice

compagnon
compagne
compagnonne

compétiteur
compétitrice

compositeur
compositrice

comptable agréé
comptable agréée

concédant
concédante

concepteur
conceptrice

concessionnaire
concessionnaire

concierge
concierge

conciliateur
conciliatrice

conducteur
conductrice

confectionneur
confectionneuse

conférencier
conférencière

confiseur
confiseuse

confrère
consœur

connaisseur
connaisseuse

connecticien
connecticienne

conseil
conseil

conseiller juridique
conseillère juridique

conservateur
conservatrice

consommateur
consommatrice

constructeur
constructrice

consul
consule

consultant
consultante

conteur
conteuse

contractuel
contractuelle

contremaître
contremaître
contremaîtresse

contrôleur
contrôleuse

convoyeur
convoyeuse

coopérant
coopérante

coordonnateur
coordonnatrice

cordonnier
cordonnière

coroner
coroner

correcteur
correctrice

correspondancier
correspondancière

correspondant
correspondante

costumier
costumière

cotisant
cotisante

coureur
coureuse

courrier
courrière

courriériste
courriériste

coursier
coursière

courtier
courtière

couseur
couseuse

couturier
couturière

couvreur
couvreuse

créateur
créatrice

créatif
créative

crémier
crémière

crêpier
crêpière

crieur
crieuse

critique
critique

croupier
croupière

cueilleur
cueilleuse

cuisinier
cuisinière

cultivateur
cultivatrice

curateur
curatrice

cybernéticien
cybernéticienne

cycliste
cycliste

cytologiste
cytologiste

D

dactylographe
dactylographe

danseur
danseuse

danseur de ballet
ballerine
danseuse de ballet

débardeur
débardeuse

débarrasseur
débarrasseuse

débatteur
débatteuse

débiteur
débiteuse
débitrice (dette)

débosseleur
débosseleuse

décapeur
décapeuse

décideur
décideuse

décorateur
décoratrice

découvreur
découvreuse

décrocheur
décrocheuse

défaillant
défaillante

défendeur
défenderesse

défenseur
défenseuse

défricheur
défricheuse

dégraisseur
dégraisseuse

dégustateur
dégustatrice

délateur
délatrice

délégué
déléguée

délinquant
délinquante

deltiste
deltiste

demandeur
demandeuse
demanderesse (droit)

démarcheur
démarcheuse

déménageur
déménageuse

démineur
démineuse

désinfecteur
désinfectrice

démographe
démographe

démonstrateur
démonstratrice

dentiste
dentiste

denturologiste
denturologiste

dépanneur
dépanneuse

député
députée

désinfecteur
désinfectrice

dessinateur
dessinatrice

détaillant
détaillante

détecteur
détectrice

détective
détective

détenteur
détentrice

détenu
détenue

diacre
diaconnesse

didacticien
didacticienne

diététiste
diététiste

diffuseur
diffuseuse

diplomate
diplomate

diplômé
diplômée

directeur
directrice

dirigeant
dirigeante

distillateur
distillatrice

distributeur
distributrice

docteur
docteure

documentaliste
documentaliste

domoticien
domoticienne

dompteur
dompteuse

donneur
donneuse

doreur
doreuse

douanier
douanière

doyen
doyenne

dramaturge
dramaturge

dresseur
dresseuse

E

ébéniste
ébéniste

éboueur
éboueuse

échantillonneur
échantillonneuse

éclairagiste
éclairagiste

écolier
écolière

écologiste
écologiste

économe
économe

économiste-conseil
économiste-conseil

écorceur
écorceuse

écrivain
écrivaine

écuyer
écuyère

éditeur
éditrice

éditorialiste
éditorialiste

éducateur
éducatrice

élagueur
élagueuse

électeur
électrice

électricien
électricienne

électromécanicien
électromécanicienne

électronicien
électronicienne

élève
élève

éleveur
éleveuse

émailleur
émailleuse

emballeur
emballeuse

embaumeur
embaumeuse

émetteur
émettrice

empailleur
empailleuse

empaqueteur
empaqueteuse

empereur
impératrice

employé
employée

employeur
employeuse

emprunteur
emprunteuse

encadreur
encadreuse

encanteur
encanteuse

encodeur
encodeuse

enfant
enfant

enquêteur
enquêteuse (police)
enquêtrice (sondage)

enseignant
enseignante

ensemblier
ensemblière

entraîneur
entraîneuse

entrant
entrante

entrepreneur
entrepreneuse

épicier
épicière

équarrisseur
équarrisseuse

escrimeur
escrimeuse

espion
espionne

essayeur
essayeuse

esthéticien
esthéticienne

estimateur
estimatrice

étalagiste
étalagiste

étudiant
étudiante

évaluateur
évaluatrice

examinateur
examinatrice

expéditeur
expéditrice

expert
experte

expert-comptable
experte-comptable

exploitant
exploitante

exportateur
exportatrice

exposant
exposante

F

fabricant
fabricante

facilitateur
facilitatrice

facteur
factrice

facturier
facturière

ferblantier
ferblantière

fermier
fermière

ferrailleur
ferrailleuse

figurant
figurante

financier
financière

finisseur
finisseuse

fiscaliste
fiscaliste

fleuriste
fleuriste

fonctionnaire
fonctionnaire

fondeur
fondeuse

forain
foraine

forestier
forestière

foreur
foreuse

forgeron
forgeronne

formateur
formatrice

fournisseur
fournisseuse

fourreur
fourreuse

fraiseur
fraiseuse

franchisé
franchisée

franchiseur
franchiseuse

frappeur
frappeuse

frigoriste
frigoriste

fromager
fromagère

G

galeriste
galeriste

garagiste
garagiste

garde
garde

garde forestier
garde forestière

gardien
gardienne

gendarme
gendarme

général
générale

généticien
généticienne

géographe
géographe

géologue
géologue

géomètre
géomètre

géophysicien
géophysicienne

gérant
gérante

gestionnaire
gestionnaire

glacier
glacière

golfeur
golfeuse

goûteur
goûteuse

gouvernant
gouvernante

gouverneur
gouverneure

graffiteur
graffiteuse

grainier
grainière

graisseur
graisseuse
graisseure

grammairien
grammairienne

graphiste
graphiste

graveur
graveuse

greffier
greffière

grutier
grutière

guérisseur
guérisseuse

guichetier
guichetière

guide
guide

gymnaste
gymnaste

gynécologue
gynécologue

H

habilleur
habilleuse

haut-commissaire
haute-commissaire

historien
historienne

hockeyeur
hockeyeuse

homme d'affaires
femme d'affaires

homme de ménage
femme de ménage

homme d'équipage
femme d'équipage

homme-grenouille
femme-grenouille

horloger
horlogère

horticulteur
horticultrice

hôte
hôte (qui est reçue)
hôtesse (qui reçoit)

hôtelier
hôtelière

huileur
huileuse

huissier
huissière

humoriste
humoriste

hygiéniste
hygiéniste

hypnotiseur
hypnotiseuse

I

identificateur
identificatrice

illustrateur
illustratrice

imagiste
imagiste

imitateur
imitatrice

implanteur
implanteuse

importateur
importatrice

imprésario
imprésario

imprimeur
imprimeuse

improvisateur
improvisatrice

indicateur
indicatrice

industriel
industrielle

infirmier
infirmière

influenceur
influenceuse

infographiste
infographiste

informateur
informatrice

informaticien
informaticienne

ingénieur
ingénieure

ingénieur chimiste
ingénieure chimiste

ingénieur civil
ingénieure civile

ingénieur forestier
ingénieure forestière

intrapreneur
intrapreneuse

inséminateur
inséminatrice

inspecteur
inspectrice

installateur
installatrice

instituteur
institutrice

instructeur
instructrice

intendant
intendante

intérimaire
intérimaire

interlocuteur
interlocutrice

interne
interne

interprète
interprète

intervenant
intervenante

intervieweur
intervieweuse

inventeur
inventrice

investisseur
investisseuse

J

jardinier
jardinière

joaillier
joaillière

jockey
jockey

jointoyeur
jointoyeuse

jongleur
jongleuse

joueur
joueuse

journalier
journalière

journaliste
journaliste

journaliste sportif
journaliste sportive

juge
juge

juré
jurée

juriste
juriste

L

laborantin
laborantine

laitier
laitière

lamineur
lamineuse

langagier
langagière

laveur
laveuse

lecteur
lectrice

législateur
législatrice

lettreur
lettreuse

lexicographe
lexicographe

libraire
libraire

lieutenant
lieutenante

lieutenant-gouverneur
lieutenante-gouverneure

linger
lingère

linguiste
linguiste

liquidateur
liquidatrice

liseur
liseuse

livreur
livreuse

locuteur
locutrice

logisticien
logisticienne

lotisseur
lotisseuse

loueur
loueuse

ludothécaire
ludothécaire

lunetier
lunetière

luthier
luthière

lutteur
lutteuse

M

machiniste
machiniste

maçon
maçonne

magasinier
magasinière

magicien
magicienne

magistrat
magistrate

maïeuticien
sage-femme

maire
mairesse

maître
maître
maîtresse
(dans certaines expressions)

maître d'hôtel
maître d'hôtel

maître d'œuvre
maître d'œuvre

maître de l'ouvrage
maître de l'ouvrage

major
majore

majordome
majordome

malfaiteur
malfaitrice

mandataire
mandataire

manipulateur
manipulatrice

mannequin
mannequin

manœuvre
manœuvre

manucure
manucure

manutentionnaire
manutentionnaire

maquettiste
maquettiste

maquilleur
maquilleuse

maraîcher
maraîchère

marathonien
marathonienne

marchand
marchande

marchandiseur
marchandiseuse

maréchal
maréchale

maréchal-ferrant
maréchale-ferrante

marguillier
marguillière

marin
marin

marinier
marinière

marionnettiste
marionnettiste

maroquinier
maroquinière

masseur
masseuse

matelot
matelot

mathématicien
mathématicienne

mécanicien
mécanicienne

mécatronicien
mécatronicienne

mécène
mécène

médecin
médecin

médiateur
médiatrice

membre
membre

meneur
meneuse

menuisier
menuisière

mercaticien
mercaticienne

mésadapté social
mésadaptée sociale

messager
messagère

métallurgiste
métallurgiste

météorologue
météorologue

métreur
métreuse

metteur en scène
metteuse en scène
metteure en scène

meunier
meunière

militaire
militaire

mineur
mineure

mineur
mineuse (mines)

ministre
ministre

mireur
mireuse

modèle
modèle

modiste
modiste

monéticien
monéticienne

moniteur
monitrice

monteur
monteuse

motard
motarde

motomariniste
motomariniste

mouleur-fondeur
mouleuse-fondeuse

mouliste
mouliste

musicien
musicienne

musicologue
musicologue

N

nageur
nageuse

narrateur
narratrice

naturaliste
naturaliste

naturiste
naturiste

naturopraticien
naturopraticienne

navigateur
navigatrice

négociant
négociante

négociateur
négociatrice

nettoyeur
nettoyeuse

notaire
notaire

notateur
notatrice

nutritionniste
nutritionniste

O

observateur
observatrice

obstétricien
obstétricienne

œnologue
œnologue

officiel
officielle

officier
officière

oiselier
oiselière

ombudsman
ombudsman

oncologue
oncologue

opérateur
opératrice

ophtalmologiste
ophtalmologiste

opticien
opticienne

optoélectronicien
optoélectronicienne

optométriste
optométriste

orateur
oratrice

orchestrateur
orchestratrice

ordonnateur
ordonnatrice

orfèvre
orfèvre

organisateur
organisatrice

orienteur
orienteuse

ostréiculteur
ostréicultrice

outilleur
outilleuse

ouvreur
ouvreuse

ouvrier
ouvrière

P

palefrenier
palefrenière

papetier
papetière

parachutiste
parachutiste

parfumeur
parfumeuse

parieur
parieuse

parolier
parolière

parqueteur
parqueteuse

parraineur
parraineuse

participant
participante

particulier fiduciaire
particulière fiduciaire

passeur
passeuse

pasteur
pasteure

patient
patiente

patineur
patineuse

pâtissier
pâtissière

patron
patronne

patronnier
patronnière

patrouilleur
patrouilleuse

payeur
payeuse

paysagiste
paysagiste

paysan
paysanne

péagiste
péagiste

pêcheur
pêcheuse

pédologue
pédologue

peintre
peintre

pensionnaire
pensionnaire

percepteur
perceptrice

percussionniste
percussionniste

père abbé
mère abbesse

perforateur
perforatrice

performeur
performeuse

perruquier
perruquière

peseur
peseuse

pharmacien
pharmacienne

philosophe
philosophe

phonéticien
phonéticienne

photocomposeur
photocomposeuse

photocompositeur
photocompositrice

photographe
photographe

physicien
physicienne

pianiste
pianiste

pigiste
pigiste

pilote
pilote

pisciculteur
piscicultrice

placeur
placeuse

plaignant
plaignante

planificateur
planificatrice

planteur **planteuse**	pomiculteur **pomicultrice**	prédicateur **prédicatrice**
plasticien **plasticienne**	pompier **pompière**	préfet **préfète**
plâtrier **plâtrière**	pompiste **pompiste**	premier ministre **première ministre**
plombier **plombière**	porte-parole **porte-parole**	preneur **preneuse**
plongeur **plongeuse**	porteur **porteuse**	preneur de paris **preneuse de paris**
podiatre **podiatre**	portier **portière**	préparateur **préparatrice**
podologue **podologue**	poseur **poseuse**	préposé **préposée**
poète **poète**	postier **postière**	présentateur **présentatrice**
poinçonneur **poinçonneuse**	postulant **postulante**	président **présidente**
poissonnier **poissonnière**	potier **potière**	prestidigitateur **prestidigitatrice**
policier **policière**	pourvoyeur **pourvoyeuse**	prêteur **prêteuse**
polisseur **polisseuse**	praticien **praticienne**	prieur **prieure**
politique **politique**	précepteur **préceptrice**	prince **princesse**
politicologue **politicologue**	précurseur **précurseure**	principal **principale**
politologue **politologue**	prédécesseur **prédécesseure**	procureur **procureure**

producteur
productrice

professeur
professeure

professeur-chercheur
professeure-chercheuse

professionnel
professionnelle

programmateur
programmatrice

projeteur
projeteuse

programmeur
programmeuse

projeteur
projeteuse

promoteur
promotrice

proposeur
proposeuse

prospecteur
prospectrice

protecteur
protectrice

proviseur
proviseure

psychanalyste
psychanalyste

psychiatre
psychiatre

psychologue
psychologue

publicitaire
publicitaire

puériculteur
puéricultrice

pupitreur
pupitreuse

Q

qualiticien
qualiticienne

quincaillier
quincaillière

R

radiologiste
radiologiste

radiologue
radiologue

rameur
rameuse

ramoneur
ramoneuse

randonneur
randonneuse

rapporteur
rapporteuse

réalisateur
réalisatrice

réalisateur éditorial
réalisatrice éditoriale

reboiseur
reboiseuse

recenseur
recenseuse

récepteur
réceptrice

réceptionniste
réceptionniste

receveur
receveuse

recherchiste
recherchiste

récitant
récitante

recruteur
recruteuse

recteur
rectrice

rectifieur
rectifieuse

rédacteur
rédactrice

réécriveur
réécriveuse

rééducateur
rééducatrice

régisseur
régisseuse

registraire
registraire

régleur
régleuse

régulateur
régulatrice

relieur
relieuse

religieux
religieuse

rembourreur
rembourreuse

remplaçant
remplaçante

réparateur
réparatrice

répartiteur
répartitrice

repasseur
repasseuse

répétiteur
répétitrice

répondant
répondante

reporteur
reporteuse

représentant
représentante

reproducteur
reproductrice

requérant
requérante

résident
résidente

responsable
responsable

restaurateur
restauratrice

retoucheur
retoucheuse

retraité
retraitée

revendeur
revendeuse

réviseur
réviseuse
réviseure

roi
reine

romancier
romancière

rôtisseur
rôtisseuse

routeur
routeuse

routier
routière

S

sableur
sableuse

sacristain
sacristaine
sacristine

salarié
salariée

sapeur
sapeuse

saucier
saucière

sauveteur
sauveteuse

savant
savante

scaphandrier
scaphandrière

scénariste
scénariste

scientifique
scientifique

scieur
scieuse

scripte
scripte

scripteur
scriptrice

scrutateur
scrutatrice

sculpteur
sculptrice
sculpteure

second
seconde

secouriste
secouriste

secrétaire
secrétaire

secrétaire général
secrétaire générale

secrétaire-trésorier
secrétaire-trésorière

sénateur
sénatrice

sergent
sergente

serriste
serriste

serrurier
serrurière

serveur
serveuse

shampouineur
shampouineuse

skieur
skieuse

soigneur
soigneuse

soldat
soldate

solliciteur
solliciteuse

sommelier
sommelière

sondeur
sondeuse

sortant
sortante

soudeur
soudeuse

souffleur
souffleuse

sous-chef
sous-chef

sous-ministre
sous-ministre

sous-traitant
sous-traitante

soussigné
soussignée

spécialiste
spécialiste

spectateur
spectatrice

sportif
sportive

stadiaire
stadiaire

stagiaire
stagiaire

standardiste
standardiste

statisticien
statisticienne

sténotypiste
sténotypiste

stripteaseur
stripteaseuse

stylicien
stylicienne

styliste
styliste

substitut
substitut
substitute

successeur
successeure

supérieur
supérieure

superviseur
superviseuse
superviseure

suppléant
suppléante

supporteur
supportrice
supporteuse

surfeur
surfeuse

surintendant
surintendante

surveillant
surveillante

sylviculteur
sylvicultrice

syndic
syndique

T

tabaculteur
tabacultrice

tailleur
tailleuse

tanneur
tanneuse

tapissier
tapissière

tatoueur
tatoueuse

technicien
technicienne

teinturier
teinturière

télématicien
télématicienne

téléphoniste
téléphoniste

télévendeur
télévendeuse

témoin
témoin

teneur de livres
teneuse de livres

terminologue
terminologue

terrassier
terrassière

thanatopracteur
thanatopractrice

théologien
théologienne

thérapeute
thérapeute

tiers gestionnaire
tierce gestionnaire

tireur de joints
(v. jointoyeur)

tisserand
tisserande

titulaire
titulaire

tôlier
tôlière

topographe
topographe

toponymiste
toponymiste

torero
torero
torera

torréfacteur
torréfactrice

tourneur
tourneuse

traceur
traceuse

traducteur
traductrice

tragédien
tragédienne

traiteur
traiteuse

transporteur
transporteuse

trappeur
trappeuse

travailleur
travailleuse

travailleur social
travailleuse sociale

trésorier
trésorière

tricoteur
tricoteuse

trieur
trieuse

tronçonneur
tronçonneuse

tuteur
tutrice

tuyauteur
tuyauteuse

typographe
typographe

U

universitaire
universitaire

urbaniste
urbaniste

urgentiste
urgentiste

urgentologue
urgentologue

urologue
urologue

usager
usagère

utilisateur
utilisatrice

V

vainqueur
vainqueur

varappeur
varappeuse

veilleur
veilleuse

vendangeur
vendangeuse

vendeur
vendeuse

vérificateur
vérificatrice

vernisseur
vernisseuse

verrier
verrière

vétéran
vétérane

vétérinaire
vétérinaire

vice-président
vice-présidente

vice-roi
vice-reine

vidéaste
vidéaste

videur
videuse

vigneron
vigneronne

violoniste
violoniste

visiteur
visiteuse

viticulteur
viticultrice

vitrier
vitrière

voilier
voilière

voiturier
voiturière

volcanologue
volcanologue

volleyeur
volleyeuse

voyageur
voyageuse

voyagiste
voyagiste

voyant
voyante

vulgarisateur
vulgarisatrice

W

webmestre
webmestre

X

xénophile
xénophile

xylophoniste
xylophoniste

Z

zététicien
zététicienne

zingueur
zingueuse

zoologiste
zoologiste

zootechnicien
zootechnicienne

TOPONYMES
ET ODONYMES

Les toponymes et odonymes des listes ci-dessous sont classés dans l'ordre alphabétique de leur première majuscule, sauf dans les cas où deux formes semblables désignant des réalités différentes ne se distinguent que par une ou des majuscules ; ces deux formes sont alors rapprochées pour faciliter le repérage et la comparaison. Certains noms communs désignant des réalités géographiques qui font fréquemment l'objet de consultations sont aussi inclus dans l'ordre alphabétique. Pour des explications relatives aux règles d'écriture des toponymes et des odonymes, il est conseillé de se reporter aux publications de la Commission de toponymie qui fournissent en outre une liste complète des toponymes officiels québécois.

NOMS DE VILLES ET AUTRES NOMS GÉOGRAPHIQUES

A

Abitibi-Ouest (MRC d'Abitibi-Ouest)

l'Abitibi-Témiscamingue

les plaines d'Abraham

Akwesasne

le parc de l'Amérique-Française

Anjou (municipalité ; et non pas *Ville d'Anjou*)

l'île d'Anticosti (île)

L'Île-d'Anticosti (municipalité)

les Appalaches (fém. pl.)

l'océan Arctique

l'océan Atlantique, l'Atlantique

les provinces de l'Atlantique

la côte atlantique

B

l'île de Bacchus
 (nom historique de l'île d'Orléans)

l'île de Baffin (Territoires du Nord-Ouest)

la baie des Chaleurs (baie)

la Baie-des-Chaleurs (région)

la baie James (baie)

la Baie-James (région ou territoire)

Baie-James (municipalité)

le Bas-Arctique

le Bas-Canada

le Bas-du-Fleuve

le Bas-Saint-Laurent (région administrative)

la Basse-Côte-Nord (région)

les Basses-Laurentides

les basses-terres des Grands Lacs

les basses-terres du Saint-Laurent

la basse-ville
(sens général ; voir aussi haute-ville)

la Basse-Ville (secteur administratif)

le détroit de Belle Isle

les Bois-Francs (région)

le Bouclier canadien

C

les Cantons-de-l'Est
(le nom officiel de la région est Estrie)

Cap-Blanc (quartier de Québec)

l'île du Cap-Breton

Cap-de-la-Madeleine (municipalité)

Cape Dorset (T. N.-O.)

la Capitale-Nationale (région administrative)

Cap-Rouge (municipalité)

le parc régional du Cap-Saint-Jacques

la réserve nationale de faune
du Cap-Tourmente

Caraquet (Nouveau-Brunswick)

le Centre-du-Québec (région administrative)

le Centre-Sud de l'île de Montréal
(secteur précis)

la baie des Chaleurs (baie)

le parc des Champs-de-Bataille

la Chaudière-Appalaches
(région administrative)

la baie Chedabucto (Nouvelle-Écosse)

les monts Chic-Chocs

le parc de la Chute-Montmorency

la rivière Coaticook, la Coaticook

le Cœur-du-Québec (région)

la Côte-de-Beaupré (région)

la Côte-Nord (région administrative)

Côte-Saint-Luc (municipalité)

le col Crowsnest (Alberta)

D

le ruisseau De Montigny
(*De* est ici une particule nobiliaire ; dans les
toponymes, elle prend une majuscule)

le cap Diamant

le lac des Deux Montagnes

E

l'île d'Ellesmere (Territoires du Nord-Ouest)

l'Est-du-Québec (région)

l'Estrie (région administrative)

Essipit (ancien nom de la réserve indienne
des Escoumins)

F

Fredericton (Nouveau-Brunswick)

la baie de Fundy

G

la Gaspésie–Îles-de-la-Madeleine
(région administrative)

la baie Georgienne

le Grand Montréal (préférer « l'agglomération
de Montréal » ou « l'agglomération montréalaise »)

le Grand-Nord (entité administrative)

Grande-Baleine (complexe hydroélectrique)

la Grande Rivière
(et non pas *la rivière la Grande*)

la Grande rivière de la Baleine

les Grands bancs de Terre-Neuve

les Grands Lacs

Greenfield Park

H

l'Harricana (rivière)

le Haut-Arctique

le Haut-Canada

la Haute-Côte-Nord

la Haute-Gatineau

les Hautes-Laurentides

les hautes-terres

la haute-ville
(sens général ; voir aussi basse-ville)

la Haute-Ville (secteur administratif)

le parc régional des Hautes-Gorges-de-
la-Rivière-Malbaie

Hochelaga-Maisonneuve (quartier)

la Hudsonie

la Huronie

I, J, K

le parc de récréation des Îles-de-Boucherville

les îles de la Madeleine (entités géographiques)

Les Îles-de-la-Madeleine (MRC, circonscription
électorale et entité administrative)

la rivière Jacques-Cartier, la Jacques-Cartier

la Jamésie (territoire de la Baie-James)

l'île Jésus

Kahnawake

Kanesatake

Kangirsuk

Kuujjuaq

L

La Baie (municipalité ; et non pas *Ville La Baie*)

le lac Beauport (lac)

Lac-Beauport (municipalité)

Lac-Etchemin (municipalité)

Lachine (municipalité)

le canal de Lachine

Lac-Saint-Charles (municipalité)

La Malbaie

La Tuque

L'Amiante (MRC de L'Amiante)

Lanaudière (région administrative)

L'Ancienne-Lorette (municipalité)

L'Anse-au-Loup (Labrador)

La Petite-Bourgogne (quartier)

La Petite-Italie (quartier)

La Petite-Nation (seigneurie, région)

La Petite-Patrie (quartier)

La Prairie (municipalité)

LaSalle (municipalité ; et non pas *Ville LaSalle*)

les Laurentides (région administrative)

Laval (municipalité et région administrative)

Le Domaine-du-Roy (la MRC du Domaine-du-
Roy)

Le Gardeur (la municipalité de Le Gardeur)

Le Haut-Saint-Laurent
(la MRC du Haut-Saint-Laurent)

Le Mille-Carré-Doré
(*The Golden Square Mile* ; quartier)

LeMoyne (municipalité ; et non pas
Ville LeMoyne)

Le Plateau-Mont-Royal, Le Plateau
(quartier)

Le Rocher-Percé (la MRC du Rocher-Percé)

Les Boules (la municipalité des Boules)

Les Cèdres (la municipalité des Cèdres)

Les Éboulements
(la municipalité des Éboulements)

Les Maskoutains (la MRC des Maskoutains)

Les Pays-d'en-Haut
(la MRC des Pays-d'en-Haut)

Les Méchins (la municipalité des Méchins)

L'Île-Dorval (municipalité)

L'Île-des-Sœurs (quartier de Verdun)

Listuguj (anciennement Restigouche)

M

Manic-Cinq (localité)

les Maritimes (les provinces maritimes)

la rivière Massawippi, la Massawippi

la Mauricie (région administrative)

Mile End (quartier de Montréal)

la rivière des Mille Îles

Montchâtel (quartier)

la Montérégie (région administrative)

les collines Montérégiennes

la chute Montmorency

Montréal (municipalité et région administrative)

l'agglomération de Montréal, l'agglomération montréalaise (de préférence à
l'expression «le Grand Montréal»; éviter *le
Montréal métropolitain*)

l'île de Montréal

Montréal-Ouest

le mont Royal

Mont-Royal (municipalité; et non pas
Ville Mont-Royal)

le parc du Mont-Royal

le mont Saint-Hilaire

Mont-Saint-Hilaire (municipalité)

le mont Tremblant

Mont-Tremblant
(municipalité et station de ski)

la Moyenne-Côte-Nord

le Moyen-Nord québécois

N

les chutes Niagara

le Nord-du-Québec (région administrative)

Notre-Dame-de-Grâce (quartier)

le Nouveau-Bordeaux (quartier)

le Nunavik

le Nunavut

O

l'île d'Orléans

l'Ouest-de-l'Île (West Island)

les provinces de l'Ouest

Oujé-Bougoumou (village cri)

l'Outaouais (région administrative)

la rivière des Outaouais, l'Outaouais

la rivière aux Outardes

P

l'océan Pacifique, le Pacifique

Parc-Extension (quartier)

la colline du Parlement (Ottawa)

la colline Parlementaire (Québec)

le plateau laurentidien ou
le plateau laurentien

le Petit-Champlain (quartier)

la Petite rivière de la Baleine

le parc du P'tit-Train-du-Nord
(graphie élidée traditionnelle)

Pointe-à-Callière

les Prairies

Prince Albert
(Saskatchewan; pas de trait d'union,
car graphie anglaise)

Q

le Québec (province)

Québec (municipalité et région administrative)

R

la Radissonie

Regina (Saskatchewan)

la Rive-Nord (région)

la Rive-Sud (région)

la rivière Richelieu, le Richelieu

le parc de la Rivière-des-Mille-Îles

le parc de la Rivière-Batiscan

les montagnes Rocheuses, les Rocheuses

S

la rivière Saguenay, le Saguenay

le Saguenay–Lac-Saint-Jean
(région administrative)

le parc marin du
Saguenay–Saint-Laurent

Saint-Antoine-de-l'Isle-aux-Grues

Saint-Bruno-de-Montarville

Saint-Charles-Borromée

la rivière Saint-François,
le Saint-François

Saint-Georges (municipalité ; et non pas *Ville-Saint-Georges*, ni *Saint-Georges-de-Beauce*)

Sainte-Anne-de-la-Pocatière

Sainte-Foy

le lac Saint-Jean (lac)

le Lac-Saint-Jean (région)

Saint-Jean, Saint John
(Nouveau-Brunswick)

Saint-Jean-Port-Joli

le Saint-Laurent, le fleuve Saint-Laurent

le golfe du Saint-Laurent

Saint-Laurent
(municipalité ; et non pas
Ville Saint-Laurent)

Saint-Louis-du-Ha ! Ha !

la rivière Saint-Maurice, le Saint-Maurice

Saint-Paul-de-Varennes

Saint-Pierre
(municipalité ; et non pas *Ville Saint-Pierre*)

Salaberry-de-Valleyfield

la rivière Saskatchewan Sud

Sault Ste. Marie
(Ontario ; graphie locale officielle)

Sept-Îles

l'île des Sœurs

L'Île-des-Sœurs (quartier de Verdun)

les îles de Sorel

St. John's
(Terre-Neuve ; toponyme de langue anglaise)

le square Dorchester

T

The Pas (Manitoba)

Thetford Mines (pas de trait d'union, car il s'agit d'une graphie anglaise)

V

Val-d'Or

l'île de Vancouver

Victoria Island (Arctique canadien)

le Vieux-Belœil (quartier)

le Vieux-Longueuil (quartier)

le Vieux-Montréal (quartier)

le Vieux-Port (quartier)

le Vieux-Québec (quartier)

le Vieux-Terrebonne (quartier)

le Vieux-Trois-Rivières (quartier)

W, Y

Wendake

la rivière Yamaska, la Yamaska

NOMS DE VOIES DE COMMUNICATION

A

côte d'Abraham

rue Alexandre-DeSève

boulevard de l'Ange-Gardien (être spirituel),
boulevard de L'Ange-Gardien (nom de municipalité)

place d'Armes

place de l'Assemblée-Nationale

station Place-d'Armes

rue Aubert-De Gaspé

B

chemin des Bains
(et non pas *chemin Les Bains*)

côte du Beaver Hall

chemin du Bord-de-l'Eau
chemin du Bord-du-Lac
avenue de la Brunante

C

rue Calixa-Lavallée
chemin de la Canardière
autoroute des Cantons-de-l'Est
avenue du Cap-Diamant
chemin de Chambly
rue Charles-De Koninck
échangeur Charles-Le Moyne
boulevard de la Cité-des-Jeunes
autoroute de la Côte-de-Liesse
chemin de la Côte-de-Liesse
chemin de la Côte-des-Neiges
chemin de la Côte-Saint-Paul
chemin de la Côte-Sainte-Catherine
chemin de la Côte-Vertu
boulevard du Curé-Labelle

D

rue De Bleury
(*De* est ici une particule nobiliaire ; dans
les odonymes, elle prend une majuscule)
rue De Bullion
avenue De Koninck
rue De La Chevrotière
rue De La Gauchetière
rue De La Roche
boulevard De La Vérendrye
rue De L'Espinay
avenue De Lorimier
boulevard De Maisonneuve
2ᵉ Avenue
avenue du Docteur-Penfield
chemin Don-Quichotte
square Dorchester
rue du Square-Dorchester
place D'Youville

E, F

rue E.-Z.-Massicotte
rue F.-X.-Garneau
côte de la Fabrique
place du Frère-André
autoroute Félix-Leclerc

G

boulevard des Galeries-d'Anjou
rue du Général-De Gaulle
place George-V
la Grande Allée
Grande Allée Est
Grande Allée Ouest

H, J, K

autoroute Henri-IV
avenue de l'Hôtel-de-Ville
avenue Jean-De Clermont
rue Jean-De La Fontaine
rue du Je-Me-Souviens
avenue du Juge-Wilson
quai King-Edward

L

chemin Lakeshore
chemin de Lanaudière
boulevard des Laurentides
autoroute Laurentienne
carré Le Barbot
avenue Le Corbusier
rue Le Royer
montée de Liesse
pont-tunnel Louis-Hippolyte-La Fontaine

M

route Marie-Victorin
autoroute Métropolitaine

rue de Monseigneur-Parenteau
côte de la Montagne
rue de la Montagne
avenue du Mont-Royal
boulevard de Mortagne

N, O

avenue Notre-Dame-des-Victoires
boulevard de l'Ormière

P

avenue du Parc
avenue du Parc-La Fontaine
rue du Parc-Marguerite-Bourgeoys
côte du Passage
boulevard Pie-IX
avenue Pierre-De Coubertin
avenue des Pins
1re Avenue
promenade des Premiers-Ministres
rue Prince-Arthur
boulevard des Promenades

Q

chemin des Quatre-Bourgeois
chemin Queen-Mary
boulevard Queen

R

boulevard René-Lévesque Est
boulevard René-Lévesque Ouest
boulevard de la Rive-Sud
rue du Roi-Georges
place Royale
Place-Royale (secteur)

S

chemin Sainte-Foy
rue Samuel-De Champlain
rue Sir-Adolphe-Routhier
rue du Square-Dorchester

T

rue de la Tourelle
autoroute Transcanadienne
avenue Trans Island
montée des Trente
3e Rang

U, V

rue University (Montréal)
autoroute du Vallon
route du Vallon
Vieux Chemin
chemin du Vieux-Quai
autoroute Ville-Marie
rue Vincent-D'Indy
rue du 24-Juin

■ **PUBLICATIONS DE LA COMMISSION DE TOPONYMIE**

COMMISSION DE TOPONYMIE. *Guide toponymique du Québec : politiques, principes, normes et procédures de la Commission de toponymie concernant le choix, le traitement, l'officialisation, la diffusion et la conservation des noms de lieux,* 2e éd. rév. et enr., Québec, Les Publications du Québec, 1990, 178 p.

COMMISSION DE TOPONYMIE. *Noms et lieux du Québec : dictionnaire illustré*, Sainte-Foy, Les Publications du Québec, 1994, 925 p.

COMMISSION DE TOPONYMIE. *Noms et lieux du Québec : si chaque lieu m'était conté*, [Cédérom], Sainte-Foy, Les Publications du Québec, c1997.

COMMISSION DE TOPONYMIE. *Répertoire toponymique du Québec 1987,* Québec, Les Publications du Québec, 1987, 1900 p.

COMMISSION DE TOPONYMIE. *Répertoire toponymique du Québec 1987 : supplément cumulatif 1997*, Sainte-Foy, Les Publications du Québec, 1998, 462 p.

COMMISSION DE TOPONYMIE. *Topos sur le Web*, [En ligne], 1998, [www.toponymie. gouv.qc.ca].

BIBLIOGRAPHIE GÉNÉRALE

Voir aussi les bibliographies thématiques figurant
à la fin des grandes parties de l'ouvrage.

Abrégé du Code typographique à l'usage de la presse, 2e éd. rev. et corr., Paris, Éditions du Centre de formation et de perfectionnement des journalistes, 1989, 94 p. (Les guides du Centre de formation et de perfectionnement des journalistes).

L'art de conjuguer : dictionnaire de 12 000 verbes, nouv. éd., Montréal, Hurtubise HMH, c1998, 166, [79] p. (Bescherelle ; 1).

BECQUER, Annie, et autres. *Femme, j'écris ton nom… : guide d'aide à la féminisation des noms de métiers, titres, grades et fonctions*, Paris, La documentation française, 1999, 124 p.

BIRON, Monique, et autres. *Au féminin : guide de féminisation des titres de fonction et des textes,* Québec, Les Publications du Québec, 1991, 34 p. (Guides de l'Office de la langue française).

BISSON, Monique, Hélène CAJOLET-LAGANIÈRE et Normand MAILLET. *Guide d'écriture des imprimés administratifs,* Québec, Les Publications du Québec, 1992. 136 p. (Guides de l'Office de la langue française).

BRUNET, Pascal. *La typographie*, Paris, Osman Eyrolles multimédia, c1999, 238 p. (En 1 week end).

BUREAU DE LA TRADUCTION. *Le guide du rédacteur,* 2e éd. [rev. et augm.], Ottawa, Travaux publics et Services gouvernementaux Canada, c1996, 319 p.

BUREAU DE NORMALISATION DU QUÉBEC. *Dates et heures : représentation entièrement numérique*, 5e éd., Québec, Bureau de normalisation du Québec, 1997, [2], 6 p. (BNQ 9990-951, 97-06-30).

BUREAU DE NORMALISATION DU QUÉBEC. *Le système international d'unités (SI) : définitions, symboles et principes d'écriture*, Québec, Bureau de normalisation du Québec, 1992, 115 p. (BNQ 9990-901, 92-10-10).

BUREAU DE NORMALISATION DU QUÉBEC. *Unité monétaire canadienne et autres : désignation et règles d'écriture*, 3e éd., Québec, Bureau de normalisation du Québec, 1997, [2], 8 p. (BNQ 9921-500, 97-04-07).

CAJOLET-LAGANIÈRE, Hélène, Pierre COLLINGE et Gérard LAGANIÈRE. *Rédaction technique, administrative et scientifique*, 3e éd. rev. et augm., Sherbrooke, Éditions Laganière, c1997, 468 p.

CAJOLET-LAGANIÈRE, Hélène, et Pierre COLLINGE, en collab. avec Catherine Melillo. *La maîtrise du français écrit : grammaire et conjugaison, syntaxe et analyse, lexique et typographie*, Sherbrooke, Éditions Laganière, c1997, 358 p.

CATACH, Nina. *La ponctuation : histoire et système*, 2e éd. corr., Paris, Presses universitaires de France, 1996, c1994, 127 p. (Que sais-je ? ; n° 2818).

CLAS, André, et Paul A. HORGUELIN. *Le français, langue des affaires*, 3e éd., Montréal, McGraw-Hill, 1991, 422 p.

Code typographique : choix de règles à l'usage des auteurs et des professionnels du livre, 12ᵉ éd., Paris, Syndicat national des cadres et maîtrises du livre, de la presse et des industries graphiques, 1978, 121 p.

COLIGNON, Jean-Pierre. *Un point, c'est tout ! La ponctuation efficace,* Montréal, Les Éditions du Boréal, 1993, 119 p.

COLIN, Jean-Paul. *Dictionnaire des difficultés du français,* Paris, Dictionnaires Le Robert, 1993, 623 p. (Les Usuels).

COMMISSION DE TOPONYMIE. *Guide toponymique du Québec : politiques, principes, normes et procédures de la Commission de toponymie concernant le choix, le traitement, l'officialisation, la diffusion et la conservation des noms de lieux,* 2ᵉ éd. rév. et enr., Québec, Les Publications du Québec, 1990, 178 p.

COMMISSION DE TOPONYMIE. *Noms et lieux du Québec : dictionnaire illustré,* Sainte-Foy, Les Publications du Québec, 1994, 925 p.

COMMISSION DE TOPONYMIE. *Noms et lieux du Québec : si chaque lieu m'était conté,* [Cédérom], Sainte-Foy, Les Publications du Québec, c1997.

COMMISSION DE TOPONYMIE. *Répertoire toponymique du Québec 1987,* Québec, Les Publications du Québec, 1987, 1900 p.

COMMISSION DE TOPONYMIE. *Répertoire toponymique du Québec 1987 : supplément cumulatif 1997,* Sainte-Foy, Les Publications du Québec, 1998, 462 p.

COMMISSION DE TOPONYMIE. *Topos sur le Web,* [En ligne], 1998, [www.toponymie. gouv.qc.ca].

CORBEIL, Jean-Claude, et Ariane ARCHAMBAULT. *Le visuel : dictionnaire thématique français-anglais,* 2ᵉ éd., Montréal, Éditions Québec Amérique, 1992, 896 p. (Collection Langue et culture).

Dictionnaire du français plus, Montréal, Centre éducatif et culturel, 1988, 1856 p.

Dictionnaire québécois d'aujourd'hui, 2ᵉ éd., Montréal, Dicorobert, 1993, 1273, 343 p.

DOPPAGNE, Albert. *La bonne ponctuation : clarté, efficacité et présence de l'écrit,* 3ᵉ éd., Bruxelles, Éditions Duculot, c1998, 102 p. (Entre guillemets).

DOPPAGNE, Albert. *Majuscules, abréviations, symboles et sigles : pour une toilette parfaite du texte,* 3ᵉ éd., Bruxelles, Éditions Duculot, c1998, 96 p. (Entre guillemets).

DRILLON, Jacques. *Traité de la ponctuation française,* Paris, Gallimard, 1991, 472 p.

DUBUC, Robert. *Objectif 200 : deux cents fautes de langage à corriger.* Ottawa, Éditions Leméac, 1971, 133 p.

DUGAS, Jean-Yves. *Répertoire des gentilés du Québec,* [nouv. éd.], Québec, Commission de toponymie, 1987, 258 p. (Études et recherches toponymiques ; 12).

DUGAS, Jean-Yves. *Répertoire des gentilés du Québec. Supplément*, Québec, Commission de toponymie, 1995, 58 p. (Études et recherches toponymiques ; 15).

FOREST, Constance, et Denise BOUDREAU. *Le Colpron : le dictionnaire des anglicismes*, 4ᵉ éd., Laval, Beauchemin, c1998, 381 p.

GABAY, Michèle. *Guide d'expression écrite,* Paris, Larousse, 1991, 415 p.

GANDOUIN, Jacques. *Correspondance et rédaction administratives*, 7ᵉ éd., Paris, Armand Colin, l998, 375 p. (U Lettres).

GINGUAY, Michel. *Dictionnaire d'informatique, bureautique, télématique, micro-informatique : anglais-français*, 11ᵉ éd. rév. et augm., Paris, Masson, 1992, 286 p.

GIRODET, Jean. *Dictionnaire Bordas des pièges et difficultés de la langue française*, [nouv. éd.], Paris, Bordas, 1994, c1988, 896 p. (Les Référents Bordas).

GOURIOU, Ch. *Mémento typographique*, [nouv. éd.], Paris, Éd. du Cercle de la librairie, 1990, c1973, 121 p.

Grand dictionnaire encyclopédique Larousse, Paris, Larousse, 1985, 15 vol.

Le grand Robert de la langue française : dictionnaire alphabétique et analogique de la langue française, 2ᵉ éd. ent. rev., enr. [et mise à jour pour 1991] par Alain Rey, Paris, Le Robert, 1990, 9 vol.

GREVISSE, Maurice. *Le bon usage : grammaire française,* 13ᵉ éd. rev. et ref. par André Goosse, Paris–Louvain-la-Neuve, Éditions Duculot, 1993, 1762 p.

GRISELIN, Madeleine, et autres. *Guide de la communication écrite,* 2ᵉ éd., Paris, Dunod, 1999, 328 p. (Efficacité professionnelle).

GUILLOTON, Noëlle. *Mots pratiques, mots magiques : 140 questions de langue au fil des saisons*, Québec, Les Publications du Québec, c1997, 250 p.

HANSE, Joseph. *Nouveau dictionnaire des difficultés du français moderne*, 3ᵉ éd. établie d'après les notes de l'auteur avec la collaboration scientifique de Daniel Blampain, Paris-Gembloux, Éditions Duculot, 1994, 983 p.

HUBERT, François. *Mieux écrire dans Internet*, Montréal, Les Éditions Logiques, c1997, 91 p. (Collection Internet).

JOUETTE, André. *Dictionnaire d'orthographe et d'expression écrite,* Paris, Dictionnaires Le Robert, 1993, 774 p. (Les Usuels).

JOUETTE, André. *Le savoir-écrire : guide pratique de correspondance,* [Paris], Éditions Solar, 1989, 423 p.

LAMBERT-TESOLIN, Diane. *Le français à l'hôtel de ville,* Québec, Les Publications du Québec, 1994, 265 p. (Guides de l'Office de la langue française).

LESSARD, Denys, et autres. *Le français quotidien du personnel de secrétariat, des gestionnaires, des communicateurs et communicatrices,* Québec, Les Publications du Québec, 1990, 92 p. (Cahiers de l'Office de la langue française).

Lexique des règles typographiques en usage à l'Imprimerie nationale, 3ᵉ éd., Paris, Imprimerie nationale, 1990, 197 p.

MARTINI, Éric. *Du caractère au paragraphe : abrégé de typographie à l'intention des utilisateurs de micro-ordinateur (traitement de texte et PAO)*, Paris, Duculot, c1998, 81 p. (Entre guillemets).

MÉNARD, Louis. *Dictionnaire de la comptabilité et de la gestion financière*, Toronto, Institut canadien des comptables agréés, 1994, 994 p.

Le nouveau code typographique : les règles typographiques de la composition à l'usage des auteurs, des professionnels du livre et des utilisateurs d'ordinateurs, [nouv. éd.], Paris, Fédération de la communication CFE/CGC, c1997, 176 p.

Le nouveau petit Robert : dictionnaire alphabétique et analogique de la langue française, nouv. éd. remaniée et amplifiée, Paris, Dictionnaires Le Robert, 1998, c1993, 2551 p.

OFFICE DE LA LANGUE FRANÇAISE. *La disquette linguistique*, [Logiciel], Québec, Les Publications du Québec, 1993, disquette format 3 ½.

OFFICE DE LA LANGUE FRANÇAISE. *Le grand dictionnaire terminologique 2000*, [Cédérom], Montréal, Cedrom-Sni, 1999.

OFFICE DE LA LANGUE FRANÇAISE. *Les raisons sociales*, Québec, Office de la langue française, [1992], 16 p.

OFFICE DE LA LANGUE FRANÇAISE. *Répertoire des avis linguistiques et terminologiques*, 4ᵉ éd. rev. et augm., Québec, Les Publications du Québec, c1998, 360 p.

OFFICE DE LA LANGUE FRANÇAISE. *Téléphone linguistique*, service téléphonique sur audiotex.

PÉCHOIN, Daniel, et Bernard DAUPHIN. *Dictionnaire des difficultés du français d'aujourd'hui*, Paris, Larousse-Bordas, c1998, 659 p. (Expression).

PÉLOQUIN, Diane. *Annexe au protocole de rédaction du travail écrit*, Sherbrooke, Université de Sherbrooke, Département des lettres et communications, janvier 1995, 24 p.

Le petit Larousse illustré 2000, en couleurs, Paris, Larousse, 1999, 1784 p.

Le petit Robert 2 : dictionnaire universel des noms propres, nouv. éd. rev., corr. et mise à jour, Paris, Dictionnaires Le Robert, 1993, 1952 p.

RAMAT, Aurel. *Le Ramat de la typographie*, [nouv. éd.], Saint-Lambert, Aurel Ramat éditeur, 1999, 191 p.

Le Robert et Collins Senior : dictionnaire français-anglais, anglais-français, 5ᵉ éd., Paris, Dictionnaires Le Robert, c1998, 2081, [106] p.

Le Robert et Collins du management : dictionnaire français-anglais, anglais-français, Paris, Dictionnaires Le Robert, 1992, 1022 p.

SAUVÉ, Madeleine. *Observations grammaticales et terminologiques,* Montréal, Université de Montréal, 1972-1985 (Fiches).

SOCIÉTÉ CANADIENNE DES POSTES. *Guide canadien d'adressage,* Ottawa, La Société, 1999, 20 p.

SOCIÉTÉ RADIO-CANADA. *Fiches du Comité de linguistique*, [Montréal, La Société], 1960-1993.

TACKELS, Stéphane. *Typographie et terminologie : guide de présentation des travaux terminologiques,* Québec, Les Publications du Québec, 1990, 82 p. (Études, recherches et documentation).

TANGUAY, Bernard. *L'art de ponctuer,* Montréal, Chenelière/McGraw-Hill, 1996, 124 p.

THOMAS, Adolphe. *Dictionnaire des difficultés de la langue française,* Paris, Larousse, 1993, 435 p.

VAN COILLIE-TREMBLAY, Brigitte, en collab. avec Micheline BARTLETT et Diane FORGUES-MICHAUD. *Correspondance d'affaires : règles d'usage françaises et anglaises et 85 modèles de lettres,* Montréal, Publications Transcontinental, 1991, 265 p. (Entreprendre).

VILLERS, Marie-Éva de. *Multidictionnaire de la langue française*, 3e éd., Montréal, Éditions Québec Amérique, c1997, 1532 p. (Collection Langue et culture).

WARNANT, Léon. *Dictionnaire de la prononciation française dans sa norme actuelle*, Paris-Gembloux, Duculot, c1987, 988 p.

INDEX
GÉNÉRAL

- *Les entrées en italique indiquent des formes à éviter.*
- *Voir aussi la liste des **Mots et expressions à connaître** présentée par ordre alphabétique des formes à éviter (p. 289).*

D

W, X, Y, Z

Le Téléphone linguistique

SERVICE GRATUIT

de l'Office de la langue française

Montréal	**Québec**
appel local	appel local
873-9999	528-9999

ailleurs au Québec, sans frais

1 888 829-8899   1 888 828-8899

Vous pouvez également faire appel
au service personnalisé de consultation terminologique
1 900 565-8899
(Frais de 5 $ l'appel)

RAPPELEZ-VOUS QUE

 pour avoir accès au Téléphone linguistique, vous devez vous servir d'un appareil à clavier ;

 l'étoile vous permet de réécouter le dernier message entendu ;

 le carré vous permet de faire une pause ;

 vous avez tout avantage à avoir du papier et un crayon à portée de la main pour prendre des notes.

Vous trouverez dans les pages suivantes les numéros correspondant aux enregistrements.

- *Les termes ou expressions en italique sont fautifs ou employés à tort dans certains contextes.*
- *Plusieurs sujets peuvent correspondre au même numéro d'enregistrement.*
- *En appelant, vous avez la possibilité de proposer de nouveaux sujets.*

Mise en pages : Caractéra, Québec

Achevé d'imprimer en mars 2000
sur les presses de l'imprimerie
Quebecor L'Éclaireur
Beauceville (Québec)

UTILISATION DU CÉDÉROM

Le cédérom joint à cet ouvrage contient de nombreux modèles de lettres, de cartes professionnelles, de formulaires administratifs et commerciaux, etc., dont la plupart sont utilisables avec Microsoft Word.

La consultation de ce cédérom est simple et rapide. Des liens hypertextes permettent d'accéder aux différentes sections et sous-sections du cédérom, ainsi qu'aux documents disponibles en format PDF et en format Word 6.0.

Une fois ouverts dans le logiciel de traitement de texte de l'utilisateur, les modèles de documents en format Word 6.0 pourront aisément être remaniés et enregistrés sous un autre nom.

Le fait de cliquer sur la signature de l'Office de la langue française ou sur celle des Publications du Québec permet d'accéder à l'un ou l'autre site Web.

Mise en garde relative à l'utilisation des documents Word disponibles sur le cédérom

L'ouverture de fichiers texte dans une autre version que Word 6.0 ou dans un autre logiciel de traitement de texte pourrait avoir une incidence sur les attributs de mise en pages qui pourront alors être redéfinis par l'utilisateur.

CONFIGURATION MINIMALE NÉCESSAIRE

Windows

Ordinateur compatible IBM; système d'exploitation Windows 95 ou 98, Windows NT.

Macintosh

Ordinateur Macintosh Power Mac; système d'exploitation MacOS 7.0 ou plus.
Logiciel Acrobat Reader 4.0 ou plus. La version 4.0 pour Mac et PC vous est fournie sur ce cédérom.
Logiciel de traitement de texte compatible avec les fichiers Word 6.0.

DÉMARRAGE DU CÉDÉROM

WINDOWS

Insérez le cédérom dans le lecteur de votre ordinateur.
Suivez les instructions qui apparaissent à l'écran.
> ou
1. Cliquez sur le bouton Démarrer, puis sur Exécuter.
2. Inscrivez D:\cdmenu.exe dans la boîte de dialogue (si « D » est la lettre de votre lecteur de cédérom).
3. Cliquez sur « OK ».

Redémarrage du cédérom

Si le cédérom est déjà inséré dans votre lecteur et que vous ayez quitté l'application, vous pouvez redémarrer l'application en cliquant sur l'icône « poste de travail », puis sur l'icône correspondant à votre lecteur de cédérom.

Installation d'Acrobat Reader pour Windows

Installez le logiciel Acrobat Reader 4.0 si celui-ci n'est pas déjà installé sur votre ordinateur.

MACINTOSH

1. Insérez le cédérom dans le lecteur de votre ordinateur.
2. Si le logiciel Acrobat Reader est déjà installé sur votre ordinateur, cliquez sur l'icône « menu.pdf »; sinon, vous devez installer le logiciel Acrobat Reader en ouvrant le dossier « acromac » avant de cliquer sur l'icône « menu.pdf ».

Installation d'Acrobat Reader pour Macintosh

1. Ouvrez le dossier « acromac ».
2. Suivez les instructions qui apparaissent à l'écran.